Enneagramm für Dummies – Schummelseite

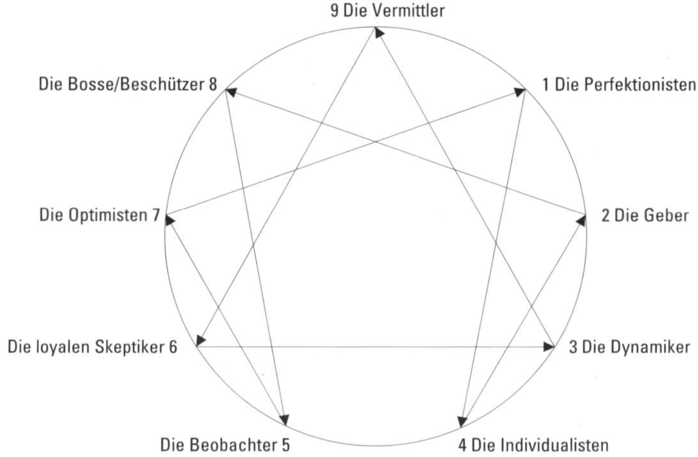

Das bringt persönliche Weiterentwicklung mit dem Enneagramm

- Sich selbst kennenlernen, entdecken, wer man ist
- Andere kennenlernen, entdecken, wie die anderen anders sind
- Anerkennung, Akzeptanz, Wertschätzung für sich selbst und andere
- Mitgefühl mit sich selbst und anderen
- Eine Brücke zwischen Menschen, um einander besser zu verstehen und mehr Verständnis füreinander zu finden
- Anerkennung des eigenen Lebens und seiner Bedeutung (einschließlich der Vergangenheit, der Eltern, des/der Ex und so weiter)
- Eine Verbindung mit sich selbst und von dort aus mit anderen herstellen
- Inneres Gleichgewicht, das sich durch äußere Faktoren weniger leicht stören lässt
- Innere Ruhe
- Ein freier(er) Mensch werden, dessen Glück weniger bis gar nicht mehr von Menschen in der Umgebung, von den Umständen und Ähnlichem abhängt
- Mehr Spaß und Freude am Leben!

Enneagramm für Dummies – Schummelseite

Liebe ist ...

Es gibt viele Erscheinungsformen von Liebe. Jeder Mensch drückt seine Liebe anders aus, zeigt sie anders. Hier ein Beispiel zu jedem Typ, wie er Liebe äußern könnte:

- ✔ Perfektionisten zeigen ihre Liebe in Sorgfalt, in ihrer Aufmerksamkeit und in ihren Bemühungen, für diejenigen, denen ihre Liebe gilt, alles perfekt zu machen.
- ✔ Geber zeigen ihre Liebe durch ihre Investitionen in die Beziehung, indem sie sich unbegrenzt für diejenigen einsetzen, denen ihre Liebe gilt.
- ✔ Dynamiker zeigen ihre Liebe in ihren Bemühungen, der beste Partner, der beste Elternteil, das beste (Schwieger-)Kind, der/die beste Freund(in) zu sein.
- ✔ Individualisten zeigen ihre Liebe in ihren Bemühungen, in die Beziehung mit den Menschen, denen ihre Liebe gilt, Tiefgang und Verbundenheit zu bringen.
- ✔ Beobachter zeigen ihre Liebe, indem sie dem/der Geliebten, der Familie oder anderen Personen oder Dingen, denen ihre Liebe gilt, Platz in ihrem Kopf einräumen, und in ihren Bemühungen, für sie eine solide Basis zu schaffen und zu sein.
- ✔ Loyale Skeptiker zeigen ihre Liebe in ihrer Sorge und Wachsamkeit, wo dem/der Geliebten, der Familie oder anderen, denen ihre Liebe gilt, Gefahr drohen könnte.
- ✔ Optimisten zeigen ihre Liebe in ihren Bemühungen, die Menschen, denen ihre Liebe gilt, auf der Achterbahnfahrt von einer positiven Erfahrung zur nächsten mitzunehmen und mit ihnen gemeinsam all das Schöne und Erfreuliche zu genießen, was das Leben zu bieten hat.
- ✔ Bosse/Beschützer zeigen ihre Liebe in ihren Bemühungen, diejenigen, denen ihre Liebe gilt, zu beschützen und zu kontrollieren.
- ✔ Vermittler zeigen ihre Liebe in ihren Bemühungen, in Harmonie mit den Menschen zu bleiben, denen ihre Liebe gilt, und sich ihnen zu diesem Zweck anzupassen.

Enneagramm
für Dummies

Jeanette van Stijn

Enneagramm für Dummies

Übersetzung aus dem Niederländischen von Susanne Bonn

Fachkorrektur von Pamela Michaelis

WILEY-VCH

WILEY-VCH Verlag GmbH & Co. KGaA

Bibliografische Information der Deutschen Nationalbibliothek
Die Deutsche Nationalbibliothek verzeichnet diese Publikation
in der Deutschen Nationalbibliografie; detaillierte bibliografische
Daten sind im Internet über http://dnb.d-nb.de abrufbar.

1. Auflage 2011

Printed in Germany

Gedruckt auf säurefreiem Papier

Coverfoto: Ajmone Tristano®/Shutterstock®
Korrektur: Frauke Wilkens, München
Satz: Mitterweger und Partner, Plankstadt
Druck und Bindung: CPI – Ebner & Spiegel, Ulm

ISBN: 978-3-527-70708-9

Widmung

Alle, die zu meinem Leben gehören oder gehörten, haben zu der Person beigetragen, die ich heute bin. Jede Begegnung, kurz oder lang, intensiv oder oberflächlich, schön oder weniger schön, hat Spuren in mir hinterlassen. Sie haben zu den Lektionen beigetragen, die ich gelernt habe und noch lernen muss, mich dorthin gebracht, wo ich heute stehe, mich zu dem Menschen gemacht, der ich jetzt bin. Damit sind sie ein bleibender, unauslöschlicher Teil meiner selbst geworden. Ich widme dieses Buch all jenen Menschen, denen ich auf meinem Weg begegnet bin, und danke ihnen.

Danksagung

Ich danke herzlich »meinen Männern«; ohne sie gäbe es dieses Buch nicht. Wie viel Unterstützung habe ich erfahren bei diesem ersten Buch, das ich geschrieben habe! Fast zwei Monate lang habe ich mich auf unser Boot zurückgezogen, um dieses Buch zustande zu bringen. Inzwischen hat mein Mann zu Hause die Stellung gehalten und eine wertvolle, intensive Zeit mit unseren Söhnen verbracht. Wunderbar waren die Pausen am Sonntag, wenn sie zu mir aufs Boot kamen und wir in See stachen. Montags war ich dann immer besonders produktiv.

Ebenso herzlich danke ich meiner Lieblingstante Miek; bei jedem schreiberischen oder sonstigen Hänger stand sie (am Telefon) mit weisen Worten, Rat und Trost bereit. Ebenso viel Dank verdient meine Freundin Alexandra. Wie seltsam, dass sich unsere Wege zum zweiten Mal kreuzten. Ohne dich wäre dieses Buch erst recht nicht entstanden. Du hast mir geholfen, aus meiner »Innenwelt« wieder in die »Außenwelt« zurückzukehren.. Auch du warst jederzeit telefonisch ansprechbar für mich, mit deiner Freundschaft und professioneller Beratung. Nicht zuletzt hast du mir als eifrigste und beständige Mitleserin viele Hinweise in die richtige Richtung gegeben.

Ich danke außerdem allen, die auf dieser Reise der inneren Arbeit meine Weggefährten waren, insbesondere aber zwei Personen, mit denen mich dank der gemeinsamen Reise eine pythagoreische Freundschaft verbindet: Charlotte Krop und Hannah Nathans. Vielen Dank, Charlotte, dass du mich immer wieder an den Weg des Herzens erinnerst und dazu inspirierst. Vielen Dank, Hannah, dafür, dass du ein unerschöpflicher Brunnen von Wissen, Erfahrung und Einsicht bist, und für das Glück, dass ich daraus so viel trinken durfte. Vielen Dank für eure Freundschaft.

Ich danke dem Wiley-Verlag, der es ermöglicht hat, dass dieses Buch nun auch in deutschsprachigen Ländern erhältlich ist. Mein Dank gebührt außerdem meiner deutschen Kollegin und Enneagramm-Lehrerin Pamela Michaelis, die die Fachkorrektur der deutschen Ausgabe übernommen hat.

Ich danke meinen Nachbarn am Liegeplatz: für Entspannung, ein Gläschen Wein und Gespräche zwischendurch. Kees, ich hoffe, du siehst, dass es ein *Happy End* geworden ist, denn danach hast du jedes Mal gefragt.

Über die Autorin

Jeanette van Stijn wurde von Helen Palmer und David Daniels im *Enneagram Professional Training Program* (EPTP) in ihrem Ausbildungsinstitut Enneagram Worldwide in Kalifornien als Enneagramm-Trainerin ausgebildet. Sie war zunächst als Supervisorin, später auch als Dozentin mit Enneagram Worldwide verbunden. Dafür erhielt sie eine zusätzliche Ausbildung von Helen Palmer und David Daniels und ist in den Niederlanden als Einzige berechtigt, deren Methode weiterzugeben. Zusammen mit Hannah Nathans gründete Jeanette van Stijn die Enneagram Stichting Nederland (ESN), die die beiden Gründerinnen zu Ehrenmitgliedern ernannte.

Bevor Jeanette van Stijn das Enneagramm kennenlernte, hat sie einen breit gefächerten beruflichen Hintergrund durch Ausbildung und Berufserfahrung erworben. Der rote Faden darin war immer, die Weiterentwicklung von Menschen und Organisationen zu fördern. Wie bringt man das Beste in den Menschen zum Vorschein? Wie kann man Menschen dabei helfen, das Beste in sich selbst zum Vorschein zu bringen?

Ihr Erststudium absolvierte sie an der Höheren Hotelschule in Den Haag, die damals auch »Hochschule für Betriebswirtschaft« hieß. Das Gastgewerbe ist eine Branche für und von Menschen, in der das Management von Menschen im Mittelpunkt steht. Während ihres Zweitstudiums an der Vrije Universiteit Amsterdam im Fachbereich Kulturelle Anthropologie (Kultur, Organisation und Management) arbeitete Jeanette van Stijn als Organisationsberaterin. Seit ihrem 27. Lebensjahr ist sie selbstständige Unternehmerin.

In ihrer Arbeit als Organisationsberaterin verschob sich der Schwerpunkt: Der Mensch rückte immer mehr ins Zentrum, und Jeanette van Stijn entwickelte sich mehr und mehr zum Coach, Trainer und Mediator. Das Enneagramm eroberte schnell einen immer größeren Platz in ihren Aktivitäten und ihrer Arbeit mit Menschen. 2003 beschloss sie, sich nur noch mit Menschen und dem Enneagramm zu beschäftigen. Jeanette van Stijn verließ ihr inzwischen gewachsenes Organisationsberatungsbüro und begann zwei neue Aktivitäten:

Mit der Firma Reflexxi bietet Jeanette van Stijn Lesungen, Coaching und Trainings mit dem Enneagramm an. Mit Enneagram Nederland bietet sie die Ausbildung nach Helen Palmer/Enneagram Worldwide und viele andere Seminare und Workshops zum Enneagramm zur offenen Einschreibung an.

Cartoons im Überblick

von Ben Huisjes

Seite 33

Ich denke ... ich denke nicht ... ich denke ...

Seite 87

Noch ein Versuch?

Seite 131

Ich empfehle Ihnen LSD.

Seite 187

Der alte Pythagoras ist in letzter Zeit ein ganz schöner Erbsenzähler geworden ...

Seite 247

Halt, langsam ... willst du nicht erstmal bis zehn zählen?

Seite 289

Inhaltsverzeichnis

Teil V
Die Wurzeln des Enneagramms 247

Kapitel 18
Herkunft und Entwicklung des Enneagramms 249

Kapitel 19
Schulen und Strömungen des Enneagramms 259

Kapitel 20
Die Tradition der inneren Arbeit 269

Einführung

Seit vielen Jahren wächst überall auf der Welt das Interesse am Enneagramm. Vielleicht haben Sie schon davon gehört, bei der Arbeit, bei einem Seminar oder bei Freunden oder Verwandten. Das Enneagramm, wie es in diesem Buch beschrieben wird, ist etwa zwanzig bis dreißig Jahre alt und ein beliebtes und anerkanntes Modell in vielen Berufsgruppen.

Das Enneagramm wurde so beliebt, weil viele das Bedürfnis nach Selbsterkenntnis und Weiterentwicklung haben, den Wunsch, die Menschen in ihrer Umgebung besser zu verstehen – den Partner, die Kinder, die Eltern, den Chef, die Kollegen und so weiter. Warum tun Menschen das, was sie tun? Warum können Menschen so heftig zusammenstoßen? Das Enneagramm macht das sichtbar. Das Enneagramm ist eine mitfühlende Methode, durch die Menschen mehr Verständnis für den anderen erwerben. Größere Einsicht und besseres Verständnis dafür, warum Dinge geschehen, wie sie geschehen. Das Enneagramm hilft Menschen, Brücken vom einen zum anderen zu bauen.

Über dieses Buch

Das Ziel dieses Buches ist es, Ihnen eine klare, knappe, praktische und verständliche Übersicht über die Welt des Enneagramms zu bieten. Es soll Sie außerdem dazu anregen, es selbst auszuprobieren. Das Buch ist etwas für Sie, wenn Sie Ihr Leben als Reise betrachten, auf der es noch viel zu entdecken, zu erleben und zu lernen gibt.

- ✔ Was ist das Enneagramm?
- ✔ Was können Sie damit anfangen?
- ✔ Die Sprache des Enneagramms
- ✔ Der Aufbau der Persönlichkeitsstruktur
- ✔ Ausführliche Beschreibung der Typen
- ✔ Anwendungen und Übungsmethoden
- ✔ Die verschiedenen Strömungen
- ✔ Spiritueller Blickwinkel

Ich habe dieses Buch aus zwei Gründen geschrieben. Erstens hat mir das Enneagramm persönlich sehr viel gebracht, es hat mein Leben verändert. Ich habe weniger Schwierigkeiten mit meinen Stolperfallen und erfahre immer größere Freiheit in den Entscheidungen, die ich treffe. Ein Ergebnis war für mich, dass ich meinen Anteil an meinem Organisationsberatungsbüro verkauft habe, um mich ganz dem Enneagramm zu widmen. Diese Entscheidungsfreiheit und innere Ruhe gönne ich jedem Menschen.

Der zweite Grund hängt mit dem ersten zusammen. In den Seminaren, Trainings und Workshops, die ich zum Thema Enneagramm leite, fragen die Teilnehmer oft, welches Buch ich für den Anfang empfehlen könnte – ein Buch, das einen leichten Einstieg bietet und ein praktisches Bild der Möglichkeiten und Übungen zur Weiterentwicklung. Sie halten dieses Buch gerade in den Händen.

Törichte Annahmen über den Leser

Dieses Buch wurde für Menschen geschrieben, die es für sich selbst, für ihre persönliche Weiterentwicklung nutzen möchten, und für professionelle Nutzer, die sich beruflich für dieses Werkzeug interessieren. Berater, die sich weiter in das Enneagramm vertiefen, haben oft gemeinsam, dass sie beruflich mit dem (Nicht-)Funktionieren von Menschen in Berührung kommen. Sie können ein Werkzeug gut gebrauchen, das ihnen schneller Einblick in die Eigenarten der Menschen verschafft, mit denen sie arbeiten. Das betrifft Führungskräfte, Mediatoren, Coaches, Personalleiter, Beziehungstherapeuten, Seelsorger, Organisationsberater, Managementtrainer, Teambuilder, Dozenten, Ärzte, Unternehmer und viele andere.

Zu den Beispielen

Alle in diesem Buch genannten Beispiele geben einen Eindruck von den Neigungen, die viele Menschen zeigen, die sich in einem bestimmten Typ wiedererkennen. Das heißt nicht, dass jeder, der sich in dem jeweiligen Typ wiedererkennt, genau gleich funktioniert. Die Wirklichkeit ist viel differenzierter.. Deshalb kann es leicht sein, dass Sie sich in den Mechanismen eines Typs wiedererkennen, aber nicht in dem Beispiel, das ich für diesen Typ vorstelle. Vielleicht funktioniert es bei Ihnen anders. Auch wenn Sie die Mechanismen erkennen, bleiben Sie ein einzigartiges Individuum!

Anstelle der gewählten Beispiele hätte ich auch viele andere anführen können. Die Beispiele sind zur Illustration gedacht und geben kein vollständiges Bild der Typen wieder. Ich habe sie aus dem ausgewählt, was ich in zwölf Jahren intensiver Arbeit mit Menschen, mit dem Enneagramm gesammelt habe, insbesondere aus dem, was mir viele Menschen in Enneagramm-Panels erzählt haben.

Strömungen

Das Enneagramm kennt verschiedene Strömungen. Die vorhandenen Bücher wurden meist aus dem Blickwinkel einer dieser Richtungen geschrieben. Dieses Buch benennt diese Strömungen und lässt Autoren und Kursteilnehmer verschiedener Strömungen zu Wort kommen. Damit soll Ihnen ein Eindruck von der Welt des Enneagramms vermittelt werden. Als Trainerin werde ich nämlich auch immer wieder gefragt, was es denn mit den Unterschieden auf sich hat. Ich selbst gehöre natürlich auch einer solchen Strömung an: Meine erste Begegnung mit dem Enneagramm fand bei Helen Palmer und David Daniels statt, die mich in San Francisco ausbildeten. Wie gesagt hat mir das viel gebracht. Meine Sichtweise wurde dadurch geformt. Ich habe diese Ausbildung als sehr gut erfahren. Die Herangehensweise an das Enneagramm und die Entwicklungsmethode, wie sie in diesem Buch beschrieben werden, beruhen zu einem großen Teil darauf. Dennoch finde ich es wichtig, die anderen Strömungen ebenfalls zu nennen. Viele Wege führen nach Rom. Ich hoffe, dieses Buch hilft Menschen, die sich neu am Enneagramm orientieren, Seminare und Dozenten zu finden, die zu ihnen passen.

Wie Sie dieses Buch lesen

Wie alle ... *für Dummies*-Bände ist dieses Buch so aufgebaut, dass Sie die Kapitel, die auf Ihre Situation nicht zutreffen, überspringen können. Auch in den Kapiteln, die Sie tatsächlich lesen, können Sie sich auf die für Sie interessanten Teile beschränken. Symbole helfen Ihnen, die Auswahl zu treffen. (Mehr über die Symbole erfahren Sie weiter hinten in dieser Einführung im Abschnitt »Symbole, die in diesem Buch verwendet werden«.) In manchen Kapiteln gibt es Kästen. Diese Informationen habe ich für interessierte Leser zusätzlich eingebaut.

Wie das Buch aufgebaut ist

Teil I: Willkommen in der Welt des Enneagramms

In Teil I entdecken Sie, was das Enneagramm ist. Außerdem gehe ich darauf ein, dass alle Menschen verschieden sind. Sie lesen, wie das Enneagramm-Modell zwischen neun Mustern für Denken, Fühlen und Handeln unterscheidet. Ihre bevorzugten Muster zu entdecken ist schon ein Schritt auf dem Weg zur Selbsterkenntnis – und damit zur persönlichen Weiterentwicklung. Denn darum geht es beim Enneagramm: Jeder Mensch hat die Möglichkeit sich zu entwickeln. Man muss nur wissen wie!

Teil II: Bausteine des Typmechanismus

Die Bausteine, aus denen die Beschreibungen der Typstrategien zusammengesetzt sind, bilden die Ausgangspunkte für das Enneagramm. Hier entdecken Sie, dass alle neun Typen aus denselben Bausteinen bestehen, aber der Inhalt dieser Bausteine von Typ zu Typ verschieden ist. Das Grundmuster von Denken, Fühlen und Handeln ist ein Mechanismus, der nicht einen, sondern neun verschiedene Inhalte hat. Nach der ersten, kurzen Begegnung mit den Enneagramm-Typen in Teil I erfahren Sie jetzt ausführlicher, wie unsere Gedankenmuster funktionieren und wie unsere Gedanken und Gefühle sich gegenseitig beeinflussen. Wie die automatischen, vorhersagbaren Muster aussehen, die hieraus entstehen. Dabei erkunden wir, wie wir auf psychologischer Ebene funktionieren. Das Enneagramm behauptet nicht, dass es nur neun Menschentypen auf der Welt gibt; das wäre lächerlich. Jeder Mensch ist einzigartig, daher gibt es ebenso viele Typen wie Menschen auf der Welt.

Teil III: Was fange ich damit an?

In diesem Teil treten wir kurz auf der Stelle. Sie haben allerlei Fachbegriffe, Einzelheiten der Persönlichkeitsstruktur und der neun Typmechanismen kennengelernt. In Teil III finden Sie Beispiele, was Sie mit all dem anfangen können, was bis dahin besprochen wurde. Darum geht es schließlich. Die Anwendungsmöglichkeiten, von denen Sie hier lesen, dienen als Anleitung und zur Inspiration. Sie können eingesetzt werden, ohne den intensiven Weg der persönlichen Entwicklung zu gehen, der in Teil IV vorgestellt wird. Sie lesen in Kapitel 11 von allgemeinen Anwendungsmöglichkeiten am Arbeitsplatz. Das ist für viele, wenn nicht für alle Berufe nützlich. In Kapitel 12 erfahren Sie etwas über Anwendungsmöglichkeiten für Führungskräfte und bei der Vermittlung in Konflikten. Kapitel 13 befasst sich mit Anwendungsmöglichkeiten in Eins-zu-eins-Arbeitssituationen, wie sie bei Coaches, Therapeuten, (Betriebs-)Sozialarbeitern und anderen vorkommen.

Teil IV: Ich kenne meinen Typ, und jetzt?

Wie der Weg der Weiterentwicklung und Selbstverwirklichung mit dem Enneagramm aussehen kann und was Sie selbst dafür tun können, lesen Sie in Teil IV. Sie gewinnen Einsichten in Ihr Lernen und den Lernweg, den Sie (unbewusst) schon zurückgelegt haben. Sie entdecken, dass es wahrscheinlich kein Zufall ist, was Sie bisher durch Hinfallen und Wiederaufstehen gelernt haben. Sie erfahren etwas über den Unterschied zwischen Lernen und Entwickeln auf psychologischer Ebene und vom Funktionieren auf verschiedenen Ebenen und Bewusstseinszuständen. Auch wenn es um unsere Entwicklung geht, führen viele Wege nach Rom. Sie lernen zwei Wege der Weiterentwicklung aus spirituellen Traditionen kennen: die »Via negativa« und die »Via positiva«. In verschiedenen Abschnitten finden Sie Tipps für Ihre persönliche Weiterentwicklung, für die Selbstbeobachtung, aber auch Aufgaben. Sie lesen, was Sie üben können, um sich weiterzuentwickeln. Das letzte Kapitel behandelt das spirituelle Enneagramm. Auch wenn Sie nicht an Spiritualität interessiert sind, empfehle ich Ihnen, dieses Kapitel zu lesen, weil auch darin wertvolle, »weltliche« Tipps für Ihre persönliche Entwicklung enthalten sind.

Teil V: Die Wurzeln des Enneagramms

In Teil V entdecken Sie, wie zeitlos innere Arbeit ist, und Sie erfahren, woher das Wort Therapeut stammt. Sie lesen, wie Sie aus dieser Perspektive das Enneagramm betrachten können und was sie zum Bild des psychologischen Enneagramms beiträgt. In diesem Teil lesen Sie vom Ursprung bestimmter Sichtweisen, die Ihnen beim spirituellen Enneagramm in Teil IV begegnet sind. Wir beginnen mit der neueren Geschichte des Enneagramms im Westen. Danach lesen Sie von den verschiedenen Strömungen oder Schulen, die es zurzeit gibt. Dieses Wissen hilft Ihnen vielleicht, bewusster auszuwählen, welche Art der Enneagramm-Arbeit zu Ihnen passt und Ihnen weiterhilft. Sie erfahren einiges über verschiedene Enneagramm-Strömungen und über die Traditionskette dieser inneren Arbeit durch die Jahrhunderte. Auch das Enneagramm steht in einer Tradition, in der Weisheit von einem Menschen zum anderen, von einer Generation zur nächsten weitergegeben wird. Sie erfahren, dass es »das« Enneagramm nicht gibt, dass es ein *work in progress* bleibt. Sie lesen, wie es dadurch eine beständige Sinnquelle für einzelne Menschen bleibt, für Menschen wie Sie und ich.

Teil VI: Der Top-Ten-Teil

Am Schluss finden Sie den beliebten festen Bestandteil der ... *für Dummies*-Reihe, die Top-Ten-Listen: zehn Anwendungsmöglichkeiten des Enneagramms und zehn Buchtipps. Damit das Enneagramm Sie noch mehr begeistern kann.

Symbole, die in diesem Buch verwendet werden

In diesem Buch finden Sie am Rand häufiger Symbole, die auf bestimmte Informationen hinweisen. Hier erfahren Sie, welches Symbol was bedeutet:

Dieses Symbol verweist auf Informationen, die ich besonders hervorheben möchte und die das Lesen unbedingt lohnen. Vielleicht wollen Sie diese Informationen markieren oder speichern, um sie später noch einmal nachzuschlagen.

Manche Begriffe, die sich auf das Enneagramm beziehen, hören sich vielleicht erst einmal seltsam an. Die Informationen neben diesem Icon erklären Fachbegriffe. Ehe Sie sich versehen, reden Sie schon wie ein Profi!

Diese kleine Bombe warnt Sie vor möglichen Problemen oder häufig vorkommenden Fehlern.

Dieses Symbol führt Sie zu verschiedenen Übungen, um Ihr Wissen über Ihren Typ oder das Enneagramm zu vertiefen. Wenn Sie Übungen suchen, achten Sie auf dieses Symbol.

Dieses Symbol verweist auf einen guten Tipp, eine Anleitung oder praktische Informationen. Überspringen Sie solche Abschnitte nicht!

Dieses Symbol bietet Ihnen ein erklärendes Beispiel, um den Stoff noch besser zu behalten. Beispiele aus der Praxis finden Sie neben diesem Symbol.

Wie es weitergeht ...

Manche werden sich mit *Enneagramm für Dummies* auf die Suche nach dem eigenen Typ beschränken. Ich hoffe aber, dass die vielen Möglichkeiten, die das Enneagramm bietet, Sie berühren und dazu anregen werden, es aktiv zu nutzen. ... *für Dummies*-Bücher sind so aufgebaut, dass Sie von Anfang bis zum Ende Kapitel für Kapitel lesen können, gleich zum Ende blättern oder zwischen den Kapiteln, die Sie gerade am meisten interessieren, hin und her springen können. Suchen Sie nach Grundwissen über das Enneagramm? Schauen Sie dann in Teil I und II dieses Buches. In Kapitel 4 finden Sie spezifische Informationen, wie Sie Ihren Typ entdecken. Wenn Sie das Enneagramm bei der Arbeit oder als Führungskraft anwenden wollen, schlagen Sie Kapitel 11 und 12 auf. Wollen Sie als professioneller Begleiter das Enneagramm einsetzen? Blättern Sie gleich vor zu Kapitel 13.

Alle sind herzlich eingeladen, sich in *Enneagramm für Dummies* zu vertiefen und die Früchte zu ernten. Viel Erfolg und viel Freude dabei!

Teil I

Willkommen in der Welt des Enneagramms

In diesem Teil ...

Hier entdecken Sie das Enneagramm: eine Methode, sich selbst kennenzulernen. Eine Methode, um andere Menschen besser zu verstehen. Dass wir alle verschieden sind, wissen wir, aber die Frage ist: Wie unterscheiden wir uns? Ich habe noch nie jemanden getroffen, der nicht an dem Thema »Menschen« interessiert war. In diesem Teil erfahren Sie, wie das Enneagramm-Modell neun Muster im Denken, Fühlen und Handeln unterscheidet und dass jeder von uns ein bevorzugtes Muster hat. Vielleicht erkennen Sie schon zu Beginn dieser Reise, welches Muster Sie bevorzugen. Dieses Muster zu entdecken, ist ein erster Schritt auf dem Weg zur Selbsterkenntnis – und damit zur persönlichen Entwicklung. Denn darum geht es beim Enneagramm: Jeder Mensch hat die Möglichkeit, sich weiterzuentwickeln. Man muss nur wissen, wie!

Das Enneagramm ist Landkarte und Wegbeschreibung in einem.

Das Enneagramm im Überblick

1

In diesem Kapitel

- Das Enneagramm kennenlernen
- Die eigene Brille im Enneagramm erkennen
- Selbstmanagement
- Die psychologische und die spirituelle Seite der Medaille

Die Persönlichkeitstypen des Enneagramms werden mit Ziffern bezeichnet: Typ 1 bis Typ 9. In anderen symbolischen Systemen steht die Zahl 0 für … den Narren oder den Dummie! Das klingt nicht schlecht, wenn Sie sich anschauen, welche Bedeutung der 0 als Symbol zugeschrieben wird: Sie steht für die ursprüngliche Ganzheit, den paradiesischen Urzustand, aber auch für Verbindung, für einen neuen oder sich wiederholenden Zyklus, in den man ohne Vorerfahrung eintritt.

Die 0 ist auch die Basis des Enneagramm-Symbols. Das Enneagramm dient als Entwicklungsweg zur Ganzheit, zur Verbindung mit uns selbst und mit anderen, es hilft, verborgene Zustände in uns selbst kennenzulernen. Kurz gesagt wird uns dadurch bewusst, was in uns schlummert und nur unbewusst vorhanden ist. Die 0 oder den Dummie nennt man auch den »Geist, der Erfahrungen machen will«. Dabei lässt er sich von Neugier und Verlangen leiten. Ohne festgelegten Plan geht er spontan und sorglos, naiv und frischen Mutes seinen Weg voller Überraschungen. Er ist das liebenswerte Kind in uns. Weil er seinen Verstand ausschaltet, kann er spielen, lachen, träumen und Spaß haben. Er ist ein freier Mensch. Wenn wir mehr Freude an und in unserem Leben haben wollen, müssen wir uns mit dem Dummie in uns anfreunden.

Enneagramm für Dummies ist also das Enneagramm für diejenigen, die freie Menschen werden wollen … Das Enneagramm ist nützlich für Menschen, die mehr Freude an und in ihrem Leben haben wollen. Die weniger unter Einschränkungen leiden wollen. Oder die es satthaben, mehr Leid als Freude an sich selbst zu haben. Der Narr wird oft mit einem Proviantbeutel dargestellt. Dieser Beutel symbolisiert das Bündel nicht genutzten Wissens in uns. Das Enneagramm ist ein Hilfsmittel, um dieses Bündel, das Sie mit sich herumtragen, zu entdecken und seinen Inhalt nutzen zu lernen.

Es geht los

Vielleicht denken Sie bei dem Wort Enneagramm an eine komplizierte Methode mit einer Menge unerklärlicher Fachbegriffe. Wir beginnen mit einer Erklärung des Enneagramms. Was ist unser Ausgangspunkt? Von wo aus gehen wir auf die Reise?

Was ist ein Enneagramm?

Das Wort Enneagramm kommt aus dem Griechischen. »Enneas« bedeutet neun, »gramm« wird übersetzt als schreiben oder etwas, das geschrieben oder gezeichnet wurde. Es ist ein Symbol, das aus einem Kreis besteht, auf dem neun Punkte eingezeichnet sind. Diesem Symbol werden verschiedene Bedeutungen zugeschrieben. So wird der Ablauf von Prozessen darin zusammengefasst (Prozessmodell). Andere verwenden es, um neun verschiedene Zustände zu beschreiben, in denen sich ein Mensch befinden kann. »Das« Enneagramm gibt es also eigentlich nicht, zumindest nicht als eindeutiges Bedeutungssystem, als Symbol schon.

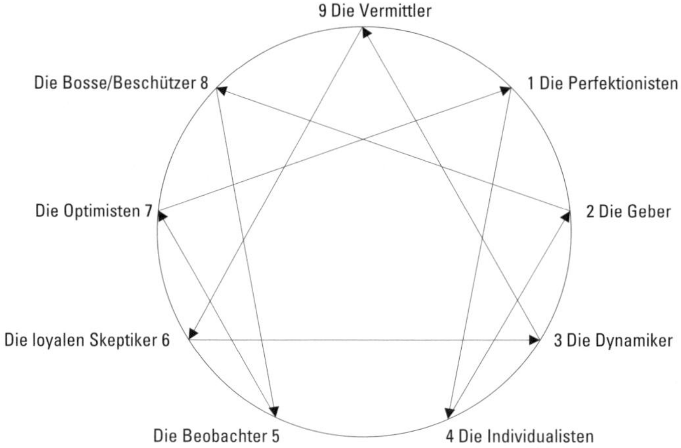

Abbildung 1.1: Das Enneagramm

Die Bedeutung des Enneagramm-Symbols, wie es in diesem Buch dargestellt wird, ist das Enneagramm als Modell, das neun Persönlichkeitsstrukturen zusammenfasst. Im Enneagramm-Jargon nennen wir die Persönlichkeitsstrukturen kurz die Typen. Wenn ich in diesem Buch vom Enneagramm spreche, dann meine ich damit die psychologischen und spirituellen Aspekte der Typen.

Mehr Verständnis für das »Anderssein«

Dass wir alle verschieden sind, erleben Sie vermutlich ständig im Umgang mit anderen. Das ist nichts Neues. Die Frage lautet, wie und worin wir uns unterscheiden. Das zu verstehen ist viel schwieriger. Das Enneagramm hilft uns dabei. Die vielen Menschen, die vor Ihnen das Enneagramm kennengelernt haben, gewannen dadurch nicht nur Verständnis dafür, wie sich die Menschen unterscheiden. Es führte auch zu mehr Verständnis für andere Menschen, also mehr Verständnis für das Anderssein des anderen. Das halte ich für eins der schönsten Angebote, die das Enneagramm für uns bereithält: eine Brücke zwischen Menschen.

Neun Brillen, um die Welt zu betrachten

Im Enneagramm werden also neun Persönlichkeitsstrukturen unterschieden. Das können Sie sich vorstellen wie neun verschiedene Brillen, durch die der Blick auf dieselbe Wirklichkeit fällt. Die Brille filtert, was man sieht, welcher Teil der verfügbaren Informationen ankommt und wie er weiter verarbeitet wird. In der Psychologie nennen wir das (selektive) Wahrnehmung. Wir nehmen selektiv wahr. Wenn Sie sich das bewusst machen, verstehen Sie sofort, wie sinnlos die »Nein! Doch!«-Diskussionen sind, die Sie in Ihrem Leben schon mitbekommen haben (bei sich selbst oder bei anderen). Meist steckt das Problem darin, dass die Beteiligten durch verschiedene Brillen schauen und deshalb tatsächlich etwas anderes sehen. Möglicherweise das, was die eine Person wahrgenommen oder erfahren hat, ebenso wahr wie das, was der andere wahrgenommen oder erfahren hat. Daraus können die beiden gemeinsam nur die eine Schlussfolgerung ziehen, dass man das Geschehen anders wahrgenommen, anders erfahren hat. Dies ist der erste Schritt zum Verständnis für den anderen, zu Respekt vor dem anderen und vor dem, was er anders gesehen/erfahren hat.

Was jemanden im Enneagramm anspricht, hängt davon ab, wen man fragt

Ich habe einige Menschen gefragt, was sie bei der Arbeit mit dem Enneagramm anspricht, und erhielt folgende Antworten:

- ✔ Das Modell greift perfekt ineinander, die Methode ist sehr gründlich.
- ✔ Es hilft mir, mich noch mehr auf die Bedürfnisse anderer einzustimmen.
- ✔ Es ist effizient und zielgerichtet.
- ✔ Es ist tiefgründig und lenkt den Blick darauf, dass wir alle verschieden und einzigartig sind.
- ✔ Es ist strukturiert, passt genau zusammen und bringt Weisheit.
- ✔ Es bietet Sicherheit, es ist ein klares Modell und ein zuverlässiges System.
- ✔ Es ist eine faszinierende Methode mit vielen Möglichkeiten, Menschen zu betrachten.
- ✔ Es zeigt die Wahrheit über Menschen und ist eine kraftvolle Wachstumsmethode.
- ✔ Es bringt Harmonie in mir und zwischen Menschen.

Betrachten Sie die Liste der Antworten auf die Frage, was die Menschen am Enneagramm anspricht, noch einmal. Ist eine Antwort (oder mehrere) dabei, die Ihnen relevanter erscheint als die anderen, um zu einem Urteil zu gelangen? Zum Beispiel, ob etwas gründlich, tiefgründig oder sicher ist? Es geht nicht so sehr darum, ob Sie mit der Antwort in Bezug auf das Enneagramm übereinstimmen, sondern darum, ob eine Brille dabei ist, die besser zu Ihnen passt als die anderen Brillen.

Dies ist ein erstes Beispiel dafür, welche Antworten die neun Typen geben würden. Ihre Aufmerksamkeit richtet sich auf verschiedene Aspekte des Modells, weil ihnen verschiedene Dinge wichtig sind. So funktioniert das Enneagramm.

Modell

Menschen sind neugierig auf sich selbst. Warum reagiere ich in dieser Situation so und du so? Warum ist es bei dir so hektisch und bei mir nicht? Warum fand ich die Besprechung gestern so schrecklich und mein Kollege überhaupt nicht?

Die Art und Weise, wie unser Denken und unsere Gefühle funktionieren, ist faszinierend. Seit Jahrhunderten versuchen die Menschen, das besser zu verstehen. Wir wissen von den griechischen Philosophen, dass sie über unser Denken nachdachten. Die Wirklichkeit ist so komplex, dass wir versuchen, sie zu verstehen und leichter begreiflich zu machen. Das tun wir, indem wir Aspekte der Wirklichkeit in Modellen wiedergeben. Wir Menschen, unsere Struktur, unsere Funktionsweise, sind ebenfalls so komplex, dass wir kaum oder gar nicht zu begreifen sind. Dennoch haben wir die Eigenheit, dass wir uns besser verstehen, uns selbst kennenlernen wollen. Daher bestand Bedarf an Modellen, die die komplexe Natur des Menschen leichter begreiflich machen. Man hat also Modelle entwickelt, um die Unterschiede zwischen uns beobachten und verstehen zu können. Das ist ein Teil der Wirklichkeit, die im Enneagramm beschrieben wird. Aber es bleibt ein Modell und ist nicht die Realität selbst. Die Wirklichkeit sind wir – lauter einzigartige Individuen.

Getrennt durch Raum und Zeit haben verschiedene Kulturen der Welt Systeme entwickelt, die einander bei näherer Betrachtung stark ähneln. Die Menschen haben sich in Meditation oder Gebet nach innen gewendet und sind dabei an verschiedenen Orten zu verschiedenen Zeiten zu dem Schluss gekommen, dass wir uns selbst behindern, indem wir an vertrauten Gedankenmustern, mentalen Gewohnheiten festhalten und dadurch blind werden für andere Gesichtspunkte.

... und Methode

Nun stellt sich die Frage, wozu man Verständnis für sich selbst und für andere braucht. Was bringt es, wie hilft es mir? Einsicht allein ändert noch nichts. Sie führt nicht automatisch zur persönlichen Weiterentwicklung. Dazu brauchen wir nicht nur ein Modell, das uns das Verstehen erleichtert, sondern auch eine Methode, um zu üben. Auch die bietet das Enneagramm.

Es gibt ganze Bücherschränke voll Literatur über das Enneagramm als Modell. Dass es auch eine Übungsmethode bietet, eine Methode zur Selbstentwicklung oder zum Selbstmanagement, ist dagegen weniger bekannt. Wenn Sie dieses Buch gelesen haben, sollten Sie sehr wohl eine Vorstellung haben, was Sie damit anfangen können.

Landkarte unseres Inneren

Es gibt viele Modelle mit Einteilungen von Persönlichkeitsstrukturen. Die meisten orientieren sich an äußerlich wahrnehmbaren, beschreibbaren Merkmalen: Sind Sie eher extrovertiert oder introvertiert? Sind Sie eher ein Anführer oder ein Mitläufer? Das Enneagramm setzt die Akzente anders: Die Persönlichkeitsstrukturen werden auf der Grundlage dessen definiert und beschrieben, was im Inneren von uns Menschen geschieht. Das Enneagramm ist also eher eine Landkarte unseres Inneren.

Eine Landkarte muss man lesen und nutzen lernen. Wo ist Norden und wo Süden? Wie sieht ein Fußweg aus, ein Fluss, eine Brücke, um den Fluss zu überqueren? Das Gleiche gilt für das Enneagramm. Der erste Schritt auf Ihrem Weg mit der Landkarte des Enneagramms besteht darin, sich mit der Sprache vertraut zu machen, in der unsere innere Struktur beschrieben wird. Im ersten Teil des Buches wird vor allem diese Sprache erklärt und herausgearbeitet, was damit gemeint ist. Danach geht es an die Arbeit.

Zwei in einem

Der Nutzen des Enneagramms besteht darin, dass es eine auf die Landkarte des Inneren abgestimmte Methode der (Selbst-)Entwicklung bietet. Bei anderen Methoden der Selbstentwicklung sind die Aufgaben und Tipps im Prinzip für alle gleich. Das Enneagramm dagegen liefert gleich eine Landkarte mit, auf der die Unterschiede zwischen den Menschen detailliert abgebildet sind. Der Weg zur persönlichen Weiterentwicklung ist beim Enneagramm für jeden Typ anders. Entwicklungsweg und Übungsprogramm entsprechen den Eigenarten des jeweiligen Typs. Das macht das Üben mit dem Enneagramm so effektiv.

Viele Trainer/Coaches und andere Berater haben den Wert des Enneagramms als Modell kennengelernt. Um in der Praxis damit zu arbeiten, braucht man Instrumente, eine Methode. Da weniger bekannt ist, dass das Enneagramm sie auch bietet, kombinieren die Profis oft das Enneagramm mit anderen Techniken. Die Kombination Enneagramm und NLP (Neuro-Linguistisches Programmieren; weitere Informationen finden Sie im Buch *NLP für Dummies*) wird beispielsweise oft verwendet. Es gibt außerdem Trainer/Coaches, die andere Techniken erlernen und erst später die Enneagramm-Landkarte entdecken. Sie haben daher keinen Bedarf am Enneagramm als Methode. Dieses Buch führt das »Zwei-in-einem«-Konzept vor und lässt so die Möglichkeiten und den Wert dieser Kombination erkennen. Zum Beispiel vertieft gerade das Üben der Methode auch das Wissen über die Typen weiter. Ich hoffe, dass sich viele Berater dazu anregen lassen, neben dem Modell auch die Methode zu übernehmen. Sie passt gut zu anderen Techniken und Fertigkeiten, die Sie vielleicht schon erworben haben.

Das bietet das Enneagramm

Einsicht in uns selbst

Das Wichtigste, was das Enneagramm zu bieten hat, ist eine zielgerichtete, einfache Methode, um auf einer tieferen Ebene mehr über sich selbst zu erfahren. Sie werden sich bewusster, wie Sie denken, wie Sie fühlen, warum Sie handeln oder reagieren, wie Sie es tun, warum etwas oder jemand Sie so berührt oder eben nicht, warum bestimmte Menschen eine bestimmte Wirkung auf Sie haben, oder umgekehrt, Sie erfahren, welche Wirkung Sie selbst auf andere haben, wie Sie rüberkommen, und vor allem, wie das alles entsteht. Worauf richtet sich Ihre Aufmerksamkeit am meisten? Was halten Sie in Ihrem Innersten für wichtig? Wonach sehnen Sie sich? Was suchen Sie? Wem oder was gehen Sie aus dem Weg?

Wahlmöglichkeit zur Weiterentwicklung

Stellen Sie sich einmal vor, Sie lernen sich selbst kennen. Sie lernen zu beobachten, worauf Sie Ihre Aufmerksamkeit richten. Sie lernen wahrzunehmen, ohne zu urteilen, wann und wie sich Ihr Typ manifestiert. Sie werden Dinge bemerken, von denen Sie zu Anfang vermutlich gar nichts wussten.

Wenn Ihnen bewusst wird und Sie doch bemerken, wann Ihr Typ »den Autopiloten einschaltet«, kommt der Augenblick, in dem Sie die Wahl haben. Die Wahl, ob Sie Ihrem Typ weiterhin die Regie in Ihrem Leben überlassen, Ihre Gewohnheiten ausführen, wie Sie es immer getan haben. Sie können entscheiden, nicht mehr der Sklave Ihres Typs zu sein, die Freiheit zu haben, nicht mehr zu folgen. Das ist ein Schritt in Ihrer Entwicklung. Es folgen noch weitere. Dies ist nur eine Kostprobe davon, was das Enneagramm zu bieten hat, wenn Sie sich entscheiden, diesen Weg zu gehen: erhöhtes Bewusstsein und mehr Freiheit, um zu handeln.

In meinem Fall war ich nicht nur Sklavin meines Typs, sondern auch Sklavin meiner Arbeit. Wenn etwas noch nicht gut genug war, konnte ich nicht aufhören. Ganz egal, was es war: Erst, wenn alles perfekt geregelt war, konnte ich Feierabend machen und schlafen gehen. Ich habe viele Nächte durchgearbeitet. Weil alles vollkommen sein musste, lagen immer große Stapel auf meinem Schreibtisch, viele und hohe. Neben meinem Schreibtisch, unter dem Schreibtisch, neben meinem Stuhl, ich kaufte einen Extraschrank für die Stapel … Können Sie sich das vorstellen? Das war nicht wirklich gesund für mich, auch nicht besonders schön und gemütlich für die Menschen in meiner Umgebung. Das Enneagramm hat dafür gesorgt, dass ich nicht nur die Stapel gesehen habe, sondern vor allem, wie ich meine eigenen Mechanismen schuf, und hat mir die Wahlfreiheit gegeben, damit aufzuhören. Monatelang habe ich versucht, hier wirklich umzukehren, indem ich mich bei jeder kleinen Aufgabe fragte: »Ist es nicht gut genug so?« Es war eigentlich immer gut genug, und so konnte ich lernen, mit leidigen Gewohnheiten aufzuhören.

In diesem Buch werden Sie sicher auf eine solche Frage stoßen, die Ihnen hilft umzukehren, nicht mehr der Sklave Ihres Typs zu sein.

Innere Arbeit

Innere Arbeit verwende ich als Begriff, um die Arbeit zur persönlichen Weiterentwicklung zu bezeichnen. Es geht nicht um etwas Abgehobenes, nicht um Hokuspokus, sondern einfach um Arbeit, nur eben im Inneren. Jeder kann sie lernen, Sie also auch. Aber wie bei allem, was man lernen will, geht es nicht von allein.

Am Arbeitsplatz wird immer mehr von den Menschen verlangt, sie sollen persönlich und beruflich immer besser werden. Auch wenn es um Professionalisierung geht, ist die innere Arbeit unentbehrlich, wie Sie merken werden. Sie hilft Ihnen, Ihren Beschränkungen ins Gesicht zu sehen und sie dadurch zu überwinden, Ihre Stärken besser einzusetzen. Wenn Sie bestimmte Aspekte Ihrer Persönlichkeit weiterentwickeln wollen, erfordert das Mühe und Zeit, vor allem aber Aufmerksamkeit. Lassen Sie sich nicht gleich abschrecken, legen

Sie das Buch nicht in die Ecke. Bleiben Sie noch etwas dabei, denn innere Arbeit ist Arbeit, die

- ✔ Spaß macht, Vertiefung, Sinn und Inspiration bietet,
- ✔ überraschende Dinge zu Tage fördern kann, Dinge, die für Sie von großer Bedeutung sein können, und
- ✔ Sie zu einem glücklicheren Menschen macht.

Aus diesem letzten Grund habe ich mit dem Enneagramm nicht mehr aufgehört.

Gewinn von Selbstmanagement

Es klingt natürlich schön und anziehend, frei, oder jedenfalls freier, zu werden im Handeln. Der Weg dorthin ist allerdings weit. Seien wir ehrlich: Sie müssen schon von der Wichtigkeit und dem zu erwartenden Gewinn überzeugt sein, bevor Sie bereit sind, den Weg zu gehen. Stimmt's?

Dabei hilft es, sich zu erinnern, was der Gewinn dieser Entwicklung sein könnte. Das Selbstmanagement gewinnt an Bedeutung, wenn Sie

- ✔ Ihr Potenzial voll ausnutzen wollen,
- ✔ bedeutsame und dauerhafte Beziehungen anstreben,
- ✔ weniger unter Ihren Beschränkungen leiden wollen,
- ✔ als Team so effektiv und angenehm wie möglich zusammenarbeiten wollen,
- ✔ danach streben, dass Veränderungen beziehungsweise Konflikte letzten Endes konstruktiv wirken,
- ✔ nach innerer Ruhe und Ausgeglichenheit streben,
- ✔ sichtbarer und wehrhafter durchs Leben gehen wollen,
- ✔ weniger im Streit, sondern mehr in Harmonie und Verbundenheit leben wollen.

Diese Liste könnte noch sehr viel länger werden, aber ich glaube, die Zielrichtung ist klar.

Überlegen Sie einmal, wie wichtig es für Sie ist, sich weiterzuentwickeln. Was wäre der Gewinn für Sie? Für Sie persönlich, für Ihre Beziehung(en), für Ihre Arbeit? Gibt es Dinge in Ihnen, in Ihrem Leben, unter denen Sie weniger leiden wollen?

Entwicklung ohne Hilfsmittel

Viele von uns haben schon erfahren, dass man sich auch ohne Hilfsmittel im Leben weiterentwickelt. Durch meine Lebenserfahrung habe ich mir auch ohne Enneagramm viele Dinge beigebracht und andere abgewöhnt. Ohne Hilfsmittel war das ein langer, beschwerlicher und sogar schmerzhafter Weg, ein Weg mit viel Herumprobieren. Man weiß nicht genau, was man tut; man probiert etwas aus und sieht, wo das Schiff ankommt. Ist das Ergebnis positiv, kann man es noch einmal so machen, wenn nicht, lässt man es in Zukunft bleiben. Das nennt man

Lebenserfahrung sammeln. Nachdem ich das Enneagramm kennengelernt hatte und damit arbeitete, konnte ich mich viel zielgerichteter und daher schneller weiterentwickeln.

Es gibt verschiedene Möglichkeiten zu reisen. Wenn man von Deutschland nach Spanien will, kann man einfach Richtung Süden wandern; möglicherweise erreicht man irgendwann das Ziel – wenn man genug Zeit hat. Vielleicht kommt man aber auch nicht an. Mit einer Karte der Strecke wird die Chance, Spanien zu finden, schon größer. Dann verirrt man sich vielleicht einmal, aber mit der Karte lässt sich der Weg wiederfinden. Wer nun eine effizientere Reisemethode findet, kommt vermutlich noch schneller an. Das bietet das Enneagramm: eine effektive (zielgerichtete) und effiziente Reisemethode auf dem inneren Weg der Entwicklung.

Einige Anwendungsmöglichkeiten

Das Enneagramm ist vielseitig anwendbar. Es eignet sich für alle Situationen, in denen es auf gutes persönliches Handeln und auf Interaktionen zwischen Menschen ankommt. Das persönliche Handeln kann sich auf Sie selbst bei Ihrer Arbeit, in Beziehungen (privat und beruflich), aber auch auf die Erziehung Ihrer Kinder beziehen. Es gibt viele Anwendungsmöglichkeiten im Arbeitsleben.

Hier einige konkrete Beispiele für Möglichkeiten der Entwicklung und der Anwendung:

Entwicklung von	Anwendungsgebiete
Führungsqualitäten	Coaching
Kommunikationsfähigkeit	Ausbildung und Training
Teamfähigkeit	Teamentwicklung
Emotionale Intelligenz	Konfliktschlichtung und -bearbeitung
Managementfertigkeiten	Therapie und Beratung
Soziale Kompetenzen	Veränderungsprozesse in Organisationen
Verkaufsqualitäten	Mediation

Psychologie oder Spiritualität?

Die Aufteilung in Fachrichtungen, wie wir sie heute kennen, ist noch nicht alt. Gemeint sind hier Fächer wie Philosophie, Theologie und Psychologie. Diese Spezialgebiete haben sich in den letzten Jahrhunderten immer stärker auseinanderentwickelt. Früher gab es diesen Unterschied nicht. Der Mensch, das menschliche Handeln, ist schon seit Jahrtausenden der Gegenstand von Untersuchungen und Überlegungen. Zwischen Psychologie und Spiritualität wurde damals nicht unterschieden.

Das Enneagramm ist noch nicht so alt, das im Enneagramm enthaltene Wissen über Menschen wohl. Dieses Wissen stammt aus der Zeit vor der Aufteilung in Fachrichtungen. Manche behaupten, das Enneagramm sei spirituell geprägt, andere betonen die psychologischen Aspekte, die ebenfalls im Enneagramm erkennbar sind. Ich persönlich sehe keinen Unterschied. Bei der Selbstentfaltung gehen Psychologie und Spiritualität Hand in Hand. Das geschieht einfach, ob nun beabsichtigt oder nicht. Wenn Sie an einem Aspekt arbeiten, werden Sie feststellen, dass sich das auch auf den anderen auswirkt. Der Unterschied hängt vor allem davon ab, was man unter Spiritualität oder Psychologie versteht. Das schauen wir uns einmal näher an.

Was ist so psychologisch am Enneagramm?

Das Enneagramm bietet eine Beschreibung unseres Inneren. Die Beschreibung der Enneagramm-Typen beginnt meistens mit den Stärken und Schwächen eines Typs, führt an, worauf dieser Typ seine Aufmerksamkeit richtet und wie seine Denk-, Gefühls- und Handlungsmuster aussehen. Diese Aufstellung wird auch als psychologisches Enneagramm bezeichnet. Es ist eine Beschreibung der Persönlichkeitsstruktur. Die Psychologen nennen das unser Ego, Freud das Ich. Spirituell spricht man auch von unserem Niederen Selbst. Im Enneagramm nennen wir diese Beschreibung des Ego das Niedere Selbst, den Typ, oder auch das Enneagramm der Leidenschaften und Fixierungen.

Das Handeln von Menschen auf psychologischer Ebene nehmen wir wahr als ein »Feststecken« in ihrem Typ. Das betrifft die meisten von uns. »Feststecken« im jeweiligen Typ bedeutet, eigentlich keine Wahlfreiheit im Denken, Fühlen und Handeln zu haben. Dieser Mangel entsteht dadurch, dass wir uns selbst nicht gut kennen. Dadurch sind wir uns unserer selbst und unserer automatischen Denk-, Gefühls- und Handlungsmuster kaum bewusst. Wenn wir nicht bewusst handeln, fahren wir »auf Autopilot«. Wir wollen zum Beispiel nicht wütend werden, gehen aber trotzdem in die Luft. Wir können nichts dagegen tun, es kommt einfach über uns. Das ist die fehlende Wahlfreiheit. Wir handeln aus unserem Niederen Selbst heraus; das Ego führt Regie und beherrscht uns.

Und was ist spirituell?

Das Enneagramm bietet eine Entwicklungsmethode an. Es ist ein Transformationsmodell. Transformation ist ein Wort, das in spirituellen Kreisen verwendet wird. Es geht dabei um die Transformation des Niederen in das Höhere Selbst, den Übergang vom Handeln auf Ego-Ebene zum Handeln als freier Mensch, bei dem das Ego nicht mehr oder jedenfalls seltener Regie führt.

Aber was ist jetzt spirituell? Das ist ein dehnbarer Begriff und außerdem sehr persönlich. Viele haben unterschiedliche Bilder und Erklärungen. Viele betrachten Spiritualität als Religion und den Glauben an einen Gott. Für andere, mich zum Beispiel, gehören diese Dinge nicht unbedingt zusammen. Ein Beispiel ist der Buddhismus, in dem der Glaube an einen Gott kein Teil der spirituellen Lehre ist. Es gibt nicht religiöse Menschen, die ein spirituelles Leben führen. Andererseits folgen nicht alle Mitglieder von Glaubensgemeinschaften einer spirituellen Lebensweise.

Spiritualität im weiteren Sinn sehe ich, wenn Menschen sich als Teil eines größeren Ganzen empfinden, wenn sie Verbundenheit und Einssein erfahren mit allem, was existiert, oder danach streben, das in sich selbst zu verwirklichen. Ich erkenne Spiritualität auch dann, wenn Menschen das Höhere in sich selbst willkommen heißen. Dieses Höhere kann Gott oder Allah sein, aber auch das Höhere, das im Menschen selbst vorhanden ist. Dabei könnte man denken an das Streben, aus dem Wahren Selbst, dem eigenen Wesen und/oder aus höheren Werten und Tugenden zu leben. Ein Beispiel für das Letztgenannte sind Menschen, die sich entschließen, aus der Liebe zu leben. Sie betrachten Liebe als den höchsten Wert, nach dem sie vor allem anderen streben. Die Ziele, die Menschen anstreben, und erst recht die Art, wie sie diese Ziele beschreiben, sind verschieden. Menschen, die an Gott glauben, könnten ihr Ziel in diesem Leben formulieren als »Gott näher kommen«. Menschen, die nicht an Gott glauben, nennen es möglicherweise »ein freier Mensch werden«. Wie sie danach streben, ist im Kern vielleicht gar nicht so verschieden. Denn wenn das Ziel lautet: »Gott näher kommen«, stellt sich die Frage: »Was steht zwischen Ihnen und Gott?« Wenn das Ziel ist, »ein freier Mensch zu werden«, ist die Frage: »Was steht zwischen Ihnen und dem freien Menschen?« Die Antwort ist dieselbe: Ihr Ego; Sie selbst stehen sich im Weg.

Zwei Seiten einer Medaille

Psychologie und Spiritualität sind die zwei Seiten einer Medaille. In spirituellen Traditionen wird schon immer das Niedere Selbst oder Ego untersucht, weil es der Ausgangspunkt für eine Transformation in etwas Höheres ist. Vermutlich war eine Ursache der Entstehung einer spirituellen Orientierung bei Menschen die täglich wahrnehmbare Feststellung, dass wir vor allem unter unserem Ego leiden. Viele von uns wollen jedenfalls weniger darunter leiden. Daher sind wir Menschen schon seit Jahrtausenden auf der Suche nach dem Wie. Was können wir tun, um weniger zu leiden? Nur die Sprache, in der diese Dinge ausgedrückt werden, unterscheidet sich. Darin sieht man im Lauf der Zeit von Ort zu Ort Unterschiede und Veränderungen in der Welt.

In den letzten Jahrzehnten wurde durch die Entwicklung der Wissenschaft das innere (Un-)-Wohlbefinden des Menschen zum speziellen Forschungsgebiet der Psychologie. Die Entwicklungsmethoden heißen hier Therapie. Für spirituell Geübte ist es nicht schwer, in den verschiedenen Therapien den Kern der eigenen spirituellen Praxis wiederzuerkennen. Der »Guru« heißt jetzt Psychotherapeut. Auch er befasst sich mit Sinngebung und dem Streben nach der Entwicklung höherer Werte bei seinen Klienten. Einfach weil wir Menschen dadurch glücklicher werden!

Das psycho-spirituelle Enneagramm

Es gibt kein Entweder – oder: Das Enneagramm enthält sowohl psychologische als auch spirituelle Elemente.

- ✔ Die psychologische Landkarte bildet unser Inneres, unser Ego ab.
- ✔ Die spirituelle Seite bildet unser Höheres Selbst ab.
- ✔ Die Methode bietet Einblick in den Weg, um vom einen zum anderen zu gelangen, den Weg der Transformation vom Niederen zum Höheren Selbst.

- ✔ Vor allem aber ist das Enneagramm eine Einladung für jeden von uns, das Höhere in uns zu verwirklichen, indem wir unser Ego oder dem Niederen in die Augen sehen lernen. Das eine lässt sich nicht vom anderen trennen!

Menschwerdung

Das griechische Wort für den Menschen oder die Menschheit lautet anthrôpos. In der altgriechischen Bedeutung stand anthrôpos für »der nach oben schaut« oder »der für das Höhere bestimmt ist«. Wirklich Mensch zu sein bedeutete, sich selbst für das Höhere zu öffnen, aber auch für den anderen und das Wohlbefinden des anderen. Es bedeutete, ein guter Mensch zu sein.

Der Weg, den das Enneagramm anbietet, führt über das Loslassen des eigenen Typs dazu, das Wahre Selbst und höhere Tugenden, die man in sich trägt, willkommen zu heißen. Dann führt nicht länger das Ego oder der Typ die Regie. Das Enneagramm bietet einen Weg zum bewussten Leben. Bewusst und mit Selbsterkenntnis und Wissen um die eigenen Schwächen und Stärken, aber auch bewusst und in Kenntnis des anderen. Das bedeutet, empfänglich(er) zu werden für das, was schon vorhanden und möglich ist, in Ihnen selbst und in Ihrem Leben. Es bedeutet ein Leben mit (mehr) Ausgeglichenheit, Ruhe, Freude, Weisheit, Frieden und Liebe.

Was für Sie funktioniert, ist richtig

Dass Sie dieses Buch in den Händen halten und dass Sie dies lesen, kann darauf hinweisen, dass Sie auf der Suche sind – auf der Suche nach Ihrer persönlichen Weiterentwicklung. Oder Ihr Beruf, Ihre Aufgabe führte Sie auf die Suche nach einem Instrument, das Ihnen, Ihrem Klienten, Ihrer Organisation oder Ihren Mitarbeitern weiterhilft. Die Suche kann vielerlei Ursachen und Ziele haben. Aber Sie lesen diesen … *für Dummies*-Band, um schnell einen Einblick und Überblick zu bekommen, ob das Enneagramm Ihnen etwas bedeuten könnte, und wenn ja, was.

Sie wissen inzwischen, was das Enneagramm ist, was es zu bieten hat – das Modell und die Methode, die psychologische und die spirituelle Seite. Sie kennen also die Blickwinkel, aus denen dieses Buch geschrieben wurde und die darin weiter vertieft werden.

Das Enneagramm ist nicht mehr und nicht weniger als eins von vielen Transportmitteln auf der Reise zur Weiterentwicklung, ein Hilfsmittel beim Selbstmanagement. Mir hat dieses Mittel so viel gebracht und geholfen, dass ich gerne anderen Menschen helfen möchte, ebenso davon zu profitieren. Aber jeder Mensch ist anders, und was für mich funktioniert, kann für einen anderen ganz anders aussehen. Der wichtigste Tipp ist daher: Entdecken Sie, was für Sie funktioniert!

Zusammenfassung

Das Enneagramm

- ✔ Ein Symbol, dem verschiedene Bedeutungen zugeschrieben werden
- ✔ Ein Symbol, in dem unsere psychologische und spirituelle Struktur zusammengefasst werden
- ✔ Eine Landkarte unseres Inneren
- ✔ Ein Modell, das neun Persönlichkeitsstrukturen unterscheidet
- ✔ Eine Übungsmethode zur persönlichen Weiterentwicklung
- ✔ Eine Methode, bei der der Entwicklungsweg für jeden der neun Typen anders verläuft

Das bringt persönliche Weiterentwicklung mit dem Enneagramm

- ✔ Sich selbst kennenlernen, entdecken, wer man ist
- ✔ Andere kennenlernen, entdecken, wie die anderen anders sind
- ✔ Anerkennung, Akzeptanz, Wertschätzung von sich selbst und anderen
- ✔ Mitgefühl mit sich selbst und anderen
- ✔ Eine Brücke zwischen Menschen, um einander besser zu verstehen und Verständnis für einander zu entwickeln
- ✔ Anerkennung des eigenen Lebens und seiner Bedeutung (einschließlich der Vergangenheit, der Eltern, des/der Ex und so weiter)
- ✔ Eine Verbindung mit sich selbst und von dort aus mit anderen herstellen
- ✔ Inneres Gleichgewicht, das sich durch äußere Faktoren weniger leicht stören lässt
- ✔ Innere Ruhe
- ✔ Ein freier(er) Mensch werden, dessen Glück weniger oder gar nicht mehr von den Menschen in der Umgebung, von den Umständen und Ähnlichem abhängt
- ✔ Mehr Spaß und Freude am Leben

Bevor es losgeht

2

In diesem Kapitel

- Die neun Enneagramm-Typen kennenlernen
- Tipps und Anmerkungen, bevor Sie mit dem Enneagramm beginnen
- Stereotypen und Schubladendenken beseitigen
- Innere Mechanismen

Ein Typ ist nicht besser als der andere. Die Herangehensweise des Enneagramms enthält kein Urteil über die Typen. Das Enneagramm zielt nur auf eine angemessene und ausführliche Beschreibung der verschiedenen Arten, wie Menschen im Leben handeln. In diesem Kapitel lernen wir neun Arten kennen, wie Menschen im Leben stehen, und neun Arten, wie sie Dinge sehen und erfahren. Bei dieser kurzen, aber gründlichen Vorstellungsrunde erhalten Sie einen ersten Eindruck. Vielleicht erkennen Sie sich in einer der Beschreibungen wieder. Die Möglichkeit besteht, aber es muss nicht unbedingt sein.

Vorbemerkungen

Bevor wir das Enneagramm kennenlernen, hier einige Anmerkungen, um optimal zu lernen und dieses Buch möglichst umfassend zu nutzen.

Namen sind Schall und Rauch

Dass das Enneagramm kein Urteil fällt, zeigt sich unter anderem in der ursprünglichen Bezeichnung der Enneagramm-Typen mit Ziffern. Wenn zum Beispiel von einem Typ 3 die Rede ist, haben Sie vermutlich keine Vorstellung davon, was damit gemeint ist, und daher auch kein Urteil darüber. Es ist eine Bezeichnung, nicht mehr und nicht weniger. Aber wie sieht es aus, wenn wir von dem Enneagramm-Typ »Boss« sprechen? Oder »Perfektionist«? Dann entsteht bei Ihnen vermutlich gleich ein Bild von dieser Person, und vermutlich auch ein Urteil. Sobald wir etwas in ein Wort kleiden, ruft das ein Bild bei uns hervor und oft auch – unbemerkt und unbeabsichtigt – ein Urteil. Wir finden es gut oder schlecht, schön oder weniger schön, und so weiter. Wörter haben eine positive oder negative Ladung/Bedeutung, Zahlen sind neutral. Manche Menschen finden allerdings die Bezeichnung mit Ziffern gerade deshalb lästig, weil sie neutral und nichtssagend sind. Es entsteht kein Bild, und das macht es vor allem am Anfang schwieriger, sich die Bezeichnungen zu merken. Aus diesem Grund haben verschiedene Trainer den Typen Namen gegeben. Nachdem diese Namen Bilder hervorrufen, sind sie am Anfang leichter zu merken.

Denken Sie daran, dass jeder Name die Art und Komplexität eines Typs stark verkürzt wiedergibt. Jeder Name bezeichnet nur ein begrenztes Merkmal einer Persönlichkeitsstruktur. Die Persönlichkeitsstrukturen sind, wie die Menschen selbst, komplex und vielschichtig, deshalb lassen sie sich nicht einfach in einem Namen einfangen. Außerdem gibt es nicht zwei gleiche Menschen, auch nicht zwei, die sich in den Mechanismen desselben Enneagramm-Typs wiedererkennen. Das Enneagramm ist nur eine Landkarte der Persönlichkeit, die Landschaft selbst ist immer einzigartig und anders als die Karte. Vielleicht erkennen Sie und ich uns im Typ Perfektionisten wieder, aber das heißt nicht, dass wir derselbe Mensch sind. Die Bezeichnung Perfektionist zeigt an, dass wir vermutlich beide Wert auf Perfektion legen, aber wie wir unseren Perfektionismus ausfüllen und worauf wir den Perfektionsdrang richten, kann sich himmelweit unterscheiden. Es gibt Milliarden von Menschen auf der Welt und jeder ist einzigartig!

Innere Mechanismen

Beschreibungen von Persönlichkeitsstrukturen bestehen oft aus Listen mit Merkmalen. So wird Person A zum Beispiel beschrieben als extrovertiert, dominant und direkt, Person B dagegen als introvertiert, schüchtern und zurückhaltend. Diese Beschreibungen rufen vermutlich Bilder bei Ihnen hervor, vielleicht kennen Sie auch Menschen, die Sie als Person A oder B identifizieren. Ebenso kann man Listen mit Merkmalen der neun Enneagramm-Typen aufstellen. Sie beziehen sich auf äußere Merkmale: Verhalten oder Haltungsaspekte, die andere Menschen von außen wahrnehmen können.

Die Beschreibungen der Enneagramm-Typen sind aber detaillierter. Es geht hier um die Mechanismen, die im Inneren wirken. Deshalb sind sie nur sehr selten von außen sichtbar.

Hilfe – ich will nicht in die Schublade!

Manche Menschen finden es nicht gut, dass Persönlichkeitsstrukturen mit Nummern bezeichnet werden. Das ruft bei ihnen die Assoziation hervor, eine Seriennummer zu bekommen. Sie haben das Gefühl, in eine Schublade gesteckt zu werden. Helen Palmers antwortet darauf, dass das Enneagramm niemanden in Schubladen steckt. Es ist ein Hilfsmittel, das Ihnen hilft zu erkunden, wie die Schublade aussieht, in der Ihr Persönlichkeitstyp Sie gefangen hält. Aus dieser Schublade können Sie sich selbst befreien. Um mit dem Enneagramm zu arbeiten, müssen Sie sich übrigens nicht selbst »typisieren«. Das Ziel ist, Ihre Selbsterkenntnis zu erweitern, sich selbst besser kennenzulernen. Sie können dazu die Beschreibungen aller Typen lesen und sich fragen: Was davon erkenne ich in mir wieder? Wie funktioniert das bei mir? Genau so, oder doch etwas anders? Auch so lernen Sie sich besser kennen und werden sich Ihrer selbst stärker bewusst. Wenn Sie daran interessiert sind, Ihren Typ selbst festzustellen, finden Sie an verschiedenen Stellen Tipps und Übungen dazu.

Menschen, die sich in ein und demselben Typ, also den inneren Mechanismen, wiedererkennen, drücken das in ihrem Verhalten oft unterschiedlich aus. Umgekehrt kann es auch sein, dass zwei Menschen, die sich in verschiedenen Typen wiedererkennen, sich sehr wohl ähnlich verhalten. Unterschiedliche Motivationen oder Antriebskräfte führen dann zu gleichem Verhalten.

Der Unterschied lässt sich anhand eines kurzen Beispiels darstellen. Margret (Typ 9), Karin (Typ 1) und Luise (Typ 7) gehören zu jenen Menschen, die Konflikte nicht direkt anpacken, sondern ihnen lieber aus dem Weg gehen. Man nennt sie auch Konfliktvermeider. Die Gründe, warum sie Konflikte meiden, sind jedoch unterschiedlich: Margret hat zum Beispiel Angst, die Beziehung zu ihrem Gegenüber zu zerstören. In Karins Normensystem »gehören sich Konflikte nicht«. Luise findet Konflikte nicht lustig, sondern schmerzhaft, und möchte so etwas nicht erleben.

Das sind alles verschiedene Beweggründe, führen aber zum selben Verhalten. Darum schauen wir mit dem Enneagramm nicht auf das Verhalten, sondern auf die Antriebskräfte. Im Enneagramm halten wir die zugrunde liegende Motivation oder Antriebskraft für wichtiger als das Verhalten, denn das Erkennen dieses Antriebs ist der Punkt, an dem eine Weiterentwicklung ansetzen kann. Der Ansatzpunkt, um mit Konflikten anders umgehen zu lernen, ist für die drei beschriebenen Frauen jeweils ein anderer. Es geht für sie nicht um den Umgang mit Konflikten an sich, sondern um die eigentliche Ursache, warum sie Konflikten aus dem Weg gehen.

Neben dem kurzen Wort Typ werden Sie in diesem Buch auch oft die Bezeichnung Typmechanismus finden. Das bezieht sich dann auf den inneren Mechanismus eines Typs. Darüber lesen Sie mehr in Teil II.

Sie sind kein Typ, Sie haben einen

Zugegeben, es ist ein feiner Unterschied, ob Sie ein Typ sind oder einen haben. Aber wie fein er auch ist, er ist trotzdem wichtig. Er hängt zusammen mit dem Unterschied zwischen Ihrem Wesen, Ihrem Wahren Selbst und Ihrem Ego. Ihr Wesen oder Ihr Wahres Selbst, dieser letzte Begriff sagt es schon, ist das, was Sie im Kern wirklich sind. Ihr Ego oder Ihren Typ nennen wir auch das Falsche Selbst: das, was Sie glauben zu sein. Es ist eine falsche Identifikation. Identifikation bedeutet, dass wir bei der Entwicklung der eigenen Identität begonnen haben zu glauben, dass wir bestimmte Eigenschaften sind: Ich bin schüchtern. Auch wenn unser Ego sehr nützlich für uns ist (darüber später mehr), setzen wir uns damit selbst fest. Wenn ich wirklich tief im Inneren von meiner Schüchternheit überzeugt bin, dann werde ich mich entsprechend verhalten. Dadurch wird das Verhalten immer stärker, und ich finde mich damit ab – »Es ist nun einmal so«. Jetzt ist die Entwicklungsperspektive verschwunden, ich sitze fest. Wenn ich sage: »Ich fühle mich oft schüchtern« oder: »Ich brauche etwas Zeit, bis ich mich wohlfühle«, ist das etwas anderes. Dann identifiziere ich mich nicht mit der Schüchternheit und gewinne allein dadurch Raum.

Nutzen Sie Ihr Werkzeug

Das Enneagramm ist ein Werkzeug oder Hilfsmittel zur Selbstentwicklung. Nutzen Sie es auch dazu. Nutzen Sie es für sich selbst. Genau wie bei anderen Instrumenten oder Techniken der Selbstentwicklung kommt es hin und wieder vor, dass Menschen, die sich damit auseinandersetzen, vor allem begeistert darangehen, die Menschen in ihrer Umgebung verändern zu wollen. Niemand freut sich, wenn ihm etwas aufgedrängt wird. Der Schuss geht sicher nach hinten los. Sie können nur dann Menschen dazu anregen, sich auch auf Ihren Weg zu begeben, wenn diese schon offen für Weiterentwicklung sind. Am besten wirkt es, wenn Sie selbst als Inspirationsquelle dienen, weil die Menschen sehen können, wie Sie von Ihrer Methode profitieren. Meine Mutter hat immer zu mir gesagt: »Verbessere die Welt, fang bei dir an.« Das nennen wir »das Enneagramm leben«.

Stereotype

Stereotype entstehen, wenn man andere Personen aufgrund von Vorurteilen mit einem Etikett versieht. Leider eignen sich die Persönlichkeitsbeschreibungen, die das Enneagramm bietet, recht gut zu diesem Zweck: »Jetzt kenne ich deinen Typ, jetzt weiß ich wer du bist.« Damit hat sich der Schwerpunkt ganz leise verschoben. Es geht nicht nur darum, mehr über die Typen zu wissen, sondern darum, andere Menschen ausschließlich als ihren Typ zu betrachten. Beispiele für Stereotype in dieser Hinsicht sind:

- ✔ Perfektionisten haben eine aufgeräumte Wohnung.
- ✔ Deine Wohnung ist aufgeräumt, also bist du wohl ein Perfektionist.
- ✔ Du bist bestimmt kein Perfektionist, deine Wohnung sieht aus wie ein Schlachtfeld.

Ich erkenne in mir die inneren Mechanismen der Perfektionisten, aber meine Wohnung ist keineswegs aufgeräumt. Was spricht gegen Stereotype? Zum einen führen sie zu nichts und lösen keine Probleme. Sie sind überflüssig. Außerdem lassen sie die vielen kleinen Einzelheiten der Enneagramm-Typmechanismen nicht zu ihrem Recht kommen. Es gibt sicher Perfektionisten mit aufgeräumter Wohnung, vielleicht sogar viele. Aber darum geht es nicht. Auch andere Typen können aus anderen Gründen eine aufgeräumte Wohnung bevorzugen. Perfektionisten können einen scheinbar unordentlichen Haushalt führen, weil sie ihn einfach nicht so wichtig finden oder weil es ihrer Ordnung entspricht. Bei Stereotypen ist die Wahrscheinlichkeit sehr groß, danebenzuliegen.

Loslassen heißt sich entwickeln

Ihre Persönlichkeitsstruktur, Ihren Typ, haben Sie als Kind entwickelt, weil es nötig war. Ohne die Entwicklung einer gesunden inneren Struktur können Störungen auftreten, die sogar so weit gehen, dass das selbstständige Handeln in der Gesellschaft nicht möglich ist. Gleichzeitig haben wir die Neigung, die Eigenschaften unseres Typs so weit zu übertreiben, dass sie zu Fallstricken und Einschränkungen werden. Dann wird es Zeit, unser Wahres Selbst zu befreien und ihm die Regie zu übertragen. Ihr Typ ist eine falsche Identifikation. Sie haben ihn, aber Sie sind nicht Ihr Typ. Was Sie sind, werden Sie nicht mehr los. Sie sind, was Sie sind. Wenn Sie etwas haben, können Sie sich auch wieder davon trennen. In jedem Fall so oft und so lange, wie Sie möchten. Befreiung bedeutet also, sich von der Identifikation zu lösen. Dann entsteht ein Raum zur Weiterentwicklung.

Und schließlich, und das ist das Wichtigste dabei, werden Stereotype nie dem einzelnen Menschen gerecht, der da mit einem Etikett versehen wird. Niemand mag es, stereotype Vorurteile angeheftet zu bekommen. Das gilt übrigens auch für positive Vorurteile. So habe ich zum Beispiel bei einem Treffen zu hören bekommen – von einem Menschen, den ich noch nicht einmal kannte: »Ich finde an euch Perfektionisten echt toll, dass ihr so konsequent an Dingen festhaltet.« Diese Frau kannte mich nicht und klebte mir trotzdem dieses Etikett an, weil sie etwas über »den Perfektionisten« wusste und auf meinem Namensschild auch mein Enneagramm-Typ angegeben war. Ich erkenne mich zwar im Typmechanismus der Perfektionisten wieder, trotzdem bin ich ganz und gar nicht gut darin, »konsequent an Dingen festzuhalten«. Es ist lästig, von anderen solche Dinge zugeschrieben zu bekommen, erst recht, wenn die Zuschreibung gar nicht stimmt oder wenn der andere Sie noch kaum kennt.

Der Typ als Ausrede für Fehler

Ina hat vor Kurzem das Enneagramm kennengelernt und entdeckt, dass sie viel aus dem Mechanismus von Typ 3 bei sich wiederfindet. Die Kritik, die sie früher von ihrem Projektteam bekam, versteht sie dadurch besser. Das ist schön, aber jetzt bringt sie jedes Mal als Entschuldigung vor: »Tut mir leid, dass ich ungeduldig werde, aber ich bin nun mal eine 3 und lege deshalb Wert auf Tempo.« oder: »Tut mir leid, dass ich nicht genug Rücksicht auf deine Gefühle nehme, aber als 3 habe ich dafür auch wenig Talent.«

Gerade dadurch, dass Sie Ihren Typ kennenlernen und zu mehr Selbsterkenntnis gelangen, sind das keine Ausreden mehr für Sie. Weil Sie jetzt tieferen Einblick haben und sich Ihrer Stärken und Schwächen bewusst werden, erhalten Sie auch Ansatzpunkte, um sich weiterzuentwickeln. Das Wissen um Ihren Typ ist also keine Ausrede dafür, bei den Schwächen Ihres Typs stehen zu bleiben, und schon gar nicht dafür, sie unbegrenzt auszuleben.

Entwicklung ist wichtiger als der Typ

Zum Wissen über die Typmechanismen gehört, dass Stärken und Schwächen typgebunden sind. Deshalb lässt sich vorhersagen, welche Stärken wir eher bei dem einen als bei dem anderen Typ antreffen. Aber das Schöne am Enneagramm ist, dass es als dynamisches Modell davon ausgeht und sogar darauf abzielt, dass wir uns weiterentwickeln. Alice, die ursprünglich ein Konflikte vermeidender Typ ist, kann Konfrontation lernen. Storm, der die Neigung hatte, viel Platz einzunehmen, kann lernen, mehr auf andere zu hören. Aber jemand kann auch weniger durch die Schwächen seines Typs geprägt sein, weil seine Erzieher schon darauf geachtet haben, ihn in dieser Hinsicht bestimmte Dinge zu lehren. So sagt zum Beispiel Margret: »Anderen zu helfen war in unserer Familie wichtig.« Sie zeigt viel Verhalten von Typ 2, obwohl das nicht ihr eigener Typmechanismus ist. Außerdem sehe ich oft, dass Menschen sich gerade in dem Punkt weiterentwickeln, der ihre größte Schwäche darstellt und der sie am meisten belastet. Dadurch, dass sie dieser Schwäche viel Aufmerksamkeit widmen, können sie sie sogar sehr gut kompensieren. Aus diesem Grund rate ich immer, das Enneagramm bei der Personalbeschaffung sehr zurückhaltend und vorsichtig einzusetzen. Das Entwicklungs- und Lernvermögen von Menschen ist wichtiger als ihr Typ.

Glauben Sie nicht daran, probieren Sie es aus

In der Tradition des Enneagramms wird viel Wert darauf gelegt, dass Ihre eigenen Erfahrungen zählen, dass es nicht um »daran glauben« geht. In der Praxis, wie sie in diesem Buch beschrieben wird, steht deshalb die Entwicklung des eigenen Beobachtungs- und Analysevermögens im Mittelpunkt. Eine gute Ausgangsposition hierfür ist, nichts einfach zu übernehmen, sondern es selbst zu erforschen. Auch in der Bibel findet sich dieser Rat: »Prüft aber alles, und das Gute behaltet« (1. Thessaloniker 5,21). Das ist der Weg zu Selbsterkenntnis und Entwicklung. Probieren Sie es aus!

Darf ich vorstellen?

Damit Sie nun doch so schnell wie möglich ein Bild von den neun Enneagramm-Typen bekommen, folgen hier neun Zusammenfassungen der verschiedenen inneren Mechanismen.

Die Perfektionisten, Typ 1

Karin ist Perfektionistin und hat für sich (unbewusst) Normen aufgestellt, was sich gehört und was nicht, wie Dinge sein müssen und wie nicht. Wütend werden zum Beispiel gehört sich nicht. Wütend sein sieht sie als etwas Schlechtes an und unterdrückt daher ihre Wut. Stattdessen ist Karin oft verärgert. Zum Beispiel wenn sich andere Menschen nicht so verhalten, wie es sich gehört, wie es vereinbart war, wie man es von verantwortungsvollen Erwachsenen erwarten kann. Damit Karin selbst genau weiß, dass sie richtig handelt oder etwas gut macht, legt sie die Messlatte hoch. Wenn man etwas perfekt tut, gerät man schließlich nicht in Gefahr, »falsch zu liegen« und kritisiert zu werden. Denn das ist etwas, das Karin stört. Sie ist so kritisch mit sich selbst, um zu verhindern, dass sie etwas falsch macht. Ihre Aufmerksamkeit richtet sich also auf Perfektionierung und das Vermeiden von Fehlern. Als Folge davon hat Karin eine Nase dafür zu verbessern, was verbessert werden kann.

Die Geber, Typ 2

Für Roy ist es wichtig, akzeptiert und geschätzt zu werden. Roy erreicht das unter anderem, indem er sich stark auf andere ausrichtet und viel Rücksicht auf andere nimmt (mehr als auf sich selbst). Er hat Antennen entwickelt für die Bedürfnisse anderer, sodass er ihnen zu Diensten sein kann. Er sieht, wenn jemand Hilfe braucht, und hat ein gutes Gefühl, wenn er dienen kann. Roy hat viele Talente entwickelt, die er in den Dienst am anderen stellt. Viele dieser Talente liegen im organisatorischen und sozialen Bereich. So ist Roy in zahlreichen Ausschüssen und Komitees aktiv, in der Schule seiner Kinder, im Sportverein und so weiter. Roy hat weniger Talent dafür, etwas zu empfangen. Schon gar nicht, wenn er das nicht vorher »verdient« hat.

Die Dynamiker, Typ 3

Ina entdeckte schon als Kind, dass sie es toll findet, im Mittelpunkt der Aufmerksamkeit zu stehen und Applaus zu bekommen, wenn sie etwas tut. Unbewusst kam sie zu dem Glauben, dass sie für das geliebt wird, was sie tut, nicht für ihre Person. Ina ist deshalb stark darauf ausgerichtet, Leistungen zu erbringen, damit sie erfolgreich, die Beste ist. Sie hat außerdem erfahren, dass Dinge nicht von selbst gut werden, sondern dass ihr Einsatz nötig ist, um die Sache zu einem guten Ende zu bringen. Ina hat Gewohnheiten entwickelt wie hart arbeiten, konkurrieren, ein gutes Image aufbauen und erhalten. Ina hat eine Nase dafür, in Situationen zu geraten (oder Situationen zu schaffen), die Beifall bringen. So hat sie eine Vorliebe für Projekte, denn die haben einen Endpunkt, und nach Abschluss besteht die Chance auf Beifall. Auch schließt sie sich nicht Projekten und Teams an, bei denen die Aussicht auf Erfolg gering ist oder nur mit viel Zeit und großer Anstrengung Ehre zu gewinnen ist. Je schneller sie die Dinge zu Ende bringt, desto schneller ist der Erfolg. Ina mag deshalb effiziente Lösungen und effizientes Arbeiten.

Die Individualisten, Typ 4

Tim hat oft das unterschwellige Gefühl von Unvollständigkeit, dass etwas in ihm und in seinem Leben fehlt. Daher hat er die unbewusste Sehnsucht nach mehr Erfüllung und danach, vollständig zu sein. Tims Aufmerksamkeit richtet sich auf das Positive und Anziehende, auf das, wonach er sich sehnt, in der Zukunft und in der Vergangenheit. Tim lebt weniger im Jetzt, denn dort erfährt er nur die alltägliche Langweile und das, was ihm fehlt. In seinem Bedürfnis, gesehen zu werden, neigt Tim dazu, sich von anderen abzuheben. Tim hat oft das Gefühl, dass andere ihn nicht verstehen. Das erfüllt ihn einerseits mit Traurigkeit und einem Gefühl von Einsamkeit, andererseits auch mit dem Gefühl der Überlegenheit und mit dem Gefühl, etwas Besonderes sein. Er hat schließlich viel mehr Tiefgang, da ist es nur natürlich, dass die anderen ihn nicht verstehen können. Gleichzeitig sehnt er sich nach einer tieferen Verbindung mit anderen; das ist einer der vielen Widersprüche, mit denen Tim in seinem Inneren zu kämpfen hat. Tim hat ein ausgeprägtes Gefühlsleben, er erlebt hohe Gipfel und tiefe Täler, aber gerade das gibt ihm das Gefühl, intensiv und sinnvoll zu leben. Ich fühle, also bin ich.

Die Beobachter, Typ 5

Alice hat das Bedürfnis, das Leben und die Menschen zu verstehen, zu ergründen. Sie orientiert sich an diesem Bedürfnis, weil sie das Leben anstrengend findet und auch unsicher ist, wie sie daran teilhaben kann. Schon als Kind beobachtete sie soziale Beziehungen und fühlte sich unfrei und zu befangen, um spontan und unüberlegt daran teilzunehmen. Indem sie andere beobachtete, wie sie diese Dingen erledigen, indem sie versuchte, zu verstehen und die Dinge in ihrem Kopf zu sortieren, wollte sie die Situation und sich selbst kontrollieren. Alice hat die Gewohnheit entwickelt, zurückhaltend aufzutreten. Wenn sie sich wenig sichtbar macht, kommt es seltener vor, dass andere Menschen etwas von ihr verlangen. Wissen zu besitzen gibt Alice das angenehme Gefühl, von anderen unabhängig zu sein. So schützt sich Alice vor aufdringlichen Fragen und Erwartungen. Ihre Ratio ist Alices wichtigstes Werkzeug im Leben, mit Gefühlen dagegen kann sie wenig anfangen. Die bringen nur Unruhe und Chaos in ihren Kopf. Alice liebt die Abgeschiedenheit ihrer Wohnung, ihres Zimmers. Wenn Alice sich überfordert fühlt, hat sie das Bedürfnis, sich zurückzuziehen. Alice mag intellektuelle Probleme, Tatsachen und Ziffern, Analyse und strukturiertes Denken.

Die loyalen Skeptiker, Typ 6

Jan erlebte von Kindheit an innere und äußere Unsicherheit. Er mag keine unvorhersehbaren Situationen. Die Brille, durch die Jan die Welt betrachtet, lässt ihn jederzeit wahrnehmen, wo Gefahr droht, wo Risiken liegen. Deshalb hat sich Jan angewöhnt, wachsam zu sein. Wer wachsam ist, sieht die Gefahr kommen; die Wahrscheinlichkeit ist geringer, unvorbereitet überrascht zu werden. Durch seine Gewohnheit, wachsam zu sein, sieht Jan oft Gespenster. Auf menschlicher Ebene neigt Jan dazu, erst einmal abzuwarten. Unbewusst bleibt er misstrauisch, bis sich jemand als vertrauenswürdig erwiesen hat. Die größte Quelle der Unsicherheit ist übrigens Jan selbst. Tief in seinem Inneren hat Jan wenig Vertrauen, geschweige denn Selbstvertrauen, und darum zweifelt er oft – an sich selbst und seinen (noch zu treffenden) Entscheidungen.

Die Optimisten, Typ 7

Luise erkennt sich im Typ Optimist wieder. Sie hat irgendwann erfahren, dass das Leben den Menschen limitiert, ihm die Freiheit nimmt und schmerzhaft sein kann. Das gefällt Luise nicht. Die Gewohnheiten, die sie entwickelt hat, um damit umzugehen, bestehen darin, Schmerz zu vermeiden und sich viele Optionen und Möglichkeiten offenzuhalten. Auch wenn diese Optionen und Möglichkeiten nur als Bilder in ihrem Kopf bestehen, gibt ihr das doch ein Gefühl der Freiheit. Luise mag es, wenn das Leben leicht ist. Ihre Aufmerksamkeit richtet sich auf angenehme Dinge und Möglichkeiten. Eine positive Erfahrung auf dem Weg ist wichtiger als das Ziel. Luise hat oft einen vollen Terminkalender. Wenn sie mit Menschen spricht, ist sie schnell von ihnen fasziniert. Was sie sagen, bringt Luise auf neue Ideen. Luise findet es spannender, Dinge anzufangen, als sie zu Ende zu bringen. Es fällt ihr dann oft schwer, ihren Kopf bei der Sache zu behalten und sich nicht von neuen, faszinierenden Dingen ablenken zu lassen. Luise ist Optimistin und erkennt gleich das Positive oder Gute an den Dingen. Luise wird manchmal müde und wünscht sich hin und wieder einen Knopf, um ihren Kopf ausschalten zu können.

Die Bosse/Beschützer, Typ 8

Storm erlebte den Schulhof als Dschungel, als Ort, wo die Starken überleben und das Kommando übernehmen, zulasten der Schwächeren. Storm fühlte sich als Kind ungeschützt. Noch bevor er zehn Jahre alt war, beschloss er, zu den Starken zu gehören und sich selbst zu schützen. Er betrachtet die Welt als hart und ungerecht. Kampf ist ein selbstverständlicher Bestandteil seines Daseins. Das kann zum Beispiel der gegen Ungerechtigkeit sein, denn die verträgt Storm nicht. Oder er beschützt andere. Aber er beschützt nicht einfach jeden, sondern nur die, denen er zugesteht, dass sie Hilfe brauchen, etwa Kinder, Tiere, ältere Menschen, Kranke und so weiter. Er verabscheut Opferverhalten, also Menschen, die sich schwach und abhängig darstellen, die aber Storms Ansicht nach für sich selbst ganz gut sorgen könnten. Storm sieht die Dinge häufig schwarz-weiß. Er hat seine eigene Wahrheit und neigt dazu, die Wahrheit anderer zu verleugnen oder nicht zu berücksichtigen. Storm wirkt oft direkt und konfrontierend.

Die Vermittler, Typ 9

Margret fühlt sich wohl, wenn sie Anteil am Geschehen haben kann. Sich entspannt und in Harmonie zu fühlen ist wichtig für Margret, wichtiger als ihre eigene Meinung, als eigene Standpunkte, Pläne und so weiter. In Anwesenheit von anderen geraten diese Dinge bei ihr in den Hintergrund, sie kann sie – zeitweise – völlig vergessen. Sie ist sich dessen nicht bewusst, es geschieht einfach. Auch wenn sie sich noch so fest vorgenommen hat, am Samstag einmal allerhand Dinge für sich selbst zu tun – sobald eine Freundin anruft oder ihr Partner etwas vorhat, sind ihre Vorsätze vergessen. Margret hat die große Stärke, sich in viele Standpunkte hineindenken zu können und die Dinge von allen Seiten zu sehen. Sie geht Konfrontationen aus dem Weg. Dabei sieht sie es schon als Konfrontation an, wenn sie mit etwas nicht einverstanden ist oder etwas nicht tun will. Dann ist es einfacher, dem Wunsch des anderen zu folgen; so bleibt die Harmonie erhalten. Durch diese Gewohnheit, sich anderen anzuschließen, fällt es Margret schwer wahrzunehmen, was sie selbst wirklich will. Margret braucht räumlichen und zeitlichen Abstand von anderen, um zu sich selbst zu kommen, ihren Standpunkt zu finden und zu dem zu kommen, was sie wirklich will.

Nummern, Archetypen, Namen

Ursprünglich wurden die neun Persönlichkeitsstrukturen mit Zahlen bezeichnet. Um die Typen leichter erkennbar zu machen, haben spätere Autoren die Zahlen durch archetypische Deutungen wie »der Geber«, »der Beobachter« und so weiter ergänzt. Das geschah, um Menschen den Einstieg ins Enneagramm zu erleichtern.

In diesem Buch machen wir es anders. Ich habe Ihnen gerade neun Menschen vorgestellt: Karin (Typ 1), Roy (Typ 2), Ina (Typ 3), Tim (Typ 4), Alice (Typ 5), Jan (Typ 6), Luise (Typ 7), Storm (Typ 8) und Margret (Typ 9). Wir werden sie in diesem Buch noch besser kennenlernen; sie spielen hier die Hauptrollen. Wenn ich Theorie erkläre, schreibe ich »Typ 1«, wenn ich Beispiele bringe, schreibe ich »Karin«. Das macht das Ganze etwas persönlicher. Die Beispiele im Buch sind zwar alle wirklich passiert, die neun Menschen und ihre Namen dagegen vollkommen fiktiv. Jede Übereinstimmung mit der Wirklichkeit ist rein zufällig. Ich kenne keine Karin mit Typ 1 und keinen Roy mit Typ 2.

Umsonst geht nur die Sonne auf

Wenn Sie verreisen, wählen Sie ein Verkehrsmittel, das zu Ihnen und der geplanten Reise passt. Wenn Ihr Ziel eine sonnige Insel ist, nehmen Sie das Flugzeug, wenn es an die Nordsee geht, wohl eher die Bahn oder das Auto. Vor einer ähnlichen Wahl stehen meiner Meinung nach auch Menschen, die sich auf das große Abenteuer der persönlichen oder beruflichen Weiterentwicklung einlassen. Auch dafür brauchen Sie ein Transportmittel, von dem Sie hoffen, dass es perfekt zu Ihnen und Ihrer Reise passt. Oft ist es allerdings nicht so leicht zu finden. Informationen über das Rad- oder Bahnfahren beziehungsweise über das Fliegen sind allgemein zugänglich, die Auswahl fällt in der Regel leicht. Aber wenn es um ein Transportmittel geht, das Ihnen bei der persönlichen Weiterentwicklung hilft, wird es oft zu einer eigenen Entdeckungsreise. Die Informationen liegen nicht so offen und übersichtlich auf dem Tisch. Ich sehe Menschen auf dieser Entdeckungsreise, die von Seminar zu Workshop eilen, von einer Methode zur anderen, um möglichst ihr genau passendes Transportmittel zu finden. Ich hoffe, dass das Enneagramm und dieses Buch Sie an das Ziel bringen, das Sie anstreben.

Aus meinen Erfahrungen mit anderen weiß ich, dass wir gerne den Weg des geringsten Widerstands wählen und am liebsten eine schnelle Lösung finden wollen, eine, die mit wenig Mühe schnelle und beeindruckende Ergebnisse liefert. Aber genau wie bei Diäten ist das eine Illusion. Es gibt viele Diäten und Methoden, die mit wenig Anstrengung ein schnelles, kurzfristiges Ergebnis liefern, aber dieser Erfolg hält selten lange an. Genau wie bei Wunderdiäten probieren die Menschen zahlreiche Workshops aus, die oft (aber keineswegs immer!) mühelose, schnelle Erfolge versprechen. Es besteht die Chance, dass auch Sie im Grunde Ihres Herzens diese Patentlösung suchen. Deshalb will ich von vornherein ehrlich sein: Wenn Sie das wahre Potenzial des Enneagramms nutzen wollen, sind Sie nicht übermorgen am Ziel!

Die Arbeit mit dem Enneagramm erfordert Einsatz, Anstrengung und Durchhaltevermögen, bevor sie Ihnen das bringt, was Sie suchen. Deshalb mag ich den Begriff »innere Arbeit« so gerne, denn er weckt keine falschen Erwartungen. Aber ebenso aufrichtig kann ich sagen, dass Ihre Mühe belohnt wird. Viele, die diesen Weg vor Ihnen gegangen sind, haben erfahren, dass er vielleicht nicht der Weg des geringsten Widerstands ist, wohl aber eine nachhaltige Investition, die vielen von uns reichlich Rendite beschert hat. Vielleicht eine glückliche(re) Beziehung, um nur ein Beispiel zu nennen. Wenn das keine Investition wert ist …

Tipps zum optimalen Lernen

Wie lernt man optimal? Hier finden Sie Tipps, die Ihnen beim Studium des Enneagramms helfen und dazu beitragen, dass Sie sich die Methode aneignen können.

- ✔ **Neugierig sein:** Kinder haben ein enormes Lernvermögen. Sie lernen spielerisch, aufgrund ihrer kindlichen Neugier. Von klein auf untersuchen sie alles in der großen, fremden Welt, in der sie gelandet sind. Entdecken Sie diese kindliche Neugier in sich (wieder), dann lernen Sie optimal.
- ✔ **Ein offener, empfänglicher Geist:** Je mehr Gepäck Sie mit sich herumtragen, etwa durch Studium und Erfahrung, desto schwieriger kann es sein, einen offenen, empfänglichen Geist zu behalten. Gerade weil ich so stark auf das Enneagramm spezialisiert bin, merke ich, wie schwierig es für mich ist, neue Methoden zu erlernen. Ohne mich dafür bewusst zu öffnen und empfänglich zu machen, gelingt mir das kaum. Öffnen Sie sich Ihrem Lernprozess, werden Sie empfänglich, um neue Überlegungen anstellen zu können. Probieren Sie etwa aus, bevor Sie es ablehnen – das können Sie später immer noch tun! Wenn Sie mit den Lernprozessen anderer Menschen zu tun haben, ist diese Haltung auch notwendig, um den anderen beim Lernen unterstützen zu können. Eine offene, nicht urteilende Haltung ist dadurch gekennzeichnet, dass Sie wirklich zuhören, wirklich »an sich heranlassen«, was ein anderer sagt oder schreibt.
- ✔ **Ein offenes, empfängliches Herz:** Wenn es um menschliches Verhalten geht, ist beim Lernen nicht nur der Kopf beteiligt, sondern auch das Herz. Ohne Liebe kann nichts wachsen, das gilt mit Sicherheit auch für Sie. Sie können viel Wissen aufnehmen, aber wenn Sie sich selbst nicht mit Milde, Vergebung und Liebe betrachten (lernen), dann bremsen

Sie sich aus. Wenn Sie mit den Lernprozessen anderer Menschen zu tun haben, ist diese Haltung auch notwendig, um den anderen beim Lernen unterstützen zu können. Ein offenes Herz, Empathie, ist nötig, um sich einzufühlen, um andere zu verstehen und sich aufrichtig mit ihrem Sein und ihren Problemen auseinanderzusetzen.

✔ **Sich Mühe geben, sich anstrengen:** Nichts kommt von allein. Gehen Sie mit diesem Buch an die Arbeit, machen Sie die Übungen, befassen Sie sich jeden Tag damit, dann werden Sie bald ein Ergebnis feststellen können. Und sei es nur die Freude, sich mit diesem Thema zu beschäftigen.

Mentale Fitness

Haben Sie bei der Überschrift geseufzt? So geht es mir immer, wenn ich das Wort »Fitness« höre. Ich weiß, dass es gut für mich ist, ins Studio zu gehen oder mich sonst irgendwie zu bewegen. Ich finde es wunderbar, wenn ich dort bin, und hinterher fühle ich mich immer besser und energiegeladener. So können Sie die innere Arbeit auch betrachten: Fitness nicht für den Körper, sondern für Kopf und Herz. Mentale Fitness also.

Für uns alle ist es selbstverständlich, dass wir uns für unsere körperliche Fitness bewegen müssen, trainieren. Wenn es um unser geistiges Wohlbefinden geht, ist es nicht anders. Auch das kommt nicht von selbst. Stehen Sie auf und machen Sie mit! Genau wie bei der körperlichen Bewegung kann es am Anfang ein bisschen zäh sein, aber wenn Sie erst auf den Geschmack gekommen sind, wollen Sie gar nicht mehr aufhören!

Zusammen geht es besser.

Was halten Sie von dieser Idee? Beginnen Sie Ihr mentales Fitness-Training mit jemandem zusammen. Coachen und unterstützen Sie einander. Das könnte Ihr Kollege, Ihr Partner, ein guter Freund oder eine Freundin sein. Ich finde es sehr anregend, dass mich eine Freundin immer daran erinnert, wieder einmal zusammen ins Studio zu gehen. Nach Enneagramm-Workshops treffen sich die Teilnehmer oft noch weiter. In einem späteren Kapitel erfahren Sie, dass Unterstützung durch andere eine Voraussetzung für die persönliche Weiterentwicklung ist.

Aller guten Dinge sind drei

3

In diesem Kapitel

- Drei Verhaltensgesetze
- Aufmerksamkeit und Energie managen
- Kopf-, Herz- und Bauchtypen

Drei mal drei macht neune,
und jeder singt sein eignes Lied.
Drei mal drei macht neune,
und Mark, der singt sein Lied.

Im Leben singen wir in der Tat jeweils unser eigenes Lied. Das Enneagramm ist aufgebaut wie dieser kleine Vers: Die neun Persönlichkeitsstrukturen sind in drei Gruppen zu je drei Typen eingeteilt. Die drei Typen in einer Gruppe haben das eine oder andere gemeinsam. In diesem Kapitel werden die drei Gruppen erklärt, die sogenannten »Zentren«. Beim Enneagramm gibt es noch weitere Dreiergruppen, wie Sie in diesem Kapitel feststellen können. Sie führen zu immer tieferen Einsichten in Aspekte unseres Selbst, die wir nacheinander betrachten. Es hilft – um wieder einmal das bekannte Bild der Zwiebel zu verwenden –, nach und nach unsere Häute abzuziehen oder die Schleier abzulegen, die Persönlichkeit zu entschleiern, wie es in den östlichen spirituellen Traditionen heißt. In diesem Kapitel besprechen wir einige grundlegende Punkte, die beim weiteren Studium des Enneagramms und Ihrer Persönlichkeit von Bedeutung sind.

Drei kleine Verhaltensgesetze

Verhalten ist sichtbar und kann deshalb beobachtet werden. Aber – wie wir oft von anderen Menschen hören – ist es auch schwierig zu interpretieren, weil man sich in der einen Situation anders verhält als in einer anderen. Also: »Verhalten ist situationsabhängig.« Deshalb ist es nicht effektiv, Verhalten als Gegenstand der Selbstbeobachtung zu nehmen. Schließlich unterscheidet es sich von Situation zu Situation. Beim Enneagramm erkunden wir deshalb, was hinter dem Verhalten steckt. Warum verhält sich jemand auf eine bestimmte Weise? Im Enneagramm nennt man das die unbewusste Triebfeder oder zugrunde liegende Motivation. Dr. David Daniels formulierte dafür drei »kleine Gesetze«. Diese Gesetze sind drei Faustregeln, die Sie bei der Erforschung Ihrer Persönlichkeit unterstützen.

Kurz gefasst lauten die drei Gesetze:

- ✔ Die Energie fließt dorthin, wohin sich die Aufmerksamkeit richtet.
- ✔ Das Management von Aufmerksamkeit und Energie erfordert die Fähigkeit zur Selbstbeobachtung.
- ✔ Selbstbeobachtung kann man lernen, aber sie wird nie zur natürlichen Gewohnheit.

Aufmerksamkeit ist wichtig

Bei dem Wort Aufmerksamkeit denken Sie vermutlich an Aufmerksamkeit erhalten oder Aufmerksamkeit schenken, zum Beispiel Ihren Kindern oder Ihrer Arbeit. Der Aufmerksamkeit auf dieser Ebene sind wir uns mehr oder weniger bewusst. Es ist wichtig, Aufmerksamkeit für Dinge zu haben, die Ihnen etwas bedeuten. Denken Sie nur daran, was geschieht, wenn Sie bestimmte Dinge nicht genügend beachten. Dann kann etwas schiefgehen, von Misserfolg mit einem beruflichen Projekt bis zu Problemen in der Beziehung. Das ist Aufmerksamkeit in Aktion: Aufmerksamkeit haben, schenken, erhalten. Etwas, das man tut.

Mit der Aufmerksamkeit, über die wir beim Enneagramm und in diesem Buch reden, meinen wir die Aufmerksamkeit in Ihnen. Das ist Aufmerksamkeit auf einem tieferen Niveau. Sie ist uns nicht bewusst, wenn wir sie nicht in uns entdecken. Diese Aufmerksamkeit liegt auf der Ebene unserer verborgenen Lenker, unserer zugrunde liegenden Triebfedern und Motivationen. Dort stecken die Dinge, auf die Sie Ihre Aufmerksamkeit unbewusst und automatisch lenken, weil Sie diese, auch ohne sich dessen bewusst zu sein, sehr wichtig finden. Das Erforschen dieser Aufmerksamkeit und der unbewussten Ziele, auf die sie sich richtet, ist einer der wichtigsten Aspekte des Enneagramms. Eine Säule der Enneagramm-Praxis ist das Aufmerksamkeitstraining, das man heutzutage auch gern als Achtsamkeit bezeichnet.

Mönche, die sich in Jahrzehnten der Meditation selbst beobachteten und dabei viel über die Mechanismen ihres Inneren entdeckten, haben uns Folgendes überliefert:

1. Wir können unsere Aufmerksamkeit nicht »nicht« auf etwas richten. Unsere Aufmerksamkeit hat immer ein Ziel. Wir sind uns dessen nicht bewusst, es geschieht einfach. Das »Etwas«, auf das sich unsere Aufmerksamkeit richtet, nennen wir den Gegenstand der Aufmerksamkeit.

2. Unsere Aufmerksamkeit richtet sich immer nur auf einen Gegenstand. Die Beobachtungen der Mönche werden durch die neurobiologische Forschung bestätigt: Im besten Fall können wir sehr schnell zwischen den Dingen hin und her springen, so schnell, dass es so aussieht, als ob wir unsere Aufmerksamkeit auf alles gleichzeitig richten. Die Hirnforschung zeigt allerdings, dass wir schnell umschalten. Wir richten unsere Aufmerksamkeit also immer nur auf eine Sache gleichzeitig.

3. Unsere Aufmerksamkeit wandert automatisch von einem Gegenstand zum nächsten. Es erscheint schwierig, unsere Aufmerksamkeit für längere Zeit auf einen Gegenstand gerichtet zu halten. Sobald der nächste Gegenstand vorbeikommt, fliegt ihm unsere Aufmerksamkeit automatisch zu. Wir werden abgelenkt. Wenn wir längere Zeit die Aufmerksamkeit auf einen Gegenstand gerichtet halten, nennen wir das Konzentration. Sie erfordert Training. Wenn wir einen Gegenstand (ein Ding oder eine Person) in unseren Gedanken halten können, ihn vielleicht sogar visualisieren, nennen wir das Objektkonstanz.

Liebe ist Aufmerksamkeit, Aufmerksamkeit ist Liebe

Aufmerksamkeit ist eine Art, Liebe auszudrücken. Wenn Ihnen etwas oder jemand sehr wichtig ist, so wichtig, dass man es Liebe nennen kann, dann steht dieses Etwas oder dieser Jemand auch im Zentrum Ihrer Aufmerksamkeit. Die Liebe, die Sie für etwas oder jemanden empfinden, kann sich darin äußern, dass Sie ihm ausdrücklich Aufmerksamkeit schenken, indem Sie für ihn Dinge tun. Manchmal ist es weniger das Tun selbst als die Art, wie Sie diesem Etwas oder Jemand Aufmerksamkeit zukommen lassen. Für viele sind sicher die eigenen Kinder das beste Beispiel. Untersuchungen haben gezeigt, dass Mütter unter mehreren weinenden Babys das Weinen ihres eigenen Kindes erkennen. Im Gewühl auf dem Schulhof entdecken Eltern ihre eigenen Kinder sofort. Die Aufmerksamkeit besteht darin, dass Sie Ihr Kind wirklich sehen und wirklich hören. Dadurch fühlt sich das Kind wiederum gesehen und gehört. Das ist Liebe, die sich in Aufmerksamkeit äußert, und aus der Aufmerksamkeit ist die Liebe zu erkennen.

Das betrachten wir beim Enneagramm als die reine Aufmerksamkeit, die daraus entsteht, dass ein Mensch mit sich selbst verbunden ist und von daher mit anderen in Verbindung kommt. Aufmerksamkeit auf einer anderen Ebene, nicht tun, sondern sein, bewusste Aufmerksamkeit. Jeder gesunde Mensch kann das lernen, das bewusste Sein trainieren, bewusste Aufmerksamkeit entwickeln und verschenken. Der erste Schritt besteht darin zu sehen, wohin sich Ihre Aufmerksamkeit unbewusst richtet. Wenn Sie in sich selbst erkennen, welcher Enneagramm-Typ Ihre Denk-, Fühl- und Handlungsmuster am besten beschreibt, dann bietet Ihnen das eine gute Grundlage, um die unbewussten Gegenstände Ihrer Aufmerksamkeit zu beobachten. Die Stelle, auf die sich die Aufmerksamkeit richtet, ist eine, die dem betreffenden Typ (und dem Menschen) Sorge bereitet.

Zugrunde liegende Triebfeder oder unbewusste Motivation

Jeder Enneagramm-Typ hat unbewusst und unwillkürlich einen bevorzugten Gegenstand, auf den sich seine Aufmerksamkeit unbewusst und automatisch richtet. Menschen, die sich selbst beobachten und studieren, berichten davon. Das Ziel der Aufmerksamkeit ist der Kern des Typmechanismus. Dieser bildet die Grundlage des ganzen automatischen Denk-, Fühl- und Handlungsmusters des jeweiligen Typs. Was unbewusst als so wichtig angesehen wird, nennen wir die zugrunde liegende Triebfeder oder die unbewusste Motivation. Beim Enneagramm geht es darum, unsere Aufmerksamkeitsmuster kennenzulernen und unsere individuelle emotionale Programmierung zu erkunden, die dafür sorgt, dass wir in bestimmten Situationen reflexartig handeln. Wenn wir in einem Reflex unseres Aufmerksamkeitsmusters reagieren und handeln, steuert uns der Autopilot. Die Arbeit mit dem Enneagramm zielt darauf ab, uns den Autopiloten bewusst zu machen und auf der Grundlage dieses Bewusstseins selbst wieder die Führung zu übernehmen.

Die Energie folgt der Aufmerksamkeit

In der Weihnachtszeit ist das Haus von Ina (Typ 3) immer das am schönsten geschmückte der Straße. Sie erntet dafür jedes Jahr viel Lob, und das tut ihr gut. Es gibt ihr zwar ein gutes Gefühl, aber leider hält es nicht lange an. Wenn das Lob eingefahren ist, spürt sie gleich den Drang, sich für etwas anderes anzustrengen, das ihr auch wieder Beifall einbringt. Denn sie hat herausgefunden, dass Beifall wichtig ist. Sie sagen jetzt vielleicht: »Was ist daran falsch, wenn jemand Spaß daran hat, das Haus zu Weihnachten schön zu schmücken?« Nichts, natürlich. Ich mag das selbst gerne, Sie vielleicht auch. Es geht aber um die Frage, ob man das aus freien Stücken tut, einfach weil es Freude macht, oder aus dem Typ heraus. Ina ist dahintergekommen, dass bei ihr Letzteres der Fall ist. Manchmal nimmt sie sich vor, in diesem Jahr vielleicht doch weniger aufzufahren, aber es fällt ihr schwer, sich zu beschränken.

Das ist ein kleines Beispiel für Denk-, Gefühls- und Handlungsmuster. Diese drei Aspekte in uns sind nicht voneinander zu trennen. Ina fing irgendwann (unbewusst) an zu glauben, dass Leistung die Voraussetzung dafür ist, gesehen und geliebt zu werden. Das ist ihr wichtig, denn der Beifall gibt ihr ein gutes Gefühl. Weil er ihr ein gutes Gefühl gibt, richten sich ihre Aufmerksamkeit und Energie unbewusst darauf, diesen Applaus zu bekommen. So beeinflussen sich Denken und Fühlen gegenseitig und werden umgesetzt in Handeln in diesem Fall in eine Tätigkeit, die Applaus einbringen soll.

Viele von uns bekommen gern Beifall. Aber es gibt Menschen wie Ina, für die das eine übermächtige Rolle im täglichen Leben spielt. Ihre Antenne für Applaus steht sozusagen die ganze Zeit auf Empfang. Diese Triebfeder bildet das Muster für ihr Denken, Fühlen und Handeln und gibt ihrem Leben einen Inhalt. Das Enneagramm kennt neun dieser Triebfedern, die jeweils die Grundlage eines bestimmten automatischen Musters bilden.

Noch ein Beispiel: Karins Aufmerksamkeit (Typ 1) richtet sich unbewusst und automatisch darauf, ob Dinge korrekt und angemessen sind. Darum sieht sie einfach sofort, wenn etwas nicht ganz passend oder richtig ist. Das kostet sie keine Mühe. Als Folge neigt sie dazu, das, was nicht stimmt, zu verbessern. Ihre Aufmerksamkeit richtet sich also darauf anzuzeigen, was korrekt ist und was nicht. Ihre Energie folgt der Aufmerksamkeit und korrigiert, was nicht richtig ist. Das nennen wir einen Automatismus, ihre natürliche Neigung zu korrigieren. Man kann dies als eine Stärke von Karin ansehen. Aber es ist auch eine Schwäche. Wenn wir nämlich danach fragen, ob Karin in ihren Handlungen frei ist, kommen wir zu dem Schluss, dass sie keineswegs frei ist. Das Korrigieren geht so unbewusst und automatisch, dass man es zwanghaft nennen könnte.

Erkennen, wohin die Aufmerksamkeit geht

Es ist schwierig, mit Selbstbeobachtung zu beginnen, wenn man nicht weiß, worauf man achten muss. Ina hat ihre wichtigste zugrunde liegende Triebfeder entdeckt, nachdem sie sich eine Zeit lang mit dem Enneagramm beobachtete und reflektierte. Mit einem Mal wurde ihr einiges klar und einsichtig.

Wenn das Ihre erste Begegnung mit dem Enneagramm ist und Sie das Buch von Anfang an durchlesen, haben Sie jetzt vielleicht noch keine genaue Vorstellung davon, in welchem der neun Typen Sie sich am besten wiedererkennen. Sie haben gerade erst in Kapitel 2 einen kurzen Überblick über die Typen erhalten. Das macht nichts, wir gehen einen Schritt nach dem anderen. Wenn Sie Ihre Neugier nicht zügeln können und einen ersten Eindruck von Ihrem Typ bekommen wollen, gibt es dafür auch Schnelltests im Internet. Nur vergessen Sie dabei nicht, dass das Beantworten von Fragen und ein Testergebnis auf Knopfdruck nicht viel zu Ihrer Selbsterkenntnis beiträgt. Die ist aber gerade das Ziel der Arbeit mit dem Enneagramm.

Beginnen wir hier mit dem ersten Schritt. In der linken Spalte finden Sie eine Liste mit Aspekten, auf die Sie möglicherweise Ihre Aufmerksamkeit richten. In der rechten Spalte stehen Beispiele, wohin in diesem Fall Ihre Energie fließt. Auch stellt sich die Frage: Erkennen Sie, worauf sich Ihre Aufmerksamkeit automatisch richtet und in welche Dinge sie unbewusst Ihre Energie stecken?

Aufmerksamkeit richtet sich auf	Energie steckt in
was nicht korrekt, nicht passend ist	verbessern, Ordnung
Bedürfnisse anderer	geben, helfen
was Beifall und Punkte einbringt	Ziele erreichen, Aufgaben erfüllen, etwas leisten
was fehlt	vergleichen, Sehnsucht,
Erwartungen anderer	beobachten, zurückhaltend und wenig involviert sein
Bedrohungen, Risiken, Gefahr	wachsam sein, Risiken erkennen und vermeiden
was einschränkt, was keinen Spaß macht	Optionen und Möglichkeiten offenhalten, Spaß haben
Schutzbedürftige, Sitz von Macht und Stärke	stark sein, beschützen, kämpfen
(Dis-)Harmonie, gegensätzliche Wünsche, Pläne und Standpunkte	Integrieren, mit anderen verschmelzen, Konflikte meiden und verhindern

Aufmerksamkeit und Energie managen

Was Sie nicht sehen, können Sie auch nicht managen. Die Dinge, die uns in unserem Inneren nicht gefallen, wollen wir auch nicht sehen. Daraus entwickelt sich eine Gewohnheit, als Selbstschutz gewissermaßen, und wir sehen die Dinge tatsächlich nicht. Sie werden zu blinden Flecken. Der erste Schritt zum Selbstmanagement besteht also darin, sich selbst trotzdem genau zu betrachten. Diese Fähigkeit der Selbstbeobachtung kann jeder lernen. Natürlich geht es leichter, wenn Sie eine Anleitung haben, in der Sie nachschlagen können. Sie lernen, sich selbst systematisch zu befragen mit dem Ziel, Ihre Wahrnehmung zu interpretieren. Sie beobachten etwas, aber was bedeutet das, was Sie sehen? Worauf könnte es hinweisen? Diese systematische Befragung nennen wir Selbstreflexion, manche bezeichnen es auch als inneren Dialog.

Die Beschreibungen der Enneagramm-Typen dienen Ihnen dabei als eine Art Spiegel. Sie sagen Ihnen viel über die unbewussten Triebfedern und deren Funktion. Wenn Sie in diese

Spiegel schauen, werden Sie bestimmte Dinge bei sich selbst erkennen, andere nicht. Selbstreflexion trägt dazu bei, das Unbewusste bewusst zu machen.

Selbstbeobachtung – eine natürliche Gewohnheit?

Natürliche Gewohnheiten sind zum Beispiel essen, wenn man Hunger hat, und schlafen, wenn man müde ist. Es gibt auch Gewohnheiten, die sich in Ihr Leben eingeschlichen haben und die Sie so angenehm finden, dass sie Ihnen sofort fehlen, wenn Sie einmal davon abweichen. Das sind Rituale wie mit dem Hund Gassi gehen oder die Sportschau sehen. Die Selbstbeobachtung dagegen wird nie zur Gewohnheit werden, gleichgültig, wie sehr Sie davon profitieren.

Georges (oder Gregor) Ivanovitch Gurdjieff, der das Enneagramm in den Westen gebracht hat, sagt zu diesem Thema, Menschen seien Roboter. Wir handeln rein mechanisch und sind auf automatische Reaktionen programmiert. Wir schlafen – so drückte es Gurdjieff aus. Wir sind uns unserer selbst überwiegend nicht bewusst, ebenso wenig unserer Wirkung auf andere oder der Wirkung anderer auf uns. Wir sind weitgehend willenlos und reagieren nur. Überleben ist eine Art, auf die Umgebung zu reagieren. Gurdjieff spricht von Selbstvergessenheit: Wir vergessen sogar unsere Vorsätze. Gurdjieff war sein Leben lang auf der Suche nach der Wahrheit. Er ist dabei viel gereist und hat viel Zeit bei spirituellen Gruppen verbracht, deren Weisheit er erforschte. Der Gedanke der Selbstvergessenheit, unseres »Schlafes«, ist in vielen Traditionen anzutreffen, sie ist keine Erfindung von Gurdjieff. Buddha wird zum Beispiel auch als der Erwachte bezeichnet. Das beschreibt die verschiedenen Seinszustände, etwa den Zustand »wach sein« oder »nicht wach sein«. Bewusst werden oder bewusst sein kann als »nicht schlafen« angesehen werden. Wir beschäftigen uns mit Selbstbeobachtung und Selbstreflexion, wenn wir leiden, aber wenn es uns gut geht, vergessen wir sie wieder. Darum wird innerem Leid oft die Funktion zugeschrieben, uns wieder aufzuwecken.

Überlegen Sie sich einen kleinen Vorsatz. Etwas, das Sie eine Zeit lang jeden Tag tun wollen. Das kann alles Mögliche sein, nicht unbedingt etwas Nützliches. Es geht um das Üben selbst, darum, sich an diesen Vorsatz zu erinnern. Diese Übung gehört auch zum Aufmerksamkeitstraining. Hilfreich ist es, den Vorsatz mit einer bestimmten Zeit beziehungsweise einem bestimmten Ort zu verbinden.

Vielleicht helfen Ihnen diese Beispiele bei der Suche nach einem eigenen Vorsatz:

- ✔ Jeden Morgen bewusst Ihr Spiegelbild anlachen
- ✔ Jeden Tag vor dem Schlafengehen an einen lieben Menschen auf einem Foto denken
- ✔ Morgens über etwas nachdenken, was Sie sich für diesen Tag vornehmen

Beobachten Sie, wie leicht oder schwer Ihnen das fällt. Es geht nur darum, es wahrzunehmen, es zu merken, es geht nicht um ein Urteil!

Drei Wissenszentren

In zahlreichen spirituellen Traditionen an vielen Orten der Welt und in verschiedenen Epochen der Geschichte ist von drei Wissenszentren die Rede: das Wissen mit dem Kopf, mit dem Herzen und mit dem Bauch. Plato (427–347 v. Chr.) beschreibt in seiner Politeia (Politeia IV, 6–18) kurz die psychische Struktur des Menschen: erstens im Kopf das Denkvermögen mit dem logischen oder intuitiven Verstand; zweitens in der Brust »was den Mut betrifft«, das Potenzial für Begeisterung, für Heldentum, Durchhaltevermögen, aber auch Zorn; drittens im Unterleib die Instinkte und Leidenschaften, die im Dienst der Ernährung und Fortpflanzung des Menschen stehen. Wenn sie dem Plan entsprechend handeln, heißen die dazugehörigen Fähigkeiten Weisheit (Kopf), Mut (Brust) und Mäßigkeit (Körper). Dies sind die drei wesentlichen Tugenden des Menschen, die zu Kopf, Herz und Bauch gehören. Abweichungen davon, Laster also, gibt es genug. Denn während Tugend Übereinstimmung mit den Entwicklungsgesetzen des Menschen bedeutet und diese Übereinstimmung nur in einer Form möglich ist, gibt es in beide Richtungen unzählige Abweichungen in Gestalt von Lastern. (Aus *Mysterienschulen* von Konrad Dietzfelbinger.)

Die neun Enneagramm-Typen sind auf diese drei Zentren verteilt. Es gibt drei Persönlichkeitsstrukturen, die vor allem aus dem Kopfzentrum heraus handeln, drei aus dem Herzzentrum und drei aus dem Bauchzentrum. Das haben Menschen erkannt, die sich intensiv mit Selbstforschung beschäftigen. Die drei Typen im Kopfzentrum sind 5, 6 und 7. Wir nennen sie auch kurz die Kopftypen. Die Typen im Bauchzentrum sind 8, 9 und 1, die Bauchtypen. Die Typen im Herzzentrum sind 2, 3 und 4, die Herztypen. Die amerikanische Psychologin Karen Horney (1855–1952) nannte drei Methoden, wie Menschen ihre Lebensangst zu überwinden versuchen: Unterwürfigkeit (auf andere zu), Feindseligkeit (gegen die anderen) und Abgrenzung (von den anderen weg). Das entspricht den Enneagramm-Zentren, nämlich dem Herzzentrum (*moving towards*), Bauchzentrum (*moving against*) und Kopfzentrum (*moving away*). Das ist auch in Abbildung 3.1 zu sehen.

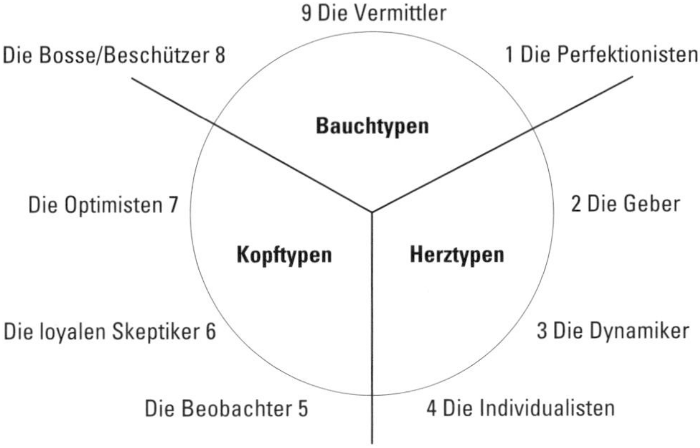

Abbildung 3.1: Die drei Zentren des Wissens

Wenn jemand zum Herzzentrum gehört, bedeutet das nicht, dass er mehr Gefühle hat oder sensibler ist als die Typen der anderen Zentren. Ebenso wenig sind Kopftypen intelligenter. Der entscheidende Punkt ist, dass bei den Typen eines Zentrums die entsprechende Funktion (Denken, Fühlen, Handeln) vorherrscht und auf die eine oder andere Weise eine Rolle im Typmechanismus spielt. In der Regel besteht ein Ungleichgewicht zwischen Denken, Fühlen und Handeln. Sie sollten die Zentren erforschen und erkennen, weil sie einen Anhaltspunkt für die Selbstbeobachtung bieten. Oft bringt es Ihre Entwicklung voran, wenn Sie für mehr Ausgewogenheit unter Ihren Zentren sorgen.

Mehr über die Kopf-, Herz- und Bauchtypen

Kopftypen (5, 6, 7) haben gemeinsam:

Sie sind auf Kopfthemen ausgerichtet, auf Verstehen und Erklären, auf Analysieren, auf die Entwicklung von sachlichen Ideen und Konzepten. Die Welt wird in erster Linie durch einen mentalen Filter wahrgenommen. Die drei Kopftypen legen, jeder auf seine Weise, Wert auf Unabhängigkeit. Sie teilen außerdem die Neigung zum Abgrenzen (*moving away*). Wenn etwas Beunruhigendes geschieht, besteht die Tendenz, sich zu entfernen. Das Ziel dieser unbewussten Strategie ist, Sorgen zu minimieren, potenziell schmerzliche Situationen unter Kontrolle zu bekommen und dadurch ein Gefühl von Sicherheit zu erlangen. Das geschieht durch die mentalen Prozesse Überdenken, Vorausschau, Vorstellung und Planung. Innerlich erleben die Kopftypen oft das unterschwellige Gefühl, dass etwas nicht stimmt. Das kann (buchstäblich oder bildlich) ein Mangel an Raum sein, an Sicherheit oder an Freiheit. Dieses Mangelgefühl kann auch gegen sich selbst gerichtet sein: sich nicht gut genug fühlen, sich als Inkompetent erleben, sozial-emotionales Versagen. Dabei liegt die Wahrnehmung möglicherweise weit von der Realität entfernt.

BEISPIEL

Alice' (Typ 5) Wohnung ist eine regelrechte Bibliothek. Jede Woche liest sie vier oder fünf dicke Bücher. Ihre Umgebung betrachtet sie als gebildete, intelligente Person. Alice selbst erlebt das anders. Bei allem, was sie liest und lernt, entdeckt Alice auch, was es noch alles zu lesen und zu lernen gibt. Dadurch erfährt sie, dass sie zu wenig von dem weiß, was man in seinem Leben und in der Welt wissen könnte.

Bauchtypen (8, 9, 1) haben gemeinsam:

Sie sind auf körperliche Dinge ausgerichtet, auf Aktivität, auf Handeln oder eben Nicht-Handeln reagieren auf Impulse, sind körperlich aktiv und präsent oder eben nicht. Die Welt wird durch einen Filter der körperlichen Wahrnehmung und unreflektierter Instinkte wahrgenommen.

Bauchtypen haben ein angeborenes Talent, auf ihren Körper zu hören. Im Kopf werden Gedanken erlebt, im Herzen Gefühle und im Körper Wahrnehmungen. Das können angenehme Wahrnehmungen sein, etwa die Sonne auf der Haut oder die Wärme einer Berührung, aber auch weniger schöne wie Spannung. Bauchtypen legen, jeder auf seine Weise, Wert auf ihre Autonomie. Sie teilen die Neigung zum Gegenangehen (*moving against*). Wenn etwas geschieht, besteht die Tendenz, dagegen anzugehen. Bauchtypen nutzen ihre persönliche Position und Kraft, um das Leben so zu gestalten, wie es sein muss. Sie entwickeln Strategien, die ihren Platz in der Welt sichern und Unangenehmes minimieren sollen. Ihre Grenze ist ein (unbewusstes) Thema, auch in dem Sinn, dass sie eben keine Grenzen erfahren oder sich der eigenen Grenzen nicht bewusst sind.

Innerlich erleben die Bauchtypen oft ein unterschwelliges Gefühl von Widerstand, vor allem wenn ihre (unbewussten) Grenzen überschritten werden. Dieser Widerstand kann sich standhaft, passiv-aggressiv oder beherrschend äußern. So wie die Kopftypen ein unterschwelliges Gefühl des Mangels oder Versagens teilen, fühlen sich die drei Bauchtypen oft wertlos oder schuldig wegen eines Versagens. Deshalb ist es häufig ihr Ziel, wertvoll zu sein.

Storm (Typ 8) nimmt instinktiv wahr, wer die Macht hat. Mit dieser Person will er sich messen, den Kampf aufnehmen, um sich Respekt zu verschaffen und um zu sehen, wie sie zueinander stehen. In diesem Kampf erlebt Storm seine eigene Kraft, und das fühlt sich gut an. Dadurch hat er das Gefühl, am Leben zu sein. Wenn die Situation es erfordert, kann Storm sich buchstäblich größer und stärker machen. Und wenn er das tut, machen sich die Menschen in seiner Umgebung oft kleiner. Im Erleben seiner eigenen Macht und Stärke liegt die Gefahr, dass Storm die Macht und Stärke des anderen nicht mehr wahrnimmt. Er unterschätzt den Gegner, und das hat ihn schon mehr als einmal in Schwierigkeiten gebracht.

Herztypen (2, 3, 4) haben gemeinsam:

Sie sind auf Herzthemen ausgerichtet, auf Liebe, Beziehung, Zuneigung, das soziale Umfeld, die Menschen um sie herum. Die Welt wird durch den Filter der emotionalen Intelligenz wahrgenommen. Die drei Herztypen legen jeder auf seine Weise Wert auf Anerkennung; sie wollen Aufmerksamkeit schenken oder empfangen, gesehen werden. Sie bewegen sich gern auf Menschen zu. Die Strategie der Herztypen besteht darin, sich auf die Stimmungen und Gefühle anderer einzustellen, um ein Gefühl der Verbundenheit mit dem anderen zu erhalten. Sie vertrauen und stützen sich mehr als die anderen Typen auf die Wertschätzung und Anerkennung anderer, um ihr Selbstwertgefühl aufrechtzuerhalten und sich geliebt zu fühlen. Damit sie diese Wertschätzung und Anerkennung erhalten, schaffen sie ein Image von sich, das die anderen dazu bringen soll, sie zu akzeptieren und als etwas Besonderes anzusehen. Sie sind auf die Verbindung mit anderen ausgerichtet, auf Beziehungen.

Das bedeutet nicht, dass die Herztypen damit immer Erfolg haben. Durch ihre Ausrichtung auf Beziehungen nehmen sie das Fehlen von Verbundenheit besonders deutlich wahr. Sie orientieren sich an anderen und betrachten sich selbst durch die Augen der anderen, stellen sich vor, wie diese sie sehen, was sie über sie denken. Jeder Herztyp ist deshalb auf gewisse Weise an seinem Image interessiert und daran, ein schlechtes Image in den Augen der anderen zu vermeiden. Herztypen neigen oft dazu, sich zu schämen, eben weil sie eine Antenne dafür haben, wie andere sie sehen.

Tim (Typ 4) hasst Abschiede. Er geht ihnen lieber aus dem Weg, etwa indem er sich ohne Abschied verdrückt. Der Augenblick des Abschieds von einem lieben Menschen fühlt sich für ihn an, als ob sie auseinandergerissen würden. Dabei nimmt er den anderen als einen Teil seiner selbst wahr. Das Gefühl einer tiefen Verbundenheit mit dem anderen ist das, was ihn »am Leben erhält«. Der Augenblick, in dem eine solche Verbindung endet, kann sich deshalb anfühlen, als ob das Leben aufhört und Tim die Luft zum Atmen fehlt.

Das Gesetz der Drei

Das Gesetz der Drei bezieht sich auf die Kräfte, die an allen Prozessen beteiligt sind. Es wird in vielen spirituellen Traditionen als eins der universellen Gesetze des Kosmos angesehen, ähnlich wie Newtons drittes Gesetz, die Schwerkraft. Die Naturwissenschaften definieren Kraft als »alles, was die Geschwindigkeit eines Körpers verändern kann«. Die Kräfte selbst sind unsichtbar, aber wir erleben ihre Wirkung. Kräfte enthalten außerdem die Energie, um etwas auszuführen, zustande zu bringen, die Geschwindigkeit eines Körpers zu verändern. Als Menschen sind wir Teil des Kosmos, die universellen Gesetze gelten auch für uns. Gurdjieff behauptet, dass jedes Phänomen das Ergebnis von drei Kräften ist, aber dass wir heutzutage nur zwei davon wahrnehmen und erkennen. Als Beispiele für die beiden Kräfte, die wir kennen, und für unsere polare Denkweise nennt er: negativ-positiv, Aktion-Reaktion, männlich-weiblich, Yin-Yang. Gurdjieff ist der Ansicht, dass immer eine dritte Kraft gebraucht wird, um ein Phänomen hervorzubringen.

Nehmen wir an, zwei Personen haben eine Meinungsverschiedenheit. Der eine ruft: »Nein!«, der andere: »Doch!«. Ohne dass eine dritte Kraft eingreift, werden sie immer weiter »Nein!, Doch!, Nein!, Doch! …« rufen, denn sie stecken in ihren Positionen fest. Es gibt nichts, was sie in Bewegung bringen könnte. Als Konsequenz verändert sich nichts. Nehmen wir nun an, es kommt eine dritte Person hinzu, die das »Nein! Doch!« neutralisiert und zum Beispiel eine kreative Lösung anbietet, eine, die sowohl für »Nein!« als auch für »Doch!« annehmbar ist. Erst dann geschieht etwas.

Die drei Kräfte des Gesetzes der Drei

- ✔ Die erste Kraft ist die »aktive Kraft« (sie ist aktiv, positiv, gebend, männlich).
- ✔ Die zweite Kraft ist die »empfängliche Kraft« (sie ist passiv, negativ, empfangend, weiblich).
- ✔ Die dritte Kraft ist die »versöhnende Kraft« (sie ist vereinigend, neutral, verbindend, unparteiisch).

Betrachten Sie dieses berühmte Gebet um Ruhe:

Gott, gib mir den Mut, die Dinge zu ändern, die ich ändern kann, gib mir die Ruhe, um die Dinge anzunehmen, die ich nicht ändern kann, und die Weisheit, das eine vom anderen zu unterscheiden.

Dieses Gebet gibt es in vielen Versionen, seine Herkunft und sein Urheber sind unklar. Es wird vielen Menschen zugeschrieben, von Marc Aurel (121–180 n. Chr., Kaiser, Philosoph, gilt als rechtschaffener Mensch, der den Tugenden der Stoiker nachstrebt) über Franz von Assisi bis zu Nelson Mandela. Die wahrscheinlichste Erklärung lautet, dass es zwischen 1937 und 1943 von dem Theologen Reinhold Niebuhr (1892–1971) geschrieben wurde.

Auch dieses Gebet kann man als Beispiel für das Gesetz der Drei ansehen. Die aktive Kraft ist hier »zu ändern, was ich ändern kann«, die empfängliche Kraft »anzunehmen, was ich nicht ändern kann«. Unter diesen beiden können Sie sich vermutlich etwas vorstellen. Die dritte Kraft ist die versöhnende Kraft des Bewusstseins oder Gewahrwerdens. Man kann die beiden ersten Kräfte nur abwägen, um zu wissen, welche angewendet werden kann, wenn man sie nebeneinanderhält. Wir nehmen das Licht wahr, weil es die Dunkelheit gibt, und umgekehrt. Wir Menschen denken in Vergleichen, wir können Unterschiede erkennen, indem wir Kontraste nebeneinanderstellen. Die dritte Kraft wird gebraucht, um die richtige Aktion zu finden und durchzuführen. Zurück zum Gebet: Wer nicht unterscheiden kann, was er ändern kann und was nicht, kann in der Folge auch nicht entscheiden, was die richtige Handlungsweise wäre (Dinge ändern oder annehmen).

Diese drei Kräfte in sich selbst zu erforschen und zu erkennen ist sehr hilfreich. Wenn Sie sich weiterentwickeln wollen, dabei aber keine Fortschritte machen, wirken in Ihnen wahrscheinlich nur eine oder zwei Kräfte. In Gurdjieffs Lehre gilt das Verlangen nach Entwicklung als aktive Kraft, der Widerstand des Ego (das keine Entwicklung will) oder der Schlafzustand des normalen psychischen Seins als die passive Kraft. Wenn nur diese beiden vorhanden sind, verändert sich in der Tat nichts, genau wie im »Nein! Doch!«-Streit. Der Widerstand des Ego verschluckt buchstäblich die Energie, um aktiv zu werden. Danach bleibt nur noch wenig Energie für Wachstum übrig.

Selbstmanagement kann man auch als Energiemanagement bezeichnen. Sie können lernen, Ihre Energie so zu managen, dass Sie genügend Energie für Weiterentwicklung und spirituelles Wachstum zur Verfügung haben. Auch zu diesem Thema bietet Gurdjieff interessante Lehren für den Westen. So schreibt er, dass wir in dieser Hinsicht in unserer Unbewusstheit löchrig sind wie ein Sieb und unsere Energie in alles Mögliche verströmen lassen. Ein Beispiel ist das Sprechen. Es kann eine gemütliche Aktivität sein, aber auch etwas, durch das wir viel Energie verlieren. Haben Sie schon einmal erlebt, wie müde Sie nach einem Telefonat oder einer Besprechung sind? Wie ausgeleert. Laut Gurdjieff ist das wörtlich zu verstehen. Ist das schlimm? An und für sich nicht, wenn das Sprechen Ihnen das gebracht hat, was Sie wollten. Aber haben Sie auch schon einmal erlebt, dass Sie völlig erschöpft waren und alles als Zeit- und Energieverschwendung empfanden? Unsere Energie ist wie Geld: Wir können sie nur einmal ausgeben. Energie, die für nutzloses Gerede verschwendet wurde, steht Ihnen für wichtigere Dinge nicht mehr zur Verfügung – für Sie selbst, für Ihre Entwicklung, für liebe Menschen. Wenn Ihnen Ihre Entwicklung wichtig ist, dann brauchen Sie Energiemanagement. Nicht umsonst gehört zur Praxis vieler spiritueller Traditionen das »in der Stille sein«. Dadurch können Sie bei sich selbst ankommen, Ihre Energie sparen und wieder aufladen.

Noch einmal zurück zum Gesetz der Drei. Im Enneagramm finden wir es wieder als Dreieck zwischen Typ 3, 6 und 9. Hier steht Punkt 3 für die aktive, positive Kraft, Punkt 6 für die empfängliche, negative Kraft und Punkt 9 für die neutralisierende, verbindende Kraft. Das entspricht auch den Charakteren und den Energieformen von Menschen mit Typ 3, 6 und 9.

In Abbildung 3.2 habe ich im Vorgriff auf das spirituelle Enneagramm (siehe Kapitel 18) die höheren oder heiligen Tugenden dieser drei Typen angeführt: Glaube, Hoffnung und Liebe. Das ist nicht zufällig auch ein Beispiel für das Gesetz der Drei. Sie kannten das Gesetz also eigentlich schon!

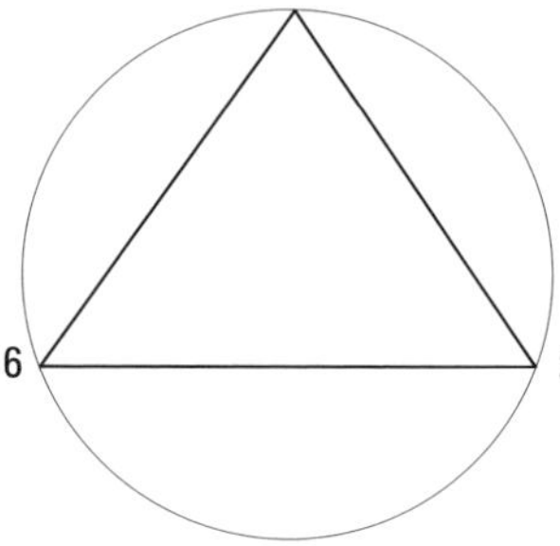

Abbildung 3.2: Das Gesetz der Drei

Diese drei Tugenden nannte der Apostel Paulus im 1. Korintherbrief, Kapitel 13, Vers 13. Sie stehen für Größeres als diese drei Wörter im alltäglichen Sprachgebrauch. Die höhere Tugend der Liebe ist die größte der Tugenden: Sie steht an erster Stelle bei Typ 9, wo der Kreis beginnt und endet. Der Enneagramm-Lehrer und Franziskanerpater Richard Rohr betrachtet die heiligen Tugenden als Einladung Gottes, ein Angebot der verbindenden Kraft der Liebe, ein Angebot, empfänglich zu werden für den Glauben, und ein Angebot, aktiv und positiv zu hoffen.

Auf dem Weg zur inneren Freiheit

Die Arbeit mit dem Enneagramm zielt darauf, unseren inneren Autopiloten zu entdecken. Wenn wir unsere Persönlichkeitsstruktur kennen, fällt es uns leichter, diesen Autopiloten mit dem inneren Beobachter zu betrachten. Wir können unsere Persönlichkeitsstruktur selbst entdecken, aber mithilfe der neun Entwürfe die im Enneagramm angelegt sind, können wir uns einige Mühe sparen und uns selbst viel schneller und gründlicher kennenlernen. Der folgende Schritt besteht darin, die Selbstreflexion zu erlernen, den inneren Dialog, um das zu deuten, was mit Ihnen geschehen ist. Dann ergibt sich die Herausforderung, Ihren Typ loslassen zu können, sobald er auf Autopilot schaltet. Der Weg der inneren Freiheit führt zur persönlichen Meisterschaft. Unter persönlicher Meisterschaft verstehen wir, wach, präsent und bewusst zu sein und im eigenen Inneren Regie zu führen.

Wie entdecke ich meinen Typ?

4

In diesem Kapitel

- Welchen Typ haben Sie?
- Einstieg in die Selbsttypisierung
- Typisieren mit Enneagramm-Tests
- Wie sieht ein guter Fragenkatalog aus?

In diesem Kapitel kommen wir zu einem Aspekt des Enneagramms, der wahrscheinlich die Fantasie der meisten Menschen anregt: Welchen Typ habe ich? Die Typologie des Enneagramms regt die Fantasie an. Dennoch ist nicht das Typisieren das Ziel, sondern mehr Selbsterkenntnis. Selbsttypisierung ist daher zu empfehlen, um Ihren Typ herauszufinden. In dem Moment, in dem Sie sich in einem Typ wiedererkennen, haben Sie schon an Selbsterkenntnis gewonnen. Es gibt auch andere Methoden, die Ihnen bei der Suche und bei der Selbsttypisierung helfen können. In diesem Kapitel finden Sie alles über Selbsttypisierung, über Typeninterviews und andere Hilfsmittel zur Selbsterforschung. Außerdem stoßen Sie auf allerlei Fragen und Aufgaben, die Ihnen bei der Suche nach Ihrem Typ helfen.

Warum typisieren?

BEISPIEL

Pfadfinder veranstalten eine Übung:. Sie werden in einem Gebiet abgesetzt und müssen den Weg nach Hause finden. Dazu haben sie Hilfsmittel erhalten, darunter neun Landkarten von verschiedenen Gebieten. Als Erstes müssen sie herausfinden, welche der neun Landkarten das Gebiet darstellt, in dem sie sich befinden. Die Pfadfinder studieren erst Karte 1 auf der Suche nach bestimmten Kennzeichen und schauen dann, ob sie diese in ihrer Umgebung wiederfinden. Karte 1 kann es nicht sein, denn es ist eine Seekarte. Die Karten 2 und 3 sind es ebenso wenig, denn sie bilden Städte ab, und die Pfadfinder sind in der Natur. So bleiben nach der ersten Auswahl vier Karten übrig, die alle Naturgebiete darstellen. Nachdem die ersten fünf Karten schnell ausgeschieden wurden, beginnt die zweite, schwierigere Runde. Die Pfadfinder müssen jetzt genau die Naturgebiete auf den Karten betrachten und mit dem vergleichen, was sie in ihrer Umgebung sehen. Zum Schluss bleibt noch eine Karte übrig, die genau passt. Dann ist der Heimweg schnell gefunden.

Mit der richtigen Karte vor Augen finden Sie den Weg schneller und leichter. Im Fall des Enneagramms unterscheiden wir neun verschiedene Persönlichkeitsstrukturen mit jeweils einem eigenen Entwicklungsweg. Was der eine Typ üben und sich an- beziehungsweise abgewöhnen sollte, passt nicht unbedingt für einen anderen Typ. Wenn Sie sich selbst typisiert haben, erhalten Sie eine wertvolle Gebrauchsanleitung für das, was Sie persönlich lernen sollten.

Habe ich nur einen Typ?

Nun gibt es Menschen, die an dieser Stelle fragen: »Ist es wirklich so, dass man nur einen dieser Typen hat?« Es gibt in der Tat Enneagramm-Strömungen und –Trainer, die der Meinung sind, dass jeder Mensch mehrere Typen hat. Das begründen sie zum Beispiel mit dem bereits genannten Punkt, dass uns »nichts Menschliches fremd« ist. Auch ich neige zu dieser Meinung. Nichts Menschliches ist mir fremd, und Ihnen wahrscheinlich auch nicht. Was man als Mensch innerlich erleben kann – Angst, Wut, Verliebtheit, Freude und so weiter –, habe ich schon einmal erlebt, und Sie vermutlich auch. Andere Autoren sind der Meinung, dass wir mehrere Typen haben können, weil wir in der Lage sind, die Stärken aller Typen in uns zu entwickeln. Ich teile auch diese positive Perspektive. Wir können das alles lernen und in uns entwickeln. Aber ...

Das ist nicht der Kern, nicht die Analyseebene, um die es beim Enneagramm geht. Auf der Ebene des Typmechanismus tragen wir nur eine Persönlichkeitsstruktur in uns. Ein Beispiel: Obwohl ich hin und wieder einmal Angst erlebt habe, bin ich keineswegs ein Mensch, dessen ganze Persönlichkeitsstruktur auf Angst und dem Umgang mit Angst aufbaut. Mich trifft das Erleben von Angst vielleicht ein- oder zweimal im Jahr. Ich erinnere mich an einen Vorfall vor einiger Zeit, als auf der Autobahn plötzlich scharf gebremst wurde und ich es mit der Angst zu tun bekam. Für jemanden, dessen innere Struktur auf Angst beruht, sind die Angst und die Auseinandersetzung mit ihr tägliche Begleiter. Angst ist der Kern seines Denk-, Gefühls- und Handlungsmusters. Dass ich auch gelegentlich Angst erlebe, ist etwas anderes als diese Typstruktur zu haben. Vielen steht das einschränkende Bild, mehr als einen Typ zu haben, im Weg. Die Antwort meiner Kollegin Hannah Nathans darauf lautet: »Ich habe auch nur eine Augenfarbe, ich bin eine Frau (und nicht außerdem noch ein Mann), und wenn ich meine Haare nicht färbe, haben sie schon ein Leben lang eine Farbe. Die Art, wie uns die Natur geschaffen hat, besteht also aus Beschränkungen.« Ich persönlich bin froh, dass ich nur einen Typ habe, denn mich mit den Schwächen des einen Typs zu entwickeln, ist schon schwierig genug. Schön finde ich allerdings, dass ich die Stärken der anderen Typen sehr wohl in mir üben und entwickeln kann.

Zusammenfassung:

- ✔ Wie Sie in der Meditation wahrnehmen, kann sich Ihre Aufmerksamkeit immer nur auf eine Sache gleichzeitig richten. Wir haben unbewusst eine dominante Vorliebe für bestimmte Gegenstände, auf die sich unsere Aufmerksamkeit richtet. Das ist die Grundlage und der Kern unseres Typmechanismus.

- ✔ Dass ich als Mensch alle Stärken in mir entwickeln kann, dass ich eine Entwicklungsperspektive habe, sagt nichts über meinen Enneagramm-Typ oder darüber, »wo ich herkomme«. Alle Typen können in der Tat alles lernen, trotzdem hat jeder Typ andere Dinge zu lernen. Dass Sie etwas lernen können, sagt also nichts über die Stärken, die Sie durch Ihren Typ in sich tragen. Indem ich Dinge lerne, werde ich noch kein anderer Typ. Ich behalte meinen eigenen Typmechanismus, entwickle mich aber weiter und lasse mich dadurch weniger von meinem Typ einschränken.

- ✔ »Nichts Menschliches ist uns fremd« deutet darauf hin, dass wir alle jede menschliche Regung erfahren können. So ist es auch. Alle Enneagramm-Typen können Wut erleben und wütend werden. Darum geht es aber nicht bei den Typmechanismen und den Unterschieden zwischen den einzelnen Typen.

Stellen Sie sich zum Schluss einmal vor, die Pfadfinder versuchten, den Weg nach Hause auf drei Landkarten zu finden. Würde ihnen das helfen? Ginge das schneller? Das Wesen des Enneagramms besteht darin, dass es unseren Entwicklungsweg effizienter macht.

Wissen, welchen Typ Sie haben

Ich glaube in der Tat, dass Sie selbst am besten wissen, welchen Typ Sie haben. Schließlich können nur Sie selbst in Ihr Inneres schauen. Nur Sie können beobachten, was Sie denken, fühlen, erleben und so weiter. Nur kennen Sie vielleicht das Enneagramm und die neun Typen noch nicht. Aber wenn Sie sich darüber informieren, in diesem Buch oder einem Kurs, können Sie sich selbst typisieren.

Selbsttypisierung ist nicht schwierig. Das Enneagramm bietet neun Entwürfe die Sie als Spiegel verwenden können. Sie schauen sich jeden Entwurf an und fragen sich, ob das der Mechanismus sein könnte, den Sie in sich erkennen. So gehen Sie von einer Landkarte zur anderen und schauen, welche Karte am besten zu Ihnen passt. Sie beobachten sich selbst: Was davon erkenne ich in mir wieder? Danach beginnen Sie das Gespräch mit sich selbst. Das nennen wir den inneren Dialog oder Selbstreflexion. Das Enneagramm bietet viele Leitfäden zur Selbstbeobachtung und -reflexion. Denn wenn Sie zu der Entdeckungsreise aufbrechen, selbst Ihren Typ herauszufinden, beginnen Sie auch gleich mit dem Training und der Förderung dieser beiden wichtigen Fähigkeiten auf dem Weg zur Weiterentwicklung. Vielleicht entdecken Sie so schon einen Enneagramm-Typ, in dem Sie sich selbst besser wiederfinden als in anderen. Wenn Sie das herausfinden, kennen Sie Ihren Enneagramm-Typ. Viel wichtiger ist aber, dass Sie Dinge über sich selbst entdeckt und erfahren haben. Sie sind sich bestimmter Aspekte Ihres Selbst bewusster geworden und haben Selbsterkenntnis gewonnen.

Selbsttypisierung heißt selbst aktiv werden

Wenn Sie selbst etwas tun, haben Sie danach auch etwas gelernt. Daher bringt es keinen großen Gewinn wenn Ihnen jemand sagt, dass Sie Typ 1 haben, oder wenn ein Fragenkatalog ergibt, dass Sie Typ 3 haben. Was haben Sie dadurch erfahren? Vielleicht haben Sie tatsächlich Typ 1, erforschen sich nun weiter und lernen etwas daraus. In der Praxis stelle ich aber oft fest, dass Menschen, die von außen einen Typ »angeklebt« bekommen, damit nichts weiter anfangen. Sie wissen ja jetzt, welchen Typ sie haben, also warum weiterforschen?

Respekt vor jedem Schritt der Reise

Es gibt noch einen Grund, andere nicht zu typisieren. Ein Aspekt, der mich beim Enneagramm sehr anspricht, ist der große Respekt vor dem anderen in dieser Praxis. Wir erweitern dabei unseren Blick für »anders sein« und entwickeln Verständnis und Respekt dafür – Respekt davor, dass jeder seinen eigenen Weg wählt und geht, Respekt davor, dass sich jeder Entwicklungsprozess anders entfaltet und einzigartig ist. Vor allem aber respektieren wir, dass jeder von uns sich in einem anderen Entwicklungsstadium befindet und keines besser ist als das andere. In meinen Kursen frage ich die Teilnehmer oft: »Ein Baby steht am Anfang seines Lebens und muss noch alles lernen. Haben wir weniger Respekt vor dem Baby und dem Entwicklungsstadium, in dem es sich befindet? Lieben wir das Baby weniger, weil es noch alles lernen muss? Im Gegenteil. Gerade deshalb finden wir Babys so wunderbar.«

Jetzt geht's los

Ein erster Schritt, um herauszufinden, worauf sich Ihre Aufmerksamkeit vor allem richtet, was die unbewusste Triebfeder oder zugrunde liegende Motivation für Ihre automatischen Gewohnheiten sein könnte, besteht darin, sich selbst zu befragen!

Aufgabe 1: Inventur Ihrer Eigenschaften

Sie haben schon ein Bild von sich selbst, eine Vorstellung davon, wie Sie im Leben handeln, was Ihre Stärken und Schwächen im Beruf und Ihren Beziehungen sind. Die erste Aufgabe dieser Entdeckungsreise ist, drei Ihrer allgemeinen Eigenschaften aufzuschreiben. Danach fragen Sie zwei Menschen, die Sie gut kennen, ob sie das auch so sehen, was sie anders sehen und welche Eigenschaften sie noch hinzufügen würden.

	Was ich selbst sehe	Was Person 1 sieht	Was Person 2 sieht
Eigenschaften	1.	1.	1.
	2.	2.	2.
	3.	3.	3.

Tabelle 4.1: Schreiben Sie Ihre Merkmale auf.

Wenn Sie in Ihrer weiteren Arbeit feststellen, welcher Typmechanismus am besten zu Ihnen passt, merken Sie hinterher möglicherweise, dass die hier eingetragenen Eigenschaften weniger zufällig sind, als Sie im Moment vielleicht glauben. Sehr wahrscheinlich hängen sie mit Ihrem Typ zusammen!

Aufgabe 2: Wiedererkennen der Archetypen

Wie Sie in den folgenden Kapiteln lesen, gibt es beim Enneagramm verschiedene Strömungen und Lehrer. Viele von ihnen haben den einzelnen Typen Namen gegeben. Dadurch gibt es in der Literatur für jeden Typ verschiedene Namen. Damit wird versucht, den Kern oder die wichtigste Eigenschaft eines Typs auszudrücken. Es kann natürlich sein, dass verschiedene Lehrer jeweils einen anderen Aspekt des Typs so wichtig finden, dass sie ihn als Namen verwenden. Die »Etiketten« stimmen also nicht unbedingt überein, die Beschreibungen gleichen sich überwiegend dennoch.

Manche bekommen wohl schon dadurch eine Vorstellung von ihrem Typ, dass sie sich in einer bestimmten Bezeichnung wiedererkennen. Wir nutzen also die verschiedenen Namen für die Enneagramm-Typen als Archetypen für die Selbsttypisierung. In Abbildung 4.1 sehen Sie Kästchen mit Bezeichnungen für die verschiedenen Typen darin.

A. Gibt es ein oder mehrere Kästchen, in dem beziehungsweise denen Sie sich selbst (stark) wiedererkennen?

B. Gibt es Kästchen, in denen Sie sich nicht wiedererkennen, die Sie von vornherein ausschließen können?

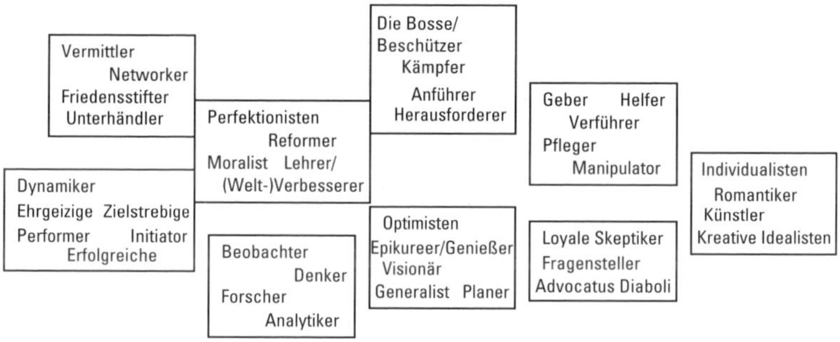

Abbildung 4.1: Erkennen Sie sich selbst?

Aufgabe 3: Stärken sind leichter zu beobachten

Es ist schwierig zu beobachten, wohin sich Ihre Aufmerksamkeit richtet, vor allem, wenn Sie damit erst anfangen. Ihre Stärken zu erkennen ist viel leichter. Die Stärken der einzelnen Enneagramm-Typen sind kein Zufall. Sie entstehen aus dem, worauf sich Aufmerksamkeit und Energie eines Typs richten. Diese Ziele findet der betreffende Typ wichtig und arbeitet deshalb daran. Dementsprechend entwickeln sich Stärken auf diesem Gebiet wie von selbst. Die Aufgabe für die Selbstbeobachtung lautet also: Lesen Sie die in Tabelle 4.2 enthaltenen neun Aufstellungen zu Stärken durch.

A. Gibt es ein oder mehrere Kästchen, in dem beziehungsweise denen Sie sich (stark) wiedererkennen?

B. Gibt es Kästchen, in denen Sie sich nicht wiedererkennen, die Sie von vornherein ausschließen können?

Stark, kräftig, entschlossen, durchsetzungsfähig, beschützt andere, rechtschaffen, wahrhaftig, klar, direkt, fest	Freigebig und hilfsbereit, großzügig, romantisch, sensibel, wertschätzend, unterstützend, energisch, lebendig, expressiv, bereitwillig, hartnäckig	Gelehrt, lernbegierig, wissend, überlegend, ruhig in der Krise, respektvoll, leben und leben lassen, Geheimnisse sind sicher, Wertschätzung des Einfachen, zuverlässig, asketisch

Anstrengung, richtiges Tun, ehrlich, sorgfältig, verantwortungsbewusst, fleißig, idealistisch, hohe Standards, selbstständig, hingebungsvoll	Sensibel, empathisch, kreative Möglichkeiten, intensiv, Wertschätzung des Einzigartigen, besonderer Blickwinkel, leidenschaftlich, idealistisch	Positiv, erfindungsreich, Vorstellungskraft, energisch, optimistisch, Liebe zum Leben, faszinierende Möglichkeiten erkennen, inspirierend, begeistert
Nachdenklich, warm, anderen treu, nach näherem Kennenlernen vertrauensvoll, intuitiv, sensibel, scharfe Wahrnehmung, ehrlich, humorvoll	Blick für andere, ruhig, Anpassungsvermögen, unterstützend, berechenbar, zuverlässig, sensibel, stabil, empfänglich, selten urteilend	Effizient, ziel- und lösungsorientiert, führungsstark, begeisterungsfähig, ehrgeizig, ermutigend, praktisch, kompetent

Tabelle 4.2: Erkennen Sie Stärken, die zu Ihnen passen?

Aufgabe 4: Wohin richtet sich Ihre Aufmerksamkeit?

Der Fokus der Aufmerksamkeit liegt auf dem, was uns auf unbewusster Ebene wichtig, vielleicht sogar am allerwichtigsten ist. Wir nennen das auch die unbewusste Triebfeder oder zugrunde liegende Motivation. Was sich dahinter verbirgt, ist auf den ersten Blick nicht leicht zu erkennen, schon gar nicht bei sich selbst. Denn wie kann man etwas sehen, das unbewusst ist, einen blinden Fleck sozusagen? Wie lernt man erkennen, was die unbewusste Triebfeder hinter einer automatischen Gewohnheit ist? Schauen Sie wieder in den Spiegel der Kästchen in Tabelle 4.3.

A. Gibt es ein oder mehrere Kästchen, in dem beziehungsweise denen Sie sich (stark) wiedererkennen?

B. Gibt es Kästchen, in denen Sie sich nicht wiedererkennen, die Sie von vornherein ausschließen können?

Meine Aufmerksamkeit richtet sich auf andere, Pläne, Wünsche und Standpunkte anderer, alles, was mich ablenkt, Erhaltung von Harmonie, (nicht) gesehen werden.	Meine Aufmerksamkeit richtet sich auf Macht und Kontrolle haben, (Un-)Gerechtigkeit, Beschützen, alles oder nichts, was wahr ist, Respekt bekommen und geben können.	Meine Aufmerksamkeit richtet sich auf das, was in der Zukunft oder Vergangenheit attraktiv ist, was fehlt oder wovon ich getrennt bin, Verlangen, Verbundenheit; werde ich abgewiesen?
Meine Aufmerksamkeit richtet sich auf Wünsche und Bedürfnisse anderer, werde ich gebraucht?, aufmerksam und verfügbar sein, Gegenseitigkeit, finden andere mich nett?	Meine Aufmerksamkeit richtet sich auf richtig und falsch, was verbessert werden kann, was sein muss, auf klar, sorgfältig und verantwortungsbewusst sein.	Meine Aufmerksamkeit richtet sich auf Ziele erreichen, effiziente Lösungen, Punkte sammeln, wie ich der Beste sein kann, wie ich gesehen werde und Beifall bekomme.
Meine Aufmerksamkeit richtet sich auf rationelle Lösungen, Wissen, Tatsachen, Analyse, (verborgene) Erwartungen, die andere an mich, meine Zeit und Energie haben.	Meine Aufmerksamkeit richtet sich darauf, was schiefgehen oder gefährlich sein kann, auf Pferdefüße, Risiken und geheime Pläne, darauf, wem und was ich vertrauen kann.	Meine Aufmerksamkeit richtet sich auf interessante, angenehme, positive Ideen, Optionen, Möglichkeiten, Projekte und so weiter, auf faszinierende Dinge, auf jeden Neubeginn.

Tabelle 4.3: Worauf richtet sich Ihre Aufmerksamkeit?

Ein Anker als gute Grundlage bei der (Selbst-)Typisierung

Das Schwierige bei der Selbsttypisierung ist, das deuten zu lernen, was man wahrnimmt. Beim Feststellen des dominanten Typmusters geht es um das Ausmaß, in dem man zum Beispiel Wert auf Perfektion legt, und um das Maß, in dem man seine Handlungsfreiheit einschränkt.

Christa freut sich, dass ihr Referat so gut geworden ist, dass sie dafür eine Eins bekommen hat. Allerdings wird Christa nicht dadurch zum Enneagramm-Typ Perfektionist, dass sie ein perfektes Referat geschrieben hat und sich über die gute Note freut. Die meisten Menschen mögen es, wenn ihre Arbeit gut beurteilt wird, so auch Christa. Christa war überhaupt nicht darauf aus, ein perfektes Referat zu schreiben, und schon gar nicht darauf, die Eins zu bekommen. Sie hat auch nicht mehrere Nächte daran durchgearbeitet. Der äußere Erfolg ist nicht das, was sie antreibt. Er ist die Folge dessen, dass ihr die Arbeit an diesem Referat schlicht Spaß gemacht hat. Nur die Tatsache, dass Christa in der Lage ist, ein perfektes Referat zu schreiben, macht sie noch nicht zum Enneagramm-Typ 1, zum Perfektionisten.

Nächtelang durcharbeiten könnte vermutlich nur jemand, dessen Aufmerksamkeit sich so stark auf Perfektion richtet, dass er nicht aufhören kann, solange es noch etwas gibt, was verbessert werden kann. Zur Gruppe der Perfektionisten zählen die Menschen, für die Perfektion den wichtigsten Stellenwert hat und deren Fokus sich daher ständig oder mehrmals am Tag auf Dinge richtet, die nicht gut (genug) sind und verbessert werden müssen. Jemand, der einfach eine perfekte Leistung liefert wie Christa in dem obigen Beispiel, gehört nicht nur aufgrund dieser Leistung zum Enneagramm-Typ 1. Um festzustellen, ob wir wirklich zu diesem Enneagramm-Typ zählen, achten wir darauf, ob unsere Aufmerksamkeit vor allem auf Perfektion und Verbesserung gerichtet ist. Umgekehrt ist es nämlich genauso möglich, dass jemand wohl diesen Enneagramm-Typ hat, aber nicht wirklich in der Lage ist, perfekte Leistungen zu liefern. Entscheidend sind die zugrunde liegende Triebfeder und das angestrebte Ziel – nicht die tatsächliche Umsetzung.

Bei der Selbsttypisierung können verschiedene Komplikationen auftreten. Dann hilft eventuell die Unterstützung eines Enneagramm-Trainers. Ein paar Beispiele:

- ✔ Zwei Typen können dasselbe Verhalten zeigen oder einander in bestimmter Hinsicht ähneln. Sie erkennen sich in diesem Verhalten wieder, können aber nicht herausfinden, was bei Ihnen dahintersteckt.
- ✔ Menschen, die zum selben Typ gehören, können sich nach außen anders zeigen. Sie erkennen sich dann vielleicht in der Typbeschreibung, aber nicht in anderen Menschen vom selben Typ.
- ✔ Sie haben sich in Ihrem Leben alles Mögliche an- und abgewöhnt. Vielleicht wurden Sie von Eltern erzogen, die anders waren als Sie, die Ihnen aber ihre Stärken vermittelt haben. Dadurch wird es schwierig zu erkennen, was wirklich in Ihrem Wesenskern steckt und was antrainiert ist.
- ✔ In den Büchern, auch in diesem Buch, werden die einzelnen Typen immer nur zusammenfassend beschrieben. Darin kommt der kleinste gemeinsame Nenner des Typs zum

Ausdruck. Vorgestellt wird sozusagen eine Durchschnittsversion dieses Typs. Das ist kaum anders möglich, weil jeder Typ eine große Vielfalt und Bandbreite zeigt. Wenn das Buch noch lesbar bleiben und seinen Zweck erfüllen soll, müssen wir uns beschränken. Die Wirklichkeit ist vielschichtiger, und Ihre Version des Typs kann sehr stark vom Durchschnitt abweichen.

Enneagramm-Tests

Es gibt viele verschiedene Untersuchungen und viele Arten von Tests. Tests treten oft in Form von Fragenkatalogen auf, aber das muss nicht so sein. Es gibt auch andere, etwa den SEDIG-Test von Dr. David Daniels und Virginia Price.

Klein, aber fein

Das Gute am SEDIG-Test ist, dass dabei die Selbstbeobachtung eine Rolle spielt. Dadurch kann die Durchführung schon zur Selbsterkenntnis beitragen. Dieser einfache Test stellt eine erste Begegnung mit dem Enneagramm dar, ein erstes Hilfsmittel auf dem Weg zur Selbsttypisierung. Er ist kurz und handlich und wird deshalb von vielen Enneagramm-Trainern in Workshops als Einführung verwendet. Nachdem ein kurzer Text über jeden Typ besprochen wurde, wird gefragt, in welchem Text man sich am besten wiedererkennt. Dieser Test ist validiert. Wenn Sie sich auf der Grundlage dieses Tests in einem Typ wiedererkennen, erfahren Sie, wie groß die Wahrscheinlichkeit ist, dass Sie tatsächlich diesen Typ haben, und wie groß die Chance, dass Sie sich am Ende als ein anderer Typ herausstellen.

Messen heißt wissen

Im Internet finden Sie viele Tests, die aus Fragenkatalogen bestehen. Es gibt gute und weniger gute Listen dieser Art. Aber wie unterscheidet man die einen von den anderen? Die Psychologie hat sich in eine Richtung entwickelt, in der man großen Wert auf Tests legt und der Leitsatz »Messen heißt wissen« gilt. Die Psychologie hat einen stark medizinischen Blickwinkel entwickelt, bei dem es darauf ankommt, die richtige Diagnose zu stellen. Bei körperlichen Krankheiten brauchen die Ärzte eine möglichst genaue Diagnose, um über die richtige Behandlung zu entscheiden. Für Psychologen und Psychiater gilt das Gleiche. Im Psychologiestudium spielt das Testen und Diagnostizierenlernen eine große Rolle. Tests wurden entwickelt, um die Gefahr einer falschen Diagnose so gering wie möglich zu halten.

Gute und weniger gute Fragenkataloge

Die Testverfahren, wie sie in der Psychologie verwendet werden, bieten einige Anhaltspunkte, um einen guten Fragenkatalog zu erkennen oder selbst zu erstellen.

- ✔ Der Test testet das, was er testen soll. Beim Enneagramm bedeutet das: Die Fragen zielen darauf, die zugrunde liegenden Triebfedern und den Gegenstand der Aufmerksamkeit zu erforschen, nicht auf Verhalten.

✔ Die Fragen zielen nicht auf das stereotype Bild eines Typs ab, sondern auch auf die feinen Abstufungen und unterschiedlichen Erscheinungsformen, die es von jedem Typ gibt.

✔ Die Fragen berücksichtigen die Unterschiede, die aufgrund des persönlichen Entwicklungsstands innerhalb der einzelnen Typen auftreten. Jemand, der sich in einem spirituell weniger gesunden Zustand befindet, wird anders antworten als ein Mensch in durchschnittlichem, gesundem Zustand.

✔ Der Fragenkatalog berücksichtigt die oft unbewusst vorhandene Neigung zu gesellschaftlich erwünschten Antworten. Menschen sagen nicht unbedingt, was wirklich für sie gilt, sondern was sie sich wünschen, dass für sie gilt.

✔ Die Fragen sind so formuliert, dass sie unterscheidend wirken, also so, dass Menschen, die einen bestimmten Typ haben, sich mit hoher Wahrscheinlichkeit darin wiedererkennen, Menschen, die diesen Typ nicht haben, aber nicht. Die Fragen dürfen deshalb nicht zu allgemein sein und für zu große Personengruppen gelten. Die Frage: »Möchten Sie bei anderen beliebt sein?«, zielt auf ein häufig vorkommendes Verlangen und eignet sich deshalb nicht, um Enneagramm-Typen zu unterscheiden.

✔ Die Fragen unterscheiden nach dem Ausmaß, in dem bestimmte Merkmale auftreten. Ich habe zum Beispiel schon ab und zu Angst erlebt, finde mich aber keineswegs in dem Enneagramm-Typ wieder, den das unterschwellige Gefühl der Unsicherheit fast durchgängig beherrscht.

✔ Die Gestaltung des Tests bietet Antwortkategorien an, zwischen denen man klar wählen kann. Man wird nicht gezwungen, zwischen zwei Aussagen zu wählen, in denen man sich gar nicht oder vielleicht in beiden wiedererkennt.

✔ Der Test testet, was er testen soll, und lässt nach und nach ein kongruentes Bild entstehen. Der Test liefert als Ergebnis genau einen Enneagramm-Typ, und wenn das der richtige ist, erscheint er auch beim nächsten Test als Resultat.

Ich könnte diese Liste problemlos weiterführen, vor allem wenn ich noch die wissenschaftlichen Anforderungen an solche Tests berücksichtigen wollte, aber das gehört nicht in dieses Buch.

Ein paar Randbemerkungen

Wie viele meiner Kollegen und Kursteilnehmer habe auch ich zahlreiche Tests im Internet mehrmals abgelegt. Dabei erhielt ich häufiger nicht den Typ als Ergebnis, in dem ich mich wiedererkenne. Dieselben Tests liefern zu unterschiedlichen Zeiten verschiedene Ergebnisse, obwohl ich in der Zwischenzeit kein anderer Mensch geworden bin. Meine Kollegen und Kursteilnehmer berichten von ähnlichen Erfahrungen. Mithilfe dieser Tests hätte ich meinen Enneagramm-Typ nicht herausgefunden, und die anderen auch nicht. Das Beantworten von Fragenkatalogen stürzt viele Menschen in Verwirrung, weil sie sich im Ergebnis nicht wiedererkennen oder weil jedes Mal ein anderes Resultat herauskommt. Wenn Sie einen Fragenkatalog beantworten, erhalten Sie einfach, schnell und spielerisch einen ersten Eindruck, mehr nicht. Sehen Sie es als ersten Schritt an und behalten Sie im Hinterkopf, was Sie hier über das Wesen des Enneagramms lesen: Das Ziel ist Selbsterkenntnis. Trainieren Sie Ihr Selbstbeobachtungs- und Reflexionsvermögen und lernen Sie, Ihrer Wahrnehmung und Ihrem Urteil zu vertrauen. Nur Sie können Ihr Inneres betrachten und abwägen, welches Muster Ihnen am genauesten entspricht. Lassen Sie sich von Tests nicht verwirren!

Das Enneagramm und die mündliche Tradition

5

In diesem Kapitel

- Wissen ansammeln und verbreiten
- Mit der mündlichen Tradition Experte für den eigenen Typ werden
- Das Typisierungsinterview
- Mehr Mitgefühl und Verständnis durch Panelsitzungen

In Kapitel 4 stelle ich Möglichkeiten vor, sich selbst zu typisieren, Dinge, die Sie selbst tun können: sich selbst beobachten oder einen Test machen. In diesem Kapitel lernen Sie zwei Methoden der sogenannten mündlichen Tradition kennen, um Wissen und Einsicht zu gewinnen: das Typisierungsinterview und das Panelinterview. Sie lesen hier, was das ist, wie es funktioniert und wie Sie davon profitieren. Mit dem Typisierungsinterview und dem Panelinterview können Sie Wissen über sich selbst erlangen. Außerdem wurde auf diesem Weg das Wissen über das Wesen der Menschen und der Enneagramm-Typen ursprünglich gesammelt. So haben die Wegbereiter des Enneagramms ihr Wissen über die Typen gewonnen. Dieses Kapitel beginnt allgemein mit dem Sammeln und Weitergeben von Wissen. Danach lesen Sie Einzelheiten über das Typisierungsinterview und das Panelinterview.

Wissen sammeln und verbreiten

Von den antiken Philosophen bis zur modernen Wissenschaft waren und sind Beobachtung und Reflexion die anerkannten Methoden, um Wissen zu erlangen. Biologen gehen ins Feld, um die Natur zu beobachten, Anthropologen bereisen die Welt (und Organisationen), um das Zusammenleben von Menschen in Gruppen zu studieren, Astronomen beobachten das All und so weiter. Das Motto lautet: hinschauen, hinschauen und noch einmal hinschauen. Aber Beobachtung allein genügt nicht. Die Philosophen dachten über unser Denken nach und darüber, wie man Wissen über dieses Denken erlangen kann.

Wissen sammeln in der mündlichen Tradition

Der Mönch Evagrius von Pontus (345–399 n. Chr.) war ein Wissenschaftler *avant la lettre*. Er hat beschrieben, wie er das Innere des menschlichen Geistes erforschte. Dazu befragte er andere Mönche regelmäßig nach ihren Fortschritten auf dem Gebiet der Meditation und nach den Hindernissen, denen sie dabei begegneten. Auf diese Weise, durch qualitative Untersuchung, entdeckte er die acht Hindernisse, die er Laster oder emotional aufgeladene Gedanken nannte. Er beobachtete, dass ein Mönch in seiner Gebetspraxis stärker von Lust gestört wurde, ein anderer mehr durch Stolz. Im Enneagramm werden diese Laster noch immer unterschieden, man könnte sie sogar als Ecksteine der Persönlichkeitsstruktur betrachten. Die Methode, mit der Evagrius sein Wissen sammelte, durch Interviews, wird auch heute noch in der Arbeit mit dem Enneagramm praktiziert.

Bei Helen Palmer steht diese Arbeitsweise im Mittelpunkt (auch bei ihren Seminaren), und sie nennt sie die mündliche Tradition (Englisch: *narrative tradition*). In der mündlichen Tradition geht es darum, die Menschen als Experten für ihren eigenen Typ anzusehen. Sie selbst können am besten erzählen, wie es bei ihnen im Inneren aussieht, wie sie Dinge sehen und erleben, warum sie so reagieren, wie sie es tun. Das ist die wichtigste Quelle von Wissen über die Typen. Helen Palmer zeichnet seit den 70er-Jahren, als sie mit Studiengruppen anfing, Panelinterviews auf Tonband auf. Tausende Stunden von Material bilden die Grundlage für ihr Buch *Das Enneagramm*. Dasselbe gilt übrigens für die Beispiele, die ich in diesem Buch verwende: Die Namen sind fiktiv, aber die Geschichten sind wirklich passiert.

Wissen verbreiten in der mündlichen Tradition

Die Panelinterviews entstanden als Methode, um Wissen über die Typen zu sammeln, und haben sich für die Beobachter der Panels schnell als inspirierendes und lehrreiches Verfahren erwiesen, um mehr über die Typen zu lernen. Nicht nur der Studienleiter konnte auf diesem Weg Neues erfahren, sondern auch die Teilnehmer.

Ein Enneagramm-Trainer kann über alle neun Typen erzählen und sie erklären. Als Fachmann weiß er natürlich allerhand Interessantes zu sagen. Der Enneagramm-Trainer hat selbst auch einen Typ. Nur über diesen Typ können Enneagramm-Trainer von innen heraus erzählen und beschreiben, wie das Leben mit Typ X ist. Selbst der beste Trainer kann von den anderen acht Typen nicht von innen heraus erzählen, sondern nur über sie referieren. Es bleibt immer ein Unterschied zwischen der Erklärung eines Experten und dem Augenzeugenbericht, den jemand über den eigenen Typ liefern kann. Wenn jemand über sich selbst spricht, kommt dazu die eigene Mimik, Ausstrahlung, Haltung und so weiter. Das alles liefert oft genauso viel Information und Einblick in einen Typ wie die Erzählung selbst. Dadurch wird der Typ gut erkennbar und das Erzählen so wertvoll. In der mündlichen Tradition lernt man keine abstrakten Definitionen der Typen, man bekommt das vollständige Bild eines echten Menschen von jedem Typ.

Typisierungsinterview

Bei der Arbeit mit dem Enneagramm müssen wir viel selbst tun. Können wir einander dabei nicht helfen? Doch, das geht. Das ist sogar eine der vier Voraussetzungen für die persönliche Weiterentwicklung (siehe Kapitel 15). Eine Möglichkeit, wie wir einander dabei helfen können, ist in der ersten Aufgabe in Kapitel 4 enthalten: einen anderen um Feedback bitten. Bei dieser Aufgabe geht es um die Frage: »Wie siehst du mich?« oder: »Mit welchen Begriffen würdest du mich beschreiben?«. Solche Informationen zu erhalten, kann die Selbsterkenntnis erweitern. Das ergibt sich schon allein daraus, dass die Menschen in Ihrer Umgebung weniger oder gar nicht durch Ihre blinden Flecken gestört werden.

Eine zweite Möglichkeit ist, mit einem dafür ausgebildeten Enneagramm-Coach ein Typisierungsinterview zu führen. Die Menschen in Ihrer Umgebung können Ihnen wohl helfen, Informationen zu finden – bei der Interpretation wird es schon schwieriger, vor allem wenn sie das Enneagramm nicht kennen. Ein Enneagramm-Coach kann Ihnen bei der Selbstreflexion helfen. Mit ihm lernen Sie, die Informationen und Erkenntnisse, die Sie über sich selbst gesammelt haben, innerhalb des Enneagramms zu deuten. Er hat gelernt, bei dieser Arbeit nicht auf das Verhalten zu achten, sondern die darunter liegende Ebene des Typmechanismus zu betrachten.

Was ist ein Typisierungsinterview?

In einem Typisierungsinterview hilft Ihnen ein Enneagramm-Coach, Ihren Enneagramm-Typ zu erkennen. Es ist ein Diagnosegespräch. Wie das Wort schon sagt, führt der Coach ein Interview mit Ihnen. In der ersten Phase stellt er mit einer Reihe von Fragen vor allem fest, welche der neun Typen eindeutig nicht in Betracht kommen. Die Pfadfinder können für die Orientierung sämtliche Karten, die etwas anderes als eine Naturlandschaft abbildeten, von vornherein ausschließen. Ähnlich funktioniert das Typisierungsinterview. Bestimmte Typen lassen sich schnell von der Liste der möglichen Ergebnisse streichen. Für diejenigen, die noch als Möglichkeiten verbleiben, folgt eine zweite Fragerunde. Diese Fragen gehen weiter in die Tiefe und verlangen von Ihnen immer mehr Selbstbeobachtungsvermögen. Der Enneagramm-Coach hilft Ihnen mit verschiedenen Methoden, die Dinge klarer zu sehen, unter anderem, indem er aus seinem großen Vorrat an Beispielen schöpft. Hinzu kommt immer wieder die Frage, in welchem Maße Sie etwas wiedererkennen. Ein Typisierungsinterview ist ein intensives Gespräch, das oft noch tagelang nachwirkt. Es regt Menschen zum Nachdenken an und auch zu Gesprächen mit dem Partner oder mit Freunden. Nicht selten bringt ein solches Interview auch noch Tage später neue Erkenntnisse.

Aber die Schlussfolgerungen ziehen Sie selbst

Der Enneagramm-Coach begleitet Sie auf Ihrer Suche, indem er Fragen stellt und reflektiert. Er hilft bei der Interpretation. Er setzt Ihnen keine Schlussfolgerung vor in Form eines Urteils, welchen Typ Sie haben. Das tut er nicht, weil er davon ausgeht, dass letzten Endes nur Sie selbst feststellen können, in welchem Typ Sie sich am stärksten wiedererkennen. Der Coach wird Ihnen wohl den Hinweis geben, die Typen, die am Ende als Möglichkeiten übrig bleiben (meist zwei, mitunter drei), genauer zu erkunden. In der Nachbesprechung erklärt er Ihnen auf jeden Fall, warum er glaubt, dass manche Typen infrage kommen und andere nicht. Sie lernen während des Interviews also viel über sich selbst, Sie lernen Selbstbeobachtung und -reflexion und Sie erfahren viel über das Enneagramm und die Typen. In Typisierungsinterviews stoße ich oft darauf, dass Menschen aufgrund von begrenzten oder falschen Bildern eines Enneagramm-Typs diesen als Möglichkeit für sich ausschließen, nicht selten infolge von Stereotypisierung. In einem Interview kann das Bild genauer dargestellt werden, sodass ein bisher abgelehnter Typ schließlich doch als Möglichkeit infrage kommt.

Selbst Typisierungsinterviews führen

Wenn Sie selbst, zum Beispiel für Ihren Beruf, lernen möchten, Typisierungsinterviews zu führen, empfehle ich Ihnen, eine Ausbildung dafür zu machen. Ich wurde darin von Helen Palmer und David Daniels nach ihrem »Enneagram Professional Training Program« ausgebildet. Weitere Informationen darüber und Adressen, wo diese Ausbildung in Deutschland angeboten wird, finden Sie in Teil V und VI dieses Buches.

Panelinterview

Das Panelinterview ist die zweite wichtige Methode der mündlichen Tradition. Es funktioniert folgendermaßen: Bei einer Panelsitzung gibt es Zuschauer und ein Panel von zwei bis fünf Personen, die sich im selben Enneagramm-Typ wiedererkennen. Der Enneagramm-Trainer interviewt die Panelteilnehmer über die verschiedensten alltäglichen Themen: wie sie bestimmte Dinge sehen, wie sie darüber denken, wie sie Dinge erleben und darauf reagieren. Die Panels für alle neun Typen bekommen dieselben Fragen gestellt. Jedes Panel antwortet vollkommen anders.

Nichts ist selbstverständlich

Wir Menschen haben alle unsere eigenen Selbstverständlichkeiten. Oft sind sie uns dessen gar nicht bewusst. Wenn das Panel gerade anfängt, empfinden manche Teilnehmer das, wonach gefragt wird, als trivial. Aber auch Panelteilnehmer haben ihre Selbstverständlichkeiten und sagen oft spontan, dass doch jeder das so macht, so denkt, so reagiert. Das ist das Wunderbare an Panelinterviews: Man entdeckt nicht nur die eigenen Selbstverständlichkeiten. Man entdeckt, dass andere Menschen ganz andere Selbstverständlichkeiten haben. Man entdeckt auch, dass das, was für uns als »normal« gilt, die eigenen Selbstverständlichkeiten, für die meisten anderen Menschen ganz und gar nicht normal ist. Geradezu erstaunt, erkennen wir, dass wir alle von unterschiedlichen Realitäten ausgehen. Es macht bewusst, wie man Brücken zum anderen bauen kann. Solche Panelsitzungen wirken sich auf die meisten Teilnehmer so aus, dass sie sich mehr und bewusster bemühen, andere zu verstehen und sich auf sie einzustimmen.

Sie werden einander immer ähnlicher

Wenn die Teilnehmer des Panels für ihren Typ ihre Plätze einnehmen, sehen wir Diversität. Es sind Männer und Frauen, Ältere und Jüngere, Menschen, die sich in Lebensweg, Religion, Herkunft, Beruf oder Kleidungsstil unterscheiden. Dann beginnt das Interview und die Panelteilnehmer erzählen. Ein solches Panel zeigt auf faszinierende Weise, wie Menschen eines Typs ähnliche Erfahrungen gemacht haben, wie sie vergleichbare Beispiele und Anekdoten erzählen. Sie haben dieselbe Art von Stärken entwickelt und treffen auf dieselben Probleme im Leben und in ihren Beziehungen. Oft erkennen die Menschen viel von den anderen Panelteilnehmern wieder. Das kann eine echte Offenbarung sein: »Ich bin nicht der Einzige, dem das ständig passiert.« Nicht selten unterstützen sich Panelteilnehmer gegenseitig, geben sich Tipps und haben das Bedürfnis, hinterher miteinander zu sprechen. Wunderbarerweise wird auch den Zuschauern immer klarer, wie sehr sich die Panelteilnehmer in bestimmter Hinsicht ähneln. Das wird immer deutlicher sichtbar, sobald man lernt, die äußerlichen Unterschiede zu durchschauen.

Aus Panelinterviews lernen

Was ist so lehrreich an einer Panelsitzung? Beginnen wir mit den Panelteilnehmern. Das Panelinterview lädt Menschen ein, sich zu beobachten und darüber zu berichten. Oft kommt es dabei spontan zu Selbstreflexion. Als Panelmitglied werden Sie zum Nachdenken über sich selbst angeregt. Es ist oft eine angenehme, zugängliche, sichere, inspirierende, sogar spielerische Methode, um Fertigkeiten wie Selbstbeobachtung und –reflexion zu lernen, zu üben und strukturiert anzuwenden. Die Teilnahme an einem Panel ist für die Teilnehmer oft eine sehr lehrreiche Erfahrung. Es vertieft die Selbsterkenntnis, weil Sie dazu aufgefordert werden, anderen zu erklären, wie die Dinge bei Ihnen funktionieren. Bei dem Versuch, sich verständlich mitzuteilen, lernen Menschen, indem sie sich selbst zuhören. Zum Schluss lernen die Panelteilnehmer auch voneinander, indem ein Mitglied vielleicht bei sich selbst einen blinden Fleck entdeckt hat, der den anderen Teilnehmern noch gar nicht aufgefallen ist.

Die Zuschauer lernen bei einem Panel viel darüber, wie Menschen mit einem bestimmten Enneagramm-Typ innerlich sind. Oft beschäftigen wir uns mit Vermutungen, was in einem anderen vorgeht. In schwierigen Situationen sind wir oft überrascht, verärgert oder fühlen uns ohnmächtig und fragen uns, was den anderen wohl antreibt. Bei einem Panel ist vielleicht einmal ein Enneagramm-Typ an der Reihe, mit dem Sie gar nichts anfangen können. Diese Menschen erzählen dann, was in ihnen vorgeht. Sie hören es direkt von ihnen selbst, was sie im Innersten antreibt. Keine Hypothesen, keine Annahmen, keine Theorien darüber, wie sie sind, sondern ihre authentische Aussage darüber, wie sie es erleben. Ihre Wahrheit, ihre Erfahrungen und wie sie die Welt erleben.

Panelinterviews wecken Mitgefühl

Schon allein durch das Zuschauen bei einem Panel entsteht mehr Verständnis für die Tatsache, dass Menschen verschieden sind und wie sie sich unterscheiden. Aber auch Missverständnisse, Kommunikationsprobleme und daraus entstehende Konflikte werden erkennbar und einsichtig. Menschen mit verschiedenen Enneagramm-Typen können einander im Grunde nicht gut verstehen. Oft kommen nach einem Panelinterview Menschen auf mich zu, die in dem Typ, der als Panel interviewt wurde, plötzlich ihren Vater, ihre Schwester, den Partner oder Kollegen erkannten. Sie freuen sich sehr darüber, wenn sie ein wenig besser verstehen, was im anderen vorgeht, was ihn antreibt. Gerade haben sie es im Panel gehört, von jemandem, der ihnen nicht nahesteht, aber große Ähnlichkeit mit der betreffenden Person zeigt.

Die mündliche Tradition, und insbesondere das Panelinterview, führt zu mehr Verständnis füreinander. Wer danach strebt, findet in dieser Vorgehensweise eine große Hilfe, um mehr Empathie für andere zu entwickeln. Einfühlungsvermögen wächst, wenn Sie andere von ihren Schwächen, Ohnmachtssituationen, Frustrationen, guten Absichten und Lernbemühungen erzählen hören. Emotionale Intelligenz lässt sich lernen und entwickeln. Dazu kann ich mir kaum eine effektivere, effizientere und angenehmere Methode vorstellen als diese.

Eine Panelsitzung besuchen

Möchten Sie einmal eine Panelsitzung besuchen? Das geht. Im Internet finden Sie bestimmt eine Möglichkeit. Wenn Sie über die Panelsitzungen informiert werden wollen, die ich organisiere, können Sie sich auf meiner Website `www.enneagram-nederland.nl` anmelden. Auch in Deutschland sind Panelinterviews fester Bestandteil von Ausbildungen zum Enneagramm-Trainer. Möglichkeiten zur Kontaktaufnahme finden Sie in Kapitel 23.

Neun Perspektiven auf die Wirklichkeit

Die Welt sieht für jeden der neun Typen anders aus. Es ist wichtig, darauf zu achten, dass und wie wir uns unterscheiden. So viele Probleme zwischen Menschen liegen darin begründet, dass wir die Brille nicht erkennen, durch die der andere die Sache betrachtet. Wir haben unsere eigene Realität und sind überzeugt, dass die Brille, durch die wir schauen, die einzige Wahrheit zeigt. Dadurch erkennen wir die Realität des anderen nicht und können sie nicht akzeptieren. Zu erkennen, dass unser Blick auf die Sache nur ein Neuntel der Realität zeigt, hilft uns, einen weniger verbissenen Standpunkt einzunehmen, und bringt uns die nötige Toleranz, uns für das Bild des anderen zu interessieren. Die Panelinterviews stellen ein Podium dar, auf dem die neun Perspektiven auf die Wirklichkeit gleichwertig ihren Platz finden.

Teil II

Bausteine des Typmechanismus

Ich denke ... ich denke nicht ... ich denke ...

In diesem Teil ...

Hier lernen Sie die Bausteine kennen, aus denen die Beschreibungen der Typmechanismen im Enneagramm aufgebaut sind. Gemeinsam bilden sie unsere Ausgangspunkte. Hier entdecken Sie, dass alle neun Typen aus denselben Bausteinen bestehen, und wie sich der Inhalt dieser Bausteine bei den einzelnen Typen unterscheidet. Das Grundmuster von Denken, Fühlen und Handeln ist daher ein Mechanismus, der nicht einen, sondern neun verschiedene Inhalte haben kann.

Nach dem ersten kurzen Kennenlernen der Enneagramm-Typen in Kapitel 2 erfahren Sie jetzt, wie unsere Gedankenmuster auf einer tieferen Ebene funktionieren und wie unsere Gedanken und Gefühle einander beeinflussen. Wir erkunden, wie wir auf psychologischer Ebene handeln. Das Enneagramm will nicht behaupten, dass es nur neun Arten von Menschen auf der Welt gibt. Das wäre lächerlich. Jeder Mensch ist einzigartig, deshalb gibt es ebenso viele Arten wie Menschen auf der Erde leben.

Was wir uns beim Denken einbilden

6

In diesem Kapitel

- Nachdenken über unser Denken
- Kopfthemen/Kategorien: erinnern, denken, planen und fantasieren
- Gegenstände der Aufmerksamkeit näher beleuchten
- Den inneren Beobachter kennenlernen

Weise Menschen erzählen uns schon seit Tausenden von Jahren: Die Quelle unserer Leiden entspringt in unserem Kopf. Ein Beispiel dafür finden wir in Sprichwörtern wie »Ein Mensch leidet am meisten unter dem, was er am meisten fürchtet«. Natürlich widerfährt uns ein Teil unserer Probleme. Es gibt äußere Umstände, die unser Leben beeinflussen und an denen wir wenig ändern können. Unsere Gesundheit können wir zum Teil beeinflussen durch einen gesunden Lebensstil und ein gewisses Achten auf uns selbst, aber das ist keine Garantie dafür, nicht krank zu werden. Krankheiten überfallen uns. Dann kommt allerdings hinzu, dass wir – unbewusst und ungewollt – das Maß, in dem wir unter dem leiden, was uns widerfährt, selbst beeinflussen. Jemand mit optimistischem Einschlag leidet weniger unter den Dingen, die im Leben auf ihn einstürmen, als jemand, der dazu neigt, alles schwer zu nehmen.

Helen Palmer und David Daniels betrachten Folgendes als Ausgangspunkt für das Enneagramm:

Es ist das unwillkürliche und begrenzte Wesen unserer Persönlichkeit und unserer persönlichen Reaktivität, das Stress, Konflikte, Leid und Schwächen im Beruf und in Beziehungen verursacht. Dieses persönliche Verhalten wiederholt sich oft, unbewusst und automatisch. Daher ist der Umgang mit unserer Persönlichkeit und unserer persönlichen Reaktivität grundlegend, um unser Berufs- und Privatleben ins Gleichgewicht zu bringen, und es mit Ruhe und Sinn zu erfüllen.

In diesem Kapitel untersuchen wir den ersten Baustein: unser Denken; in Enneagramm-Begriffen: die Funktion unseres Kopfzentrums.

Mein Kopf gehört mir

Einen großen Teil meines Lebens glaubte ich ehrlich, dass mein Kopf mir gehörte. Dass ich einen Willen hätte, sogar einen freien Willen, und dass ich Regie über mein Leben führte. Glauben Sie das auch oder haben Sie es bisher geglaubt? Machen wir ein Experiment:

Es geht folgendermaßen: Lesen Sie diese Übung erst durch und führen Sie sie dann aus.

Setzen Sie sich aufrecht auf einen Stuhl, stellen Sie die Füße nebeneinander auf den Boden, legen Sie die Hände entspannt auf die Lehne oder auf Ihre Oberschenkel. Sorgen Sie dafür, dass Sie bequem und entspannt sitzen. Schließen Sie die Augen. Die Aufgabe lautet – und es ist wichtig, dass Sie es gründlich probieren: **Denken Sie eine Minute an nichts.**

Ich bin neugierig, wie das funktionierte. Nicht so sehr, ob es Ihnen gelungen ist, die Aufgabe zu erfüllen, sondern mehr, wie Sie diese Minute erlebt haben und was Sie erlebt haben. In Trainings höre ich oft von Teilnehmern: »Es hat geklappt, weil ich mich auf meinen Atem konzentriert habe« oder: »Ich hörte auf einmal alle Geräusche im Haus, die ich sonst nicht höre« oder: »Ich dachte immer nur: nicht denken, nicht denken« oder: »Ich dachte: Konzentration, und dann: Das ist doch auch ein Gedanke«.

Nicht denken ist um einiges schwieriger, als wir glauben. Meine Frage ist jetzt: Wer oder was führt die Regie in unserem Kopf, wenn ein recht einfacher Vorsatz wie nicht denken doch so schwer auszuführen ist?

Ein paar wichtige Lektionen aus dieser Erfahrung:

- Offenbar führen Sie nicht selbst Regie über das, was sich in Ihrem Kopf abspielt: Gedanken kommen und gehen, gewollt und ungewollt, angenehme und unangenehme.
- Sie haben oder bekommen Gedanken, aber Sie sind nicht Ihre Gedanken. Diese kommen und gehen.
- Offenbar steckt etwas in Ihnen, das von innen her wahrnimmt, was in Ihnen geschieht. Sie können schließlich berichten, wie Sie diese Minute erlebt haben und was in Ihrem Kopf vorging. Also nehmen Sie Ihr Denken, Ihre Gedanken wahr.
- Die Außenwelt nehmen wir mit unseren Sinnesorganen wahr. Womit wir uns innerlich wahrnehmen, hat die Wissenschaft noch nicht herausgefunden, zumindest nicht, soviel ich weiß. Dieses Etwas wird in spirituellen Kreisen auch innerer Beobachter genannt.
- Mit dem inneren Beobachter können Sie registrieren, was sich in Ihrem Inneren abspielt. Wir brauchen und trainieren unseren inneren Beobachter für die Fähigkeiten der Selbstbeobachtung und –reflexion. In der Psychologie nennt man das Introspektion, eine Inspektion von innen.
- Mithilfe des inneren Beobachters können wir lernen, die Kontrolle über das, was in unserem Kopf geschieht, zu übernehmen. Wir können lernen, bewusst den Inhalt unserer Gedanken zu steuern, um bewusst unsere Aufmerksamkeit auf etwas zu richten oder stattdessen sie auf etwas anderes zu lenken.
- Das nennen wir Aufmerksamkeitstraining. Es ist der Ausgangspunkt und der Kern der Enneagramm-Methode für persönliche Weiterentwicklung und Selbstmanagement. Aber so weit sind wir noch nicht.

Ein sechstes Sinnesorgan: Der innere Beobachter

Die Biologen werden damit wohl nicht einverstanden sein, aber die spirituell Interessierten unter uns sprechen sehr wohl von einem weiteren, inneren Sinnesorgan, dem inneren Beobachter. Warum ein Sinnesorgan? Die Augen nehmen wahr, was in der Außenwelt zu sehen ist, der innere Beobachter kann sehen und berichten, was im Inneren vorgeht. In der Übung am Anfang dieses Kapitels können Sie ihn entdecken, vielleicht sind Sie ihm sogar schon früher begegnet. Der innere Beobachter taucht als wichtiger Bestandteil der Entwicklungsmethode nach dem Enneagramm in verschiedenen Abschnitten dieses Buches auf; hier beschreibe ich ihn etwas ausführlicher.

Andere Namen für den inneren Beobachter sind zum Beispiel *witnessing conscious* oder unser wahrnehmendes Bewusstsein. Es ist in der Tat eine andere Bewusstseinsebene, die wir in uns erwecken und anwenden können. In Teil IV über die Entwicklungsmethode und Teil V über das spirituelle Enneagramm treffen Sie den inneren Beobachter wieder. Hier nur ein Hinweis auf seine Bedeutung: Ohne den inneren Beobachter zu entdecken und zu trainieren, sind meiner Meinung nach persönliche Entwicklung und Selbstmanagement nicht möglich. Das erfahren Sie ausführlich ab Kapitel 14.

Hilfreiche und nicht hilfreiche Gedanken

Auch in der Psychotherapie werden diese Prinzipien angewandt. Ein Beispiel: Jan war in Therapie, weil er unter Ängsten litt. Diese Ängste wuchsen, weil Jan immer mehr Dinge sah, die das Gefühl der Angst in ihm verstärkten. Der Psychotherapeut brachte ihm bei, den Gedanken, der die Angst auslöste, zu sehen und zu benennen. Er wurde als nicht hilfreicher Gedanke bezeichnet. Dann unterstützte der Therapeut Jan dabei, einen hilfreichen Gedanken zu formulieren. Jan hat nun die Technik gelernt, sobald er Angst vor etwas verspürt, die folgenden vier Schritte zurückzulegen:

1. Was ist der nicht hilfreiche Gedanke?
2. Welches Gefühl gehört dazu?
3. Durch welchen hilfreichen Gedanken kann ich ihn ersetzen?
4. Wie wirkt sich das aus, und welches Gefühl gehört dazu?

Wenn die Aufmerksamkeit auf hilfreiche Gedanken gelenkt wird, lässt das Angstgefühl sofort nach. In Kapitel 1 lernen Sie das Prinzip kennen, das Mönche entdeckt haben: Wir können unsere Aufmerksamkeit nur auf einen Gegenstand gleichzeitig richten. Die oben beschriebene Technik nutzt dieses Prinzip. Man kann nicht zwei Gedanken gleichzeitig im Kopf behalten (in diesem Beispiel einen negativen und einen positiven Gedanken). Probieren Sie es einmal aus. Im besten Fall können wir sehr schnell zwischen zwei Gedanken hin- und herspringen.

Vier Aktivitäten des Kopfzentrums

Das Kopfzentrum kennt vier Arten von Aktivitäten oder Funktionen, auch Kategorien des Kopfes genannt (siehe Abbildung 6.1).

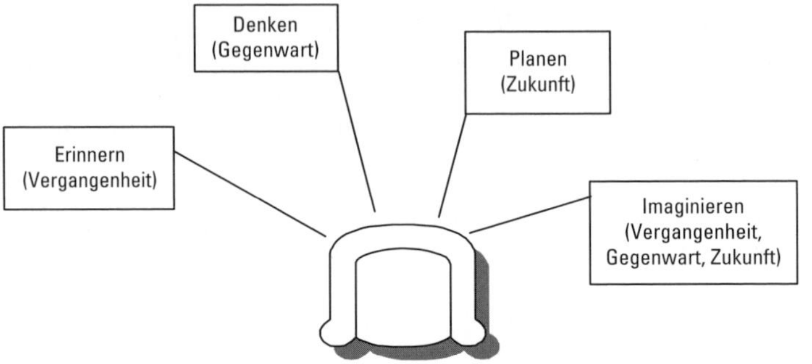

Abbildung 6.1: Die Kategorien des Kopfes

Erinnern, Denken und Planen sind zeitgebunden. Wenn es um die Vergangenheit geht, nennen wir den Vorgang Erinnern, wenn es um die Gegenwart geht, Denken, und wenn es um die Zukunft geht, Planen. Die Aktivität oder Funktion »Imaginieren« nutzen wir auch bei allen drei anderen Funktionen.

Imaginieren ist die Aktivität des Kopfzentrums, bei der wir unsere Fantasie einsetzen. Mithilfe unseres Einbildungsvermögens stellen wir uns Dinge vor, die in der Realität nicht existieren und nie existiert haben. Sie bestehen nur in unserem Kopf und wirken dort sehr echt. Wenn wir unseren Urlaub planen, nutzen wir zum Beispiel das Imaginationsvermögen, um uns vorzustellen, wie es am Urlaubsort aussehen könnte. Wir schaffen ein Bild in unserem Kopf. Jedes Mal, wenn wir eine bestimmte Erinnerung abrufen und erneut erleben, ist unsere Imagination aktiv. Auf diese Weise wird unsere Erinnerung jedes Mal angepasst, wenn wir sie neu erleben. Die Stärke der Imagination nutzen wir auch beim Denken und Planen. Manchmal ist es schwer, zwischen Imagination und Wirklichkeit zu unterscheiden. Diese vier Aktivitäten kennt jeder gesunde Mensch. Ihr Inhalt (was in der Erinnerung, dem Gedanken etc. enthalten ist) unterscheidet sich von einem zum anderen. Das wird durch das beeinflusst, worauf sich die Aufmerksamkeit eines Menschen primär richtet.

In Fixierungen gefangen

Unsere Aufmerksamkeit ist immer auf einen Gegenstand gerichtet. Im Kopf haben wir vier Funktionen. Wir sind mit Erinnern, Denken, Planen oder Imaginieren beschäftigt. Mehr Geschmacksrichtungen haben wir nicht. Der Inhalt der Erinnerung, des Gedankens, des Plans oder der Fantasie besteht aus dem, worauf wir, unserem Typ folgend, unsere Aufmerksamkeit richten. Was wir unbewusst für wichtig halten, hat Platz in unserem Kopf. Das nennen wir dann unseren mentalen Fokus. Darauf richten wir uns im Kopf ein, damit sind wir ständig gedanklich beschäftigt. Wenn dieser Effekt sehr stark ist, sprechen wir auch von Fixierungen. Durch unseren Typ sind wir auf bestimmte Gedanken fixiert. Dann wird es schwierig, noch andere Dinge, Aspekte oder Blickwinkel zu sehen oder zu hören. Ebenso wenig können wir die Themen der anderen hören, wenn wir fixiert sind. Selbst wenn jemand etwas Hilfreiches sagt, dringt es nicht zu uns durch.

Neun Objekte der Aufmerksamkeit

Unsere Persönlichkeit ist in erster Linie auf Informationen abgestimmt, die unsere Version der Wirklichkeit stützen und bestätigen. Man könnte es mit Radiosendern vergleichen. Wer den Deutschlandfunk einschaltet, hört andere Dinge als bei Antenne Bayern. Jede der neun Versionen der Wirklichkeit ist eine systematische Abweichung, die uns jeweils nur einen Ausschnitt aus der möglichen dreihundertsechzig Grad umfassenden Wirklichkeit zeigt.

Hier eine kurze Aufstellung, worauf sich die Aufmerksamkeit der einzelnen Typen richtet, worauf sie fixiert sind, und welchen Ausschnitt der Wirklichkeit sie überwiegend wahrnehmen:

- ✔ Typ 1: Was ist richtig, was ist falsch, was lässt sich verbessern, was macht jemand (mache ich) richtig oder falsch?
- ✔ Typ 2: Wer oder was braucht meine Hilfe, wo und wie kann ich dienen, wie erhalte ich Wertschätzung und Bestätigung, finden mich Leute nett, was ist nötig?
- ✔ Typ 3: Welche Leistung wird verlangt, womit kann ich dafür sorgen, dass ich gesehen werde, Beifall bekomme, der Beste bin, wer oder was verlangt meinen Einsatz?
- ✔ Typ 4: Was fehlt in meinem Leben, in meinen Beziehungen, wovon bin ich getrennt, was haben andere, das ich nicht habe, und umgekehrt?
- ✔ Typ 5: Was will oder erwartet man von mir, wer oder was dringt in meine Privatsphäre ein, verschlingt meine Zeit und Energie, kann oder will ich anderen etwas geben oder bieten?
- ✔ Typ 6: Was kann schiefgehen, wo lauert Gefahr, wo stecken die Risiken und wie sehen sie aus, wem oder was kann ich vertrauen, wie lautet der geheime Plan?
- ✔ Typ 7: Welche Optionen und Möglichkeiten bieten sich, was ist angenehm, was nicht, wer oder was begrenzt mich, und wie behalte ich meine Freiheit, meinen Raum?
- ✔ Typ 8: Was ist wahr und was nicht, wer oder was ist ungerecht, was braucht (meinen) Schutz? Respekt, Macht, Kraft und Kontrolle haben.
- ✔ Typ 9: Wer oder was bedroht die Harmonie? Disharmonie vermeiden beziehungsweise Harmonie wiederherstellen; was will der andere, was kann ich tun, damit du weiterhin glücklich und nett bist?

Auf diese Themen, auf die sich die Aufmerksamkeit primär richtet, legen die einzelnen Typen besonderen Wert. Das läuft unbewusst ab, sodass die meisten Menschen nicht einmal wissen, wie wichtig ihnen diese Fragen sind. Noch weniger ist ihnen bewusst, dass diese Dinge ihnen deutlich wichtiger sind als anderen. Wir gehen nämlich wie selbstverständlich davon aus, dass das, was uns selbst wichtig ist, auch anderen wichtig ist.

Jedem seine Fixierung

Ein anderer Begriff für Fixierung ist mentaler Fokus oder Weltanschauung. Darunter ist der typische Inhalt zu verstehen, der den Kopf eines Menschen erfüllt oder womit dieser Mensch im Kopf eifrig und viel beschäftigt ist. Das bedeutet nicht, dass jemand an nichts anderes mehr denken kann. Aber wenn jemand schnell auf etwas anspringt oder wenn man eine empfindliche Saite zum Klingen bringt, dann hängt es vom Typ ab, welcher Fokus zuerst und am stärksten auftritt.

Storm (Typ 8) findet Dinge wie Wahrheit und Gerechtigkeit unbewusst sehr wichtig. Wenn er sich an einen Zwischenfall erinnert, richtet er sich auch in der Erinnerung darauf, die (Un-)Wahrheit beziehungsweise die (Un-)Gerechtigkeit darin zu erkennen. Wahrscheinlich färbt seine Fantasie das Bild weiter ein, um seine Wahrnehmung zu bestätigen. Auf dieselbe Weise ist er im Denken und Planen auf (Un-)Wahrheit und (Un-)Gerechtigkeit ausgerichtet. Diese Dimension nimmt Storm unbewusst wahr und überprüft sie. Sein mentaler Fokus kann so stark werden, dass von einer Fixierung die Rede ist. Wenn in Storms Wahrnehmung Unwahrheit und Ungerechtigkeit auftauchen, dann schaltet sich in seinem Kopf die Fixierung »Rache« ein.

So entsteht an der Stelle, auf die sich die Aufmerksamkeit richtet, eine spezifische, dazugehörige Reaktion im Kopf. Das ist die Fixierung, in der ein Typ gefangen sitzen kann. Das Erleben von Ungerechtigkeit löst Rache aus – so arbeitet der Kopf von Typ 8. Storm ist damit nicht allein. Die anderen acht Enneagramm-Typen haben ebenfalls ihre Fixierungen. In Abbildung 6.2 sehen Sie, welche Fixierung zu welchem Typ gehört.

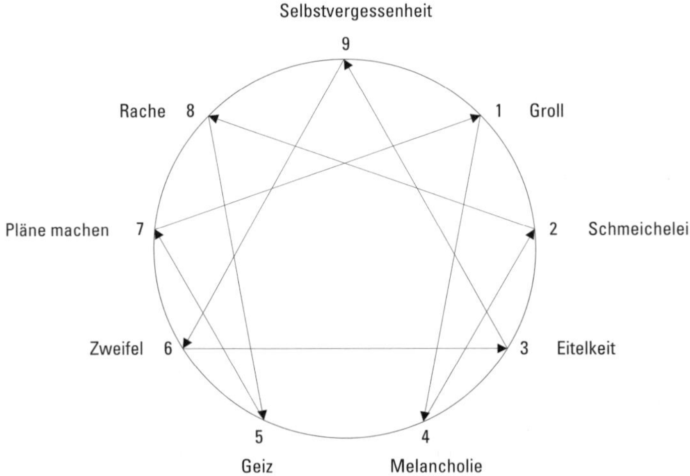

Abbildung 6.2: Die besonderen Reaktionen der Typen

Im folgenden Abschnitt erkläre ich die einzelnen Fixierungen.

Unsere Überzeugungen

Wir sehen die Wirklichkeit durch unsere Brille. Was wir sehen, halten wir für wahr: Man sieht doch, was man sieht! Was wir nicht sehen, ist der Teil der Wirklichkeit, vor dem unsere Brille, unser Filter, uns abschirmt. Wir sind zu der Überzeugung gekommen, dass der Ausschnitt der

Wirklichkeit so, wie wir ihn sehen, zutrifft. Mit dieser Sichtweise glauben wir bestimmte Dinge und entwickeln unsere Überzeugungen. Im Folgenden finden Sie neun Geschichten von Gefühlen die Menschen mit den verschiedenen Typen bei sich erkennen. Sie berichten von ihren inneren Überzeugungen und ihrer mentalen Fixierung.

Achtung: Wenn wir Fixierungen betrachten, betrifft das unser Kopfzentrum, das auf der Ebene unserer Persönlichkeit, des Ego, ist. Wir nennen es auch das Niedere Selbst. Unsere Fixierungen betreffen oft das, was wir selbst als unsere weniger schöne Seite ansehen, unsere Schwächen. Diese neun Geschichten stammen von Menschen, die ein gutes Selbstbeobachtungsvermögen entwickelt haben und in ihrer Entwicklung das Stadium erreicht haben, in dem sie sich selbst gegenüber ihr eigenes Wesen ehrlich erkennen wollten. Alle Typen haben natürlich auch ihre Stärken, aber die lassen wir vorerst außer Acht. Hier betrachten wir die Fixierungen der Typen, und die Beschreibungen können dadurch eher negativ wirken.

Perfektionisten: Groll

Sie glauben, dass sie, um gesehen, geschätzt und geliebt zu werden, perfekt und fehlerlos sein müssen. Oft erinnern sie sich daran, wie schön es war, als sie die Bestätigung bekamen, sich perfekt verhalten, eine perfekte Leistung abgeliefert zu haben. Die eigenen spontanen Impulse werden dem Streben nach Perfektion untergeordnet. Im Inneren sind sie davon überzeugt, dass ein Mensch, der Fehler macht und sich als nicht perfekt erweist, nicht geliebt wird. Darum ist es für Typ 1 so schlimm, Fehler zu machen. Die mentale Fixierung Groll tritt auf, wenn es trotz aller Mühe und Anstrengung doch nicht gelingt, etwas zu verbessern, es richtig zu machen, gut zu sein. Ebenso schlimm ist es, wenn die Bemühungen behindert oder nicht gesehen und anerkannt werden. Die Person oder die Sache, die sich den Anstrengungen entgegenstellt, wird Ziel des Grolls. Das kann Typ 1 selbst sein, ein anderer oder die Situation. Im letzten Fall wird analysiert, wer an der Situation schuld ist.

Geber: Schmeichelei

Sie glauben, dass sie es verdienen müssen, gesehen, geschätzt und geliebt zu werden, dass sie erst anderen helfen und Komplimente machen müssen. Oft erinnern sie sich, wie schön es war, wenn sie sich als Kind nützlich machten und das dann gesehen und anerkannt wurde. Der eigene spontane Wille wird dem Dienen untergeordnet. Es ist für die Geber schlimm, wenn ihre Hilfe abgewiesen wird, denn das erfahren sie als Ablehnung ihrer Person. Die mentale Fixierung Schmeichelei tritt auf, wenn eine wertvolle oder interessante andere Person ins Blickfeld kommt, von der Typ 2 wahrgenommen und geschätzt werden will.

Dynamiker: Eitelkeit

Sie glauben, dass sie, um gesehen, geschätzt und geliebt zu werden, Leistung erbringen müssen. Sie müssen die Besten sein, um Aufmerksamkeit zu erhalten und Applaus zu verdienen. Oft erinnern sie sich daran, wie schön es war, wenn sie als Kind Beifall für ihre Leistungen bekamen. Der Kontakt mit sich selbst und den eigenen Gefühlen wird dem Blick auf sich selbst durch fremde Augen untergeordnet, der Einstimmung auf das, was Dynamiker in den Augen anderer tun müssen, um gesehen und anerkannt zu werden. Von anderen wird ebenfalls verlangt, dass sie sich genau wie Typ 3 anstrengen und einsetzen, um Leistung zu erbringen. Wer versagt, verdient nicht, gesehen und geschätzt zu werden. Darum ist Versagen so schlimm für die Menschen, die sich in diesem Typ wiedererkennen. Die mentale Fixierung Eitelkeit tritt auf, um ein erfolgreiches Image nach außen zu tragen.

Individualisten: Melancholie

Sie glauben, dass sie, um sich wahrgenommen, vollständig und geliebt zu fühlen, das Ideal einer intensiven und echten Liebe finden können. Danach streben sie, indem sie nach der einzigartigen, besonderen Liebe oder Situation suchen, die sie ganz und gar erfüllt. Durch die Gewohnheit, die Realität immer wieder mit dem idealisierten Bild zu vergleichen, schafft sich Typ 4 seine Enttäuschungen selbst. Oft erinnert er sich daran, wie schmerzhaft es war, als Kind anders zu sein, ein Außenseiter. Die mentale Fixierung Melancholie tritt auf, wenn die Realität (wieder einmal) dem internalisierten und idealisierten Bild nicht entspricht, wenn das Streben nach einem tiefen Gefühl der Verbundenheit (wieder) zu nichts führte und Typ 4 sich darin bestätigt fühlt, anders, einzigartig, unverstanden und getrennt vom anderen zu sein.

Beobachter: Geiz

Sie glauben, dass die Menschen und die Welt um sie herum alles von ihnen erwarten und dass sie selbst dabei zu kurz kommen. Sie haben das Gefühl, zu wenig Energie, Zeit, Mittel und Stärken zu haben, um anderen etwas bieten zu können. Sie sind zu der Erkenntnis gekommen, dass sie lieber in Ruhe gelassen werden, in ihrer Privatsphäre bleiben, wo sie die Erwartungen der anderen nicht fühlen müssen. Oft erinnern sie sich daran, wie schön es war, als Kind allein zu sein, in der eigenen Gedankenwelt. Die Isolation von anderen und das eigene Empfinden werden wichtiger als die Beziehung zu anderen. Das Motto ist »leben und leben lassen«. Darum erfahren Menschen, die sich in diesem Typ wiedererkennen, andere oft als überwältigend, aufdringlich und herrschsüchtig. Die mentale Fixierung Geiz tritt auf, wenn das Gefühl entsteht, dass Menschen etwas von ihnen erwarten.

Loyale Skeptiker: Zweifel

Sie glauben, dass die Menschen und die Welt um sie herum nicht vertrauenswürdig sind, dass Gefahren, Risiken und geheime Pläne lauern. Oft erinnern sie sich daran, wie unvorhersehbar Menschen handeln und wie sie sich als Kind dadurch unsicher und überfallen fühlten. Das eigene spontane Vertrauen wird der Wachsamkeit untergeordnet, die nötig ist, um sich selbst zu schützen. Die innere Überzeugung entsteht (unbewusst), dass ein Gefühl von Sicherheit erreicht werden kann, indem man stets auf der Hut ist und alles infrage stellt, indem man mögliche negative Szenarien vorhersieht und Risiken ausschaltet oder aktiv bekämpft. Der Deal mit anderen lautet: »Geben wir einander die Informationen, die wir brauchen, um unsere Unsicherheit zu bekämpfen. Findest du mich nicht nett? Dann sag das bitte, das ist mir lieber, als Angst davor zu haben, dass du mich vielleicht nicht nett findest.« Die mentale Fixierung Zweifel tritt auf, sobald Dinge geschehen, die bei Typ 6 Alarm auslösen. Das kann auch sein, wenn er eine Entscheidung treffen muss. Bei diesem Kopftyp ist die mentale Fixierung fast durchgehend aktiv.

Optimisten: Pläne machen

Sie haben erfahren, dass die Welt um sie herum frustrierend und beschränkend ist und Schmerz verursacht. Dem kann man entkommen, indem man in die vielen schönen Möglichkeiten flüchtet, die im eigenen Kopf unbegrenzt vorhanden sind. Es entwickelt sich eine mentale Gier nach Chancen, Möglichkeiten und Freude, danach, alles, was unangenehm werden könnte, in etwas Positives umzudeuten. Man kann schließlich alles von zwei Seiten sehen, besonders mit den mentalen Fertigkeiten, die dieses Kind entwickelt hat. Der Deal mit anderen lautet: »Gibst du mir meine Freiheit, gebe ich dir deine; findest du mich nett, finde ich dich auch nett. Komm, wir spielen miteinander.« Die mentale Fixierung Pläne machen tritt auf, sobald etwas geschieht, das Typ 7 fasziniert oder inspiriert, aber auch etwas, das Reaktionen auslöst, weil es ihn möglicherweise einschränkt. Dann entsteht sofort das Bedürfnis wegzugehen, und sei es nur im Kopf.

Bosse/Beschützer: Rache

Sie glauben, dass die Welt hart und ungerecht ist, ein Dschungel, in dem man sich stark zeigen muss, um zu überleben. Menschen mit diesem Typ glauben, dass man nicht unschuldig und verletzlich sein kann, dass man sich selbst schützen muss. Oft erinnern sie sich an Situationen, in denen sie verletzlich waren, in denen sie missbraucht wurden und sie sich vornahmen, so etwas nie wieder geschehen zu lassen. Der eigene spontane Impuls, unschuldig zu sein, wird dem Streben nach Unverwundbarkeit, Stärke, Macht und Respekt untergeordnet. Auch eine gute Strategie, um andere auf Abstand zu halten: ein Fort bauen und nur wenige hineinlassen. Der Deal lautet: »Der Stärkste soll gewinnen. Das ist gerecht, und zufällig bin ich das.« Die mentale Fixierung Rache tritt auf, sobald in den Augen von Typ 8 der Wahrheit Gewalt angetan wird oder wenn dieser Typ sich in seinem (tief vergrabenen) Gefühl von Verletzlichkeit oder Gerechtigkeit getroffen fühlt. Kampf ist in der Regel die Antwort von Typ 8.

Vermittler: Selbstvergessenheit

Sie glauben, dass sie, um gesehen, geschätzt und geliebt zu werden, Frieden und Harmonie erhalten müssen und daher auch nicht die kleinste Welle schlagen dürfen. Das muss auf jeden Fall vermieden werden. Oft erinnern sie sich daran, wie sie sich als Kind schon unsichtbar machten und buchstäblich übersehen wurden. Der eigene spontane Impuls, sich sehen und hören zu lassen, wird dem Streben nach Harmonie untergeordnet. Die starke innere Durchsetzungsenergie schläft dabei ein. Vermittler mögen oft Menschen nicht, die laut und deutlich wahrnehmbar sind und energisch für sich selbst eintreten. Das stört die innere Ruhe, den Frieden und die Harmonie. Darum ist es für Menschen, die sich in diesem Typ wiedererkennen, so schwierig, sichtbar zu werden, sich deutlich zu behaupten und dabei vielleicht sogar wütend zu werden. Die mentale Fixierung Selbstvergessenheit tritt auf, sobald Typ 9 getriggert wird, und das ist oft in Anwesenheit von anderen der Fall. Typ 9 erlebt dann, dass er ganz und gar im anderen aufgeht, mit dessen Ideen und Wünschen übereinstimmt, und vergisst sich selbst.

Zum Thema Leidenschaften

7

In diesem Kapitel

- Zurück in die Kindheit
- Die Leidenschaft des eigenen Typs loslassen
- Neun Laster näher betrachten
- Vorsicht vor Nebenwirkungen

In Kapitel 6 werden die Funktionen des Kopfzentrums vorgestellt, in diesem Kapitel erfahren Sie etwas über das emotionale oder Herzzentrum. Was im Kopfzentrum die Fixierungen sind, sind im Herzzentrum die Leidenschaften. Eine Leidenschaft für etwas haben, leidenschaftlich leben – das wird in unserer westlichen Welt als positiv angesehen. Darin steckt Energie, wir assoziieren damit das Herz und die Liebe zu einer Sache. Vom spirituellen Standpunkt, aber auch vom Enneagramm aus betrachtet, ist das der freie Fluss der Lebensenergie, die wir alle in uns tragen und mit der wir geboren wurden. Auch das Modewort »Flow« bezeichnet diesen Zustand. Die Dinge sind im Fluss, laufen wie von selbst. Das liefert Energie, zum Beispiel in Form von Inspiration. Von dieser Art Leidenschaft ist hier aber nicht die Rede.

Die Bedeutung von Leidenschaften, die wir hier auf der Ebene des Ego betrachten, entspricht der Verwendung des Wortes in früheren Zeiten. Damals war es ein Synonym für die Laster, die in uns Menschen Wurzeln geschlagen haben und durch uns gewachsen sind. Denken Sie an das 19. Jahrhundert zurück: Eine Leidenschaft wie Lust zu haben oder gar auszuleben, wurde damals keineswegs als Tugend angesehen. Seit die Menschen vor Jahrtausenden begannen, die menschliche Psyche zu erforschen, wurden die Laster als Quelle des menschlichen Leids angesehen. Was damit gemeint ist und wie sie in uns wirken, wird in diesem Kapitel besprochen.

Und, wie fühlen wir uns heute?

»Ich bin nicht glücklich, und das liegt an dir.«

In der Psychologie ist das als (ein Teil) der Übertragungstheorie bekannt. Eine »externe Attribution« bezeichnet die Neigung, die wir Menschen haben, Erklärungen oder Ursachen außerhalb unserer selbst zu suchen. Wir glauben, dass die Ursache für unser Unglücklichsein beim anderen liegt und wir erleben es auch so. Darin steckt manchmal sogar ein wahrer Kern, aber selbst dann hilft es uns nicht weiter.

Andere kann man nämlich nicht ändern, und wenn andere Ihnen bewusst oder unbewusst etwas zuleide getan haben, ist die Wahrscheinlichkeit gering, dass diese anderen das ungeschehen machen. Es bleibt Ihnen nichts anderes übrig, als die Verantwortung für Ihr Gefühl, unglücklich, wütend oder traurig zu sein, zu übernehmen. Suchen Sie selbst einen Weg, um dem Leid in Ihnen ein Ende zu machen. Wenn der andere Sie so treffen kann, Sie so aus dem Gleichgewicht bringen und unglücklich machen kann, sind Sie verletzlich. Wäre es nicht schön, einen Weg zu finden, damit Sie sich weniger schnell aus dem Gleichgewicht bringen lassen? Wenn Sie diesen Weg gehen wollen, ist der erste Schritt die Aufdeckung dessen, was Sie so verletzlich macht, was Sie so leicht aus dem Gleichgewicht bringt.

Wenn wir uns weiterentwickeln wollen, gibt es oft Dinge in uns, die wir loswerden wollen. Damit wir das schaffen, sollten wir uns erst darüber klarwerden, was genau unser Leid verursacht. Um dahinterzukommen, womit wir es zu tun haben, untersuchen wir nun diesen Punkt etwas genauer. Wenn wir etwas loswerden wollen, hilft es oft zu schauen, wie wir eigentlich dazu gekommen sind. Was ist die Quelle unserer Leidenschaften?

Wie kommen wir dazu, wie werden wir es los?

Wenn wir zur Quelle unserer Leidenschaften vordringen wollen, schauen wir nach, wo sie herkommen – wie sie entstehen und wie sie in uns arbeiten. Wir können auch buchstäblich in der Zeit zurückgehen und nach alten Texten suchen, in denen von diesen Leidenschaften oder Lastern die Rede ist. Auf dieser Entdeckungsreise nach Innen sind Sie nämlich nicht allein, Sie haben sogar recht gute Gesellschaft. In alten Schriften wird hierüber in Einzelheiten berichtet, von Menschen, die diese Entdeckungsreise schon vor Hunderten von Jahren angetreten haben. Schauen wir nach, was wir von diesen Menschen lernen können. Sie werden sie noch öfter in diesem Buch antreffen. Außerdem bekommen Sie eine Vorstellung davon, welchen Platz dieses Thema im Enneagramm einnimmt. Es ist einer der Aspekte des Enneagramms, der schon Jahrhunderte alt ist. Damit beginnen wir und kehren in unsere eigene Kindheit zurück.

Leidenschaften schaffen Leid

Wir reisen zuerst ein Stück in der Zeit zurück, und zwar ins vierte Jahrhundert nach Christus. Evagrius von Pontus (345–399) galt als talentierter Mönch und herausragender Intellektueller. Er gehörte zu einer Gruppe, die man heute die Wüstenväter nennt. Diese Mönche lebten allein und zurückgezogen in Klausen in der Wüste südlich von Alexandria (daher der Name Klausner oder Einsiedler) und erforschten ihre eigenen Gedanken und Gefühle. Evagrius untersuchte die Quellen des menschlichen Leids. Sein Ziel dabei war, kurz zusammengefasst, einen Weg zur Wiedervereinigung mit Gott zu finden. Das wurde zwar später vergessen und von der katholischen Kirche sogar bekämpft, aber in der frühchristlichen Zeit war die Auffassung weit verbreitet, dass der Weg zu Gott ins eigene Innere führe. In anderen christlichen Kirchen blieb das der Ausgangspunkt oder wurde später wiederentdeckt.

Emotional aufgeladene Gedanken

Evagrius hat sich ernsthaft bemüht, die Störungen in uns Menschen zu analysieren. Aus seinen Schriften erfährt man, dass seine Erfahrungen als gefragter geistlicher Begleiter ihm reichhaltige psychologische Erkenntnisse brachten. In den Informationen, die Evagrius sammelte, erkannte er ein Muster. Er unterschied acht »emotional aufgeladene Gedanken«, die die Mönche beim Gebet und in ihrem Einsiedlerleben behinderten. Evagrius bezeichnete sie als »logismoi«. Im Enneagramm haben sie nach wie vor ihre Gültigkeit und wir nennen sie die Leidenschaften. Diese emotional aufgeladenen Gedanken störten die Mönche im Gebet und daher in ihrer gewünschten Verbindung mit Gott. Als ersten Schritt auf dem Weg zum Wieder-in-Verbindung-Sein nannte Evagrius die *praktikê*: das Tun, das Ausüben der Tugenden und das Vermeiden der Laster. In der Sprache seiner Zeit schreibt Evagrius, dass jedes Laster von einem eigenen Geist gebracht wird, einem *daimôn*. Daimon war an sich ein neutraler Begriff und konnte auch für gute Geister stehen. Aber Evagrius gebrauchte das Wort für die bösen Geister, die uns Laster einflößten. Er nannte acht dieser Geister: Völlerei, Unzucht, Habgier, Niedergeschlagenheit, Zorn, Lustlosigkeit, Eitelkeit und Hochmut. Sieben davon sind uns nicht wirklich unbekannt: Seit Papst Gregor I. (um 590) gelten sie als die christlichen Todsünden.

Laster kommen angeflogen

Dass uns die Untugenden von bösen Geistern eingeblasen werden, ist kein abwegiges Bild: In Kapitel 5 finden Sie die Übung, eine bestimmte Zeit lang die Gedanken anzuhalten. Viele von uns erfahren dabei, dass die Gedanken einfach aus dem Nichts auftauchen. Wo kommen sie her? Sie sind nicht ausgedacht, denn wir wollten ja nicht denken. Ich weiß nicht, ob die neurobiologische Forschung schon etwas darüber sagen kann, welcher Teil unseres Gehirns diese ungebetenen Gedanken hervorbringt. In Zeiten, als das medizinische Wissen noch sehr begrenzt war, erscheint die Beobachtung, dass sie eingeblasen werden, nicht besonders abwegig. Aber von wem? Das musste etwas Unsichtbares sein, ein Geist, ein *daimôn*. Der Philosoph und Mystiker Plotinus (204/5–270) bezweifelte dieses Bild und war der Meinung, dass das Böse vor allem ein Mangel an Gutem war. Im Enneagramm gehen wir ebenfalls davon aus und diese Annahme unterstützt den weiteren Entwicklungsweg. Laster entstehen durch die Abwesenheit von Tugenden. In seinem Werk *Die Enneaden* schrieb Plotinus viel über die Tugenden und Laster. Er hatte großen Einfluss, unter anderem auf den Kirchenvater Augustinus, Thomas von Aquin und C.G. Jung.

Zurück in die Kindheit

Am Anfang dieses Kapitels stand die Assoziation des Wortes Leidenschaft mit unserer Lebensenergie. Vor allem bei kleinen Kindern ist es oft leicht zu beobachten, wie die Lebensenergie frei fließt. Ein kleines Kind hat noch keinen Begriff von Ort, Zeit und Gefahr. Es spielt fröhlich und frei und ist sich noch wenig bewusst. Ganz kleine Kinder haben noch keine Erinnerung und antizipieren noch nicht, was die Zukunft bringt – das sind die in Kapitel 5 genannten Kategorien des Kopfes. Die Abwesenheit von Zeitgefühl sorgt dafür, dass kleine Kinder im Jetzt leben. Sie sind vollkommen empfänglich, aber auch völlig unschuldig und verletzlich durch das, was kommt. Es gibt noch kein Erinnerungsvermögen (auf die Vergangenheit gerichtet) und kein Planungsvermögen (auf die Zukunft gerichtet). Es gibt nur das Jetzt.

Leben in einer Fantasiewelt

Kleine Kinder haben ein enormes Imaginationsvermögen, aber noch nicht die Fähigkeit, zwischen Wirklichkeit und Imagination zu unterscheiden. Darum leben Kinder in einer magischen Welt. Die Kobolde im Buch sind echt, denn im Buch gibt es sie. Also sind sie für das Kind real. Wie sehr das Kind im Jetzt lebt, zeigt sich auch, wenn es Schmerzen hat. Im einen

Augenblick weint das Kind herzzerreißend, einen Augenblick später ist der Schmerz vorbei, die Tränen versiegen, das Kind spielt fröhlich weiter. Mama und Papa brauchen oft noch etwas, um sich von dem Zwischenfall zu erholen. Wenn man eine Stunde später nachfragt: »Bist du da nicht sehr erschrocken?«, schaut das Kind oft nur verständnislos. Hingefallen ist es vorhin, das hat jetzt nichts mehr zu bedeuten.

Das Erinnerungs- und Antizipationsvermögen entwickeln

Das Nervensystem und das Gehirn von Kindern wachsen weiter, und das Kind entwickelt Erinnerungsvermögen. Das Kind erinnert sich daran, was wehtat, was traurig oder lustig war. Das Kind lernt allmählich zu antizipieren, um Dingen, die nicht lustig sind, aus dem Weg zu gehen und dorthin auszuweichen, wo es doch lustig ist. Wenn sich dieses Erinnerungs-/Antizipationsvermögen entwickelt, entsteht damit auch das Gefühl für Ort und Zeit. Das Kind verlässt langsam das Hier und Jetzt.

Eine zweite Auswirkung des Lernens, die Erinnerung daran, was Schmerz oder Traurigkeit bedeutet, besteht darin, dass das Kind lernt vorauszuplanen, wie es das in Zukunft vermeiden kann oder, wenn es doch so weit ist, wie es weniger darunter leidet. Es entwickelt eine Schutzschicht, und jedes Mal, wenn Schmerz auftritt, entsteht eine kleine Spannung gegen den freien Fluss der Lebensenergie. Wie können Sie sich das vorstellen? Überlegen Sie, was die meisten Menschen tun, wenn es spannend wird oder Gefahr droht. Wir halten den Atem an. Von solchen Spannungen oder Kontraktionen reden wir hier. Was haben wir davon, dass wir den Atem anhalten, wenn Gefahr droht? Weiter zu atmen erhöht die Überlebenschancen, sollte man meinen. Aber den Atem anzuhalten trägt dazu bei, für einen Augenblick keine Angst zu fühlen. Es unterdrückt also das Gefühl. Unsere bewussten und unbewussten Überlebensstrategien haben sehr wohl ihren Sinn.

Alles hat seinen Preis

Der Vorteil unserer Verhaltensweisen ist oft leicht festzustellen. Was sie uns kosten, liegt dagegen meist außerhalb unseres Blickfeldes. Das Kind zahlt für diese unbewussten Kontraktionen den Preis, dass es sich nicht nur schützt, indem es sich kurz vor unangenehmen Gefühlen abschirmt, sondern dass mit seiner Lebensenergie und Empfänglichkeit dasselbe geschieht. Jedes Mal, wenn das Kind sich unmerklich und blitzschnell innerlich anspannt, blockiert es den freien Fluss der Lebensenergie und beendet damit seine vollkommene Empfänglichkeit. Das »Nichtfühlen« richtet sich letzten Endes darauf, vorübergehend nicht zu empfangen. Die Begrenzung der Empfänglichkeit umfasst gleichzeitig den Verlust des direkten und offenen Kontakts mit den höheren Tugenden wie Unschuld und Unbeschwertheit. Die harte Schale, die in dem Kind wächst, schützt es nicht nur, sondern ist auch ein Hindernis bei seinem Kontakt mit sich selbst, mit seiner Umgebung und anderen Menschen, aber auch mit seinen Stärken und Tugenden. Dadurch entsteht im Inneren Platz für die Entwicklung der Laster, die wir im Enneagramm Leidenschaften nennen (siehe auch Abbildung 7.1).

Neun Laster oder Leidenschaften

Es gibt viele Philosophen, Theologen, Mystiker, Schriftsteller oder Dichter, die über die menschlichen Laster schreiben (zum Beispiel Dante Alighieri in der Göttlichen Komödie, in der er das Fegefeuer beschreibt). Sie verwenden dazu immer wieder andere Bezeichnungen, Kategorien und Zahlen. Die Richtung ist jedoch dieselbe. Auch die verschiedenen Enneagramm-Lehrer benutzen unterschiedliche Namen. Da gibt es die sieben christlichen Todsünden, die Oscar Ichazo in das Enneagramm integriert hat. Dante beschrieb außerdem Angst und Täuschung, und Ichazo baute sie ebenfalls bei den entsprechenden Persönlichkeitsstrukturen ein. Helen Palmer ersetzte in Anlehnung an Dante bei Typ 8 die Schamlosigkeit durch Lust/Exzess. Sie tat das, weil die Menschen, die sich in Typ 8 wiedererkannten, bei ihren Panels immer wieder berichteten, dass sie Lust viel eher als zugrunde liegende Leidenschaft erkannten als Schamlosigkeit.

Übrigens haben viele Typen Begriffe, die sie lieber verwenden oder besser erkennen als die hier gebrauchten Bezeichnungen. Wir hören immer wieder von Menschen im Panel von Typ 1, dass sie keine Wut erkennen oder erfahren, aber an dieser Stelle »Verärgerung« auftritt. Das wurde in diesem Buch nicht angepasst, weil die zugrunde liegende Leidenschaft der Menschen mit Typ 1 doch die Wut ist. Menschen mit Typ 1, die sich schon länger beobachten und besser kennengelernt haben, erkennen das auch. Verärgerung ist nur die bei Menschen mit Typ 1 eher akzeptierte Form von Wut. Warum das für sie wichtig ist, wird unter Typ 1 besprochen.

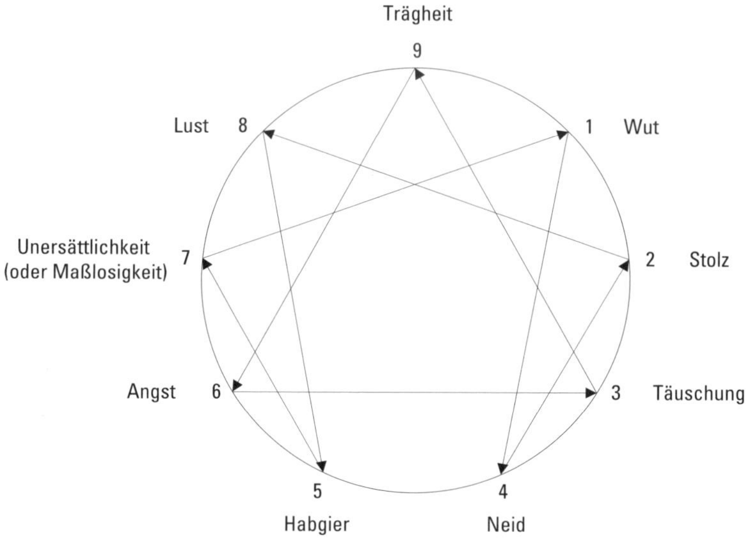

Abbildung 7.1: Die neun Laster oder Leidenschaften

Evagrius (345–399 n. Chr.)	Enneagramm (1970 n. Chr.)
Zorn	Wut
Hochmut	Stolz
Eitelkeit	Täuschung
Niedergeschlagenheit	Neid
Habgier	Habgier
–	Angst
Völlerei	Unersättlichkeit
Unzucht	Lust/Exzess
Lustlosigkeit	Trägheit

Laster oder Leidenschaften als Ecksteine unserer Persönlichkeit

Bei der Selbstbeobachtung werden die meisten von uns mehrere dieser Laster bei sich erkennen. In den Panelinterviews hören wir Menschen detailliert berichten, was sie bei sich wahrnehmen. Wir hören regelmäßig, wie Menschen die verschiedenen Laster in sich erleben. Bei der Selbstbeobachtung in den Panels zeigt sich auch, wie stark das Ausmaß schwankt, in dem die verschiedenen Laster im Leben eine Rolle spielen. Die Leidenschaft meines Typs spielt bei mir eine große Rolle. Ich habe täglich Probleme damit. Ich werde sie auch sehr schwer los. Andere Leidenschaften treffe ich hin und wieder an, aber nicht so häufig. In den Erzählungen der Panelmitglieder fällt auf, dass gerade in schwierigen Situationen die Leidenschaft ihres Typs stark in den Vordergrund tritt, und gewiss nicht eine der anderen acht Leidenschaften. Der Unterschied besteht also auch hier wieder im Ausmaß, in dem jemand von einer Leidenschaft beherrscht wird. Die Leidenschaft meines Typs loszulassen bringt mir – für mein Gefühl – die ersten 80 Prozent der inneren Freiheit, um anders im Leben zu stehen und mit Menschen und Dingen anders umzugehen. Ich habe erfahren, dass diese Leidenschaft die größte Blockade in der Verbindung mit mir selbst darstellt. Ich erlebe sogar, dass die anderen Leidenschaften erst dann für mich in meiner Selbstbeobachtung richtig sichtbar werden, wenn ich die Leidenschaft meines Typs loslassen kann.

Achtung Nebenwirkungen

Bevor ich meinen Weg zur Weiterentwicklung begann, erlebte ich zum Beispiel wenig bis gar keine Angst. Meine persönliche Entwicklung hatte zur Folge – und das stand nicht auf dem Beipackzettel –, dass ich Kontakt mit der Angst in mir bekam und daher auch Angst erlebte. Nachdem ich mein Leben lang problemlos in Flugzeuge steigen konnte, bekam ich auf einmal Flugangst. Diese Warnung vor Nebenwirkungen ist also angebracht. Es ist ein schöner, aber anstrengender Weg, und das sollte man sich vorher klarmachen.

Mir wurde klar, dass ich mich, trotz der Flugangst, immer vollständiger fühlte. Anstatt nur rot zu sehen, habe ich auch die anderen Farben des Regenbogens kennengelernt. Angst ist kein schönes Gefühl, aber es hat mir auch einiges gebracht. Vorher steckte die Angst natürlich irgendwo in mir und beeinflusste mich, aber ich wusste es nicht, denn ich habe sie ja nicht gespürt. Jetzt kann ich diesem Untier in die Augen sehen und etwas unternehmen. Der Weg der Weiterentwicklung hatte mich schon so weit gebracht, dass ich eine Leidenschaft loslassen konnte, also warum sollte ich das Gelernte nicht auch auf diese neue Leidenschaft anwenden, die da zum Vorschein kam?

Zum Schluss noch eine Anmerkung zu der Frage, ob es wohl wirklich so ist, wie wir »Enneagramm-Praktiker« behaupten, dass die Leidenschaften der Eckstein der Persönlichkeitsstruktur sind und deshalb jeder Enneagramm-Typ seine eigene Leidenschaft hat. In meiner Herangehensweise an das Enneagramm ist uns nichts Menschliches fremd. Ja, die meisten Menschen, die sich selbst kennenlernen, entdecken mehrere Leidenschaften in sich. Aber es gibt eine dominante Leidenschaft, nämlich die des eigenen Enneagramm-Typs. Sie ist der Schlüssel zur Tür, durch die wir auf der inneren Reise der Weiterentwicklung wieder in die Freiheit gelangen.

Leben mit Leidenschaften

8

In diesem Kapitel

- Die Wirkung von Energie
- Die Leidenschaften der einzelnen Typen

In Kapitel 7 erkläre ich die Begriffe Leidenschaften oder Laster mit ihrem Hintergrund. In diesem Kapitel erfahren Sie, was die jeweiligen Leidenschaften der neun Typen sind und wie sie sich zeigen. Die Bezeichnungen der Leidenschaften haben eine breitere Bedeutung als im alltäglichen Sprachgebrauch. Sie erfahren, dass die Leidenschaften Energiequellen in uns sind, die uns in Bewegung bringen. Neun Arten von Leidenschaften stellen neun Arten von Energie dar – ähnlich wie manche Autos mit Diesel angetrieben werden und andere mit Strom. Beides sind Energieträger, aber ein Elektromobil fährt anders als ein Diesel.

Keine Bewegung ohne Energie

Die Laster verursachen unser inneres Leid. Nehmen wir an, Sie sind habgierig. Worauf richtet sich Ihre Aufmerksamkeit? Unbewusst hamstern Sie, unbewusst ist Ihr Wesen darauf ausgerichtet zu behalten, was Sie haben. Unbewusst sehen Sie, was Sie noch nicht haben, aber gerne hätten. Unbewusst steht Ihre Habgier zwischen Ihnen und anderen. Denn bekommen oder behalten, was Sie haben, ist – unbewusst – wichtiger geworden als ein gutes Verhältnis mit dem anderen. Nein, Sie geben in der Kneipe lieber keine Runde aus, und ja, Sie haben gute Gründe dafür. Aber mit der Zeit werden Sie immer seltener aufgefordert mitzugehen. Sie haben Ihre Leidenschaft Habgier nicht im Griff. Sie können nicht anders handeln, aber Sie leiden darunter. Vorsichtig ausgedrückt: Sie können damit nicht glücklich werden.

Das ist ein Beispiel mit einer willkürlich ausgewählten Leidenschaft. Es liegt nahe, bei Habgier an Geld zu denken. Die Habgier des Enneagramm-Typs ist allerdings vielschichtiger als die alltägliche Bedeutung des Wortes. Es geht dabei eher um die Person selbst als um Geld; was es damit genau auf sich hat, lesen Sie weiter hinten in diesem Kapitel. Zu jeder Leidenschaft erzählen die Menschen in Panelinterviews nämlich so viele Beispiele, dass man allein darüber ein Buch schreiben könnte. Die Panelmitglieder bringen nicht nur die naheliegenden Dinge zur Sprache, wie im obigen Beispiel. Nein, sie stellen sehr detailliert und vielschichtig dar, wie die Energie der Leidenschaften sich in ihnen Ausdruck finden. Solche Geschichten findet man nicht oder nur sehr selten in Büchern. Sie kommen direkt aus den Menschen selbst, wenn sie sich in ihrem alltäglichen Handeln beobachten. Hier folgt ein kurzer Eindruck davon, was die Menschen selbst darüber erzählen.

Ohne Energie bewegt sich nichts. Das gilt für Autos und Maschinen, aber auch für uns Menschen. Wir nehmen Nahrung auf, und sie gibt uns Energie zum Wachsen, zum Heilen und buchstäblich zum Bewegen. Der Mensch setzt sich allerdings nicht nur mit der Energie aus der Nahrung in Bewegung. Auch die Leidenschaften werden als Energiequelle angesehen, die nötig ist, um uns in Bewegung zu bringen. Denken Sie nur daran, wie stark die Energieart Wut ist: wie heftig und überwältigend sie nach außen dringen kann; wie die Energie der Wut Menschen dazu bringt, sich durchzusetzen; dass Wut so stark werden kann, dass Menschen ohne Respekt und Rücksicht auf die Interessen anderer buchstäblich in den Kampf ziehen. Die Energie der Angst würde an dieser Stelle eher die Flucht ergreifen ... Ich spreche hier bewusst von Energiearten. Die Energie der Wut ist eine andere als die von Stolz, Angst oder Lust. Das führt dazu, dass die verschiedenen Enneagramm-Typen jeweils eine eigene Färbung oder Ausstrahlung haben. Die Leidenschaften als Energiequelle bilden den Eckstein der Persönlichkeitsstruktur. Ob Sie von Stolz oder Angst angetrieben werden, führt zu unterschiedlichen Sorgen und anderem Verhalten, aber auch zu einer anderen Ausstrahlung.

Die Leidenschaften im Einzelnen

Jeder Typ hat seine eigene Leidenschaft und jede Leidenschaft ihre eigene Art der Energie. Was für Verhalten bringen die Leidenschaften in den einzelnen Typen zum Vorschein?

Wut

Jeder kennt Wut, bei sich selbst und bei anderen. Wut ist die dominante Leidenschaft von Typ 1. Hier ist nicht von der allgemeinen Bedeutung von Wut oder Ärger die Rede, wie sie jeder erlebt, wenn es einen guten Grund dafür gibt. Hier die Zusammenfassung, wie Wut sich auf Menschen mit Typ 1 auswirkt:

Menschen mit Typ 1 nennt man Perfektionisten, weil sie dazu neigen, sich intensiv anzustrengen, um Dinge zu verbessern. Es sind oft idealistische Menschen, die in der Welt etwas Schönes schaffen wollen. Das betrifft auch sie selbst. Ärgerlich oder gar wütend zu werden ist dabei nicht vorgesehen. Aus diesem Grund hat Typ 1 die Gewohnheit entwickelt, die eigene Wut zu unterdrücken. Wenn Wut aufkommt, erlebt Typ 1 das als »Verärgerung« und zeigt sich gereizt. Menschen in der Umgebung von Typ 1 können diese Verärgerung oder Spannung, die Typ 1 mit sich herumträgt, gut miterleben. Wut entsteht zum Beispiel, wenn andere sich nicht so verantwortungsvoll einsetzen wie Typ 1 selbst. Ein solcher Mensch erklärte einmal anhand der Geschichte von Adam und Eva, wie seine Wut entsteht: Als Kind war er immer entsetzt, wenn er die Geschichte vom Paradies hörte – wie Adam und Eva durch ihre dumme Aktion aus dem Paradies geworfen wurden und so die ganze Menschheit mit ins Unglück gestürzt haben. »Einser« setzen sich eigentlich immer für die Wiederherstellung des Paradieses ein. Es könnte doch alles so schön sein – wenn nicht die gedankenlosen, verantwortungslosen Menschen alles durcheinanderbringen würden.

Stolz

Jeder kennt Stolz, bei sich selbst oder bei anderen. Stolz ist die dominante Leidenschaft von Typ 2. Es geht hier nicht um die allgemeine Bedeutung des Wortes Stolz, wie ihn jeder erlebt, wenn es einen Anlass dafür gibt. Die Menschen mit Typ 2 berichten anders darüber. Der Stolz in ihnen ist anders. Eine Zusammenfassung des Stolzes von Typ 2:

Menschen mit Typ 2 nennt man auch Geber, weil sie stark auf andere gerichtet sind, für andere bereitstehen, die Bedürfnisse anderer erspüren. Wenn man ihnen ein Kompliment macht, erleben sie das als berechtigt. Typ 2 denkt in einem Verdienstmodell: Er hat etwas gegeben und damit Anerkennung verdient. Gleichzeitig ist er nicht auf Empfangen eingestellt, auch nicht auf Komplimente. Der ganze Mechanismus ist darauf ausgelegt, dass Typ 2 derjenige ist, der gibt. Der Stolz kommt sofort zum Vorschein, um das Kompliment abzuwehren: »Ach, das war doch keine große Sache.« Aber tief im Herzen denkt Typ 2 anders darüber. Verborgen in seinem Inneren empfindet er heimlichen Stolz auf seine Unentbehrlichkeit und seine Leistungen. Der Stolz steht nicht nur im Weg, wenn es darum geht, Komplimente anzunehmen, sondern auch, wenn Hilfe von anderen gebraucht wird. Im Verdienstmodell von Typ 2 geht es nur darum, dass Typ 2 gibt; empfangen, ohne etwas dafür getan zu haben, kommt darin nicht vor. Zusammengefasst äußert sich der Stolz darin, nichts anzunehmen. »Gekränkter Stolz« tritt auf, wenn Typ 2 nicht die Anerkennung bekommt, die er seiner Meinung nach verdient hat. Außerdem kennt er den heimlichen, inneren Stolz auf seine Stärken und Leistungen und glaubt, besser zu wissen, was ein anderer braucht, als dieser selbst.

Täuschung

Jeder kennt Täuschung, bei sich selbst und bei anderen. Es ist eine Art Tabuwort, und Menschen, die sich im Mechanismus von Typ 3, den Dynamikern, wiedererkennen, erschrecken oft, wenn sie hören, dass Täuschung die dominante Leidenschaft ihrer Persönlichkeitsstruktur ist. Dennoch geht es hier nicht um Täuschung im allgemeinen Sinn, darum, andere zu betrügen und über den Tisch zu ziehen, oft im Zusammenhang mit Geld. Das ist nicht die spezifische Art von Täuschung, die einen Teil der Persönlichkeitsstruktur von Typ 3 ausmacht. Darüber berichten Menschen mit Typ 3 nicht, Täuschung sieht bei ihnen anders aus. Eine Zusammenfassung:

Der Täuschung der Menschen mit Typ 3 ist eher eine Art Selbsttäuschung oder Selbstirreführung. Sie werden auch als Schauspieler bezeichnet, weil sie dazu neigen, ein schönes Bild von sich selbst, ihrer Beziehung, ihrer Familie und ihrer Arbeit darzustellen. Für Typ 3 ist es, wie auch für die anderen Herztypen, wichtig, gesehen zu werden. Typ 3 hat dafür die Strategie entwickelt, sich buchstäblich auf allerlei Arten sichtbar zu machen, erfolgreich zu sein und Beifall zu ernten. Typ 3 tut das auf allen Gebieten, bei der Arbeit ebenso wie zu Hause, und er spielt dafür verschiedene Rollen, sei es nun der ideale Schwiegersohn, der ideale Partner, Elternteil oder Chef. Typ 3 fürchtet, dass sein Wahres Selbst nicht gut genug ist, und führt deshalb die Show mit diesen Rollen auf. Typ 3 führt sich selbst und andere in die Irre, denn er versteckt sich hinter der Fassade der erfolgreichen Rollen. Die Täuschung von Typ 3 besteht darin, dass er sich mit Leistung und Äußerlichkeiten identifiziert, um das Bild der erfolgreichen Dynamiker zu erfüllen und anerkannt zu werden.

Neid

Jeder kennt Neid, bei sich oder bei anderen. Neid ist die dominante Leidenschaft von Typ 4. Es ist nicht Neid im Sinne von Missgunst. Eine Zusammenfassung davon, wie Menschen mit Typ 4 Neid empfinden:

Menschen mit Typ 4 erleben oft ein unterschwelliges Gefühl, dass in ihnen und ihrem Leben Dinge fehlen. Dadurch fühlen sie eine innere Leere. Mit dem Gefühl des Mangels geht ein tiefes Verlangen einher, die innere Leere auszufüllen, die Sehnsucht nach Tiefe, Ganzheit und Erfüllung. Typ 4 sieht durch seine Brille, dass andere etwas haben, was ihm fehlt. Er ist der klassische Fall der Kirschen in Nachbars Garten. Dabei geht es Typ 4 nicht um Äußerlichkeiten wie ein schickes Auto, sondern um die wesentlichen Dinge des Lebens. Ein Typ-4-Single kann zum Beispiel eine Partnerschaft idealisieren und neidisch auf andere sein, die in einer »idealen Beziehung« leben. Umgekehrt kann ein Typ 4 mit Partner das Alleinsein, das er bei guten Freunden beobachtet, idealisieren. Er fühlt weniger Missgunst in dem Sinn, dass er einem anderen nichts gönnt, sondern er sieht, was der andere hat, und wünscht das auch für sich selbst. Er verlangt nach dem, was er sich als Ideal vorstellt, was aber nicht verfügbar oder vorhanden ist.

Habgier

Jeder kennt Habgier, bei sich und bei anderen. Habgier ist die dominante Leidenschaft von Typ 5. Es geht hier nicht um die Bedeutung von Habgier in Bezug auf Geld. Das Beispiel weiter vorn in diesem Kapitel ist deshalb nicht ganz treffend. Ich lasse es aber stehen, weil es einprägsam ist. Aber wir sprechen von etwas anderem, wenn es um die spezifische Habgier als Teil der Persönlichkeitsstruktur von Typ 5 geht. Eine Zusammenfassung, was die Habgier für Menschen mit Typ 5 bedeutet:

Menschen mit Typ 5 zeigen in Panels oft, dass sie viel Wert auf einen genauen Sprachgebrauch legen. Statt Habgier sprechen sie deshalb lieber von Zurückhaltung. Da es bei den Leidenschaften um die Energieart der Typen geht, teile ich mit Typ 5 die Meinung, dass Zurückhaltung ihre Energie besser beschreibt. Sie halten nicht unbedingt Geld zurück, sondern eher die eigene Person. Aus einer zurückhaltenden – sicheren – Position nimmt Typ 5 wahr, was um ihn herum geschieht. Er empfindet ein unterschwelliges Gefühl des Mangels, glaubt, dass er nicht gut genug ist, zu wenig im Haus hat. Gerade deshalb macht sich Typ 5 Gedanken um die Erwartungen anderer. Er ist besorgt, das nicht bieten zu können, was von ihm erwartet wird, dass die Menschen immer mehr verlangen, wenn man ihre Erwartungen erfüllt: Reiche ihnen einen Finger, und sie nehmen die ganze Hand. Typ 5 fürchtet, dass die Anforderungen kein Ende nehmen, und geht deshalb sparsam mit sich selbst, seiner Zeit, seiner Energie, seinem Wissen um. Worauf sich die Habgier von Typ 5 bezieht, hängt davon ab, was der betreffenden Person wichtig ist. Ich kenne Menschen mit Typ 5, die gerade mit Geld sehr freigiebig sind, aber zurückhaltend mit Informationen über sich selbst, über ihre Arbeit oder das, was sie beschäftigt.

Angst

Dies ist eine kurze Zusammenfassung der spezifischen Ängste der verschiedenen Typen, Angst ist also sicher kein Alleinstellungsmerkmal von Typ 6. Obwohl alle Typen Angst kennen, ist sie nur bei Typ 6 Teil der Persönlichkeitsstruktur. Angst ist die dominante Leidenschaft von Typ 6, den loyalen Skeptikern. Schauen wir uns an, wie sich die Angst bei Menschen mit Typ 6 zeigt. Eine Zusammenfassung:

Bei der Angst von Typ 6 handelt es sich, im Gegensatz zu den Leidenschaften der bisher beschriebenen Typen, um die grundlegendste Form der Angst: die Angst vor Unsicherheit und dem Leben in einer gefährlichen Welt. Es ist die Urangst, die Menschen auf der Hut sein lässt, wenn es um das körperliche Überleben geht. Diese Angst hat jeder, aber bei Typ 6 bestimmt sie in solchem Maß das tägliche Leben, dass seine Wachsamkeit nie nachlässt und sich auf alle Aspekte seines Lebens richtet. Das gilt selbst dann, wenn es mit der Sicherheit des körperlichen Überlebens nichts zu tun hat. Menschen mit Typ 6 sind fast immer im Alarmzustand, halten Ausschau nach Risiken und Sicherheitslücken, nicht nur in bestimmten Situationen, sondern auch bei Menschen und in Beziehungen. Sie haben die Gewohnheit, immer auf der Hut zu sein.

Alle Typen kennen Angst

Wovor und in welchem Ausmaß Menschen Angst haben, hängt vom jeweiligen Typ ab. Hier einige der nächstliegenden Beispiele für die einzelnen Typen: Typ 1 hat große Angst davor, Fehler zu machen. Auch andere Typen fürchten das mitunter, aber nicht so sehr wie Typ 1. Typ 2 hat Angst, abgewiesen zu werden und allein dazustehen. Typ 3 fürchtet zu versagen und keine Erfolgsgeschichte erzählen zu können, oder aber durch das Raster zu fallen. Typ 4 kennt ebenfalls die Angst, abgewiesen zu werden, aber aus Scham, und davor, sich mangelhaft und nicht dazugehörig zu fühlen. Typ 5 hat Angst davor, sein Leben zu leben und zu viel von sich selbst zu geben. Typ 7 hat Angst vor Schmerzen und Leid, davor, eingeschränkt zu werden, keine Optionen und Möglichkeiten mehr zu haben. Typ 8 kennt keine Angst. Das glaubt Typ 8 zumindest gern, und sie werden von den meisten Menschen als furchtlos erlebt, wenn es um Dinge geht, vor denen man sich in der äußeren Welt fürchten kann. Typ 8 hat aber Angst vor der eigenen Innenwelt, vor der Verletzlichkeit, die er dort antreffen könnte, vor der Möglichkeit, dass die große, böse Außenwelt ihn überwältigt, sobald er sich verletzlich zeigt. Typ 9 fürchtet nichts mehr als Konflikte und Disharmonie zwischen Menschen.

Unersättlichkeit

Jeder kennt Unersättlichkeit auf dem einen oder anderen Gebiet. Sogar Typ 5 kann unmäßig sein, etwa in der Ansammlung von Wissen. Unersättlichkeit gehört als vorherrschende Leidenschaft zur Persönlichkeitsstruktur von Typ 7. Hier eine Zusammenfassung, was das bedeutet:

Bei Menschen mit Typ 7, den Optimisten oder Lebensgenießern, bezieht sich die Unersättlichkeit auf das Leben selbst. Sie haben den grundlegenden Drang, das Leben in seiner Fülle zu leben und zu erfahren, alle Optionen und Möglichkeiten zu nutzen. Typ 7 hat eine Gier nach Chancen, Erfahrungen und Freude entwickelt. Wenn ein Typ 7 ein geschäftliches Treffen organisiert, ist es für ihn zwar wichtig, die inhaltlichen Ziele zu erreichen, aber für das persönliche Erleben von Typ 7 ist es noch wichtiger, dass es für alle eine angenehme Erfahrung war. Die Energie der Unersättlichkeit bringt einen Drang nach Freiheit, nach dem freien Sein mit sich, und daher ist Typ 7 allergisch gegen Einschränkungen und Begrenzungen. Bei diesem Kopftyp ist die Unersättlichkeit auch eine mentale Angelegenheit; sie kann größtenteils im Kopf ausgelebt werden, ohne dass etwas in die Wirklichkeit umgesetzt werden muss.

Lust

Kennt jeder Lust? Bisher habe ich von jeder Leidenschaft behauptet, dass jeder zumindest eine Spur davon in sich trägt, und Lust stellt hier keine Ausnahme dar. Diese Leidenschaft spricht in den Trainings die meisten Menschen an und lässt die Energie der Gruppe steigen. Die Leidenschaft Lust baut Energie auf, wie sich bei diesen Gelegenheiten zeigt. Sie wird mit Sexualität assoziiert, und das weckt die Energie. Lust ist die dominante Leidenschaft von Typ 8, dem Boss/Beschützer.

Was ist Lust für Menschen mit Typ 8? Wenn es um die Persönlichkeitsstruktur von Typ 8 geht, ist die Leidenschaft oder Energie der Lust nicht nur sexuell. Menschen mit Typ 8 haben Lust am Leben, Lust an viel Energie. Sie berichten, dass sie anscheinend über einen grenzenlosen Energievorrat verfügen. Weil er so viel Energie hat, wird Typ 8 häufig als starke Präsenz erlebt. Andere Menschen rechnen mit ihm, selbst wenn er nichts tut oder sagt. Menschen mit Typ 8, die Bosse, haben eine Strategie entwickelt, um sich groß und stark zu machen, zu den Mächtigen zu gehören, zu der Gruppe Menschen, die andere beschützt, und nicht zu denen, die Schutz brauchen. Dazu hat Typ 8 viel Energie in seinem Inneren geweckt. Die Energie der Lust ist eine Wollust an allen Bereichen des Lebens, die für Typ 8 wichtig sind. Es ist die Wollust an Macht, am Essen, aber auch am Kampf, denn der Kampf ist ein Spiel, in dem man seine Kräfte messen und erleben kann.

Trägheit

Jeder kennt Trägheit, bei sich oder bei anderen. Auch hier geht es nicht um die allgemeine Bedeutung von Trägheit. Die Menschen mit Typ 9 sind nicht fauler als andere, wenn es zum Beispiel um ihre Arbeit geht. Im Gegenteil, Menschen mit Typ 9 arbeiten sogar recht hart. Sie haben nämlich die Neigung, sich selbst zu vergessen. Wenn sie dann zum Beispiel im Garten arbeiten, vergessen sie mitunter auch das Aufhören, bis es auf einmal dunkel ist, sie völlig steif im Rücken sind und Hunger haben. Von Trägheit in Sachen Arbeit kann also keine Rede sein, wenn es um die Persönlichkeitsstruktur von Typ 9 geht. Eine Zusammenfassung:

Die Trägheit ist eine geistige Trägheit, die Typ 9 daran hindert, das zu tun, was wirklich gut für ihn wäre, seine eigenen Bedürfnisse und Wünsche zu erkennen. Stattdessen schließt sich Typ 9 anderen an. In vielen spirituellen Strömungen ist davon die Rede, dass wir Menschen »schlafen«, dass wir automatisch leben, wenn wir uns nicht entscheiden, den Weg der »Wachen« zu gehen. An dieses Prinzip des Schlafens erinnert uns Typ 9. In seinem Streben danach, die Harmonie zu erhalten, hat Typ 9 die automatische Neigung, sich mit anderen zu verschmelzen. Das ist leichter und kostet weniger Energie, als sich durchzusetzen. Beim Verschmelzen vergisst Typ 9 sich selbst. Er lässt sich in der Regel leicht ablenken, entscheidet sich für den bequemeren Weg statt für das, was wirklich seine Priorität wäre. Auf diese Art ist Typ 9 faul. Schon allein das Nachdenken darüber, was gut für ihn wäre, erfordert Anstrengung, darum verschiebt Typ 9 das lieber noch ein wenig.

Handeln

9

In diesem Kapitel

- An die Arbeit mit dem Bauch- oder Körperzentrum
- Abwehrmechanismen im Einsatz
- Die Typmechanismen und ihre Dynamik

In den vorhergehenden Kapiteln habe ich über das Kopf- und das Herzzentrum gesprochen. Sie haben die wichtigsten Elemente und die Fachbegriffe kennengelernt, die beim Aufbau der Persönlichkeitsstruktur eine Rolle spielen, zum Beispiel Aufmerksamkeit, Fixierung und Leidenschaften. In diesem Kapitel erfahren Sie, wie das in Handeln umgesetzt wird. Sie lernen ein weiteres Element des Typmechanismus kennen, die Abwehrmechanismen. Auch sie drücken sich in unserem Handeln aus.

Dieses Kapitel behandelt unser drittes Zentrum, das instinktive Bauch- oder Körperzentrum. Hier lesen Sie, wie die Fixierung unseres Denkens und die Leidenschaft unseres Herzens aufeinander einwirken und wie sie einander verstärken: der sogenannte Typmechanismus. Er ist dynamisch und lässt erkennen, was in uns vorgeht. Wer diesen Mechanismus durchschaut, findet gute Ansatzpunkte für die persönliche Weiterentwicklung.

Die bösen Geister kennen unser Herz nicht, sie leiten ihr Wissen aus unseren Taten ab …
Sie lernen aus dem gesprochenen Wort und aus den Bewegungen des Körpers.
Aber weil sie aus diesen Zeichen erkennen können, was im Herzen verborgen liegt,
finden sie dadurch Gelegenheit, uns anzugreifen.

Evagrius von Pontus
(Zusammenfassung aus Abhandlung über allerlei schlechte Gedanken)

Denken, fühlen … handeln

In verschiedenen spirituellen Traditionen ist die Metapher der Pferdekutsche bekannt. Sie beschreibt in etwa Folgendes: Ein Pferd ist vor eine Kutsche gespannt. Auf dem Kutschbock sitzt der Kutscher. Pferd und Kutscher zusammen stehen für unser Niederes Selbst. Das Pferd stellt unser Herzzentrum dar, unsere Leidenschaft – immer in Bewegung, empfindsam. Diese Energie bewegt die Kutsche vorwärts, aber sie kann auch jederzeit mit uns durchgehen, wenn etwas in der Umgebung dazu Anlass bietet. Der Kutscher symbolisiert das Kopfzentrum. Er versucht, das Pferd, die Leidenschaft, vom Kopf her unter Kontrolle zu halten, zu lenken, in die richtigen Bahnen zu leiten. Manchmal gelingt das, manchmal nicht. Der Kutscher (der Kopf) überblickt die Umgebung, bestimmt das Ziel der Reise und den Weg dorthin. Kutscher und Pferd ziehen die Kutsche dorthin, wo sie gewohnheitsmäßig hinsteuern. Die Vorhänge der Kutsche sind geschlossen. Im Innenraum sitzt der innere Beobachter. Er schläft und lässt Kutscher und Pferd einfach machen. Wenn er wach wird, die Vorhänge öffnet und nach draußen schaut, kann er die Führung der Kutschfahrt übernehmen. Wenn er weiterschläft, muss er sich überraschen lassen, wohin die Reise geht.

Abwehrmechanismen

Der Schriftsteller T.S. Eliot behauptet, dass der Mensch nur eine gewisse Dosis Realität vertragen kann. Wenn wir keine Abwehrmechanismen hätten, könnten wir das Leben wahrscheinlich nicht ertragen. Vielleicht sollten wir diese Mechanismen deshalb lieber Selbstschutzstrategien nennen oder emotionale Rüstungen. Freud hat die Theorie der Abwehrmechanismen entwickelt. Sie bilden gewissermaßen eine Funktion, die der Geist anwendet, um bestimmte triebhafte Bestrebungen und Wünsche oder Realitäten, die zu viel Angst und Trauer auslösen könnten, dem Bewusstsein fernzuhalten. Weil die Abwehrmechanismen auch ins Englische übersetzt wurden als *defense system* oder *defense mechanism*, ist dieser Begriff mit dem Enneagramm aus Amerika zu uns zurückgekehrt als Verteidigungsmechanismus. Streng genommen ist es besser, mit Freud von Abwehrmechanismen zu sprechen. In der Praxis werden beide Begriffe synonym verwendet.

Jeder Typ hat seine eigenen Schmerzen und Sorgen, aber auch seine eigene Überlebensstrategie entwickelt. Sie dient dazu, den Schmerz nicht zu fühlen und den Gegenstand der Sorge unter Kontrolle zu bekommen. Ein Teil der Überlebensstrategie sind die Abwehrmechanismen. Sie helfen uns, unsere grundlegende Angst nicht zu fühlen und unser ideales Selbstbild aufrechtzuerhalten. Hier gilt, dass wir alle Zugang zu allen Abwehrmechanismen haben, aber dass jeder Typ einen davon viel stärker entwickelt hat. Er stellt sozusagen den Leim dar, der den betreffenden Typ zusammenhält. Hier folgt eine kurze Aufzählung, bei der Erklärung der Typmechanismen wird das Thema noch einmal ausführlicher behandelt.

Vor allem die folgenden neun Abwehrmechanismen spielen im Enneagramm eine Rolle:

- ✔ **Reaktionsbildung, der Abwehrmechanismus von Typ 1, den Perfektionisten:** Dieser tritt auf, wenn ein Impuls oder Bedürfnis entsteht, aber nicht ausgelebt, sondern sofort unterdrückt wird. Stattdessen wird etwas anderes getan. Das Unterdrücken von Impulsen trägt dazu bei, unkontrolliertes Verhalten und damit Fehler zu vermeiden. Das ist nützlich, um immer und überall akzeptabel und beherrscht zu reagieren. Dank dieser Reaktionsbildung kann das ideale Selbstbild erhalten werden: »Ich bin ein guter, korrekter Mensch.«
- ✔ **Unterdrückung, der Abwehrmechanismus von Typ 2, den Gebern:** Der eigene Wille, die eigenen Wünsche und Bedürfnisse werden unbewusst unterdrückt, was man auch Verdrängung nennt. Sie verschwinden vom Radarschirm. Dadurch ist es so leicht möglich, die Bedürfnisse anderer in den Vordergrund zu stellen, sie zu erfüllen und sich dadurch mit anderen in Beziehung zu sein. Dank der Unterdrückung der eigenen Bedürfnisse kann das ideale Selbstbild aufrechterhalten werden: »Ich bin ein gebender, netter Mensch.«
- ✔ **Identifikation, der Abwehrmechanismus von Typ 3, den Dynamikern:** Die eigene Identität wird unterdrückt beziehungsweise es besteht kein Kontakt mit ihr. Stattdessen entsteht eine neue Identifikation in eine neue erfolgreiche Rolle. Das hilft beim Übernehmen der Eigenschaften des jeweils gewünschten, erfolgreichen Images, es fühlt sich energetisch wie die eigene Identität an. Es neutralisiert das Gefühl, nicht erfolgreich zu sein und

nicht geschätzt zu werden. Dadurch kann das ideale Selbstbild weitergelebt werden: »Ich bin ein erfolgreicher Mensch.«

- ✔ **Introjektion, der Abwehrmechanismus von Typ 4, den Individualisten:** Introjektion besteht darin, idealisierte Bilder aus der Außenwelt in das eigene Gedanken- und Gefühlssystem aufzunehmen, sie als etwas Eigenes zu erleben und zu erstreben. Dabei wird beispielsweise eine besondere andere Person idealisiert, oder auch ein Objekt, ausgesprochene oder vermutete Meinungen oder Urteile von (wertvollen) anderen. Das »Hereingeholte« wird als etwas Eigenes erlebt und füllt eine innere Leere aus. Es bildet auch eine Beziehung mit dem idealisierten oder wertvollen anderen. Dadurch kann das ideale Selbstbild aufrechterhalten werden: »Ich bin ein besonderer, einzigartiger Mensch.«
- ✔ **Isolation, der Abwehrmechanismus von Typ 5, den Beobachtern:** Isolation von Affekten oder Gefühlen ist eine Art der Abspaltung. Es trägt dazu bei, die eigenen Gefühle und Bedürfnisse vom Denken zu lösen und dadurch ihre Auswirkungen auf das Selbst zu reduzieren. Das ist nützlich, um Chaos im Kopf zu vermeiden und um die Ruhe und Übersicht zu behalten. Auch die Auswirkungen von Gefühlen anderer werden auf dieselbe Art und Weise verringert. Dadurch kann das ideale Selbstbild aufrechterhalten werden: »Ich bin ein ruhiger, stabiler und verständiger Mensch.«
- ✔ **Projektion, der Abwehrmechanismus von Typ 6, den loyalen Skeptikern:** Dazu gehört, dass innere Sorgen, vermutete Gefahren und Ängste anderen Personen und äußeren Situationen zugeschrieben werden. Ein Beispiel wäre, von einer Person, die man nicht mag, anzunehmen: »Du magst mich nicht, oder?« Der Gewinn der Projektion besteht darin, dass Erklärungen für die eigene innere Angst und Unsicherheit in der Außenwelt gefunden werden und somit das eigene Gefühl als real betrachtet werden kann. Dadurch wird das ideale Selbstbild erhalten: »Ich bin ein vorsichtiger und realistischer Mensch.«
- ✔ **Rationalisierung, der Abwehrmechanismus von Typ 7, den Optimisten:** Darunter ist die Gewohnheit zu verstehen, alles, was schmerzlich oder negativ sein könnte, positiv umzudeuten. Das reduziert schmerzhafte und negative Erfahrungen, indem sie eine neue Bedeutung erhalten, und ermöglicht es, Erfahrungen wie Limitiertsein und Schmerzen zu umgehen. Das trägt dazu bei, das ideale Selbstbild zu erhalten: »Ich bin ein optimistischer, positiver Mensch.«
- ✔ **Verleugnung, der Abwehrmechanismus von Typ 8, den Bossen oder Beschützern:** Die Verleugnung der Realität besteht in diesem Fall darin, Gefahr, Angst, Verletzlichkeit, Gefühle anderer, deren »Wahrheiten« und allerlei Dinge, die der betreffenden Person nicht behagen, in einem solchen Maß nicht wahrzunehmen, dass sie im Erleben dieser Person gar nicht existieren. Dadurch bleibt das ideale Selbstbild erhalten: »Ich bin ein gerechter und aufrichtiger Mensch.«
- ✔ **Betäubung, der Abwehrmechanismus von Typ 9, den Vermittlern:** Betäubung wirkt wie einschlafen und hilft dem Typ, sich selbst zu vergessen. Damit bleibt das Leben scheinbar leicht und komfortabel. In diesem schläfrigen Zustand lassen sich Konflikte und Konfrontationen vermeiden, das Leben bleibt harmonisch und friedlich. So bleibt das ideale Selbstbild erhalten: »Ich bin ein friedlicher, harmonischer Mensch.«

Sie haben nun alle Aspekte des Typmechanismus kennengelernt: die Zentren, die Gegenstände der Aufmerksamkeit, die Fixierung, die Leidenschaft, den Abwehrmechanismus. In diesem Kapitel lesen Sie, wie sich der Mechanismus bei den einzelnen Typen zusammensetzt. Die Interaktion zwischen Denken und Fühlen versetzt uns in Bewegung, bringt uns zum Handeln. Sie erfahren, wie die Strategien der einzelnen Typen funktionieren. Menschen, die in Panels über ihren Typmechanismus sprechen, sagen oft, dass die Strategie, die sie als Kind »gewählt« haben, mit einem oder mehreren dieser freudschen Prinzipien zu tun hat:

- ✔ vor unangenehmen Dingen weglaufen wollen
- ✔ auf angenehme Dinge zugehen wollen
- ✔ gesehen, gehört, geschätzt, geliebt werden wollen

Diese drei Prinzipien werden Sie bei den Erklärungen der Typmechanismen wiederfinden. Nachdem nun alle Elemente der Persönlichkeitsstruktur vorgestellt sind, können wir die neun Typmechanismen erklären. Wir behandeln die Typen im Zusammenhang mit ihrem wichtigsten Zentrum: zuerst das Kopfzentrum mit den drei Kopftypen, dann das Bauchzentrum mit den drei Bauchtypen und zum Schluss das Herzzentrum mit den drei Herztypen.

Kopfzentrum

Der Kopf ist der Sitz unseres Denkens. Kopftypen teilen die Neigung, erst zu denken, dann zu handeln. Sie sind mit Vorliebe oder aus Gewohnheit mit dem Kopf und Denken beschäftigt. Die vier Aktivitäten des Kopfes haben wir bereits genannt: Erinnern, Denken, Planen, Imaginieren oder Fantasieren. Die drei Typen des Kopfzentrums sind darauf spezialisiert, die Welt über den Kopf zu erfassen und zu verstehen. Zwar tut jeder dieser drei Typen das auf seine Weise, dennoch teilen sie die Neigung, sich Dinge über den Kopf zu erschließen, indem sie imaginieren, strukturieren, konzeptualisieren, assoziieren, analysieren und so weiter. Angst ist die zugrunde liegende Emotion der drei Typen des Kopfzentrums (Typ 5 – Beobachter, Typ 6 – Loyale Skeptiker, Typ 7 – Optimisten).

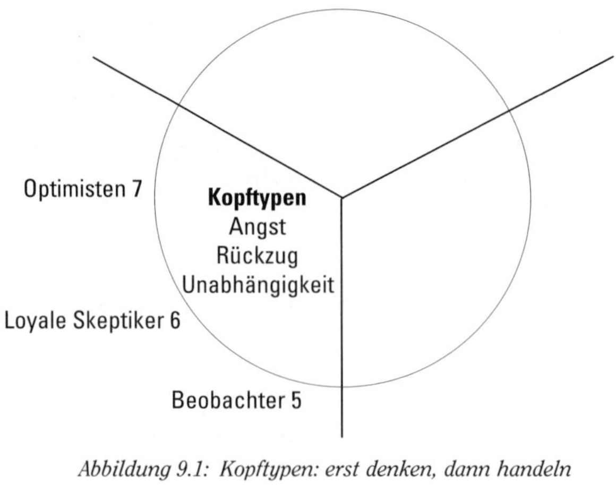

Abbildung 9.1: Kopftypen: erst denken, dann handeln

Wenn es ums Überleben geht, kennen wir zwei Strategien: Kämpfen oder Fliehen. Dahinter stecken die zwei Emotionen oder Leidenschaften Wut und Angst. Wut liefert die Energie, die uns groß und stark macht, um den Kampf aufzunehmen, Angst sorgt dafür, dass wir schnell verschwinden. Der nachweisbare physische Effekt von beiden ist derselbe: ein erhöhter Adrenalinspiegel im Blut. Es gibt übrigens auch noch eine dritte Strategie: Erstarren (»Einfrieren«) kann eine weitere Auswirkung von Angst sein. In schwer traumatischen Situationen kann dieser Effekt so stark sein, dass Menschen sich buchstäblich an nichts mehr erinnern können, was geschehen ist – auch in dieser extremen Form kann Angst für Selbstschutz und (psychisches) Überleben sorgen.

Beginnen wir mit dem Kerntyp der drei Kopftypen, Typ 6. Wir nennen ihn den Kerntyp, weil er der mittlere der drei Kopftypen ist, aber auch, weil Angst in Typ 6 am deutlichsten und unmittelbarsten eine Rolle spielt. Angst ist die Leidenschaft von Typ 6.

Einleitung Typmechanismus von Typ 6

Bisher haben wir für diesen Typ folgende Aspekte zusammengetragen:

Er ist ein Kopftyp, seine Leidenschaft ist Angst, die Fixierung Zweifel, der Abwehrmechanismus Projektion. Er wird bezeichnet als loyaler Skeptiker, Fragensteller, Advocatus Diaboli.

Menschen mit Typ 6 teilen ein unterschwelliges Gefühl der Angst und der Unsicherheit. Sie haben sogar die tiefe, grundlegende Angst oder Sorge, in dieser gefährlichen Welt nicht überleben zu können. Auf derselben tiefen Ebene besteht außerdem wenig bis gar kein Selbstvertrauen, es allein zu schaffen. Dadurch entsteht ein Gefühl der Abhängigkeit. Dass es sich um einen Kopftyp handelt, zeigt sich unter anderem darin, dass das Kopfzentrum stark entwickelt ist und genutzt wird, um dieses Angstgefühl zu beherrschen. Die Strategie, um ein Gefühl der Sicherheit zu entwickeln, besteht gerade darin, wachsam zu sein und Katastrophenszenarien vorherzusehen. Dafür haben Menschen mit Typ 6 eine lebhafte Fantasie. Der mentale Fokus oder die Gewohnheit, an allem und jedem (auch an sich selbst) zu zweifeln, gibt den Menschen mit diesem Typ das Gefühl, weniger leicht oder gar nicht von unvorhergesehenen Dingen überrascht oder überrumpelt werden zu können, weil sie ständig auf der Hut sind. Sie haben alles und jeden genau im Auge. Wegen dieser Grundhaltung hat Typ 6 die Bezeichnungen Skeptiker, Fragensteller und Advocatus Diaboli bekommen.

Die Bezeichnung loyaler Skeptiker dagegen scheint auf den ersten Blick nicht gut zu diesem Bild mit der Leidenschaft Angst zu passen. Der Zweifel bezieht sich nicht nur auf unsichere Situationen, sondern gerade auch auf Menschen, die den Eindruck erwecken, dass sie sich unvorhersagbar verhalten und daher nicht vertrauenswürdig sind. Daraus entsteht die Gewohnheit, sich das Schlechteste vorzustellen und Menschen daraufhin zu testen. Es dauert lange, bis Vertrauen entsteht. Wird ein Mensch aber als vertrauenswürdig eingestuft, bleibt Typ 6 ihm treu, nicht nur weil das so eine edle Eigenschaft ist. Vor allem findet Typ 6 es angenehm, zuverlässige (und vorhersagbare) Menschen um sich zu haben, erst recht, wenn es um Autoritätspersonen geht. Die Projektion ist die Selbstverständlichkeit, dass andere Menschen genau wie Typ 6 Wert auf Sicherheit, Vorhersagbarkeit und Klarheit legen, darauf, dass sie sich sicher fühlen und Risiken erkennen können. Der Deal ist: Wir geben einander die Information, die nötig ist, um Unsicherheit zu bekämpfen. Sei klar und transparent, auch über das, was in dir abläuft.

Einleitung Typmechanismus Typ 5

Bisher haben wir für diesen Typ folgende Aspekte zusammengetragen:

Er ist ein Kopftyp, seine Leidenschaft ist Habgier, die Fixierung ist Geiz, der Abwehrmechanismus Isolation. Häufige Bezeichnungen sind: Beobachter, Denker, Forscher, Analytiker.

Auch bei diesem Kopftyp ist Angst die zugrunde liegende Hauptemotion. Menschen mit Typ 5 fürchten vielleicht nicht so sehr die Außenwelt, wohl aber die emotionale Innenwelt. Davon verstehen sie wenig (im Kopf), und das stürzt sie in Verwirrung, bringt sie aus dem Gleichgewicht. Das gilt für die Emotionen anderer ebenso wie für die eigenen. Das ist lästig, und die Strategie, um das zu vermeiden, oder unter den Teppich zu kehren, ist bei Typ 5 die Flucht nach innen, in die eigene Gedankenwelt. Im Kopf gibt es Überblick und Erkenntnis, dort entstehen Kontrolle und Ruhe. So funktioniert der Abwehrmechanismus der Isolation: Menschen mit Typ 5 isolieren sich von anderen und ihren eigenen Gefühlen. Dadurch können sie so viel wie möglich aus ihrer Ratio und inneren Ruhe leben. Typ 5 ist daher auf sich selbst gerichtet und legt Wert auf Privatsphäre. Menschen mit Typ 5 teilen das Gefühl, dass andere mehr von ihnen erwarten, als sie bieten können. Darum gehen sie sparsam mit sich selbst, ihrer Zeit, ihrer Energie und ihrem Wissen um. Das ist der mentale Fokus Geiz: sich selbst bewahren wollen. Ein Teil ihrer Strategie besteht darin, möglichst unabhängig von anderen zu sein. Wenn man niemanden um etwas bitten muss, reduziert sich die Wahrscheinlichkeit, dass andere etwas von einem verlangen. Das Motto lautet: »Leben und leben lassen. Ich gönne dir deinen Raum, gönn du mir meinen.«

Einleitung Typmechanismus von Typ 7

Bisher haben wir für diesen Typ folgende Aspekte zusammengetragen:

Er ist ein Kopftyp, seine Leidenschaft ist Unersättlichkeit, die Fixierung Pläne für die Zukunft zu machen, der Abwehrmechanismus Rationalisierung. Bezeichnungen für ihn sind: Optimist, Visionär, Futurist, Pläneschmied.

Genau wie die beiden anderen Typen kämpft auch er gegen die Angst. Während Typ 5 sich aus Angst vor der Umgebung nach innen wendet, wendet sich Typ 7 aus Angst vor dem eigenen Inneren nach außen. Angst hat Typ 7 vor allen unangenehmen Gefühlen, die er erleben könnte, insbesondere vor allem, was Schmerz verursacht. Außerdem besteht die Angst, innerlich »gefangen« zu sein. Aus Angst vor dem eigenen inneren Schmerz beschäftigt sich Typ 7 lieber in der Außenwelt, dort, wo alle Optionen und Möglichkeiten offenstehen. Dort fühlt Typ 7 sich frei, dort kann er sich für ein optimistisches, positives Leben entscheiden.

Der Kopftyp zeigt sich darin, dass Menschen mit Typ 7 zum Beispiel recht gut in langweiligen, weniger angenehmen Berufen arbeiten können. Es ist für Typ 7 wichtig, dass die Möglichkeit besteht, sich für ein optimistisches, positives Leben zu entscheiden. Und diese Möglichkeit besteht in ihrem Kopf immer. Daher stammt Pläneschmieden als die Fixierung oder mentaler Fokus. Der Abwehrmechanismus Rationalisierung dient hier als Leim des Typmechanismus, weil das Vermögen, schmerzliche oder negative Erfahrungen positiv umzudeuten, tatsächlich dazu führt, Schmerz zu vermeiden. Typ 7 geht weg, dann muss er sich nicht mehr mit seinem Leid auseinandersetzen und so schützt er sich selbst. Das Kopfzentrum ist stark entwickelt, unter anderem die Stärke, assoziativ zu denken. Typ 7 kombiniert viele verschiedene Dinge mit Leichtigkeit zu kreativen neuen Konzepten und Möglichkeiten. Pläne schmieden zielt auf die Zukunft, genau wie der ganze Typ 7. Daher hat dieser Typ auch seinen Namen: Optimist, Visionär, Futurist, Pläneschmied. Die assoziative Stärke von Typ 7, die Fähigkeit, schnell eine Synthese zu erfassen, hat auch einen Nachteil: In Panels wird von Typ 7 oft berichtet, dass in seinem Kopf immer Hektik herrscht.

Bauchzentrum

Unser Bauch oder Körper ist das, was von uns in der Außenwelt sichtbar ist, unser Körper führt unsere Handlungen aus. Darin ist die Energie gespeichert, die wir zum Handeln brauchen. Bauchtypen erzählen oft, wie sie mit dem Körper, dem Bauch Signale empfangen, zum Beispiel, ob die Atmosphäre sich gut oder gespannt anfühlt, ob Gefahr droht.

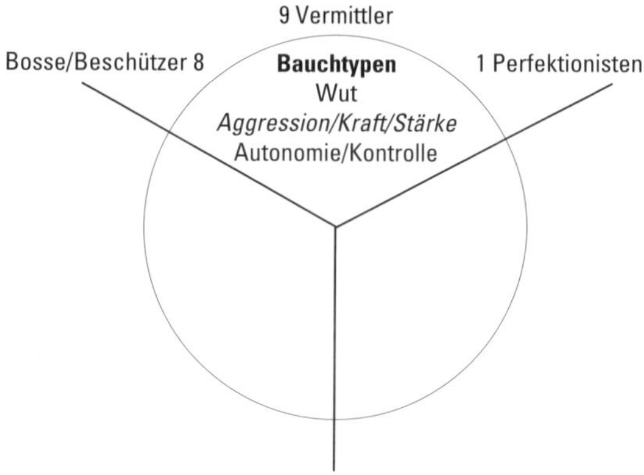

Abbildung 9.2: Bauchtypen: die Energie zum Handeln

Wir lernen immer mehr über die zuständigen Orte für verschiedene Funktionen im Gehirn heraus. So scheinen zum Beispiel die Triebe aus unserem sogenannten Reptilienhirn zu stammen. In der Zeit, in der sich die spirituellen Traditionen entwickelten, war davon nichts bekannt. Die Triebe wurden also der Stelle zugeteilt, an der sie erlebt und in der Außenwelt ausgedrückt wurden: dem Körper. In unserem Körper sitzen also der physische Überlebensinstinkt und unsere Triebe (obwohl sie vom Gehirn aus gesteuert werden). Unser Instinkt oder Trieb, zu überleben, kann sich auf verschiedene Bereiche richten: auf die Selbsterhaltung (Nahrung, Dach über dem Kopf), auf die Weitergabe unserer Gene (Fortpflanzung) oder die Erhaltung unserer Gruppe. Seit vorgeschichtlichen Zeiten sind wir Menschen Herdentiere und brauchen die Gruppe, um zu überleben. Wenn es um das Überleben geht, spielt auch Wut eine wichtige Rolle. Sie liefert die innere Energie, die wir brauchen, um uns durchzusetzen, den Kampf aufzunehmen. Wut ist die zugrunde liegende Emotion oder Energie, die sich die drei Bauchtypen teilen. Beginnen wir mit dem Kerntyp der drei Bauchtypen, Typ 9. Wir nennen ihn Kerntyp, weil er der mittlere der drei Bauchtypen ist. (Er liegt im Kreis zwischen Typ 8 und Typ 1).

Einleitung Typmechanismus Typ 9

Bisher haben wir für diesen Typ folgende Aspekte zusammengetragen:

Er ist ein Bauchtyp, seine Leidenschaft Trägheit, die Fixierung ist Selbstvergessen, der Abwehrmechanismus ist Betäubung. Er wird Vermittler, Networker, Friedensstifter, Unterhändler genannt.

Bei diesem Bauchtyp spielt Wut eine Schlüsselrolle im Typmechanismus. Als Kerntyp hat gerade Typ 9 von den drei Bauchtypen am meisten Mühe und am wenigsten Kontakt mit dieser Emotion.

Bei Typ 9 äußert sich die Wut in passiv/aggressiver Form. Der Abwehrmechanismus Betäubung sorgt dafür, dass die eigene Wut in Typ 9 vergessen, eingeschlafen ist. Man könnte sie mit einem schlafenden Löwen vergleichen. Das ist kein Zufall, dass das gerade bei Menschen mit Typ 9 passiert, bei Menschen, für die das Allerwichtigste im Leben Frieden und Harmonie ist. Dann ist es durchaus praktisch, wenn man keine Wut in sich trägt. Aber auch in anderer Hinsicht kann das von Nutzen sein. Wut hat eine bestimmte Funktion für uns: Sie liefert die Energie, die wir brauchen, um für uns selbst einzutreten. Konflikte entstehen oft, wenn Menschen für ihren Standpunkt eintreten. Wenn man vor allem auf Frieden und Harmonie Wert legt, ist es deshalb sehr nützlich, den Drang, sich durchzusetzen, einfach zu vergessen. Das Risiko wird dann deutlich geringer, mit anderen Menschen in Konflikt zu geraten. So funktioniert die Leidenschaft Trägheit: Es ist eine Art geistige Faulheit, zu bequem sich zu behaupten, für sich zu sorgen und das zu tun, was wirklich gut für einen ist. Mental ist Typ 9 vollkommen beschäftigt mit dem anderen und seinen Wünschen, Gedanken und Handlungen. Aufgrund seines Musters geschieht die Verschmelzung automatisch. Er hat die Gewohnheit, sich anderen zu öffnen und ihnen zu gefallen. Sich selbst vergisst Typ 9 dabei.

Wenn Typ 9 allein ist, zum Beispiel abends zu Hause, und wenn zwischen ihm und dem/den anderen zeitlicher und räumlicher Abstand liegt, kommt Typ 9 plötzlich selbst wieder ins Bild: was für ihn wichtig gewesen wäre, was sein Standpunkt gewesen wäre, was er eigentlich hätte tun wollen, aber wegen des/der anderen nicht getan hat. In Abwesenheit der anderen zeigt sich mit einem Mal die Wut – die Wut darüber, dass Typ 9 sich selbst vergessen hat, sich nicht durchgesetzt hat und so weiter. Die Wut richtet sich auf den anderen, aber auch auf sich selbst. Sind andere anwesend, kann Typ 9 in seltenen Fällen dann vor Wut explodieren, wenn es sich ausgerechnet um liebe Menschen handelt. Das erscheint seltsam, aber nur bei ihnen fühlt sich Typ 9 sicher genug, um wütend zu werden. Die größte Angst von Typ 9 ist nämlich, dass er durch seine Wut eine Beziehung verliert. Für einen nach Frieden und Harmonie strebenden Menschen ist das sicher das Schlimmste, was passieren kann. In der Realität können Menschen erstaunt sein, wenn sie mit Typ 9 eine solche Erfahrung machen, gerade weil ihre Wut, wenn sie endlich losbricht, sich auf sehr aggressive Weise äußern kann. Menschen, die selten wütend werden, haben darin schließlich wenig Übung …

Einleitung Typmechanismus Typ 1

Bisher haben wir für diesen Typ folgende Aspekte zusammengetragen:

Er ist ein Bauchtyp, seine Leidenschaft ist Wut, die Fixierung ist Groll, der Abwehrmechanismus Reaktionsbildung. Er wird als Perfektionist, Reformer, Moralist, Lehrer, Weltverbesserer bezeichnet.

Typ 1 ist ein Bauchtyp und seine zugrunde liegende Leidenschaft ist Wut. Typ 1 orientiert sich, wie Typ 5, nach innen. Seine Wut sitzt gut versteckt im Bauch. Das bringt Typ 1 einen gewissen Vorteil. Woher weiß ein Perfektionist, ob etwas perfekt ist? Er weiß es nicht, deshalb legt er die Messlatte sicherheitshalber hoch, am besten so hoch wie möglich. Außerdem entwickelt Typ 1 Normen, denn an Normen kann man ablesen, »wo man steht«. Das zielt in erster Linie auf Typ 1 selbst, auf das eigene Verhalten. Auch hier liegt die Messlatte sicherheitshalber hoch, und die Norm lautet: null Toleranz.

Typ 1 hat hierzu einen inneren Helfer entwickelt: das Über-Ich. Jeder gesunde Mensch hat ein Über-Ich. Es ist unser Gewissen, mit dem wir Gut und Böse unterscheiden. Bei Typ 1 ist es allerdings ein Super-Über-Ich, ein sehr strenger Wachtmeister, der immer darauf achtet, dass Typ 1 sich genau an die Regeln hält. Im Enneagramm nennen wir den Wachtmeister von Typ 1 den inneren Kritiker. Zu allem, was Typ 1 tut, gibt dieser strenge Kritiker, als innere Stimme, seinen Kommentar ab; selten ist es gut genug. Auch wenn andere die Mitarbeit verweigern, ist der innere Kritiker noch wütend auf Typ 1, denn das hätte er doch vorher wissen können.

Was hat das mit der versteckten Wut zu tun? Die Norm für gutes Betragen bietet keinen Raum für Wut. Der innere Kritiker betrachtet sie als Fehler ersten Ranges. Deshalb muss sie unterdrückt werden. Die Wut äußert sich deshalb in der Strenge des inneren Kritikers gegen Typ 1 selbst. Wenn die Wut von Typ 1 irgendwann einmal wirklich nicht mehr zu halten ist und nach außen dringt, dann fühlt sich das im Augenblick richtig gut an und Typ 1 kann sich auch vollkommen gehen lassen. Danach kommen die Schuldgefühle und die Ermahnungen des inneren Kritikers. Die mentale Fixierung Groll besteht nämlich darauf, dass es die Schuld der anderen ist, wenn Typ 1 so weit vom Pfad der Tugend abweicht. Der Groll äußert sich oft in einem scheltenden Ton den anderen gegenüber. Typ 1 gesteht sich übrigens zu, wütend auf andere zu werden, wenn er sich dazu berechtigt fühlt. Das könnte zum Beispiel sein, wenn ein Mitarbeiter zum zehnten Mal zu spät kommt und Typ 1 ihm schon mehrmals freundlich gesagt hat, dass er es sehr schätzen würde, wenn der Mitarbeiter pünktlich wäre. Der Abwehrmechanismus der Reaktionsbildung besteht darin, dass Wut, wenn sie entsteht, sich nicht schnell und heftig äußert, sondern in der gemäßigten, für Typ 1 akzeptablen Form der Verärgerung. Diese erkennen viele Menschen leichter als ihre Wut. Sie werden höchstens ärgerlich. Die Reaktionsbildung spielt auch eine Rolle, wenn der Mitarbeiter zum ersten Mal zu spät kommt. Dann tritt zwar bei Typ 1 schon Wut auf, er hält sie aber noch nicht für berechtigt und gestattet sich nicht, sie zu zeigen. Stattdessen zeigt sich Typ 1 dann als die Geduld in Person, äußert Verständnis für das Zuspätkommen und deutet sehr freundlich an, dass er es gut fände, wenn es nicht öfter vorkäme. Die Reaktionsbildung hilft also Typ 1, ein beherrschtes Auftreten und angemessenes Verhalten zu zeigen. Das betrifft nicht nur Wut, sondern jeden Impuls, der sich regt.

Einleitung Typmechanismus Typ 8

Bisher haben wir für diesen Typ folgende Aspekte zusammengetragen:

Er ist ein Bauchtyp, seine Leidenschaft ist Lust, die Fixierung ist Rache, der Abwehrmechanismus Verleugnung. Bezeichnungen für ihn sind Bosse/Beschützer, Kämpfer, Verantwortlicher, Anführer, Herausforderer.

Auch bei Bauchtyp 8 spielt die Wut eine große Rolle. Ebenso wie Typ 7 und Typ 2 richtet sich Typ 8 nach außen. Während Typ 1 die Energie der Wut in sich unterdrückt, geht diese Energie bei Typ 8 klar und deutlich nach außen, in den Kontakt mit der Außenwelt. Typ 8 unterdrückt wenig; die Energie, um sich durchzusetzen, ist leicht und schnell verfügbar. Typ 8 benutzt diese Energie auch, um sich groß und stark zu machen, wenn die Situation es verlangt. Von Natur aus hat Typ 8 die Lage, den Raum und auch andere unter Kontrolle. Typ 8 ist direkt, klar und konfrontiert leicht. Das Eintreten für sich selbst erlebt Typ 8 – im Gegensatz zu den meisten anderen Typen – nicht einmal als Form der Konfrontation.

Das Enneagramm lehrt vor allem, wie relativ alles ist. Was aus der Perspektive des einen Typs als Konfrontation gesehen wird, ist es aus der Perspektive eines anderen Typs keineswegs. Allein dadurch entstehen viele Missverständnisse zwischen Menschen: Wir glauben, dass wir unter dem Wort Konfrontation oder Konflikt dasselbe verstehen, aber das ist nicht der Fall. Wenn man Menschen mit Typ 8 fragt, ob sie regelmäßig Streit oder Konflikte haben, werden sie das meist verneinend beantworten. Typ 8 erlebt, dass er nur kurz seine Meinung gesagt hat, mehr nicht. Typ 8 merkt nicht, dass andere Menschen/Typen etwa eine Stunde brauchen, um sich von den verbalen Ohrfeigen zu erholen, die er ausgeteilt hat. Das hat auch mit dem Abwehrmechanismus der Verleugnung zu tun. Wie schon beschrieben, schützt Typ 8 seine eigene Verletzlichkeit, indem er sie verleugnet. Dadurch kann er sich stark und mächtig in der Außenwelt profilieren. Die Verleugnung bezieht sich nicht nur auf die eigene Verletzlichkeit, sondern auf viele Dinge, zum Beispiel die Ideen, Wünsche, Wahrheiten und Interessen der anderen. Besonders in Streitsituationen kann Typ 8 dafür völlig blind sein und dadurch trotz seiner eigenen Macht und Stärke unterliegen. Die mentale Fixierung Rache stellt sich für diesen Kämpfer, Anführer und Herausforderer nicht so schwierig dar. Dennoch wird sie so schnell nicht vorkommen; andere Menschen machen lieber einen weiten Bogen um Typ 8. Der hat oft keine genaue Vorstellung davon, was er ausstrahlt, kann diese Reaktion seinerseits nicht verstehen und fühlt sich darum unglücklich.

Herzzentrum

Das Herzzentrum ist das Zentrum, aus dem wir uns mit der Außenwelt, mit anderen verbinden. Die Herztypen sind auf »Herzensthemen« gerichtet: Liebe, Zuneigung, ihre (soziale) Umgebung, die Menschen um sie herum. Alle drei Herztypen teilen die zugrunde liegende Emotion Traurigkeit. Die Traurigkeit hängt damit zusammen, dass sie sich von ihrer Umgebung getrennt fühlen. Sie hat aber auch mit der Frage zu tun, die alle Herztypen teilen, der Frage der Identität, des »Wer bin ich?«. Jedes Kind durchlebt in seiner Entwicklung eine Phase der Identifikation, in der es sich seiner selbst bewusst wird und eine eigene Identität ausbildet. Bei den Herztypen ist das ein fraglicher Punkt geblieben, sie betrachten sich durch die Augen anderer, um die Antwort auf ihre Frage nach der eigenen Identität zu finden. Viele Menschen finden es schön, Aufmerksamkeit zu bekommen, für sie ist es aber nicht das große Thema wie für die drei Herztypen. Jeder Herztyp hat eine eigene Strategie entwickelt, um die Identitätsfrage zu beantworten und das unterschwellige Gefühl der Traurigkeit zu bekämpfen.

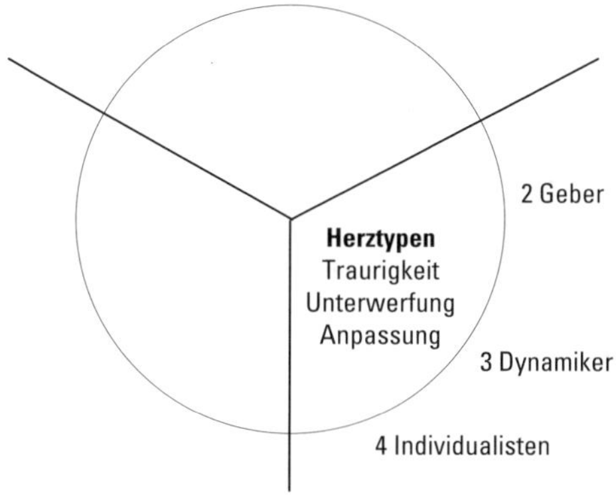

Abbildung 9.3: Herztypen: Herzensthemen

Beginnen wir mit dem Kerntyp der drei Herztypen, Typ 3. Wir nennen ihn Kerntyp, weil er der mittlere der drei Herztypen ist (im Kreis liegt er zwischen Typ 2 und Typ 4).

Einleitung Typmechanismus Typ 3

Bisher haben wir für diesen Typ folgende Aspekte zusammengetragen:

Er ist ein Herztyp, seine Leidenschaft ist Täuschung, die Fixierung ist Eitelkeit, der Abwehrmechanismus Identifikation. Bezeichnungen für ihn lauten Dynamiker, Erfolgreicher, Ehrgeiziger, Performer, Zielstrebiger.

Aus der Orientierung auf andere, dem Streben nach Aufmerksamkeit und Anerkennung entwickelte dieses Kind eine Strategie, um Applaus zu erhalten, indem es gute Leistungen erbrachte und Punkte sammelte. Menschen mit Typ 3 erzählen oft buchstäblich, dass sie es schon früh toll fanden, im Rampenlicht, auf der Bühne zu stehen. Die Antwort auf die Frage »Wer bin ich?« lautete: »Wenn ich schon etwas werden muss, dann etwas Erfolgreiches.« Typ 3 kann, genau wie ein Schauspieler, verschiedene Rollen spielen, aber jede Rolle, die er spielt, ist ein Erfolgstyp: der ideale Schwiegersohn, der beste Vater, der liebste Partner, der Chef, der gut motivieren kann, und so weiter. Das liegt an seiner mentalen Fixierung Eitelkeit. Der Abwehrmechanismus der Identifikation hilft, die Eigenschaften des gewünschten Images zu übernehmen, als ob es die eigenen wären. Auf diese Weise täuscht Typ 3 sich selbst und seine Umgebung. Typ 3 ist damit beschäftigt, erfolgreiche Rollen zu spielen, und versteckt sich selbst hinter dieser Fassade. Außerdem fürchtet Typ 3 tief im Inneren, dass unter der Hülle seiner Rollen alles leer ist. Oder wenn sich etwas darunter verbirgt, er davor zurückschrecken würde. Deshalb verweilt er lieber in seinen Rollen und der Show mit dem erfolgreichen Image. Typ 3 ist in jeder Rolle ständig damit beschäftigt, die gesetzten Ziele zu erreichen, die Aufgaben zu erfüllen, den schönen Schein aufrechtzuerhalten. Der Vorteil dieser ständigen Beschäftigung ist, dass Typ 3 die zugrunde liegende Traurigkeit nicht fühlt. Tief im Inneren weiß Typ 3, dass sie vorhanden ist, und deshalb kann Typ 3 nicht still sitzen. Dann könnte dieses Gefühl ja an die Oberfläche dringen. Die Täuschung von Typ 3 besteht darin, dass er sich mit Leistung und Äußerlichkeiten identifiziert, um seine Vorstellung von Erfolg und Anerkennung zu erfüllen. Viele berichten von der inneren Furcht, dass jemand den Ballon zum Platzen bringen könnte.

Einleitung Typmechanismus Typ 4

Bisher haben wir für diesen Typ folgende Aspekte zusammengetragen:

Er ist ein Herztyp, seine Leidenschaft ist Neid, seine Fixierung Melancholie und der Abwehrmechanismus Introjektion. Er wird als Individualist, Künstler, kreativer Idealist bezeichnet.

Genau wie Typ 5 und Typ 1 wendet sich Typ 4 nach innen, um die Frage nachdem »Wer bin ich?« zu beantworten. Typ 4 betrachtet sich als Nabel der Welt. Herztypen orientieren sich an anderen. Typ 4 tut das, um sich vergleichen zu können. Typ 4 kommt dabei zu dem Schluss, dass er anders ist, einzigartig im Vergleich zu dem, was er um sich herum sieht. Wenn Typ 4 sich durch die Augen eines anderen betrachtet, schämt er sich möglicherweise, gerade weil er erkennt, wie anders er ist, wie weit er abseits steht. Er gehört nicht zur Gruppe, will aber auch nicht dazugehören. Trotzdem besteht gleichzeitig ein Verlangen nach Beziehung und Verbundenheit. Auf gewisse Weise wünscht sich Typ 4 sogar, »normal« zu sein, wie die anderen. Das löst ein Gefühl der Melancholie aus. Im Innenleben von Typ 4 herrscht daher ein ständiger Zwiespalt: anziehen oder abstoßen, dazugehören oder sich abgrenzen, sich überlegen und dann wieder unterlegen fühlen und so weiter. Die Strategie von Typ 4, um das Bild »Wer bin ich?« auszumalen, besteht darin, das, was idealisiert wird, zu internalisieren – so funktioniert der Abwehrmechanismus Introjektion. Man vergleiche das mit Typ 3, der dem Erfolgsbild in seinem Inneren nachstrebt. Typ 4 sieht zum Beispiel Stärken in jemandem, idealisiert diese (es wäre doch großartig, auch so zu sein) und will diese Stärken ebenfalls haben. Angetrieben von der Leidenschaft Neid beginnt Typ 4 nun, diese Stärken in sich zu wecken und sie anzustreben. Seine Aufmerksamkeit richtet sich von Natur aus darauf, was an Wichtigem und Besonderem fehlt. Es entsteht ein Mechanismus, der übersieht, was positiv und gut ist im »Hier und Jetzt«, und anzieht, was positiv ist im »Dort und Dann«, aber im »Hier und Jetzt« fehlt. Weil Typ 4 sich so sehr auf die eigene Innenwelt ausrichtet, ist sein Herzzentrum stark entwickelt. Gefühle, auch die Traurigkeit darüber, anders zu sein, werden vergrößert. Dadurch kann Typ 4 in jedem Fall der alltäglichen Langeweile und dem Mittelmaß aus dem Weg gehen.

Einleitung Typmechanismus Typ 2

Bisher haben wir für diesen Typ folgende Aspekte zusammengetragen:

Er ist ein Herztyp, seine Leidenschaft ist Stolz, seine Fixierung Schmeichelei, der Abwehrmechanismus Unterdrückung. Er wird als Geber, Helfer, Verführer, Diener, Manipulator bezeichnet.

Als Herztyp ist auch Typ 2 stark an anderen Menschen orientiert und fühlt tief im Inneren die unterschwellige Traurigkeit der Frage »Wer bin ich?«. Die eigene Identität wird angepasst an die Außenwelt und an andere Menschen. Indem er für andere da ist, sich unentbehrlich macht, schafft sich Typ 2 eine Identität. Die Frage »Wer bin ich?« wird beantwortet mit: »Ich bin jemand, den andere hilfreich finden, den andere brauchen, den andere nett finden« und so weiter. Genau wie die anderen Herztypen betrachtet sich Typ 2 eigentlich durch die Augen der anderen.

Die Gewohnheit, für andere verfügbar zu sein, die Bedürfnisse anderer zu erspüren, das Geben, entsteht vom Standpunkt des anderen aus, aber aufgrund des Bedürfnisses von Typ 2 selbst. Er leitet daraus seine Identität ab, sogar seine Existenzberechtigung – wer wäre Typ 2, wenn niemand ihn brauchen würde? Es scheint daher auf den ersten Blick selbstlos, aber im Kern bekommt Typ 2 etwas sehr Wichtiges für seine Aufopferung: Existenzberechtigung und Aufmerksamkeit von anderen. »Ich werde wahrgenommen, also bin ich.« Deshalb ist Typ 2 so stark auf andere gerichtet, denn über den anderen erhält er etwas, das ihm selbst wichtig ist.

Typ 2 zieht seinen Selbstwert aus seiner Unentbehrlichkeit. Gleichzeitig ist Typ 2 innerlich zu stolz, um zu erkennen, dass er auch Bedürfnisse hat und andere braucht. Das Bild von Typ 2 sieht so aus: »Andere brauchen mich, so funktioniert die Welt, und nicht umgekehrt.« Darum ist es so schlimm für Typ 2, wenn seine Hilfe nicht gebraucht oder gar abgelehnt wird. Das fühlt sich für ihn an wie eine persönliche Abweisung, die seinen Stolz verletzt. Die Schmeichelei von Typ 2 hat nicht nur das Ziel, sich beim anderen einen Platz zu erwerben, sondern auch, die eigene Hilfe zu »verkaufen« und so wertvoll sein zu können. Typ 2 glaubt an ein Verdienstmodell und wägt ab, wie viel bereits gegeben wurde. Irgendwann ist Zahltag.

Weil Typ 2 das Gefühl hat, dass er sich selbst in seiner Hilfe weggibt, genügt das, was der andere zurückgibt, meist nicht. Außerdem ist sich Typ 2 nicht bewusst, wann seinem Gefühl nach der Zahltag ist, und teilt das dem anderen auch nicht mit. So schafft Typ 2 seine eigenen Enttäuschungen, denn der andere, der sich daran gewöhnt hat, dass Typ 2 ihm mit Freude und Begeisterung hilft, weiß nicht, dass der Zahltag gekommen ist. Ich höre Menschen mit Typ 2 oft erzählen, wie enttäuscht sie von anderen sind und wie sie bei Schwierigkeiten immer allein dastehen. Weil sie so stark darauf ausgerichtet sind zu helfen, nehmen sie nicht wahr, wenn andere versuchen, ihnen zu helfen. Ein letzter Aspekt dabei ist die Rolle des Abwehrmechanismus, der Unterdrückung. Wie schon beschrieben kann Typ 2 nur deshalb so sehr für andere da sein, weil er seine eigenen Bedürfnisse und Wünsche unterdrückt. Sie sind aber dennoch vorhanden. Fragt man allerdings Typ 2, was er will oder braucht, weiß er es nicht. So weit hat er das unterdrückt. Aber Typ 2 gibt dem anderen eigentlich das, was er für sich selbst wünscht. Der unbewusste Deal lautet: »Ich erfülle deine Bedürfnisse, du erfüllst meine« und: »Ich helfe dir, du hilfst mir.« Ein Deal, der im System von Typ 2 selten vorkommt, ist: »Hilf du erst mir, dann helfe ich dir.«

10

Was man über die Typen wissen sollte

In diesem Kapitel

- Wissen, was die Typen schätzen
- Dinge, die die Typen nicht mögen
- Achtung: Das finden andere lästig an Ihnen
- Darin sind die Typen gut

Dieses Kapitel ist der Nachtisch in diesem Teil. Vielleicht »verdauen« Sie noch das Hauptgericht, in dem Ihnen die Bausteine der Typmechanismen vorgesetzt wurden. Dieser Nachtisch ist eine locker-leichte Abrundung für diesen doch recht herzhaften Teil II. In diesem Kapitel erfahren Sie noch einiges Wissenswerte über die Typen, das Sie entspannt zur Unterhaltung lesen können: was Menschen der verschiedenen Typen in der Regel mögen, was ihnen gerade nicht gefällt und was andere an ihnen lästig finden. Zum Schluss lesen Sie, dass Menschen mit demselben Typ oft ähnliche Stärken entwickeln.

Zwei Listen mit Eigenheiten

Aus dem Anderssein, aus dem Leben mit anderen Sorgen und aus dem Streben nach anderen Dingen, die Aufmerksamkeit erhalten, lassen sich allerlei Dinge ableiten. Diese Merkmale werden oft bei Beschreibungen der Enneagramm-Typen aufgezählt. Sie erfahren hier, was die Typen schätzen, was sie noch weniger als andere Leute mögen und was andere Menschen an ihnen mitunter lästig finden.

Versuchen Sie, die genannten Merkmale aus dem Typmechanismus heraus zu verstehen.

	Was die Typen mögen	Was die Typen noch weniger mögen als andere Leute	Was andere an den Typen lästig finden
1	Qualität verantwortungsvolle Menschen Ehrlichkeit	sparsame Ausführung Laxheit Verantwortungslosigkeit	(unausgesprochene) Kritik Perfektionismus Rigidität
2	Hilfsbereitschaft Anwesenheit Freundlichkeit	nicht anerkannt werden Abweisung unfreundliches, unaufmerksames Verhalten	übermäßige Hilfsbereitschaft/ Einmischung Manipulation Bevormundung

	Was die Typen mögen	Was die Typen noch weniger mögen als andere Leute	Was andere an den Typen lästig finden
3	Tempo Erfolg Selbstsicherheit	Ineffizienz Versagen Gesichtsverlust	Oberflächlichkeit/Unechtheit mangelnde Integrität Erfolgsstory
4	Authentizität Tiefgang Sensibilität	was andere scheinbar haben mangelnde Sensibilität Alltäglichkeit	Gefühlsschwankungen Schwermut unrealistische Erwartungen
5	Intelligenz Respekt vor dem Raum des anderen sorgfältiger Sprachgebrauch	wirres Denken, Chaos emotionale Reaktionen Mangel an Struktur zu viele Erwartungen	Distanziertheit, für sich sein wollen, übermäßiges Fragen und Analysieren schwer in Kontakt zu kommen
6	Loyalität Klarheit Offenheit	Unzuverlässigkeit Zweideutigkeit nicht wissen, woran man ist	Misstrauen, Befürchtung nicht geglaubt werden zu viel Vorsicht und Bedenken das Gefühl, getestet zu werden
7	Optimismus Abwechslungsreich Möglichkeiten	Limitierungen Routine alles, was keinen Spaß macht/wehtut	Selbstbezogenheit alles schönreden in Kommunikation vor allem senden
8	Direktheit Empowerment Gerechtigkeit	mangelnder Respekt Ungerechtigkeit sich unterordnen müssen	Kontrolle Respektlosigkeit Wahrheiten und Interessen anderer nicht wahrnehmen
9	Harmonie Stabilität Ruhe	Uneinigkeit/Diskussion Veränderungen Spannungen	Aufschieben Vermeiden von Problemen/ Konflikten mangelnde Klarheit

Tabelle 10.1: Was die Typen mögen

Die Qualitäten der Typen	
Typ 1, **Perfektionisten**	Anstrengung, richtiges Handeln, Ehrlichkeit, Verantwortung, Sorge um Verbesserung, Fleiß, Idealismus, hohe Standards, Selbstständigkeit, Hingabe
Typ 2, **Geber**	freigiebig und hilfsbereit, großzügig, romantisch, empfindsam, anerkennend, unterstützend, energisch, lebendig, expressiv, willig
Typ 3, **Dynamiker**	Betriebsamkeit, Führungsqualitäten, klare Ziele benennen, Begeisterung, Hoffnung in Aktion, Ermutigung, lösungsorientiert, effizient, praktisch, Kompetenz
Typ 4, **Individualisten**	empfindsam, kreative neue Möglichkeiten (unerwartete Perspektive), Kontakt mit Gefühlen, empathisch (Mitgefühl), intensiv, romantisch, schätzt das Einzigartige, Besondere, leidenschaftlich, idealistisch
Typ 5, **Beobachter**	gelehrt/lerneifrig, wissend, nachdenklich, objektiv (ruhig in der Krise), respektvoll, bewahrt Geheimnisse, schätzt das Einfache, zuverlässig, asketisch

Die Qualitäten der Typen	
Typ 6, **loyale Skeptiker**	nachdenklich, warm, beschützend, Hingabe an andere, vertrauensvoll nach einer gewissen Zeit, intuitiv, empfindsam, viele gute Ideen, scharfe Wahrnehmung, treu, ehrlich, humorvoll
Typ 7, **Optimisten**	spielerisch, fröhlich, erfindungsreich, fantasievoll, energisch, optimistisch, Liebe zum Leben, Möglichkeiten erkennen, inspirierend, begeisternd
Typ 8, **Bosse/Beschützer**	stark, kraftvoll, erregend, intensiv, entschlossen, mutig, durchsetzungsfähig, beschützt andere, gerecht, freundlich, aufrichtig, ehrlich, klar, direkt, fest
Typ 9, **Vermittler**	sorgfältig, Auge für andere, empathisch, Anpassungsvermögen, akzeptierend, unterstützend, berechenbar, zuverlässig, empfindsam, stabil, ruhig, empfänglich, nicht urteilend

Tabelle 10.2: Die Stärken der Typen

Teil III

Was fange ich damit an?

Noch ein Versuch?

In diesem Teil ...

Sie kennen jetzt allerlei Fachbegriffe, Feinheiten der Persönlichkeitsstruktur und die neun Typmechanismen. In diesem Teil finden Sie Beispiele, was Sie mit dem, was bereits beschrieben wurde, anfangen können. Darum geht es schließlich. Die Anwendungen, von denen Sie hier lesen, sind Hinweise und dienen als Inspiration. Sie können verwendet werden, ohne den intensiven Entwicklungsweg zu gehen, den wir in Teil IV in Angriff nehmen. In Kapitel 11 lesen Sie allgemeine Anwendungen für den Arbeitsplatz. Das bietet für viele, wenn nicht alle Berufe, einen Nutzen In Kapitel 12 erfahren Sie mehr über Anwendungen für Führungspersonen und in Konfliktfällen. In Kapitel 13 finden Sie Anwendungen für Eins-zu-eins-Beratungssituationen, etwa als Coach, Therapeut oder Sozialarbeiter.

Die Anwendung am Arbeitsplatz

11

In diesem Kapitel

- Selbstmanagement
- Empathie-Booster
- Beratungstechniken verfeinern
- Mehr über effektive Kommunikation
- Kommunikationsmerkmale der einzelnen Typen genauer betrachten

Wir beginnen in diesem Kapitel mit den Anwendungen bei der Arbeit. Vor allem professionelle Berater, die beruflich mit der Handlungs(un)fähigkeit von Menschen zu tun haben, werden sich hierfür interessieren. Zwar können viele von uns gutes Werkzeug gebrauchen, um die Eigenheiten der Menschen, mit denen wir zu tun haben, schneller einzuschätzen. Aber ganz besonders gilt das für Führungskräfte, Mediatoren, Coaches, Personalmanager, (Paar-)Therapeuten, Seelsorger, Organisationsberater, (Management-)Trainer, Berater, Dozenten, Ärzte, Unternehmer und so weiter. In welchem Beruf hat man nicht mit der Handlungsfähigkeit von Menschen zu tun?

Es gibt zahlreiche Berufe, in denen die Begleitung bei persönlicher Weiterentwicklung nicht zum Standardangebot gehört, auch wenn die Berater dies ihren Kunden gerne zuteilwerden ließen. Denken Sie zum Beispiel an die Arbeitssituation eines Mediators. Es könnte bei der Lösung des Problems helfen, wenn die streitenden Parteien an seinem Tisch sich zu Selbsterkenntnis und Weiterentwicklung inspirieren ließen, aber gerade in einer schwierigen, oft peinlichen und unsicheren Lage ist das sehr unrealistisch. Oft werde ich gefragt: »Was kann man mit all dem anfangen?« In diesem Kapitel finden Sie einige Antworten auf diese Frage.

Allgemeines

Zunächst beschreibe ich einige Aspekte, Techniken und Anwendungen des Enneagramms, die sich in vielen Berufen als praktisch erweisen und auch für zu Hause geeignet sind.

Für besondere Berufsgruppen biete ich Einführungstage in das Enneagramm an. Hier stehen die Anwendungsmöglichkeiten in der jeweiligen Berufsgruppe im Mittelpunkt. In den meisten Situationen wird das Enneagramm angewendet, weil es einen hohen Gewinn im Beruf bietet.

Dieser Gewinn für beratende Berufe besteht aus:

- ✔ Selbstmanagement
- ✔ Vergrößerung des Empathievermögens: Mithilfe des Enneagramms kann man sich besser in den anderen einfühlen, die Klienten also schnell, gründlich und genau einschätzen und daher effektiver, effizienter und mit größerem Gewinn zusammenarbeiten.
- ✔ Verfeinerung der professionellen Fertigkeiten

Selbstmanagement

Der größte Gewinn des Enneagramms besteht vielleicht darin, dass es einen Anhaltspunkt für Selbstmanagement bietet. Wie können wir andere managen, wenn wir uns selbst nicht im Griff haben? Das gilt für viele Berufe, nicht nur für Manager. Sich in Sachen Selbstmanagement weiterzuentwickeln hilft Ihnen, allgemein besser zu werden. Sie werden merken, dass Dinge dadurch immer leichter und angenehmer werden. Vor allem wenn es um die Arbeit geht, ist mit Selbstmanagement viel Gewinn zu holen, denn Sie werden merken, dass Ihnen das hilft, Ihren Beruf professioneller auszuüben. Hier ein Beispiel, worum es geht:

Margret (Typ 9) arbeitet selbstständig als Finanzberaterin. Sie ist auf Familienunternehmen spezialisiert und spielt oft die Rolle des Testzuhörers für den Eigentümer. Sie hat ein Büro zu Hause. Wegen ihrer Arbeitseinstellung empfängt sie Kunden gern im Büro. Dabei spielt die Überlegung eine Rolle, dass sie schnell in Hektik gerät. Margret ist nämlich leicht zu begeistern und kann schlecht Nein sagen. Sie hatte schon einmal einen Burnout. Zurzeit rotiert Margret gerade: Ein neuer Kunde hat angerufen, um den Termin für morgen zu bestätigen – bei ihm in der Firma. Bevor Margret es richtig merkte, hatte sie schon zugestimmt. Dabei liegt das Unternehmen anderthalb Stunden Fahrzeit entfernt, und Margret hatte klargestellt, als sie den Auftrag annahm, dass Gespräche in ihrem Büro stattfinden müssten, sonst könnte sie keine neuen Kunden mehr annehmen. Morgen steckt Margret wirklich in der Klemme, denn wegen der Fahrzeit kann sie auch andere Termine nicht einhalten, die sie schon lange vereinbart hat. Was soll sie tun?

Wäre es nicht schön, wenn Margret ihren Typmechanismus erkennen könnte, der sie dazu bringt, schnell Ja zu sagen, auch wenn sie etwas nicht will? Und noch besser, wenn sie Selbstmanagement lernen könnte, um nicht jedes Mal in dieselbe Falle zu tappen?

Erzieherin Karin (Typ 1) ist ein echter Schatz. Sie hat die endlose Geduld, den Kindern alles ausführlich zu erklären, sanft und geduldig, sehr klar und genau. Sie erklärt Schritt für Schritt mit allen Einzelheiten. Wenn ein Kind nicht tut, was sie will, erklärt sie es noch einmal. Bei all ihrer Geduld braucht sie viele Worte, weil sie befürchtet, dass die Kinder es sonst nicht verstehen. Aber zu ihrer Gruppe gehört Storm. Storm schläft bei dem ganzen Gerede ein. Sobald Karin anfängt, schaltet er schon ab. Die Erzieherin versteht nicht, warum Storm nicht mitbekommt, was sie von ihm verlangt. Sie erklärt es schließlich ganz genau. Bei Storm kommt die Botschaft besser an, wenn sie kurz und knapp dargestellt wird. Dann kann er zuhören und versteht, was er zu tun hat. Seine Mutter hat es der Erzieherin schon einmal erklärt: Sie soll Storm mit so wenig Worten wie möglich sagen, was von ihm verlangt wird, am besten mit Hinweisen wie: »So sind die Regeln, so ist es abgesprochen, so wird es gemacht. Wenn ich in zehn Minuten nachschauen komme, bist du fertig. Also an die Arbeit, los.« Das ist klar ausgedrückt. Aber das ist so weit von Karins normalem Umgang mit Kindern entfernt, dass es ihr nicht über die Lippen kommt.

Was ist Selbstmanagement?

Selbstmanagement ist die Fähigkeit, Ihre Gedanken, Gefühle und Handlungen beobachten, erkennen und akzeptieren zu lernen, um sie dann an das anzupassen, was in der betreffenden Situation und im Umgang mit dem anderen effektiv ist. Das alles geschieht in dem Wissen, dass das Leben Sie jeden Tag vor neue Herausforderungen stellt. Eine wichtige Herausforderung besteht schon darin, diese Situationen als Entwicklungschancen zu sehen. Gerade die Situationen und Menschen, die Sie als schwierig ansehen, geben Ihnen die Möglichkeit zu wachsen.

Aspekte zur Entwicklung von Selbstmanagement

- ✔ **Selbstbewusst sein:** Die Fähigkeit zur Selbstbeobachtung, um Selbsterkenntnis zu entwickeln. Wir sprechen von Selbstbewusstsein, wenn jemand Gedanken, Gefühle und Handlungen in dem Augenblick wahrnehmen kann, in dem sie entstehen.
- ✔ **Ausmaß von Selbstmotivation und -verantwortung:** Wenn es um (die Entwicklung von) Selbstmanagement geht, spielt es eine große Rolle: das Ausmaß, in dem jemand von innen heraus motiviert ist, sich zu verändern, die Verantwortung für sich und sein Verhalten zu übernehmen. Solange Menschen stecken bleiben in: »Ich kann nichts dafür, dass ich …, denn es liegt an …«, stagniert ihre Entwicklung.
- ✔ **Empfänglichkeit für Feedback:** Die Bereitschaft und Empfänglichkeit für Feedback beginnt mit jemandes Ausstrahlung. Nur wenn sich jemand offen für Feedback zeigt, wagen andere Menschen, es auch zu geben. Jemand, der für Feedback sehr empfänglich ist, kann es wirklich hören, an sich heranlassen und etwas damit anfangen. Gleichzeitig kann er unterscheiden zwischen zutreffendem Feedback und voreingenommener (durch den Typ gefärbter) Meinung.
- ✔ **Emotionale Reife:** Damit ist gemeint, in welchem Ausmaß jemand die Verantwortung für sich selbst sieht. Betrachtet man sich als Opfer, das von anderen abhängig ist? Daran entscheidet sich, ob jemand nur reaktiv tätig werden kann oder eine Situation aus der Distanz betrachten und dabei nicht nur seine Perspektive, sondern auch die des anderen wahrnehmen kann. Es ist das Ausmaß, in dem unterschiedliche Faktoren und Perspektiven, die Einfluss auf die Situation haben, überblickt und berücksichtigt werden können.

Tipps für Selbstmanagement

- ✔ Legen Sie ein Logbuch an (nehmen Sie sich täglich morgens und abends fünf Minuten Zeit dafür).
- ✔ Schreiben Sie (Lern-)Ziele auf, ebenso die Fallstricke unterwegs zu diesen Zielen.
- ✔ Finden Sie mithilfe Ihres Wissens über Ihren Enneagramm-Typ heraus, was Sie dazu bringt, immer wieder in dieselbe Falle zu tappen. Was steckt dahinter?
- ✔ Denken Sie sich pro Fallstrick drei Alternativen aus, die Sie einüben wollen.
- ✔ Morgens, beim Frühstück oder unter der Dusche, konzentrieren Sie sich auf einen Vorsatz für den Tag, zum Beispiel auf eine der Alternativen, die Sie einüben wollen, wenn sich eine geeignete Situation ergibt.

- ✔ Beobachten Sie sich tagsüber selbst. Vielleicht bauen Sie einen festen Zeitpunkt für eine tägliche Bestandsaufnahme ein, einen Augenblick, um zu erfühlen, wie es Ihnen geht.
- ✔ Abends evaluieren Sie vor dem Schlafengehen, wie der Tag verlaufen ist. Was hat dazu geführt, dass Sie es probiert haben oder auch nicht? Was hat Sie davon abgehalten? War es schwierig oder viel leichter als Sie dachten? Was ging in Ihrem Inneren vor? Was haben Sie daraus gelernt? Schreiben Sie das auf und überlegen Sie sich einen Vorsatz für den nächsten Tag. Noch einmal probieren?

BEISPIEL

Tim (Typ 4) will sich selbst managen und gleichmütiger und positiver werden. Tim hat bei der Arbeit gemerkt, dass seine Neigung, mit den Kollegen vor allem über Probleme zu reden, dazu führt, dass die anderen auf Abstand bleiben und ungern ein Gespräch mit ihm beginnen. Seine Kollegen reagieren außerdem, indem sie die positive Seite der Dinge immer stärker herausstellen und auf Tim anscheinend nicht mehr hören. Als Hilfsmittel hat Tim ein Logbuch begonnen. Morgens konzentriert er sich auf einen Vorsatz für den Tag, abends blickt er zurück, wie es gelaufen ist, und überlegt sich einen Vorsatz für den nächsten Tag. Er hat gemerkt, dass es für ihn funktioniert, wenn er alles so einfach wie möglich hält und in kleinen Schritten vorangeht.

Empathievermögen vergrößern

Wenn Sie sich selbst tiefgehend reflektieren und sich mit den anderen acht Typen beschäftigen, hilft Ihnen das Enneagramm, sich besser in andere einzufühlen. Was könnte in dem anderen vorgehen? Welche Herangehensweise könnte für ihn funktionieren, welche nicht? Bei dem einen Mitarbeiter oder Klienten hilft es, ihm mehr Zeit und Raum für eine Entscheidung zu lassen, bei dem anderen gerade nicht. Die Entwürfe des Enneagramms helfen dann schnell, tiefgründig und genauer Einblick in den Klienten zu bekommen und so effektiver und effizienter, aber auch mit größerem Gewinn für den Klienten zu arbeiten. Sie tragen auch dazu bei, Ihren Ansatz darauf abzustimmen, was für den anderen funktioniert. Aufgrund unseres eigenen Typs gehen wir meist unbewusst davon aus, dass das, was für mich funktioniert, auch für alle anderen zutrifft. Deshalb sind unsere Handlungsalternativen begrenzt, meist auf den Ansatz, der für uns am besten funktioniert oder den wir für uns wünschen. Aber da wir alle verschieden sind, wissen wir auch, dass der eigene Ansatz sehr wahrscheinlich nicht für alle anderen geeignet ist.

Logbuch

Montag

Vorsatz: mich selbst erwischen, wenn ich die Dinge negativ sehe und ausdrücke, und sie dann positiv umformulieren

Evaluation: Bei der Teambesprechung habe ich mich dreimal erwischt. Zweimal hat das Umformulieren nicht geklappt. Beim dritten Mal habe ich das Team um einen Augenblick Zeit gebeten, damit ich meinen Satz neu formulieren konnte. Roy (Typ 2) hat erstaunlich gut darauf reagiert und seine Hilfe angeboten!

Dienstag

Vorsatz: Roy bitten, dass er mir ein Zeichen gibt, wenn ich »es« wieder tue.

Evaluation: …

Was für Sie funktioniert, funktioniert nicht immer bei anderen

Wenn Sie effektiv arbeiten wollen, sollten Sie lernen, sich auf das abzustimmen, was für andere gut ist. Sie sind anders, deshalb geht es Ihnen gegen den Strich, sich auf den anderen abzustimmen und ihm anzubieten, was für ihn funktioniert. Das wird Sie also innerlich davon abhalten, es wirklich zu tun. Aber es gibt nur einen Weg, um das herauszufinden, nämlich damit zu experimentieren. Indem Sie einen Ansatz bieten, der für den anderen passen könnte, gönnen Sie sich selbst die Erfahrung und schauen Sie, wie das geht, bauen Sie Selbstvertrauen auf und verinnerlichen Sie diese neue Arbeitsweise. Hier eine Übung:

Sie haben bestimmt jemand in Ihrer direkten Umgebung, bei dem Sie immer wieder auf dasselbe Problem stoßen. Das könnte im Gespräch sein, in der Zusammenarbeit, in der Begleitung eines Klienten oder zu Hause. Es muss keine große Sache sein, gerade zum Üben eignen sich nicht ganz so ernste Themen. Überlegen Sie sich, wie Sie damit bisher aufgrund Ihrer Automatismen, aufgrund Ihres Typs umgegangen sind. Was könnten Sie anders machen, wenn Sie Ihr Verhalten auf den anderen abstimmen würden? Bereiten Sie dieses Experiment mit folgenden Schritten vor:

- ✔ Wie ist die Lage?
- ✔ Was tun Sie bisher aufgrund Ihrer typbedingten Handlungsstrategien?
- ✔ Wie wirkt das auf den anderen, was funktioniert nicht?
- ✔ Was möchten Sie stattdessen erreichen?
- ✔ Was könnte für den anderen besser funktionieren?

Wenn ich mehr/weniger/anders …

Nehmen wir an, Sie haben wirklich keine Vorstellung, was für den anderen besser funktionieren und verhindern könnte, dass die übliche schwierige Situation wieder entsteht. Sie denken: »Ich habe echt alles ausprobiert, jetzt fällt mir nichts mehr ein!« Das hören wir oft in Coachings, Mediationen oder Ähnlichem. Fragen Sie den anderen! Erzählen Sie ihm, dass Sie dazu neigen, eine Sache so oder so anzupacken, dass Sie gemerkt haben, dass es so für ihn nicht funktioniert, und fragen Sie, was für ihn denn funktionieren würde. Sie werden erstaunt sein, wie gut es Leuten gefällt, wenn sie so gefragt werden.

Erst müssen wir noch ein Hindernis überwinden

Wie finden Sie heraus, was für den anderen besser funktioniert? Wie stimmen Sie sich auf ihn ab?

Bei der oben beschriebenen Übung haben Sie vielleicht schon gemerkt, dass diese Frage Ihnen Probleme bereitet. Daher die Anregung, zu fragen, was für den anderen funktioniert. Aber Sie können lernen, sich einzufühlen. Sie können sich Wissen darüber verschaffen und sich hineinvertiefen, indem Sie die Enneagramm-Typen studieren. Aber dazu müssen Sie wissen, welchen Typ der andere hat. Wie finden Sie das heraus?

Wenn Sie mit dem Enneagramm an sich selbst arbeiten, gewinnen Sie Wissen und Erkenntnis durch Selbstbeobachtung und –reflexion. Wenn es um uns selbst geht, können wir praktischerweise direkt in unser Inneres schauen. Wenn Sie das Enneagramm aber bei anderen anwenden wollen (zum Beispiel auf »den anderen« oder »zwischen mir und dem anderen« oder »zwischen anderen«), können Sie ihm nicht in den Kopf schauen, um zu sehen, was darin vorgeht. Besonders schön ist es natürlich, wenn in einer (Arbeits-)Situation mit dem Enneagramm gearbeitet wird und die Möglichkeit besteht, mit dem Mitarbeiter oder Klienten dessen Typ zu erforschen. Das bringt Sie gleich ins Gespräch darüber, wie die Dinge in seinem Inneren funktionieren. Allerdings gibt es viele Situationen, in denen diese Offenheit nicht möglich ist. Dann ist es nicht ratsam, explizit mit dem Enneagramm zu arbeiten. Denken Sie nur an das Beispiel von Margret, der Finanzberaterin. Was könnte sie mit dem Enneagramm anfangen?

Mit Hypothesen arbeiten

Nehmen wir an, dass in Ihrer Position nicht die Möglichkeit besteht, mit den Betroffenen ein Typisierungsinterview zu führen. Aufgrund seines äußeren Verhaltens können wir den Enneagramm-Typ des anderen nicht feststellen. Hier wird wieder an Ihr Einfühlungsvermögen appelliert, an Ihre Absicht, sich wirklich in den anderen einzufühlen. Ist diese Absicht nämlich nicht aufrichtig, gelingt es nicht. Sie können andere Menschen also nicht typisieren, Sie können nur trainieren, den anderen besser, wirklich zu hören und zu sehen. Indem Sie sich angewöhnen, nicht zu urteilen, können Sie sich aufrichtig fragen: Was könnte in dem anderen vorgehen? Worauf richtet sich seine Aufmerksamkeit? Was scheint er im Kern wirklich wichtig zu finden? Diese forschende und einfühlende Einstellung führt zu einer Hypothese, welchen Typ der andere haben könnte. Das könnten Sie bei ihm abfragen: »Verstehe ich das richtig, dass ...?« So können Sie die Grundlage für ihre Hypothese erlangen. Das Hineinversetzen in den anderen in Verbindung mit dem Wissen des Enneagramms bringt sofort eine tiefere Einsicht in den anderen. Sie können jetzt mit gezielten Fragen Ihre Hypothese prüfen.

Wir arbeiten, sobald es um andere geht, auf der Basis von Hypothesen. Wir können bestenfalls Vermutungen anstellen, versuchen, uns in den anderen einzufühlen. Indem wir Bewusstsein sammeln und einen Weg des Lernens beschreiten, können wir unsere Fähigkeiten verbessern. Realitätschecks sind trotzdem nötig! Außerdem brauchen Sie eine offene Haltung, damit Ihnen immer klar ist, dass Sie den anderen auch falsch eingeschätzt haben könnten. Denken Sie daran, dass letzten Endes niemand wissen kann, was im Kopf eines anderen vorgeht. Sobald Sie glauben, dass Sie es doch wissen, sollten die Alarmglocken schrillen.

Verbesserte Beratungstechniken

Der letzte Teil des beruflichen Gewinns, den das Enneagramm liefert, ist die Verfeinerung der allgemeinen Beratungstechniken. Jedes Jahr finden viele Trainingsveranstaltungen statt, in denen allerlei allgemeine Beratungs- und Managementtechniken gelehrt werden. Denken Sie an effektive Kommunikation, Präsentationen, Feedback geben, Entscheidungsprozesse beeinflussen, Durchsetzungskraft entwickeln, effektiver Handeln. Beim Lernen einer neuen Technik ist der Lernstoff auf den ersten Blick für jeden Teilnehmer der gleiche. Da wird zum Beispiel gelehrt, Feedback zu geben, ausgehend vom Kenntnisstand »one size fits all«. Auf technischem Niveau kommt das auch hin. Natürlich ist bekannt, dass Menschen Feedback unterschiedlich geben und annehmen. Die Teilnehmer erstellen oft eine eigene Stärken/Schwächen-Analyse als Geber und Empfänger.

Auf strukturierte Weise Menschenkenntnis anzuwenden und darauf das Geben/Empfangen von Feedback abzustimmen und zu üben ist natürlich für ein Basistraining zu viel. In einem Assertivitätstraining lernen alle Teilnehmer denselben Ansatz.

Verschiedene Informationen und Informationsquellen

Mehrere Dinge helfen Ihnen, ihre Beobachtungsfähigkeiten zu erhöhen und dabei eine offene und neugierige Haltung einzunehmen. Es gibt verschiedene Informationsquellen und verschiedene Arten von Informationen. Ein Überblick:

Der allgemeine Eindruck, den jemand hinterlässt, etwa die Art, wie dieser Mensch sich ausdrückt. Sieht man, womit ein Mensch sich beschäftigt? Versucht er vor allem, es gut zu machen? Will er helfen? Zeigt er Ungeduld, eine Neigung zu dramatisieren? Sieht er schwarz oder analysiert er? Ist er sparsam mit Worten, spielerisch und locker, oder greift er in jeder Situation nach den Zügeln? Ist er direkt, sogar grob, arbeitet er harmonisch mit anderen oder reagiert er vor allem widerspenstig? Das sind Neigungen, die Sie wahrnehmen können und die in Richtung eines bestimmten Typs deuten. Andererseits schließen diese Neigungen bestimmte Typen eindeutig aus, wenn sie sehr deutlich vorhanden sind.

Außerdem können Sie üben, bei anderen bewusst wahrzunehmen:

- ✔ Das nonverbale Verhalten: Gesten, Haltung, Manierismen, Beweglichkeit, Gesichtsausdruck, Bewegung der Augen, starrer Blick.
- ✔ Stimmsignale: Tempo, Lautstärke, Rhythmus, Ton, Stil.
- ✔ Die Energie, die der andere ausstrahlt: Intensität, Dominanz, Spannung (Muskeln), extravertiert oder introvertiert.
- ✔ Die Aufmerksamkeit: Konzentriert oder chaotisch, nach außen oder nach innen gerichtet, eher fühlend, denkend oder handelnd, im Großen und Ganzen oder im Detail, vertrauensselig oder kontrollierend, echt oder nur vorgespiegelt, was vorhanden ist oder eben nicht, positiv oder negativ, auf Vergangenheit, Gegenwart oder Zukunft gerichtet, eher auf sich selbst oder mehr auf andere, leitend oder eher folgend und unterstützend.

Sie werden erstaunt sein, was Sie an einem Menschen alles »ablesen« können, wenn Sie genauer wahrnehmen, ohne zu urteilen!

Aber die Teilnehmer sind verschieden und haben jeweils ihre eigene Problematik mit Assertivität. Gute Trainer beachten diese individuellen Unterschiede und geben den Teilnehmern entsprechend gezielte Tipps. Wir Menschen sind alle verschieden. Nachdem wir bestimmte Techniken im Allgemeinen gelernt haben, geht es an die Verfeinerung, die darin besteht, das typspezifische professionelle Lernen zu ergänzen und anzuwenden. Dazu gehört, den eigenen Typ zu kennen und dieses Wissen zu berücksichtigen. Diese Abstimmung zwischen dem eigenen Typ und dem Typ des anderen ist die ultimative Verfeinerung.

Effektive Kommunikation

In diesem Abschnitt wird eine bestimmte Fertigkeit als Beispiel genauer dargestellt. Dabei handelt es sich um die Fertigkeit Nr. 1, die allen Bereichen des effektiven, professionellen und emotional intelligenten Handelns zugrunde liegt, nämlich die effektive Kommunikation. Kommunikation ist *die* Kernkompetenz, die in jedem Beruf eine Rolle spielt. Die Fähigkeit, effektiv zu kommunizieren, hat großen Einfluss auf Karrierechancen und Erfolg. Diese Fertigkeit wird von allen und jedem ständig im Alltag gebraucht und angewendet. Wir kommunizieren von morgens früh bis abends spät: am Telefon, in Besprechungen, mit Kunden, in E-Mails, auf dem Gang, schriftlich, unter vier Augen, vor Gericht, mit Kollegen, im OP, mit dem Partner, auf dem Schulhof oder beim Einkaufen. Der Erfolg bei der Arbeit, beim Erhalten dauerhafter Beziehungen steht und fällt mit der Kommunikationsfähigkeit der Betroffenen.

Unsere Kommunikation ist zielgerichtet. Mit ihrer Hilfe wollen wir Beziehungen erhalten und stabilisieren, wir wollen richtig verstanden werden, wir hoffen, einen Effekt zu erzielen, wir wollen Einfluss ausüben. Aber seien wir ehrlich: In Wirklichkeit schaffen wir das längst nicht immer. Haben Sie sich schon einmal dabei ertappt, dass Sie gar nicht zugehört haben, während ein anderer das Wort führte? Oder dass Sie einen anderen übertönt oder unterbrochen haben, obwohl er noch nicht fertig war? Oder ergeht es Ihnen umgekehrt regelmäßig so, dass andere Ihnen nicht zuhören und Sie unterbrechen? Wurden Sie schon einmal falsch verstanden?

Was führt dazu, dass manche Leute effektiver kommunizieren als andere? Wie bei allen Aspekten des Handelns lässt sich sagen, dass die Stufe der persönlichen Entwicklung hier eine Rolle spielt. Das hat mit dem jeweiligen Typ nichts zu tun. Dagegen sind der persönlich bevorzugte Stil und die Neigungen beim Kommunizieren, ebenso die Entwicklungspunkte, an denen man bessere Kommunikation lernen kann, wohl typabhängig. Jeder Typ hat seinen eigenen Kommunikationsstil mit den jeweiligen Stärken und Schwächen. Dazu kommt bei uns allen die Körpersprache und anderes nonverbales Verhalten, das sich auf die Kommunikation auswirkt. Wenn ich von Optimierung der Kommunikation rede, dann meine ich damit die Qualität von Senden und Empfangen. Sie werden erleben, dass diese sich auf die Menschen auswirkt, mit denen Sie kommunizieren.

Zur Illustration charakteristische Merkmale der Typen als Sender und Empfänger

Typ 1 – Sender

Genau, direkt, sorgfältig, klar und detailliert. Die Aufmerksamkeit liegt bei den Aufgaben und dabei, was besser gemacht werden könnte. Arbeitet und kommuniziert konzentriert und ernsthaft, vergisst ab und zu die Entspannung. Witze, Nebensächlichkeiten und Small Talk, die Konzentration und Tempo bei der Arbeit kosten, gehen an Typ 1 vorbei oder werden abgelehnt. Reagiert schnell und manchmal defensiv. Erklärt viel, gibt viele Zusatzinformationen und neigt dazu, sich zu verteidigen und Bestätigung zu suchen. Verwendet häufig Wörter wie müssen, sollen, dürfen, richtig und falsch, sich gehören.

Typ 1 – Empfänger

Weil Typ 1 stark auf das Vermeiden von Fehlern und daher auf das Vorbeugen von Kritik ausgerichtet ist, sind all seine Empfangsantennen genau auf alles ausgerichtet, was auch nur entfernt an einen Anflug von Kritik erinnert. Diese muss sofort wahrgenommen werden, um ebenso schnell widerlegt und korrigiert zu werden. Weil Typ 1 von seinen eigenen Ideen so erfüllt und überzeugt sein kann, hört er nicht immer, was der andere meint.

Typ 2 – Sender

Aufmerksam, sozial, interessiert, warm, lächelnd, entspannt, mit einem Wort: angenehm. Sie verteilen Komplimente, stellen Fragen, richten sich auf den anderen und auf das, was er zu sagen hat. Sie können einem das Gefühl geben, dass man von ihnen gesehen und gehört wird. Schmeichelei ist ihnen nicht fremd. Sie übernehmen oft die Leitung in einem Gespräch, in der Rolle des Fragestellers. Die Botschaft, die sie senden, lautet: »Du bist mir wichtig, ich möchte eine Verbindung aufbauen; finde mich nett.« Das Gespräch dreht sich oft um Menschen, denn Menschen sind für Typ 2 interessant. Wenn er von anderen enttäuscht wird, kann er darüber klagen und sogar ausdauernd jammern.

Typ 2 – Empfänger

Sie merken sich oft sehr genau Dinge, die man ihnen früher erzählt und dann schon längst wieder vergessen hat. Typ 2 empfängt Signale, die besagen, wie es Ihnen geht. Wenn ein anderer etwas einbringt, etwa eine Idee, einen Vorschlag, ein Angebot, lehnt Typ 2 das oft automatisch ab, oft schon, bevor der andere ausgeredet hat. Die Filter im Gespräch sind darauf eingestellt, dass der andere sie nett findet, aber auch, ob sie den anderen nett finden und ihm helfen wollen. Im Gespräch filtert Typ 2, wie wichtig der andere ist und damit, wie interessant es für Typ 2 ist, sich bei diesem anderen einen Platz zu erobern, indem er sich anstrengt (etwas gibt).

Typ 3 – Sender

Klar, effizient, also kein Wort zu viel, charmant, gut verpackt, zielgerichtet und schnell. Sie strahlen Selbstvertrauen aus. In den Augen der anderen Typen erscheinen sie oft recht oberflächlich. Ziel- und aufgabenorientiert, wie sie sind, strahlen sie häufig Ungeduld und Getriebenheit aus, manchmal so sehr, dass sie den anderen gar nicht mehr wahrnehmen. Das gilt vor allem, wenn jemand für sie zum Erreichen des Ziels nicht interessant ist oder inkompetent wirkt. Ein Teammitglied, das dem effektiven, effizienten Erreichen des Ziels im Weg steht, kann Typ 3 verrückt machen. Typ 3 lässt den anderen merken, wenn dessen Zeit abgelaufen ist. Das Gespräch darf nicht zu lange dauern.

Typ 3 – Empfänger

Durch seine begeisterte Charme-Offensive, die darauf zielt, beim anderen Punkte zu sammeln, kann Typ 3 im ersten Augenblick das Gefühl hervorrufen, den anderen zu sehen. Es darf aber nicht zu lang dauern. Bei manchen Typen 3 merkt man das als Gesprächspartner gleich deutlich, auch wenn sie es eigentlich verbergen wollen. Typ 3 ist darauf gerichtet, Ziele zu erreichen; sein Filter lässt Informationen durch, die diesem Ziel dienen können. Wirklich zuhören und empfangen ist nicht seine starke Seite. Außerdem filtert Typ 3, ob andere und die Information, die sie liefern, für den eigenen Erfolg eine Unterstützung oder eine Bedrohung darstellen.

Typ 4 – Sender

Intensiv, manchmal sanft, still und liebenswert, manchmal geradezu störrisch und kraftvoll; von ihm geht etwas Dringendes und Eindringliches aus. Typ 4 wirkt im Gespräch oft eher folgend, stimmt sich auf den anderen ab, sondiert die Tiefe. In seiner Sprache kommen oft die Wörter ich, mir und mein vor. Für sie interessante Gesprächsthemen sind Gefühle, das Teilen persönlicher Geschichten. Typ 4 neigt oft dazu, persönliche Fragen zu stellen. Ein Gespräch, das Typ 4 beginnt, dreht sich entweder um das Schöne im Leben oder um Probleme. Das Problematisieren der Dinge ist seine natürliche Reaktion. Andere erleben mitunter, dass sie mit Typ 4 einen Eiertanz aufführen müssen, und meiden deshalb Gespräche oder den Kontakt überhaupt.

Typ 4 – Empfänger

Typ 4 ist sensibel für den anderen und dessen Reaktionen. Der Filter, durch den er wahrnimmt, reagiert darauf, ob der andere ihn abweist. Typ 4 ist mit seinen eigenen Unzulänglichkeiten beschäftigt und filtert die Botschaft des anderen danach. Typ 4 hat möglicherweise Mühe, sich für das Positive und die guten Absichten des anderen zu öffnen. Typ 4 ist empfindlich in dem Punkt, die vollständige Aufmerksamkeit des anderen zu erhalten und richtig verstanden zu werden. Dafür hat er Antennen entwickelt und kann schnell und heftig reagieren, wenn er sich nicht genügend beachtet oder falsch verstanden fühlt.

Typ 5 – Sender

Kennt zwei Stilrichtungen: minimalistisch, mit wenigen Worten, kurz, bündig und gezielt das Allernötigste sagen. Im anderen Extrem kann Typ 5 sehr langatmig werden und wahre Vorlesungen halten. Welchen Sendestil er wählt, hängt von der Art von Typ 5 ab, vom Ausmaß seiner Expertise zum Thema und vom Publikum. Typ 5 verschwendet seine kostbaren Worte nur an diejenigen, die es wert sind. Ein Typ 5 hält den Mund, wenn er sich auf einem Gebiet nicht kompetent fühlt. Menschen mit Typ 5 haben in der Regel ein gutes Sprachgefühl und wählen ihre Worte sorgfältig. Typ 5 teilt Gedanken mit, dafür wenig oder gar keine Gefühle.

Typ 5 – Empfänger

Typ 5 ist zurückhaltend und zieht das Wahrnehmen, Zuhören und Fragenstellen vor. Typ 5 nimmt in der Regel eine objektive, neutrale, nicht urteilende Position ein. Sein Filter ist auf die Erwartungen und Forderungen von anderen eingestellt. Er wird aktiv, wenn Typ 5 fühlt, dass er versagt. Das kann der Fall sein, wenn etwas von ihm verlangt wird, das er nicht bieten kann, oder wenn es um Dinge geht, in denen sich Typ 5 nicht kompetent genug fühlt, etwa auf dem Gebiet der Gefühle. Typ 5 filtert nach Gefühlen anderer. Wenn sie zu überwältigend werden, schirmt er sich dagegen ab.

Typ 6 – Sender

Warm, ruhig, anteilnehmend, abwechselnd fragend, zweifelnd oder behauptend. Wenn Typ 6 behauptet, wird das oft kräftig auf nonverbalem Weg unterstrichen, als ob er sich selbst überzeugen müsste. Er bespricht seine Zweifel und Sorgen und entwickelt »Was wäre, wenn ...«-Szenarien. Die Redewendung »Ja, aber ...« ist Typ 6 bestens bekannt. Wachsam, wie Typ 6 ist, nimmt er beim Sprechen den anderen aufmerksam wahr. Auf kleinste Signale des anderen reagiert Typ 6 mit: »Du glaubst jetzt bestimmt, ...« und ergänzt so die Sätze des anderen.

Typ 6 – Empfänger

Typ 6 ist auf der Hut: Meint der andere das, was er sagt? Das stört Typ 6 dabei zu empfangen, was der andere wirklich sagt oder meint. Was Typ 6 beim Empfangen am meisten im Weg steht, ist die Gewohnheit der Projektion: Sätze des anderen zu ergänzen, anstatt ihm wirklich zuzuhören und darauf zu vertrauen, dass er das, was er sagt, tatsächlich auch meint. Das kann dem anderen das Gefühl geben, getestet und als unglaubwürdig eingestuft zu werden.

Typ 7 – Sender

Schnell, spontan, fröhlich, optimistisch, charmant. Typ 7 erzählt mitreißende Geschichten und hat immer etwas erlebt, was sich zu erzählen lohnt. Dank seines stark assoziativen Verstandes springt er von Thema zu Thema, und das Gespräch wird nie langweilig. Wenn Typ 7 fertig ist, geht er weiter zum nächsten Gesprächspartner. Typ 7 bewegt sich aktiv, wenn er spricht. Typ 7 ist buchstäblich ein Sender. Er ist stärker auf sich und seine eigenen Geschichten ausgerichtet als auf den anderen.

Typ 7 – Empfänger

Das ist die schwierige Seite von Typ 7. Sobald ein anderer etwas sagt, hat Typ 7 oft Mühe, seinen assoziativen Verstand zu kontrollieren. Das Schöne ist, dass Typ 7 meist begeistert reagiert, wenn man ein neues Thema anschneidet. Aber während der andere noch redet, ist Typ 7 schon wieder völlig fasziniert von dem, was sich in seinem Kopf abspielt. Man merkt, dass er nicht mehr zuhört. Weil Typ 7 mit seinen eigenen Gedanken beschäftigt ist, unterbricht er mitunter andere mitten im Erzählen, führt deren Sätze zu Ende oder geht zu einem ganz anderen Thema über. Typ 7 kann sich schwer längere Zeit auf das konzentrieren, was der andere sagt. Daher haben andere oft das Gefühl, nicht gehört zu werden.

Typ 8 – Sender

Direkt, offen, ehrlich, schnell, kurz, autoritär, grob. Kontrolliert als Sender das Gespräch und die Situation. Das heißt nicht, dass er immer das Wort führt. Typ 8 kann sehr gut seinen Mund halten, behält aber immer die Kontrolle. Typ 8 wird leicht ungeduldig, wenn es zu lang dauert, zu sehr ins Detail geht oder zu viel Denken verlangt wird. Mit zu viel nuanciertem, intellektuellem Geschwafel kann Typ 8 nichts anfangen. Er mag es kurz und deutlich. Regeln sind Regeln, und die werden eingehalten. Er mag Einzeiler wie: »Ich sage, was ich denke, und tue, was ich sage.«

Typ 8 – Empfänger

Bei Typ 8 kann es vorkommen, dass die »eigene Wahrheit« im Weg steht, wenn es darum geht, wahrzunehmen, was der andere sagt. Verleugnung ist ein starker Mechanismus bei Typ 8, der dafür sorgt, dass Botschaften oder Wahrheiten des anderen nicht ankommen. Die Botschaft muss kurz, kraftvoll und klar formuliert werden, wenn sie ankommen soll. Wenn Typ 8 eine Frage stellt, kann das einschüchternd wirken. Wenn Typ 8 etwas uninteressant findet, fängt er gern an, Witze zu machen, steigt aus dem Gespräch aus, beschäftigt sich mit völlig anderen Dingen oder läuft weg. Das mag auf andere befremdlich wirken, aber Typ 8 stört das nicht.

Typ 9 – Sender

Relaxed, oft geringes (für andere träges) Tempo, entspannt. Er sendet mitunter unklare Signale – sagt zum Beispiel Ja, wenn er Nein meint –, kann detaillierte Informationen in logischer Schritt-für-Schritt-Abfolge geben. Typ 9 bemüht sich, fair zu sein und alle Seiten der Angelegenheit zu betrachten und zu berücksichtigen. Wegen seiner Ausführlichkeit wirkt er auf andere mitunter unklar und uninteressant.

Typ 9 – Empfänger

Typ 9 ist auf den anderen gerichtet und schließt sich dem an, was der andere sagt oder will. Er ist ein guter Zuhörer. Typ 9 ist empfänglich für Signale, die darauf hinweisen, dass er nicht ernst genommen oder nicht beachtet wird, dass seine höflichen, differenzierten Vorschläge nicht aufgenommen werden. Wird er gefragt, etwas zu tun, tritt bei Typ 9 mitunter Widerstand auf. Da Typ 9 sein Bestes gibt, um an seinen Ideen und Standpunkten festzuhalten, tut er mitunter auch etwas, was er bei anderen schrecklich findet: nicht zuhören. Typ 9 kann zustimmende Signale senden und ablehnend handeln. Es scheint nur so, als ob Typ 9 zuhört und offen ist – in Wirklichkeit ist das längst nicht immer der Fall.

Nehmen Sie sich einen Augenblick Zeit, um Ihren eigenen Kommunikationsstil zu identifizieren.

Lassen Sie sich von den Beispielen inspirieren. Was davon erkennen Sie bei sich selbst wieder?

Merkmale meines Sprachstils (denken Sie auch an Tempo, Lautstärke, nonverbale Ausdrucksmöglichkeiten, Augenkontakt, Direktheit und so weiter:

Merkmale meines Kommunikationsstils als Sender:

Merkmale meines Kommunikationsstils als Empfänger:

Geht das auch effektiver?

Sie kennen jetzt die Merkmale der verschiedenen Typen als Sender und Empfänger und haben Ihren eigenen Kommunikationsstil unter die Lupe genommen. Jetzt wird es Zeit, die Wirkung zu verbessern. Wie kommunizieren Sie effektiver?

Hier ein paar Tipps:

- ✔ Werden Sie sich Ihrer typspezifischen Fallstricke und Stärken bewusst.
- ✔ Lernen Sie sich zu erden und im Hier und Jetzt präsent zu sein.
- ✔ Werden Sie sich der spezifischen Stärken und Fallstricke der anderen Typen bewusst.
- ✔ Lernen Sie die Stärken der anderen Typen schätzen und überlegen Sie, von welcher dieser Stärken Sie noch etwas lernen können/wollen.
- ✔ Lernen Sie, die Fallstricke der anderen Typen nachsichtig anzunehmen, und denken Sie daran, dass die anderen es mit Ihren Schwächen ebenso schwer haben wie Sie mit denen der anderen.
- ✔ Lernen Sie, mit sich selbst und anderen in Kontakt zu treten.
- ✔ Üben Sie aktives Zuhören und lassen Sie den anderen merken, dass Sie ihn hören und sehen.
- ✔ Üben Sie, sich für die Gedanken und Gefühle des anderen zu öffnen und zu erkennen: Sie müssen ihnen nicht zustimmen, Sie brauchen den anderen nur zu respektieren.

Fragen, die dabei immer nützlich sind:

- ✔ Verstehe ich das richtig? Du meinst, dass …?
- ✔ Habe ich das richtig gehört, dass …?
- ✔ Ich frage mich, ob …
- ✔ Findest du es gut, wenn …?

Mit diesen und anderen Fragen derselben Zielrichtung kommunizieren Sie vor allem, dass Sie versuchen, den anderen zu hören und zu verstehen.

Tipps für die einzelnen Typen

Hinter der in Tabelle 11.1 zusammengestellten kurzen Aufzählung für jeden Typ verbirgt sich eine ganze Reihe von Entwicklungsmöglichkeiten und Übungen. Das wird in Trainings gelehrt und geübt. Betrachten Sie es als Anregung, um sich selbst damit zu beschäftigen.

Kann die Effektivität seiner Kommunikation steigern durch:	
Typ 1	✔ lernen, Aufmerksamkeit auf den anderen zu richten und Kontakt mit ihm herzustellen ✔ mehr Raum für Entspannung, für den anderen und für andere Lösungen gewinnen ✔ lernen, seine Reaktionen zu bremsen, indem er dem anderen wirklich und vollständig zuhört ✔ sich beim Erklären, näheren Ausführen, Rechtfertigen und Vertreten des eigenen Standpunkts entspannen, also sich zurücknehmen ✔ »müssen « durch »dürfen« oder »können« ersetzen
Typ 2	✔ lernen, Aufmerksamkeit auf sich selbst zu richten und Kontakt mit sich herzustellen ✔ mehr Raum für eigene Wünsche und Bedürfnisse gewinnen und erkennen lernen, wie er versucht, genau das über den anderen zu bekommen ✔ dem anderen mehr Raum geben, um auch Fragen stellen zu können und den Inhalt und den Verlauf des Gesprächs zu beeinflussen; selbst folgen lernen ✔ lernen, seine Reaktion zu bremsen, und dadurch Ideen, Angebote, Vorschläge oder Komplimente des anderen hören, bedenken und schätzen lernen ✔ sich beim Verteilen von Komplimenten und beim Schmeicheln entspannen (Energie sparen!) ✔ die Angst, nicht als nett empfunden zu werden, überwinden und lernen, direkt nach Dingen für sich selbst zu fragen (nicht mehr manipulieren spart auch Energie)
Typ 3	✔ lernen, die Aufmerksamkeit auf den anderen zu richten und Kontakt mit ihm herzustellen ✔ lernen, sich zu bremsen und zu bremsen und zu bremsen ... ✔ dem anderen mehr Raum geben, ihn wirklich sehen und hören ✔ lernen, sich für das zu interessieren, was den anderen beschäftigt ✔ sich entspannen beim zielstrebigen Vorgehen und bei der Jagd nach dem erfolgreichen Image ✔ die Angst, nicht erfolgreich zu wirken, überwinden; sich selbst die Chance geben zu erleben, dass Menschen einen wegen seiner Person, nicht wegen seines Erfolgs und des Beifalls schätzen (wirkungsvolle Energiesparmaßnahme!)
Typ 4	✔ lernen, die Aufmerksamkeit auf den anderen zu richten und Kontakt mit ihm herzustellen ✔ mehr Raum für die Erlebniswelt des anderen und für den Verstand schaffen ✔ lernen, dass die Welt der Gefühle der des Denkens nicht überlegen ist, und auch in Gesprächen Raum gewinnen für einen Ausgleich zwischen Emotion und Ratio ✔ lernen, seine Reaktion zu bremsen und erst den anderen zu fragen, wie er etwas sieht, anstatt gleich mit der eigenen Ansicht herauszuplatzen ✔ sich in einer rationellen Annäherung an den anderen entspannen, ihn empfangen, ohne sich sofort ein Urteil zu bilden ✔ lernen, andere Meinungen zu empfangen und sie nicht sofort als Unverständnis des anderen zu interpretieren ✔ neben dem Problemdenken bewusst Raum schaffen, um dieses Problem auch von positiven Seiten zu betrachten; zuhören, wenn andere diese Aspekte betonen
Typ 5	✔ lernen, die Aufmerksamkeit auf die eigenen Gefühle zu richten und Kontakt mit ihnen herzustellen ✔ den anderen mehr Raum geben; durch Realitätschecks prüfen, ob der andere wirklich etwas von einem erwartet, fordert oder Ähnliches; diese Angst ist nämlich oft unbegründet ✔ lernen, den automatischen Rückzug zu bremsen und üben, im Kontakt mit dem anderen präsent zu bleiben ✔ mit direkteren und spontaneren Reaktionen experimentieren und üben, kommunizieren ohne den eingebauten Schutz und die Einmischung des Denkens ✔ statt denken, denken, denken, und vielleicht schließlich etwas tun oder sagen direkt tun oder sagen ✔ statt nach zehn Gründen, etwas nicht sagen zu müssen, nach dem einen Grund suchen, es doch zu sagen, und üben, diesen zu beachten

	Kann die Effektivität seiner Kommunikation steigern durch:
Typ 6	✔ lernen, die Aufmerksamkeit auf den anderen zu richten und Kontakt mit ihm aufzunehmen ✔ mehr Raum schaffen für Entspannung, für den anderen, für Vertrauen ✔ lernen, Realitätschecks einzubauen, die eigenen Filter und Projektionsmechanismen bewusst erkennen, den anderen fragen, wie er es sieht, erlebt etc. ✔ mehr Raum schaffen, indem die Antworten des anderen dahingehend betrachtet werden, dass sie auch wahr und aufrichtig sein könnten ✔ jedes Mal, wenn die Neigung auftritt, »Was, wenn …« oder »Ja, aber …« zu sagen, »Stopp!« zu rufen, tief durchzuatmen und einen Satz zu sagen, der hilft, Angst, Zweifel, Sorge, Misstrauen und so weiter zu überwinden, etwa »Im Zweifel für den Angeklagten« ✔ die Reaktionen durch Atemtechniken verlangsamen ✔ Typ 6 atmet oft stockend, auch beim Sprechen; eine fließende Bauchatmung zu erlernen, hilft, bei Widerständen zu entspannen
Typ 7	✔ lernen, die Aufmerksamkeit auf den anderen zu richten und Kontakt mit ihm herzustellen ✔ lernen, sich auf den anderen, seine ganze Geschichte oder Antwort zu konzentrieren ✔ lernen, die Reaktion im Gespräch mit anderen zu bremsen und eine Pause einzulegen, wenn jemand ausgeredet hat. Diese Zeit zum Zuhören nutzen ✔ jedes Mal, wenn der Verstand durchzugehen droht, die Assoziationskette beginnt, sodass der andere völlig untergeht, »Stopp!« rufen, tief durchatmen und dem anderen wieder zuhören ✔ dem anderen mehr Raum geben; wenn der andere etwas vorschlägt und die eigenen Gedanken auf alle möglichen Arten kommen, wie es anders sein könnte, fragen: »Aber es geht doch auch so, wie der andere es will/vorschlägt?«, und so lernen, die Ideen anderer anzunehmen ✔ vor allem Führungskräfte scheinen es mitunter gut zu finden, wenn ihre Mitarbeiter gelegentlich tun, was von ihnen verlangt wird …
Typ 8	✔ lernen, die Aufmerksamkeit auf den anderen zu richten und Kontakt mit ihm herzustellen ✔ mehr Raum schaffen, um den anderen wirklich zu hören und seine Ideen, Interessen, Fragen als ebenfalls wahr anzuerkennen; mehrere Seiten der Angelegenheit betrachten, nicht nur die eigene Wahrheit ✔ Reaktion bremsen, indem beim Sprechen hin und wieder Luft geholt wird und auch Pausen entstehen dürfen ✔ lernen, sich auf das zu konzentrieren, was der andere eigentlich mitzuteilen versucht; erkennen, dass andere, wenn sie mit einem sprechen, oft etwas erklären wollen, auch wenn es einem lang und unklar erscheint; lernen, sich zu bremsen und Geduld mit dem anderen zu haben ✔ üben, erst zu denken und dann zu handeln/antworten
Typ 9	✔ lernen, die Aufmerksamkeit auf sich selbst zu richten und Kontakt mit sich aufzunehmen, also in Anwesenheit von anderen und während der Interaktion mit ihnen üben, sich seiner selbst bewusst zu bleiben, sich buchstäblich weiterhin zu spüren ✔ lernen, die eigene Botschaft kurz und bündig zu vermitteln und dabei lauter und kräftiger zu sprechen; auch dabei hilft eine gute Atemtechnik ✔ sich entspannen beim Gefallenwollen und erkennen, dass andere sich weniger schnell vor den Kopf gestoßen fühlen, als Typ 9 in seiner Angst vor Konfrontationen fürchtet ✔ üben, sich zu erden, präsent und sichtbar zu sein und es auch dann zu bleiben, wenn andere zeigen, dass sie einen sehen, hören und ernst nehmen – sich nicht wieder klein und unsichtbar machen!

Tabelle 11.1: Tipps für die neun Typen

Suchen Sie sich eine Verbesserungsmöglichkeit heraus und fragen Sie sich, welche für Sie Priorität hat. Konzentrieren Sie sich auf diesen Punkt und arbeiten Sie dann längere Zeit daran. Sobald der neue Aspekt in Ihren Kommunikationsstil integriert ist, wenn er also zur neuen, gut integrierten Gewohnheit geworden ist, wählen Sie den nächsten Punkt aus. Dieser Weg erscheint zwar langsam, aber die Wahrscheinlichkeit, dass er zu echten Verbesserungen führt, ist groß. Ein Schritt nach dem anderen …

Diesen Punkt möchte ich verbessern:

- ✔ Was: ______________________________

  ____

- ✔ Wie: ______________________________
- ✔ Hilfe, die ich dazu brauche, organisieren (Logbuch, Feedback von Dritten und so weiter):

  ____

- ✔ So merke ich, dass ich auf dem richtigen Weg bin: ______________________________

Zwei Anwendungsmöglichkeiten bei der Arbeit

12

In diesem Kapitel

- Zielgenau Führen mit dem Enneagramm
- Hilfe bei Interventionen, Feedback und Konflikten
- Eskalationsphasen unter der Lupe
- Erfolgreicher als Mediator mit dem Enneagramm
- Typen im Konflikt

In diesem Kapitel nehme ich mir zwei besondere Anwendungsmöglichkeiten am Arbeitsplatz vor – Führung und Vermittlung bei Konflikten.

Führung

Zum erfolgreichen Führen gehören so viele Aspekte, dass es Regale voller Bücher nur zu diesem Thema gibt. Über Führen mit dem Enneagramm könnte man ohne Mühe ein komplettes, inspirierendes Buch schreiben. Ich belasse es bei einem Kapitel und bespreche zwei wichtige Fertigkeiten von Führungskräften, nämlich Interventionen und Feedback. Aber zunächst möchte ich Ihnen gern ein Phänomen vorstellen, das als »Beziehungsdefinition« bekannt ist.

Ich betrachte mich als deinen Chef, aber siehst du das auch so?

Die Beziehungsdefinition ist das unbewusste Bild, das wir von unserem Verhältnis zu anderen haben. Meine Vorstellung und die des anderen können sich dabei unterscheiden. Wenn das so ist, fällt der Austausch, der zwischen uns stattfinden sollte, sehr wahrscheinlich aus, gleichgültig ob es sich um Botschaften, Anweisungen oder Feedback handelt.

Wenn es um Führung geht, betrachtet man in der Praxis vor allem die Führungskräfte. Forschung, Aus- und Weiterbildung sind darauf ausgerichtet, Führungsqualitäten zu entwickeln. Aber es gibt einen Aspekt der Führung, der weniger Aufmerksamkeit erhält: dass nämlich auch Menschen gebraucht werden, die bereit sind, sich führen zu lassen. In der Kommunikationswissenschaft wird das Modell von Sender und Empfänger schon lange verwendet. Trotzdem steht bei Kommunikationstrainings in der Regel das Senden im Mittelpunkt. Ähnliches gilt für das Geben und Empfangen von Feedback und beim Führen und Führenlassen.

Bewusstsein ist wichtig

Wer sich der Beziehungsdefinition bewusst ist und weiß, wie er sie beeinflussen kann, damit es zur Situation passt, hat ein nützliches und wertvolles Werkzeug in der Hand. Dieses Bewusstsein kann Führungskräften helfen zu erkennen, dass etwas in der Beziehungsdefinition zwischen ihnen und den Geführten/Mitarbeitern nicht stimmt, und dazu beitragen, das Problem zu beheben. Wenn es nicht gelöst wird, dürften sich die meisten anderen Mittel, die Führungskräften zur Verfügung stehen, um zu den Geführten/Mitarbeitern durchzudringen, als nutzlos erweisen.

Dafür zu sorgen, dass die Mitarbeiter der Führung folgen, gilt als Teil der Aufgabe oder Qualität einer Führungskraft. Zu einer Führungsaufgabe gehört auch die Fähigkeit, Autorität oder Einfluss auszuüben, also dafür zu sorgen, dass die Führung bei den Geführten ankommt. Es gibt Instrumente, die Führungskräfte bewusst oder unbewusst einsetzen, um diesen Einfluss auszuüben. Ein wichtiges Werkzeug ist die Beziehungsdefinition.

Unbewusst halten wir uns bei jeder Interaktion an eine Beziehungsdefinition. Hier ein Beispiel einer Beziehungsdefinition in einer Trainingssituation:

Trainer

Betrachte mich als …	jemanden, der sich auskennt und dir etwas beibringen kann.
Betrachte dich als …	jemanden, der auf diesem Gebiet noch etwas lernen kann.
Botschaft:	Wir sind hier, weil wir beide wollen, dass ich dir etwas beibringe.

Nehmen wir an, ein Teilnehmer in der Gruppe definiert die Beziehung wie folgt und strahlt das aus:

Teilnehmer

Betrachte mich als …	jemanden, den sein Chef hergeschickt hat und der das alles schon kann.
Betrachte dich als …	jemanden, der die Praxis nicht kennt und von mir noch etwas lernen kann.
Botschaft:	Wir sind hier, um die Zeit abzusitzen.

Die oben beschriebenen Beziehungsdefinitionen sind »nicht komplementär«, sie passen nicht zusammen. Wir brauchen nicht weiter zu erklären, wie dieser Trainingstag wohl verläuft. Es sei denn, der Trainer erkennt, was der Teilnehmer mit seiner Beziehungsdefinition ausstrahlt, und kann etwas damit anfangen. Es ist also bei jeder Interaktion wichtig, die Beziehungsdefinitionen komplementär zu gestalten, sonst wird sich wenig Fruchtbares entwickeln. Schon kleine Kinder spielen mit diesen Definitionen, und sie machen sie öfter explizit als Erwachsene. Sie haben sicher schon einmal ein Kind sagen hören: »Ich höre nicht auf dich, du bist nicht meine Mutter.« Zu diesem Zeitpunkt folgt das Kind dieser Beziehungsdefinition. Als

Erwachsener kann man sich dann auf den Kopf stellen – wenn das Kind einen nicht als jemanden anerkennt, auf den es hören muss, ist alles vergebens.

Schauen wir einmal, wie das Enneagramm uns hilft, uns ein genaueres Bild zu verschaffen.

Ein Beispiel mit zwei Beziehungen zwischen einer Führungskraft und einem Mitarbeiter:

Führungskraft Typ 6:

Betrachte mich als … jemanden, der auf alles achtet, was schiefgehen könnte.

Betrachte dich als … jemanden, der mir vorsichtig folgen kann.

Botschaft: Wir sind hier, um Risiken zu vermeiden und dafür zu sorgen, dass nichts schiefgeht.

Mitarbeiter Typ 3:

Betrachte mich als … jemanden, der Punkte sammeln kann und schnell vorankommen will.

Betrachte dich als … jemanden, der mir vor allem nicht im Weg stehen sollte.

Botschaft: Wir sind hier, um die Besten zu sein, damit ich schnell Karriere mache.

Ist das komplementär? Kann das so funktionieren? Noch ein Beispiel:

Führungskraft Typ 7:

Betrachte mich als … Führungskraft, die ihrem Team gern Freiraum lässt.

Betrachte dich als … jemanden, der hier seine Freiheit haben kann und dem ich vertraue.

Botschaft: Wir sind hier, um unseren Spaß zu haben, dann kommen die Ergebnisse von allein!

Mitarbeiter Typ 8:

Betrachte mich als … jemanden, der keine Führung will.

Betrachte dich als … jemanden, der mir nicht im Weg stehen und schon gar nicht sagen soll, was zu tun ist.

Botschaft: Wir sind hier, um zu tun, was abgemacht ist.

Komplementär? Funktioniert das so? Erkennen Sie etwas wieder?

Diese stereotypen Beispiele sollen das Prinzip zeigen. Sie helfen Ihnen, einen Einblick zu bekommen in die Interaktion mit jemandem aus Ihrer Umgebung, die vielleicht bisher nicht so konstruktiv verläuft. Sie können nun das Beispiel für sich und den anderen etwas detaillierter ausfüllen. Schreiben Sie die Beziehungsdefinition auf, die aus Ihrer Sicht für Sie und Ihr Gegenüber gilt.

Nur wenn der andere seinen Enneagramm-Typ kennt und Ihnen mitteilt, können Sie das wissen. Vielleicht haben Sie schon eine Hypothese darüber, auf der Grundlage dessen, wie Sie ihn erleben. Denken Sie aber daran, dass es immer gefährlich ist, mit Hypothesen zu arbeiten – sie können auch falsch sein. Betrachten Sie sie als Ausgangspunkt, um mit der Arbeit beginnen zu können, aber testen Sie sie immer an der Realität. Vielleicht ist es notwendig, Ihre Hypothese anzupassen.

Hypothese Beziehungsdefinition:

Ich, Typ ______________________ betrachte mich als ______________________

Funktion (falls relevant) ______________ betrachte dich als______________________

Botschaft ____

Der andere: ____________________ betrachte mich als ______________________

Möglicher Typ: __________________ betrachte dich als ______________________

Botschaft ____

Ist das komplementär? Funktioniert es? ________________________________

Allgemeine Einführung in das Thema Intervention

Intervention ist ein großartiges Wort dafür, in einen Prozess einzugreifen. Ein Coach oder Therapeut kann eine Intervention in den Entwicklungsprozess eines Klienten vornehmen, ein Managementberater kann in einen Veränderungsprozess intervenieren, eine Führungskraft in einen Teamprozess und ein Mediator in einen Konfliktprozess. Mit einer Intervention wird der Prozess eigentlich gestoppt und bekommt dadurch eine neue Wendung. Bei all diesen Beispielen greift ein Dritter ein, jemand, der außerhalb des Prozesses steht. Der Vorteil dabei besteht darin, dass aus dieser distanzierten Position leichter zu erkennen ist, was im Prozess geschieht, und daher auch leichter zu sehen ist, dass eine Intervention helfen könnte und nötig ist. Wenn Sie nicht selbst Teil des Prozesses sind, ist das Intervenieren leichter, weil Sie im wahrsten Sinne des Wortes frei dafür sind.

Was brauchen wir auf jeden Fall, um intervenieren zu können?

- ✔ Prozesse wahrnehmen
- ✔ Schnell analysieren können – Situationen und Menschen
- ✔ Einschätzen ob, und wenn ja, wann interveniert werden muss
- ✔ Wie interveniert werden muss

Wann und wie intervenieren

Das Allerschwierigste bei Interventionen scheint oft nicht unbedingt die Methode zu sein. Das Allerschwierigste ist für die meisten Menschen das Timing: ob, und wenn ja, wann interveniert werden muss. Wann ist der richtige Zeitpunkt? Prozesse schreiten voran und haben die Neigung, wie Sand zwischen den Fingern zu zerrinnen. Jeder, der damit beruflich zu tun hat, weiß, dass es den richtigen Augenblick nicht gibt. Oft wird nicht interveniert, weil man auf den richtigen Zeitpunkt wartet. Eine effektive Führungskraft steuert Prozesse bei der Arbeit und zwischen Menschen und arbeitet im Einflusskreis der Mitarbeiter. Indem er die Prozesse genau beobachtet und direkt mit kleinen Korrekturen steuert, hält er seinen Finger ständig am Puls des Vorgangs.

Welche Art des Eingreifens angezeigt ist, hängt eng mit dem Zeitpunkt des Eingreifens und dem Ernst der Lage zusammen. Ich erkläre das anhand eines Beispiels von einem Mitarbeiter, der mangelhafte Arbeit leistet. Es gibt eine Norm für gute Arbeit und dieser Mitarbeiter weicht davon ab. Er ist jetzt ein Jahr im Unternehmen, er hatte also Zeit, sich einzugewöhnen und einzuarbeiten. Eine Weile schien alles recht gut zu laufen, aber inzwischen fällt auf, dass hier und da Lücken entstehen. Als Manager behalten Sie das genauer im Auge, auch um sich ein klareres Bild von der Lage zu verschaffen. In dem Organisationsberatungsbüro, in dem ich Partnerin war, arbeiteten wir mit dem in Abbildung 12.1 dargestellten Modell.

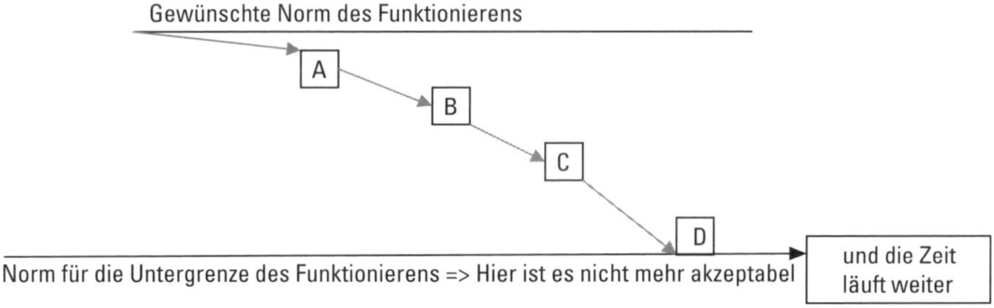

Abbildung 12.1: Die gewünschte Norm, nach der ein Mitarbeiter arbeiten soll

Die Linie zeigt, wie sich die Arbeit des Mitarbeiters entwickelt. Das gilt nicht nur für die tatsächliche Arbeitsleistung, sondern auch für die Wahrnehmung des Managers. Vielleicht wird es nicht wirklich schlechter, aber in den Augen des Managers erscheint es so. In der Praxis wird das Problem oft nicht rechtzeitig erkannt und deshalb nicht oder zu spät eingegriffen. In der Zeichnung sind wir dann schon bei Situation D angekommen: Die Untergrenze ist erreicht. Der Mitarbeiter ist sich keiner Schuld bewusst, aber für den Manager ist das Maß voll. Die Intervention in Situation D ist schon Krisenmanagement. Der Jahresvertrag wird nicht verlängert. Krisenmanagement ist die schwerste Form der Intervention. Dazu gehört, dass jemand seines Amtes enthoben und der Prozess übernommen wird. Bei festen Verträgen werden dann oft die Aufgaben oder Teile davon umverteilt. Wie hätte sich das vermeiden lassen? Der Manager hätte früher eingreifen können, und zwar:

In Situation A: Information (Feedback)

In Situation B: Begleitung

In Situation C: Aufgabe mit Sanktionen

A. Information und Feedback: Sorgen Sie dafür, dass der Mitarbeiter weiß, welche Norm verlangt wird, und geben Sie Feedback, wenn er diese Norm nicht erfüllt.

B. Begleitung geht einen Schritt weiter, aber in dieser Phase geht es im günstigen Fall noch um eine relativ kleine, korrigierbare Abweichung. Die Sache wird etwas weniger unverbindlich für den Mitarbeiter als die Phase mit Feedback und Beratung. Der Manager beteiligt sich jetzt aktiver an der Suche nach einer Lösung, vom Mitarbeiter wird ausdrücklich intensive Mitarbeit verlangt. Gemeinsam werden Entwicklung und Stagnation beobachtet. Der Mitarbeiter muss mehr Einblick in seine Arbeit und ihren Fortgang geben. Diese Zusammenarbeit stellt einen Motor für Verbesserungen dar, und die Verantwortung liegt noch immer beim Mitarbeiter.

C. In dieser Situation wird schon stark von der Norm abgewichen. Ohne Intervention geht die Sache jetzt wirklich schief. Wenn der Manager jetzt eingreift, zieht er die Zügel schon etwas straffer an. Es geht weniger um Zusammenarbeit; der Manager stellt Aufgaben. Der Prozess muss gründlich neu geordnet werden, der Mitarbeiter wird auf Konsequenzen hingewiesen. Die Unverbindlichkeit ist verschwunden, es werden Sanktionen formuliert, etwa dass bestimmte Aufgaben anderen Mitarbeitern zugeteilt werden.

Das Enneagramm als Hilfsmittel bei Interventionen

Der Umgang mit all diesen Dingen ist typspezifisch, vom Erkennen und Anerkennen des Problems und der Einschätzung der Lage bis zum Timing und der Wahl einer angemessenen Intervention. Die Führungskraft betrachtet die Situation und den Mitarbeiter durch ihre Brille. Unsere selektive Wahrnehmung wird durch unseren Typ gefärbt. Aber auch die Vorstellungen und Vorlieben des Mitarbeiters im Hinblick auf seine eigene Arbeit sind typspezifisch. Es kann sein, dass beide aufgrund ihres Typs ein ganz anderes Bild von der Situation und von der Arbeitsleistung haben. Das Enneagramm kann hier sehr viel weiterhelfen, weil es hilft, Fehlkommunikationen und Missverständnisse zu vermeiden. Führungskräfte können mit mehr Einfühlungsvermögen für ihre Mitarbeiter viel gezielter und effektiver Feedback geben, Prozesse begleiten und so weiter. Um das zu verdeutlichen, hier eine wahre Geschichte darüber, was passieren kann, wenn es an Menschenkenntnis fehlt:

Alice (Typ 5) ist Managerin eines Unternehmens, das von einer größeren Firma gekauft wird. Alice hatte schon länger Pläne, etwas anderes zu tun, aber das neue Mutterunternehmen möchte sie als Managerin behalten. Alice versteht, dass ihr Wissen gefragt ist, und findet es nicht schlimm, zu bleiben. Aber dann kommen Alice und ihr neuer Chef nicht gut miteinander aus. Die Lösung liegt auf der Hand: eine schnelle, saubere Trennung. Leider ging die Sache anders aus.

Der Personalleiter bekam den Auftrag, den Abschied von Alice in die Wege zu leiten. Eine kostspielige Angelegenheit, denn Alice war schon siebzehn Jahre Managerin des Unternehmens. Der Personalleiter stellt fest, dass es billiger wäre, wenn Alice von sich aus ginge. Auf höchster Ebene wird vereinbart, dass Alice isoliert und übersehen wird. Alice darf nicht mehr an Besprechungen des Management-Teams teilnehmen, die anderen Teammitglieder werden gebeten, nicht mehr mit Alice zu kommunizieren, die drei Direktoren lassen sie links liegen. Von der ethischen Seite ganz abgesehen (so sollte man nicht mit Menschen umgehen), ist das auch in geschäftlicher Hinsicht nicht sehr geschickt gewesen. Die Vorgesetzten kannten Alice noch nicht, inzwischen kennen sie sie nur zu gut.

Alice ist unser Enneagramm-Typ 5. Sie findet es wunderbar, in Ruhe gelassen zu werden und ihr eigenes Süppchen zu kochen wie früher. Alice nimmt die Dinge genau wahr und begreift schnell, was los ist. In aller Ruhe dokumentiert sie die Vorgänge. Nach einem Jahr ist der Vorstand verzweifelt genug und initiiert ein Gespräch, um Alice ein Angebot zu machen. Etwas Enneagramm-Wissen hätte nicht nur viel Geld, sondern auch Zeit und Frustration gespart.

Jeder Typ geht auf seine Weise mit Interventionen um

Hier folgt für jeden Typ ein Beispiel, wie er notwendige Interventionen vornimmt:

- ✔ Typ 1 merkt sofort, wenn von der Norm abgewichen wird. Seine automatische Reaktion ist, Impulse zu unterdrücken, auch den Impuls, etwas zu sagen. Das kann Typ 1 erst, wenn es nicht nur um Einzelfälle, sondern um ein Muster geht. Dann empfindet Typ 1 Eingreifen als legitim. Oft ist es erst dann so weit, wenn schon Aufgaben mit Sanktionen oder Krisenmanagement gefragt sind.
- ✔ Typ 2 achtet mehr auf den Menschen als auf die Arbeit. Außerdem will ein Typ 2 in Führungsposition nett gefunden werden. Typ 2 hat die Neigung, die Sache für den anderen zu lösen, was auch eine Form von Krisenmanagement ist. Begleitung anzubieten, passt ebenfalls zum natürlichen Verhalten von Typ 2.
- ✔ Typ 3 achtet auf die Ergebnisse, die erreicht, die Aufgaben, die erledigt werden müssen. Typ 3 behält zwar mit Sicherheit auch den schwächsten Spieler im Team im Auge, verliert aber von Natur aus lieber keine Zeit mit ihm. Es kostet am wenigsten Zeit und Energie, wenn der schwächste Spieler vom Platz gestellt wird. Typ 3 geht, wenn das möglich ist, recht schnell von Nichtstun zum Krisenmanagement über.
- ✔ Typ 4 kann Probleme erkennen und ihre Bedeutung anerkennen. Was Typ 4 in Führungsposition davon abhält zu intervenieren, ist die Angst vor der eigenen Wut. Deshalb zensiert sich Typ 4 mitunter selbst. Ein Typ 4, den das weniger stört, wird sehr direkt intervenieren.
- ✔ Typ 5 hat gemäß dem Motto »leben und leben lassen« die Neigung, eher nicht zu intervenieren und dem anderen Raum zu geben. Typ 5 erkennt Probleme an, nimmt sich aber die Zeit, alles zu durchdenken und eine Lösung zu finden. In Aktion zu treten ist ein großer Schritt. Führungskräfte mit Typ 5 lassen ihre Mitarbeiter deshalb manchmal »schwimmen«.
- ✔ Typ 6 sieht von Natur aus die Probleme und erkennt, wo etwas schiefläuft. Typ 6 hat allerdings Schwierigkeiten mit Autorität, auch wenn er selbst eine Autoritätsposition bekleidet. Typ 6 zweifelt an sich und seinen Beobachtungen. Er sieht auch die Risiken, die eine Intervention mit sich bringt. Wegen seiner natürlichen Neigung, Risiken zu vermeiden, schiebt Typ 6 die Intervention auf.
- ✔ Typ 7 betrachtet Führungskräfte und Mitarbeiter als gleichwertige Menschen und kann nicht zugeben, dass Hierarchien im Beruf existieren. Auf der Ebene der Gleichwertigkeit findet er keinen Raum zum Intervenieren. Außerdem macht Intervenieren keinen Spaß, darum meidet es Typ 7 in Führungsposition nach Möglichkeit.

- ✔ Typ 8 interveniert von Natur aus schnell und direkt. Als Führungskraft hat Typ 8 die natürliche Neigung, sich im Einflusskreis seiner Mitarbeiter zu bewegen. Was eine Führungskraft mit Typ 8 von einer Intervention abhalten könnte, ist, dass sie von ihren Mitarbeitern nicht oder zu spät informiert wird, um das Problem zu erkennen, oder ihre Neigung zur Verleugnung.
- ✔ Typ 9 neigt dazu, Probleme und ihre Bedeutung spät zu erkennen. Anerkennen eines Problems heißt, bemerken, dass er etwas unternehmen und eventuell eine Konfrontation riskieren muss, dagegen regt sich Widerstand in Typ 9. Er fördert eine Kultur der Nichteinmischung, indem er an seinem Harmoniemodell festhält.

Feedback

Jedes Jahr wird in vielen Trainings und Seminaren das Geben und Empfangen von Feedback vermittelt. Am Arbeitsplatz ist von dem großen Trainingsaufwand kaum etwas zu merken. Wie oft erleben Sie, dass in Ihrem Unternehmen Feedback nach den Regeln für gutes Feedback gegeben wird? Wie oft geben und bekommen Sie selbst Feedback? Aufgrund meiner Erfahrung als Organisationsberaterin und Coach vermute ich, dass das nicht allzu oft vorkommt. Offenbar genügt es nicht, dass Menschen die Techniken lernen. Anscheinend steht etwas anderes im Weg, weil es trotzdem so selten geschieht. Das kann mit der Kultur einer Organisation oder Abteilung zu tun haben, mit dem Führungsstil und dem Mangel an Sicherheit, der dort erlebt wird.

In Enneagramm-Panels hören wir Vertreter aller Typen erzählen, was sie von etwas abhält. Warum sie Schwierigkeiten haben, Feedback zu geben oder zu bekommen. Was ihnen beim Geben/Empfangen schwerfällt. Menschen werden nicht öfter Feedback geben, solange etwas in ihrem Inneren sie davon abhält. Zu erkennen, warum und wann, ja sogar bei wem dieser innere Widerstand entsteht, kann Ihnen helfen, es zu überwinden. Dadurch können Sie leichter mit Feedback in jeder Richtung umgehen. Auch das ist Selbstmanagement: sich in diesem Punkt weiterzuentwickeln und innere Grenzen zu überschreiten.

Jetzt müssen die Leute es nur noch tun!

Die Hindernisse beim Geben und Empfangen von Feedback zu erkennen und zu überwinden, hilft (auch in Teambuilding-Situationen) dafür zu sorgen, dass Menschen es öfter tun. Als Beispiel wird von Typ 1 ausführlicher beschrieben, wie sein natürlicher Umgang mit Feedback ist, sowohl beim Geben als auch beim Empfangen, und wie Sie als Führungskraft damit umgehen können. Danach folgt eine kurze Zusammenfassung von Tipps, die bei den einzelnen Typen zu beachten sind.

Typ 1 reagiert sensibel auf Feedback, weil er dazu neigt, die Messlatte hoch anzulegen, und dazu einen starken inneren Kritiker hat, der dafür sorgt, dass die Latte nicht gerissen wird. Der Typmechanismus besteht darin, es so gut zu machen, dass Kritik (Feedback) nicht nötig wird. Wenn Typ 1 Feedback bekommt, ist das ein Signal, dass der Typmechanismus versagt hat. Alle Alarmglocken schrillen. Der Typ wird getriggert und wird reaktiv. Letzteres bedeutet, dass der Typ in Verteidigungsstellung geht. Das Ego tritt auf. Im Fall von Typ 1 ist das die Leidenschaft Wut. Ein Typ 1, der sich in diesem Punkt nicht weiterentwickelt hat, wird sich rechtfertigen, dem anderen erklären, warum er die Sache falsch sieht, und ihm die Verantwortung zuschieben. (Es gibt immer eine Möglichkeit, den Ball zurückzuspielen.) Feedback empfangen ist ein Problem wegen der schnell einsetzenden Reaktivität. Derselbe Mechanismus hält Typ 1 auch davon ab, Feedback zu geben, denn für Typ 1 sind Feedback und Kritik dasselbe, und Projektion spielt immer eine Rolle. Typ 1 kennt seine eigenen Schwierigkeiten mit Feedback, die Wut, die aufsteigt, wenn er Feedback bekommt, und geht davon aus, dass andere Menschen genauso sind. Das Hindernis für Typ 1 ist die Angst, die Wut des anderen auf sich zu ziehen. Dagegen können Menschen mit Typ 1, die sich in diesem Punkt weiterentwickelt haben, auf eine diplomatische, sorgfältige, aber auch warme Art, Feedback geben.

Tipp für Führungskräfte, die Typ 1 Feedback geben wollen:

Typ 1 mag Ehrlichkeit, Klarheit und Sorgfalt in der Kommunikation und im Umgang miteinander. Typ 1 nimmt Feedback besser an, wenn es mit Wärme gegeben wird und wenn in der Botschaft deutlich wird, dass das Feedback einen Aspekt des Handelns betrifft und nicht das Handeln als Ganzes. Das Feedback muss genau und zutreffend sein, sonst ruft es Widerstand hervor. Typ 1 wird besonders sensibel für Signale, wenn es um Feedback geht: Es ist zum Beispiel gefährlich, das Wort »aber« zu verwenden. Das disqualifiziert oft alles, was davor gesagt wurde: »Du machst das alles ganz toll, aber ...«. Typ 1 mag eine Lernumgebung, in der Platz ist für Fehler und Korrekturen. Es hilft Typ 1, wenn das Feedback in diesem Rahmen gegeben wird. Dann kann er es leichter annehmen.

Tipps zum Feedback geben an ...

Manche dieser Tipps funktionieren bei jedem gut. Aber wenn Sie möchten, dass Ihr Feedback ankommt und vom anderen konstruktiv aufgegriffen wird, ist es besonders hilfreich, die Punkte zu beachten, die unter den einzelnen Typen aufgeführt sind.

- ✔ Typ 2: Sorgen Sie für eine sichere Privatsphäre, seien Sie persönlich und achten Sie darauf, freundlich und optimistisch zu wirken. Fragen Sie, wie sich Typ 2 in der Situation fühlt. Gehen Sie weniger ins Detail, betonen Sie die Bedeutung positiver Beziehungen.
- ✔ Typ 3: Fragen Sie, wann die Zeit für ein Gespräch günstig ist. Sorgen Sie dafür, dass es nicht zu lange dauert. Betonen Sie, dass das Feedback dazu dienen soll, noch effektiver und erfolgreicher zu arbeiten. Geben Sie eindeutige Beispiele, am besten mit Namen. Erkennen Sie gute Absichten an. Sie können auch an den Wettbewerbsinstinkt von Typ 3 appellieren.
- ✔ Typ 4: Achten Sie besonders darauf, mit dem anderen Kontakt herzustellen. Zeigen Sie Einfühlungsvermögen. Verwenden Sie persönliche Wörter wie »ich«, »wir« und so weiter. Vermeiden Sie es, in anklagendem oder scheltendem Ton zu sprechen (das funktioniert bei niemandem, Typ 4 schaltet dabei sofort ab). Fragen Sie, wie Typ 4 sich fühlt, und hören Sie zu, bis Typ 4 ausgeredet hat. Nehmen Sie sich Zeit dafür ...
- ✔ Typ 5: Fragen Sie, ob der Zeitpunkt passt. Teilen Sie mit, dass es ein kurzes Gespräch wird, wie lange es dauert (zum Beispiel zwanzig Minuten), und machen Sie das Thema des Gesprächs klar. Seien Sie spezifisch und bleiben Sie bei den Tatsachen. Geben Sie dem anderen Zeit, über das nachzudenken, was Sie gesagt haben. Verlangen Sie keine sofortige Reaktion, sondern vereinbaren Sie einen Termin kurz nach dem Gespräch, um darauf zurückzukommen.

- Typ 6: Sagen Sie direkt, worum es geht. Geben Sie eine Einschätzung der Größe des Problems (sonst wächst es im Geist von Typ 6 sofort zu katastrophalen Ausmaßen heran und die Alarmglocken schrillen) und stellen Sie die Tatsachen fest. Schaffen Sie eine persönliche, freundliche, mitfühlende Atmosphäre, damit Sicherheit entstehen kann. Sagen Sie ausdrücklich, dass Sie den anderen unterstützen werden. Versprechen Sie nichts, was Sie nicht halten können. Bieten Sie Alternativen, unter denen der andere wählen kann. Möglicherweise müssen die Informationen wiederholt oder systematisch zusammengefasst werden.
- Typ 7: Wechseln Sie positive und kritische Bemerkungen ab. Geben Sie Typ 7 schon früh im Gespräch Gelegenheit, seine Ideen darzulegen. Denken Sie daran, dass Typ 7 positiv und selbstbezogen ist und es deshalb schwierig werden kann, Gehör für Ihre (negativeren) Wahrnehmung zu verschaffen. Zeigen Sie Geduld und kehren Sie immer wieder freundlich zum Thema zurück, wenn Typ 7 sich vom »Negativen« entfernt. Geben Sie Ihr Feedback so, dass Typ 7 merkt, dass Sie ihm helfen, sich zu »veredeln«. Stellen Sie klar, wo die Grenzen sind, und lassen Sie Typ 7 innerhalb dieser Grenzen die Freiheit, selbst Lösungen zu finden.
- Typ 8: Kommunizieren Sie im selben Stil wie Typ 8 selbst: kurz, direkt, klar. Reden Sie nicht um den heißen Brei herum, kommen Sie zum Kern der Sache. Bleiben Sie nicht im Ungefähren. Geben Sie Typ 8 die Gelegenheit, die Lage unter seine Kontrolle zu bringen, auch im Gespräch. Treffen Sie klare Vereinbarungen. Bei Typ 8 gilt das Motto: »Abgemacht ist abgemacht«. Achten Sie darauf, dass Sie nicht in eine Diskussion oder gar einen Streit verwickelt werden. Machen Sie dann klar, wie Ihre Regeln bei der Arbeit aussehen. Zum Beispiel, dass es keine Einladung zur Diskussion darstellt, wenn Sie etwas auf eine bestimmte Weise erledigt haben wollen, sondern dass diese Anweisung befolgt werden soll. Tun Sie, was Sie sagen. Dann kann Typ 8 Sie als Chef respektieren und sich an die Abmachung halten.
- Typ 9: Nehmen Sie sich Zeit. Achten Sie darauf, den Kontakt herzustellen. Stellen Sie persönliche Fragen, zeigen Sie Wärme und Empathie. Reagieren Sie so differenziert und urteilsfrei wie möglich. Fragen Sie, was Typ 9 über die Sache denkt. Geben Sie ihm Raum, um darüber nachzudenken, und sagen Sie das auch (»Lassen Sie sich Zeit, denken Sie in Ruhe darüber nach.«). Besprechen Sie gemeinsam mögliche Ideen und Aktivitäten. Unterstützen Sie Typ 9 dabei, Entscheidungen zu treffen. Besprechen Sie, was Typ 9 noch braucht, um die Sache in Angriff zu nehmen.

Vermittlung bei Konflikten

Die Vermittlung bei Konflikten betrachte ich aus drei Gründen als Anwendungsgebiet für das Enneagramm:

- Konflikte sind die Nummer eins auf der Liste dessen, worunter Menschen in Beziehungen, im Privatleben und am Arbeitsplatz leiden, was sie aus dem Gleichgewicht bringt und schlechter arbeiten lässt, was sie buchstäblich krank macht.
- Konflikte entstehen zu einem beachtlichen Teil dadurch, dass Menschen einander nicht verstehen. Die Typen sprechen jeweils ihre eigene Sprache – wie beim Turmbau zu Babel. Die Menschen verstehen einander nicht, weil sie andere Dinge wichtig finden, andere Ängste und Sorgen haben. Dabei ist das Enneagramm besonders wirksam und wertvoll, weil es den Menschen hilft, sich besser zu verstehen.

✔ Gerade wenn Menschen leiden, ist das ein starker Ansatzpunkt für Veränderung und Wachstum. Therapeuten wissen, dass Menschen erst dann bereit sind, auf sich selbst zu achten und sich für ihre persönliche Weiterentwicklung zu entscheiden, wenn der Leidensdruck groß genug ist.

Menschen, die beruflich bei Konflikten vermitteln, Mediatoren zum Beispiel, haben allerdings öfter einen beruflichen Hintergrund als Rechtsanwalt und nicht als Therapeut. Das Ziel ist, in dem vorhandenen Konflikt zu vermitteln, ihn zu beenden, keine Therapie, schon gar keine Entwicklung. Unter Mediatoren ist bereits bekannt, dass es den Vermittlungsprozess erleichtern und beschleunigen kann, wenn man dem menschlichen Aspekt Aufmerksamkeit schenkt. Für Mediatoren und Anwälte, die nicht psychologisch geschult sind, bietet sich das Enneagramm als nützliches Werkzeug an.

Ich bin selbst als Mediatorin ausgebildet und gönne es anderen Mediatoren, dieses wichtige Hilfsmittel ebenfalls zu entdecken!

Der Turmbau zu Babel

In Besprechungen höre ich regelmäßig diese langwierigen Diskussionen, in denen Herr A noch einmal wiederholt, was er gesagt hat, Frau B noch einmal ihren Standpunkt betont, worauf Herr A seine Ansicht noch einmal darlegt. Kennen Sie das? Wenn Sie auf inhaltlicher Ebene zuhören, sagen die beiden sogar oft fast dasselbe. Meist geht es nicht um den Inhalt, sondern um einen winzigen Unterschied darin, was die beiden wichtig finden. Beide erleben, dass sie vom anderen nicht verstanden werden, denn sie merken, dass gerade der Aspekt, den sie wichtig finden, nicht aufgegriffen wird. Wenn Herr A und Frau B einander »hören« können, finden sie schnell eine Lösung. Aber gefiltert durch ihren Typ können oder wollen sie einander nicht hören. Bei der babylonischen Sprachverwirrung geht es nicht darum, dass ein Mensch französisch spricht und der andere deutsch. Meiner Meinung nach geht es darum, dass sich die Beteiligten auf der menschlichen Ebene nicht verstehen.

Schaden

Ungelöste Konflikte fügen allen betroffenen Parteien Schaden zu, und wenn dieser Schaden nicht wieder gutgemacht wird, verursacht er weiterhin Schmerzen. Manchmal lässt der Schmerz nach, und die Wunde schließt sich, aber eine Narbe bleibt doch zurück. In anderen Fällen, vor allem in Familiensituationen, heilen solche Wunden sehr schwer. Es muss sich nur etwas ereignen, etwa eine Beerdigung oder eine Hochzeit, und schon ist alles wieder da. Konflikte in oder zwischen Organisationen sind nicht nur für die Betroffenen schädlich, sondern auch für die Organisation(en) selbst: Sie kosten Zeit und Energie, sie schaffen negative Energien und bremsen interne Prozesse, Fortschritt und Entwicklung. Die Menschen sind dann mit den Konflikten (im günstigsten Fall mit ihrer Lösung) beschäftigt, nicht mit ihren eigentlichen Aufgaben; die andere Arbeit bleibt liegen.

Konflikte und Vermittlung

Bevor wir zur Anwendung des Enneagramms bei Konflikten kommen, erfahren Sie erst einmal etwas über verschiedene Aspekte von Konflikten und von Vermittlung. Konflikte haben einen inhaltlichen oder sachlichen Aspekt (worum es geht), einen persönlichen Aspekt (die emotionale Seite, das Erleben) und manchmal auch einen ideologischen Aspekt (prinzipielle Standpunkte aufgrund von Kultur, Politik, Religion). In diesem Abschnitt untersuchen wir einige Aspekte der menschlichen Seite von Konflikten. The Lime Tree, ein Ausbildungsinstitut für Mediatoren in den Niederlanden, unterscheidet drei Eskalationsphasen bei Konflikten:

Eskalationsphasen

Rationale Phase: Es gibt einen sachlichen Gegensatz. Möglicherweise bestehen Spannungen und Irritationen, aber Gespräche sind noch möglich und die gemeinsame Motivation ist hoch, um eine »Win-win«-Situation zu erreichen.

Emotionale Phase: Die persönlichen Gegensätze haben die Oberhand über die Sachinhalte gewonnen. Misstrauen und ein verzerrtes Bild des anderen sind entstanden. Ein Prozessbegleiter ist nötig, um weiterzukommen. Wettstreit herrscht vor, das Ziel ist eine »Win-lose«-Situation.

Streitphase: Die Parteien haben das Gefühl, nichts mehr verlieren zu können. Gespräche sind nicht mehr möglich, das Gegenüber wird nicht mehr als Mensch gesehen. Jeder Einsatz wird destruktiv. Eine autoritäre dritte Partei ist nötig, um den Knoten zu durchbrechen. Das Ziel ist »Lose-lose« (wenn ich es nicht haben kann, soll er es auch nicht haben).

Zum Glück gibt es den Mediator

Diese Einteilung der Eskalationsphasen zeigt, wie schnell der persönliche, emotionale Aspekt in einem Konflikt die Oberhand gewinnt. Das Gute am Aufkommen der Mediation ist, dass beim Vermitteln in Konflikten der menschlichen Seite immer mehr Aufmerksamkeit gewidmet wird. Wenn ein Richter in einem Konflikt ein Urteil fällt, ist der Inhalt des Konflikts vielleicht gelöst, aber noch nicht der Schmerz der beteiligten Parteien – höchstens beim »Sieger« und der Schmerz beim Verlierer dürfte sogar zugenommen haben. Dank der Beteiligung von nachdrücklich für ihre Mandanten eintretenden Anwälten eskaliert der Streit sogar oft noch weiter. Das kann der Sache dienen, aber ob es auch immer für die Menschen und ihre Beziehung gut ist?

Jeder Nachteil bringt auch einen Vorteil mit sich

Zwar mag niemand Konflikte besonders, aber es ist hilfreich, zu erkennen und zu akzeptieren, dass Konflikte Teil des Lebens sind. Es klingt vielleicht seltsam, aber diese Akzeptanz kann helfen, konstruktiv mit Konflikten umzugehen. Noch ein Schritt weiter und noch hilfreicher wäre es, erkennen zu lernen, dass und wie Konflikte letzten Endes sogar eine positive Rolle spielen können.

Mehr über einige menschliche Aspekte von Konflikten

Woher kommen Konflikte? Welche Rolle spielt die chronische Sprachverwirrung beim Turmbau zu Babel, und welche anderen menschlichen Aspekte tragen dazu bei? In diesem Abschnitt lesen Sie mehr über die menschlichen Aspekte, die Konflikte wachsen und gedeihen lassen.

Du verstehst mich nicht

Die logische Folge davon, nicht miteinander verbunden zu sein, ist, dass wir einander nicht verstehen wollen oder können. Wenn wir nicht sehen wollen oder können, wie wir aufgrund unserer eigenen Gewohnheiten sind, den anderen nicht hören und die Interessen des anderen nicht erkennen, entwickeln sich Konflikte. Die Botschaft in der Beziehungsdefinition lautet dann oft: »Ich fühle mich schlecht, und das liegt an dir.« Nicht selten folgt darauf (unbewusst): »... und wenn ich mich schlecht fühle, will ich, dass du dich genauso schlecht fühlst.«

In Gesprächen, die mühsam verlaufen, bis hin zu Gesprächen in Konfliktsituationen kommt es häufig vor, dass eine oder mehrere Parteien sich anscheinend sogar Mühe geben, den anderen nicht zu hören und falsch zu verstehen. Viel von dem, was wir kommunizieren, kann man ebenso gut positiv wie negativ auffassen. Ein Signal dafür ist, wenn eine oder mehrere Parteien beklagen, dass es offenbar keinen Unterschied macht, was sie sagen oder tun, weil sowieso alles missverstanden wird. Niemand wird gern falsch verstanden oder erklärt. Beim Coaching oder bei der Mediation frage ich oft die eine Partei, wie sie die Intentionen der anderen einschätzt. Wenn dabei dem anderen positive Absichten zugetraut werden, kann diese Erkenntnis helfen, das, was der andere tut oder sagt, positiv zu interpretieren. Wenn Dinge sich ungünstig entwickeln, betrifft das oft die unbeabsichtigten und unerwünschten Effekte positiver Intentionen. Wenn man lernt, das zu erkennen, kann man Menschen in Konfliktsituationen helfen, eine Brücke zu bauen.

Nicht meine Schuld

In vielen Konflikten geht es nicht um den Inhalt, sondern um die Beziehung. Die bereits behandelte Beziehungsdefinition ist dann nicht komplementär. Menschen erleben in dieser Situation, dass sie sich vom anderen nicht gesehen, nicht gehört, nicht anerkannt, nicht geschätzt und deshalb verletzt fühlen. Es ist eine ständig sprudelnde Quelle von Konflikten auf Beziehungsebene, dass Menschen von ihren eigenen Automatismen ausgehen, aber auch von einem idealisierten Selbstbild.

Idealisierte Selbstbilder sind zum Beispiel:

- ✔ Typ 9: Ich bin ein friedliebender Mensch (Konflikte sind also nicht meine Schuld).
- ✔ Typ 8: Ich bin ein gerechter Mensch (Konflikte sind also nicht meine Schuld).
- ✔ Typ 7: Ich bin ein positiver Mensch (Konflikte sind also nicht meine Schuld).

- Typ 6: Ich bin ein zuverlässiger Mensch (Konflikte sind also nicht meine Schuld).
- Typ 5: Ich bin ein ruhiger Mensch, der sich nicht einmischt (Konflikte sind also nicht meine Schuld).
- Typ 4: Ich bin ein sensibler Gefühlsmensch (Konflikte sind also nicht meine Schuld).
- Typ 3: Ich bin ein konstruktiver, aufbauender Mensch (Konflikte sind also nicht meine Schuld).
- Typ 2: Ich bin ein hilfsbereiter, netter Mensch (Konflikte sind also nicht meine Schuld).
- Typ 1: Ich bin ein guter Mensch (Konflikte sind also nicht meine Schuld).

Der Wert von Mediatoren mit Enneagramm-Ausbildung

In der Ausbildung von Mediatoren steht die Lösung von Konflikten auf menschlicher und Beziehungsebene im Mittelpunkt. Es ist wichtig, dass Menschen mit ihrem Standpunkt ernst genommen, dass sie geschätzt werden. Das Enneagramm macht wie kein anderes Modell deutlich, was für die einzelnen Typen wichtig ist. Fehlkommunikation und Missverständnisse entstehen oft dadurch, dass jeder von den eigenen Gewohnheiten ausgeht, glaubt, dass diese auch für alle anderen gelten, und darum nicht hört, dass für den anderen andere Dinge wichtig sind. Allein die Erkenntnis, dass für den einen dies, für den anderen etwas anderes von Belang ist, schafft oft schon Raum für kreative Lösungen in einem Konflikt. Wenn man das genauer untersucht, stellt sich möglicherweise heraus, dass die Parteien viel stärker übereinstimmen, als sie anfangs sahen oder glaubten.

Ein Mediator mit Enneagramm-Ausbildung wird die Unterschiede zwischen den beteiligten Parteien schneller erkennen und sehen, was für beide Seiten jeweils von wesentlicher Bedeutung ist. Ein Mediator mit Enneagramm-Ausbildung kann selbst dazu beitragen, dass die Parteien für sich selbst und den anderen mehr Verständnis entwickeln. Nicht umsonst spielt das Enneagramm in der Aus- und Weiterbildung der verschiedenen Fachverbände für Mediation eine Rolle.

Konflikte entstehen gerade dadurch, dass wir Menschen dazu neigen zu sehen, was wir an »guten« Dingen einbringen, was wir an Positivem beitragen, und wie der andere »daran« schuld ist und Negatives beiträgt: »Wie kann er das nur tun?« So blind wir bei uns sind, so scharf sehen wir das Negative beim anderen. Versuchen Sie einmal, diese Situation umzudrehen und sich selbst zu fragen (1) »Was trage ich dazu bei?« und (2) »Welche positiven Absichten hat der andere?«. In einer Konfliktsituation ist es oft sehr schwierig, diese Fragen (ehrlich) zu beantworten, selbst wenn wir sie uns stellen.

Die Typen in Konfliktsituationen

Vor der Beschreibung der Typen in Konfliktsituationen lernen Sie hier einige relevante Aspekte der einzelnen Typen kennen. Wenn wir einen Konflikt bearbeiten, schätzen wir die Lage ein; wir entscheiden, wie wir selbst reagieren wollen und können, und stellen Vermutungen an, wie der andere reagieren wird. Vor allem bei Letzterem ist das Wissen um die Enneagramm-Typen eine wertvolle Informationsquelle. Dabei sollten wir daran denken, dass viele von uns gerade in Konfliktsituationen weniger gut vorgehen als sonst. Regelmäßig kommt es vor, dass Menschen dann stärker das Verhalten ihres sogenannten Stresstyps zeigen. Darüber erfahren Sie mehr in Kapitel 14. Das Niveau der persönlichen Entwicklung und damit der Stabilität spielt bei der Einschätzung von Menschen, wenn es um Konflikte geht, eine größere Rolle als ihr Typ.

Ein Beispiel für jeden Typ:

- ✔ **Typ 1:** Wenn es um ihn selbst geht, neigt Typ 1 von Natur aus dazu, sich zurückzuziehen. Er reagiert dann stärker verfolgend und weniger beziehungsorientiert (Stresstyp ist Typ 4). Wenn es um eine Sache geht, für die Typ 1 sich einsetzt (und für die die Messlatte hoch angelegt ist), kann Typ 1 auch die Führung übernehmen und seinen Willen durchsetzen.
- ✔ **Typ 2:** Typ 2 ist stark beziehungsorientiert und neigt von Natur aus zum Führen. Zusammenarbeit zu suchen, auch um aus dem Konflikt herauszukommen, ist sein natürlicher Stil. Wenn Typ 2 in Stress gerät, kann auch er seinen Willen durchsetzen und bestimmend auftreten (Stresstyp ist Typ 8).
- ✔ **Typ 3:** In Konflikten zeigt sich Typ 3 energisch, kompetitiv und wenig beziehungsorientiert und übernimmt gern die Führung. Unter Stress folgt Typ 3 eher und passt sich an (Stresstyp ist Typ 9).
- ✔ **Typ 4:** Typ 4 neigt von Natur aus dazu, sich zurückzuziehen. Er reagiert dann eher verfolgend und weniger beziehungsorientiert. Unter Stress nimmt die Beziehungsorientierung zu, und Typ 4 passt sich stärker an (Stresstyp ist Typ 2).
- ✔ **Typ 5:** Typ 5 neigt von Natur aus dazu, sich zurückzuziehen. Unter Stress kann Typ 5 die Führung übernehmen und im Konflikt mögliche Lösungen formulieren und zusammenarbeiten (Stresstyp ist Typ 7).
- ✔ **Typ 6:** Typ 6 meidet gern das Risiko und neigt daher zur Anpassung, weil er sehr beziehungsorientiert ist und gern folgt. Unter Stress kann Typ 6 unerwartet die Führung übernehmen und zusammenarbeiten (Stresstyp ist Typ 3).
- ✔ **Typ 7:** Typ 7 neigt von Natur aus dazu, sich bei einem Konflikt zurückzuziehen, denn er folgt gern. Ein entwickelter Typ 7 oder ein Typ 7 unter Stress (Stresstyp ist Typ 1) übernimmt die Führung und setzt seinen Willen durch.
- ✔ **Typ 8:** Zu Typ 8 gehört die Neigung, die Führung zu übernehmen, zu bestimmen und seinen Willen durchzusetzen. Unter großem (emotionalem) Stress entwickelt Typ 8 die Neigung, sich zurückzuziehen (Stresstyp ist Typ 5), aber das geschieht erst, wenn der Gegner außer Sicht und der Kampf bis zum bitteren Ende ausgetragen ist.
- ✔ **Typ 9:** Typ 9 ist stark beziehungsorientiert und folgt gern. Darum neigt er dazu, sich anzupassen. Unter Stress kann Typ 9 plötzlich die Führung übernehmen und den eigenen Willen und seine Standpunkte durchsetzen (Stresstyp ist Typ 6).

Die Entwicklung von persönlichen Fähigkeiten und Wohlbefinden

13

In diesem Kapitel

- Als Berater mit einem Klienten arbeiten
- Die sechs A erklären
- Tipps für Therapeuten
- Die Typen in Therapie
- Ein Blick auf die Positive Psychologie

Dieses Kapitel behandelt die vermutlich am meisten genutzte Anwendungsmöglichkeit des Enneagramms in beratenden Berufen: bei der Begleitung bei der Persönlichkeitsentwicklungsarbeit und auf dem Weg zum Wohlbefinden anderer.

Ich zähle hier alle Berufe auf, in denen ein Berater jeweils mit einem Klienten arbeitet. Dabei ist an Berufe wie Therapeuten, Coaches, Berater, Seelsorger oder Supervisoren zu denken, aber auch an Berufsberater, (Betriebs-)Sozialarbeiter und Ähnliche. Hierzu zähle ich auch Coaches, die zum Beispiel Team-Coaching anbieten, oder Therapeuten, die in der Paar- oder Gruppentherapie arbeiten. Für diese Berufe ist es typisch, dass der Berater den Klienten auf die eine oder andere Art in seiner persönlichen Entwicklung und Bewusstwerdung begleitet. Das Enneagramm erweist sich gerade hier als besonders geeignet, nützlich und wertvoll.

Teil IV dieses Buches befasst sich mit dem Entwicklungsweg der Typen und der Entwicklungsmethode mithilfe des Enneagramms, dem Inhalt der Arbeit also. Dieses Kapitel beschreibt den Nutzen des Enneagramms für die Berufspraxis. Ich betrachte verschiedene Aspekte, die den Wert und die Anwendbarkeit des Enneagramms ausmachen. Sie sollen als Wegweiser und Anregungen dienen. Wegen der besseren Lesbarkeit verwende ich das Wort »Coach«, aber an dessen Stelle könnte ebenso gut »Berater«, »Therapeut« oder ein anderer der genannten Berufe stehen.

BEISPIEL

Nachdem Sie nun Kapitel 13 erreicht haben, zeigt sich einer der größten Nachteile des Enneagramms: die Einteilung in neun Typen. Ich persönlich finde es recht langweilig, immer wieder für neun Typen zu beschreiben, wie sich ein bestimmtes Thema jeweils speziell äußert. Aber ich weiß, dass ich mich bei diesen Erklärungen nicht auf den einen oder anderen Typ beschränken kann. Das endet zwangsläufig damit, dass ich den Typ auslasse, der Sie gerade am meisten interessiert, und das geht natürlich nicht. Wenn also eine solche Liste mit neun Punkten auftaucht, sind das ausnahmslos kurze Zusammenfassungen dessen, was wirklich zu sagen wäre. Wenn Sie Listen mögen, finden Sie in Anhang A eine Zusammenfassung für jeden Typ!

Individuelle Begleitung des einzelnen Klienten im Beruf

Bei den Menschen in beratenden Berufen fällt mir immer wieder auf, wie eifrig sie sich auf ihrem Fachgebiet fortbilden. Sie vertiefen ihr Wissen, entwickeln sich weiter, schaffen sich aber auch ein Instrumentarium. Es ist nicht verwunderlich, dass das Enneagramm von vielen Menschen in diesen Berufen begrüßt wird. Hier erfahren Sie im Einzelnen, wie man in welchen Situationen mit dem Enneagramm arbeitet.

Kurz in die Praxis: Wie und was?

Das Enneagramm und die neun Typen zu kennen hilft Menschen, die Beratung einzelner Klienten anbieten, das effektiver und effizienter zu tun und sich noch besser auf ihre Klienten einzustellen. In diesem Abschnitt nehmen die Berater das Enneagramm zu Hilfe.

Der Nutzen in Kurzfassung

Wenn man den Enneagramm-Typ einer Person kennt, lassen sich die Probleme, mit denen dieser Mensch zu kämpfen hat, schneller darstellen und verstehen. Sie als Coach oder Therapeut oder Seelsorger können sich damit schnell und gründlich ein Bild von dem machen, was jemand in seinem tiefsten Inneren wirklich wichtig findet, was seine größte Angst oder sein stärkster Wunsch ist. Aber auch mithilfe der Theorie vom Entwicklungsweg der Typen können Sie zusammen mit dem Klienten in kurzer Zeit einen maßgeschneiderten Plan erstellen.

Außerdem ist das Enneagramm eine Methode zur Selbstentwicklung. Sie können Ihren Klienten darin unterstützen, die Verantwortung für seinen Entwicklungsprozess und die Entwicklungsstufen selbst zu übernehmen. Sie als Berater sind, wenn dieser Prozess einmal begonnen hat, vor allem als ortskundiger Führer, Zuhörer und Spiegel gefragt.

Berater können mithilfe des Enneagramms nicht nur Begleitung anbieten, sie finden darin auch eine gute Methode für ihre eigene Weiterentwicklung, im Beruf und als Mensch. Die Qualität der angebotenen Arbeit und Begleitung steigt, wenn der Berater sich selbst ständig weiterentwickelt. Mit einem geeigneten Werkzeug, das Wegbeschreibung und Methode in sich vereint, kommen Sie wie mit Siebenmeilenstiefeln voran. Das Enneagramm wirkt wie ein Prozessbeschleuniger. Es ist faszinierend, das immer wieder bei Menschen beobachten zu können.

Phasen in der Begleitung mit dem Enneagramm

Jeder Begleitungsprozess, mit oder ohne Enneagramm, besteht aus mehreren Phasen: Aufnahmegespräch (Kennenlernen, erste Orientierung, Klärung der Hilfsanfrage und Ähnliches), Begleitungsplan festlegen, Ausführung und Evaluation/Abschluss. Die folgenden Phasen sind Enneagramm-spezifisch und kommen zu den oben genannten hinzu:

- ✔ Wenn der Prozess begonnen wird, besteht der erste Schritt darin, den Typ des Klienten festzustellen. In Kapitel 4 beschreibe ich ausführlich, wie man abschätzen kann, welchen Typ jemand haben könnte. Aus meiner Sicht ist es immer am besten und sinnvollsten, wenn der Begleiter ein Typisierungsinterview durchführen kann. Dadurch wird der Klient angeregt, seine Fähigkeiten der Selbstbeobachtung und -reflexion zu entwickeln (jedenfalls damit zu beginnen). Das Interview ist damit der erste Schritt des Prozesses.

- ✔ Die folgenden Gespräche dienen dazu, den Typmechanismus des Klienten zu erforschen. Dabei wird näher untersucht, wie der Typmechanismus bei diesem Klienten funktioniert. Das ist eine intensive und schnelle Methode, Selbsterkenntnis zu gewinnen – ein Schnellkochtopf-Effekt.

- ✔ Nach mehreren Gesprächen geht man bei der Vertiefung der Selbsterkenntnis fließend zum besonderen Problem des Klienten über. Der Zusammenhang zwischen dem erforschten Typmechanismus und den von Klienten erlebten Problemen wird von selbst sichtbar. Während dieser Phase, bei der Bearbeitung der Hilfsanfrage, kann es sein, dass der Klient neue (und notwendige) Fertigkeiten erlernt. Darüber mehr in Teil IV.

- ✔ Wenn das Problem bearbeitet ist, erlebe ich regelmäßig, dass sich dem Klienten eine neue Welt geöffnet hat und dass er nach mehr verlangt – mehr Selbsterkenntnis, mehr Selbstmanagement, leichteres Handeln im Leben und andererseits weniger Leiden. Der Klient hat ein Bedürfnis nach weiterer Professionalisierung und Sinnstiftung in sich entdeckt.

- ✔ Das Folgende gehört nicht unbedingt zu »der Enneagramm-Arbeitsweise«, aber ich vereinbare mit dem Klienten oft einen Termin, um zwei oder drei Monate später noch einmal ein Gespräch zu führen. Ich weiß, dass das Kennenlernen des Enneagramms meist intensiv weiterwirkt im Leben und in der Arbeit des Klienten und dass erst nach einiger Zeit wieder Fragen auftauchen. Bei diesem »Nachgespräch« stellen die Klienten vor allem Fragen nach dem Umgang mit Menschen in ihrer Umgebung und nach Tipps für die Anwendung des Enneagramms. Zum Beispiel: »Mein Partner hat herausgefunden, dass er Typ X hat, und vielleicht liegt es ja daran, dass wir oft in schwierige Situationen geraten. Das erkennen wir jetzt, aber wie können wir damit umgehen?«

Ein paar Beispiele für besondere und nützliche Anwendungen für Berater:

Übertragung, Gegenübertragung und Interaktionsmuster

Wieder zwei Begriffe aus Freuds Psychoanalyse, die sich auf Übertragungsgefühle beziehen. In allen Arbeitssituationen mit einzelnen Klienten sollte man bei der Interaktion mit dem Klienten die Mechanismen von Übertragung und Gegenübertragung im Auge behalten. Wenn Klient und Berater nichts davon wissen, kann zwischen ihnen ein Interaktionsmuster entstehen, das dem Erfolg des Prozesses im Wege steht. Ich erkläre diese Begriffe mit ein paar Beispielen.

Übertragung: »Der Coach ist nicht Ihr Vater«

Margret, Typ 9, hat Termine für ein paar Coaching-Sitzungen vereinbart, weil sie weniger darunter leiden will, dass andere sie kaum beachten. Beim Coaching entdeckt Margret, dass der Schmerz vor allem von ihrem Vater herrührt. Auch heute noch hat sie das Gefühl, dass er sie nicht sieht, nicht weiß, womit sie sich beschäftigt, wofür sie sich interessiert, ob es ihr gut geht. Stattdessen scheint sich alles um ihn zu drehen. Beim Coaching findet Margret heraus, dass ihr Vater vermutlich Typ 3 hat. Auf den ersten Blick gewinnt sie also eine Erkenntnis.

Aber schnell passieren Dinge im Coaching, die Margret das Gefühl geben, dass auch ihr Coach, Ina, sie nicht wirklich sieht. Sie muss ab und zu Dinge wiederholen, die sie schon einmal erzählt hat. Sie hat Ina beim Einkaufen getroffen, und sie hat Margret nicht gegrüßt. Ein paarmal war Margret gerade mitten im Erzählen, als Ina sie unterbrach. Als ob sie keine Zeit für Margret hätte. Eigentlich dasselbe Gefühl, wie es Margret bei ihrem Vater hat. Dabei nimmt sie doch gerade an diesem Coaching teil, damit Ina sie sieht und ihr die nötige Zeit und Aufmerksamkeit widmet.

Die Übertragung besteht hier darin, dass Margret – negative – Gefühle gegenüber einer ihr wichtigen Person (aus der Vergangenheit) unbewusst auf diese neue Beziehung in der Gegenwart, den Coach, überträgt. Wahrscheinlich passiert ihr das nicht nur mit dem Coach. Es ist eine Form der Projektion, die Eigenschaften eines (wichtigen) Menschen aus dem eigenen Leben anderen Menschen in anderen Situationen anzudichten. Ebenso ist es eine Form der Identifikation. In diesem Fall identifiziert Margret den Coach mit jemandem aus ihrem Leben. Natürlich kann all das stimmen, was Margret beobachtet – darüber mehr weiter hinten in diesem Kapitel. Aber Margrets Schlussfolgerung, dass der Coach sie ebenso wenig beachtet wie ihr Vater, aus der ihre Wut auf den Coach erwächst, muss keineswegs zutreffen. Die Tatsachen lassen sich wahrscheinlich auch ganz anders erklären.

Gegenübertragung: »Die Klientin ist nicht Ihre kleine Schwester«

Ina, Typ 3, hat in ihrer Coaching-Praxis eine Klientin namens Margret. Für Ina stellt Margret wohl eine Herausforderung dar, denn sie arbeitet gern zielgerichtet, effizient und geradeheraus; Margret dagegen ist mitunter etwas langatmig. Ina ist stolz auf sich und die Engelsgeduld, mit der sie Margret zuhört. Ina denkt dabei an ihre jüngere Schwester. Für die brauchte sie auch immer so viel Geduld. Ina mochte ihre Schwester gern, deshalb hat sie jetzt auch Geduld mit Margret. Sie empfindet dieselbe Fürsorge und Herzlichkeit für sie. Allerdings gelingt es ihr nicht immer, mit den Gedanken bei der Geschichte zu bleiben, aber das macht nichts. Es fühlt sich gut an.

Gegenübertragung entsteht dann, wenn der Klient beim Berater etwas auslöst und dieser darauf reagiert. In dem obigen Beispiel hängt die Gegenübertragung bei Ina mit ihren eigenen Übertragungsgefühlen zusammen. Ina hat unbewusst ihre – positiven – Gefühle für eine ihr wichtige Person aus der Vergangenheit auf eine Person in der Gegenwart übertragen, für die sie als Coach verantwortlich ist. Der Berater kann auch mit einer Gegenübertragung zu tun haben, die nicht mit der eigenen Übertragung zusammenhängt. Der Klient löst also etwas bei Ihnen aus, von dem Sie fühlen und wissen, dass es ganz und gar nicht zu Ihnen gehört. So könnte Ihnen zum Beispiel auffallen, dass Sie mit einem Klienten sehr vorsichtig und wenig konfrontierend umgehen, weil er das in Ihnen auslöst. Dabei ist Ihr natürlicher Arbeitsstil ein ganz anderer.

Interaktionsmuster und Reaktivität

Ina und Margret, Coach und Klientin, Typ 3 und Typ 9, stellen sich gegenseitig vor Herausforderungen. Margret ist eher träge und legt Wert auf Harmonie und Feinheiten. Ina ist schnell und arbeitet gern zielgerichtet, effizient und geradeheraus. Während Ina sich selbst als äußerst geduldig erlebt, spürt Margret ihre Ungeduld. Inas Geduld wird in der Tat auf die Probe gestellt. Margret erzählt sehr ausführlich, wiederholt viel, sucht nach dem genau richtigen Ausdruck und betrachtet viel von dem, was sie erzählt, von verschiedenen Seiten. Unbewusst reagiert Ina darauf, indem sie nach Möglichkeiten sucht, Margrets Erzählung zu unterbrechen, um sie zusammenzufassen und ihre Aufmerksamkeit wieder auf das Lernziel der Sitzung zu lenken. Ina leistet ihrer Meinung nach gute Arbeit; Zusammenfassen ist eine sehr nützliche Technik. Ina sieht Margret also wirklich und hört ihr zu, vor allem das, was ihrer Meinung nach relevant ist für eine zielgerichtete Lösung. Dennoch fühlt Margret sich nicht beachtet, weil Ina anscheinend nicht alles und nicht alle Feinheiten dazu interessant findet. Manchmal wirkt Margret etwas irritiert, wenn Ina eine Frage stellt, und Margret antwortet, dass sie darüber schon in der ersten Sitzung gesprochen hat. Ina ist sich allerdings bewusst, dass auch das mit Margrets Problemen zusammenhängt. Sie kam zum Coaching, weil sie sich nicht beachtet fühlt.

Sobald zwei (oder mehr) Menschen miteinander zu tun haben, entsteht ein Interaktionsmuster. Ina reagiert auf Margret, Margret reagiert auf Ina. Sie unterscheiden sich im bevorzugten Tempo, in Rhythmus, Timing und Fokus. Je weiter Ina das Gaspedal durchtritt, desto nachdrücklicher steigt Margret auf die Bremse, versucht zu verzögern und verlangt Aufmerksamkeit für die Feinheiten, die sie für wichtig hält. Sie ist schließlich die Klientin. Es ist erstaunlich, wie viele Konflikte durch weitgehend unbewusste Faktoren wie Rhythmus, Tempo und Timing verursacht werden.

Wir sprechen von Reaktivität, wenn jemand in seinem Typ »getriggert« wird und dadurch fester in seinem Typmechanismus steckt und starke typspezifische Reaktionen zeigt. »Trigger Point« ist nicht leicht zu übersetzen: Es sind die Punkte, die auf uns wirken wie das berühmte rote Tuch auf den Stier. Dinge, die uns auf die Palme bringen! Für Ina ist dieses rote Tuch zum Beispiel Trägheit, bei Margret ist es alles, was den Eindruck erweckt, dass ihr niemand zuhört. Man könnte den »Trigger Point« also auf Deutsch vielleicht den »roten Punkt« nennen.

Interaktionsmuster und Reaktivität sind nicht ausschließlich der Beziehung und Interaktion zwischen Berater und Klient vorbehalten. Sie treten bei jedem Kontakt zwischen Menschen auf. Auch beim Gemüsehändler kann ein Interaktionsmuster entstehen, wenn nicht klar ist, wer zuerst an der Reihe ist. Auch dort kann man mitunter gute Beispiele für die Reaktivität der Typen beobachten …

Die sechs A eines Gesprächs

Meine Enneagramm-Kollegin Hannah Nathans hat in ihrem Ratgeber für beratende Berufe die sechs A vorgestellt. Sie präsentiert sie als sechs wichtige Gesichtspunkte für Organisationsberater. Meiner Meinung nach gelten diese Aspekte aber für jedes professionell geführte

Gespräch. Ein paar davon erscheinen auf den ersten Blick sehr offensichtlich, aber vor allem aus meiner Zeit als Organisationsberaterin weiß ich, dass die Praxis doch widerspenstiger ist. Die sechs A sind:

1. Aufmerksamkeit für den Gesprächspartner
2. Aufmerksamkeit für die eigenen Signale
3. Abstimmung
4. Auffüllen von Lücken
5. Assertivität (Achtung für sich selbst und andere)
6. Alternativen

Aufmerksamkeit für den Gesprächspartner

Seien Sie bedingungslos aufmerksam. Dazu müssen Sie Ihre eigenen Ideen und Überzeugungen vorübergehend beiseiteschieben. Nutzen Sie die Geschichte Ihres Gesprächspartners nicht als Haken, um Ihre eigene Erzählung daran aufzuhängen. Zuhören besteht nicht darin, auf eine Atempause des Gegenübers zu warten, um sofort mit der eigenen Geschichte loszuplatzen. Durch die Enneagramm-Praxis lernen Sie, mehr im Hier und Jetzt zu bleiben, geerdet und präsent zu sein. Dadurch wird es leichter, dem anderen aktiv und ganzheitlich zuzuhören!

Sie kommunizieren und zeigen Ihre Aufmerksamkeit durch aktives Zuhören:

- ✔ Nonverbal andeuten, dass Sie zuhören und mitgehen
- ✔ Offene Fragen stellen, sodass der andere seine Geschichte erzählen kann und das Gefühl hat, ausreichend Raum und Zeit zu haben
- ✔ Weiterfragen, um zu vertiefen, aber auch, damit der Klient Aufmerksamkeit und Interesse wahrnimmt
- ✔ Zusammenfassen, zur Kontrolle, ob Sie alles richtig verstanden haben; aber auch das wieder ein Signal, dass Sie mit den Informationen arbeiten, die Sie bekommen

In diesem Fall empfehlen wir dem Berater LSD: Lauschen, Sammeln, Durchfragen.

Aufmerksamkeit für die eigenen Signale

Selbsterkenntnis und Selbstbeobachtung sind hier wichtig. Lernen Sie, auf Ihre Intuition zu hören, Ihre körperlichen Reaktionen zu beobachten. Ihr Gefühl oder Ihre Intuition geben Ihnen mitunter Hinweise, dass da noch mehr ist, als Sie sehen und hören. Manchmal spüren Sie, dass etwas geschehen wird, oder Sie erhalten eine gefühlsmäßige Reaktion (zum Beispiel Spannung). Diese Signale können eine Bedeutung haben. Wichtig ist zu kontrollieren, ob das, was Sie erleben, für den anderen erkennbar ist. Lernen Sie nicht nur Signale zu senden, sondern auch darüber zu sprechen, was Sie fühlen, wenn das für die Gesprächsführung wichtig ist. Ich habe schon zu Anfang meines Coachings erfahren, dass sich mir oft »komische Fragen« stellten. Zuerst erschienen sie mir zu verrückt, um sie auszusprechen. Aber eines Tages habe ich das Gefühl dem Klienten gegenüber benannt: »Mir stellt sich gerade eine komische

Frage. Ich gebe sie einfach an Sie weiter. Schauen Sie, ob Sie etwas damit anfangen können.« Das erwies sich dann oft als der Finger in der Wunde und als Durchbruch im Prozess. Von vielen anderen Coaches habe ich ähnliche Erfahrungen gehört.

Abstimmung

Der Begriff Abstimmung ist ein allgemeiner Begriff, unter dem man alles versteht, was ein Berater tut, um auf eine Wellenlänge mit dem Klienten zu kommen. Das trägt dazu bei, ein konstruktives Gespräch zu führen. Schon Äußerlichkeiten wie Kleidung, Körperhaltung, Sprachgebrauch, Blickkontakt und die Art zu sprechen können dabei helfen. Der Berater wird sich im Gespräch auch auf den Lern- und Arbeitsstil des anderen abstimmen. Im NLP nennt man diesen Vorgang auch »Rapport«, in anderen Methoden auch »Kontakt herstellen« oder »professionell spiegeln«. Bei alledem geht es mehr oder weniger um dasselbe.

Beim Enneagramm kennen wir noch eine subtilere Art der Abstimmung – das Abstimmen auf die Persönlichkeit und Energie des anderen. Wenn Sie den Enneagramm-Typ kennen, haben Sie schon viele Informationen, auf die Sie sich abstimmen können. Sie haben eine Vorstellung davon, was den einzelnen Typen wichtig ist, und können gezielt darauf eingehen. Dabei hat jeder Enneagramm-Typ seine eigene energetische Ausstrahlung. Die ist nicht fühlbar oder messbar, aber Sie können mit entsprechender Übung lernen, sie wahrzunehmen. Das hängt damit zusammen, dass jeder Typ ein eigenes Tempo, einen eigenen Rhythmus hat, ebenso seine eigene Intensität. Das Problem wurde schon im oben angeführten Beispiel von Coach Ina und Klientin Margret deutlich. Manche Typen wollen so schnell wie möglich vorankommen, andere, beispielsweise Jan (Typ 6), ziehen dann gerade die Bremse und halten dagegen. Wenn Sie sich als Berater nicht abstimmen, wirkt das wie Sand im Getriebe. Abstimmen ist eine notwendige Voraussetzung, um wirklich mit dem anderen in Kontakt zu kommen und verbunden zu sein. Wissen über das Enneagramm ist dazu nicht nötig. Allerdings hilft es schon, die Typen zu kennen, um sie leichter und schneller wahrnehmen zu können.

Wie funktioniert Rapport?

Abstimmen beginnt damit, dass Sie sich erden. Das bedeutet, dass Sie zuerst mit sich selbst im Hier und Jetzt in Verbindung kommen. Sie machen Ihren Kopf leer, denken nicht mehr an das, womit Sie heute beschäftigt sind oder was Sie morgen nicht vergessen dürfen. Sie wenden Ihre Aufmerksamkeit Ihrem Inneren zu und fühlen Ihre Füße fest auf dem Boden.

Wenn Sie geerdet sind, sind Sie am besten im Gleichgewicht und kaum noch aus der Balance zu bringen, aber auch besonders präsent und wach. Das ist eine Ausgangsposition, in der Sie Ihren Typ im Hintergrund loslassen und Ihr innerer Beobachter nach vorn kommt. Damit ist es auch die Ausgangsposition, um sich mit dem anderen verbinden zu können. Stellen Sie sich vor, Sie wollen ein Boot anlegen. Wenn Sie das Tau nicht an zwei Seiten befestigen, treibt das Boot wieder ab. Wenn Sie geerdet sind, entsteht oft eine Art Verzögerung in Ihnen. Dadurch wird es leichter, den anderen wirklich zu sehen und zu hören. In diesem Zustand nehmen Sie auch leicht Tempo, Rhythmus, Intensität und andere Merkmale des anderen auf und können sich darauf abstimmen, also dieselben Eigenschaften annehmen. Das »energetische Abstimmen« ist die höchste Form des Rapports.

Menschen sind Herdentiere – nutzen Sie das aus

Wenn es für die Hilfsanfrage relevant ist, können Sie das »Abgestimmtsein« als Werkzeug benutzen, um das Tempo des anderen zu beeinflussen. Beim NLP (Neuro-Linguistisches Programmieren; weitere Informationen finden Sie in dem Buch *NLP für Dummies*) wird das als Technik gelehrt unter Bezeichnungen wie »Pacing« oder »Leading«. Wir Menschen sind Herdentiere und haben die Eigenheit, unbewusst mit anderen »mitzugehen«. Spricht der andere lauter, tun wir selbst das auch, hängt der andere entspannt im Sessel, fühlt sich das wie eine unbewusste Einladung an, sich ebenso zu setzen. Trägt der andere viel Spannung in sich und geht wenig entspannt mit etwas um, übernehmen viele das unbewusst und kommen so in dieselbe Spannung. Wir ahmen sogar die Atmung anderer nach. Bei aufregenden Sitzungen oder schwierigen Gesprächen hören manche Menschen fast auf zu atmen oder atmen nur noch weit oben in der Brust. Wenn dann jemand bewusst tief Atem holt, tun das viele andere auch, und die Situation entspannt sich kurz wieder. Als Berater kann man bei einem solchen schwierigen Gespräch auch dazu auffordern, dass alle einmal durchatmen. Dadurch kommt buchstäblich frische Luft in die Runde. Wenn Sie auf den anderen abgestimmt sind, können Sie dieses Prinzip nutzen, um ihn in eine Richtung mitzunehmen, die für die Begleitung nützlich ist.

Auffüllen von Lücken

Lücken auffüllen bezieht sich eher auf den Inhalt und geschieht auf zwei Arten. Zunächst können Sie als Berater den anderen im Gespräch durch Ergänzungen buchstäblich auffüllen. Dazu neigen wir oft von Natur aus. Wenn der Klient spricht, sehen Sie, was er sieht, aber auch das, was er nicht sieht, wo eine Lücke oder ein blinder Fleck ist. Das füllen Sie dann auf, zum Beispiel indem Sie Fragen stellen, sodass der Klient selbst zur Einsicht kommt. Sie können es ihm auch einfach erzählen. Auffüllen funktioniert ebenso auf der Ebene der Stärken. Wenn Sie einen Klienten haben, der lange hin und her überlegt, können Sie »die Lücke« auffüllen, indem Sie ihn dazu anhalten, den Knoten schneller durchzuhacken. Von dieser zweiten Art des Auffüllens ist die Rede, wenn Sie dem Klienten durch Begleitung die entsprechenden Stärken vermitteln. Jeder hat eine überwiegende Stärke, und diese tritt fast immer im Gespann mit einer Herausforderung auf. Storm als Typ 8 bringt seine Stärken im Führen, Initiativeergreifen und Richtungvorgeben ins Team ein. Für die Leistung des Teams ist es wichtig, und für Storm eine Herausforderung, dass er lernt, den anderen im Team Raum zu geben für ihre Stärken, und auch einmal zu folgen, wenn es nötig ist. Wenn Sie nun gleich zu Anfang des (Team-)Coachings versuchen, Storms Stärke zu begrenzen und ihm das Folgen beizubringen, wird das starken Widerstand hervorrufen, denn darauf reagiert er allergisch. Die Reihenfolge ist deshalb: erst abstimmen (Beziehung/Akzeptanz), dann auffüllen (Inhalt). Auffüllen können Sie aufgrund Ihres Expertenwissens, aber auch aufgrund Ihres Typs oder anderer Stärken.

Assertivität

Die Assoziation, die dieses Wort oft hervorruft, lautet: »Seien Sie assertiv, setzen Sie sich durch!« Im Rahmen der sechs A für Beratungsgespräche sieht es ein wenig anders aus. Um den Begriff »Assertivität« weiter zu fassen, möchte ich hier einige Aspekte von Learys Kompass vorstellen Learys Kompass stellt auf zwei Achsen dar, welche Position die Menschen in einer Beziehung oder in Kommunikation im Verhältnis zueinander einnehmen können.

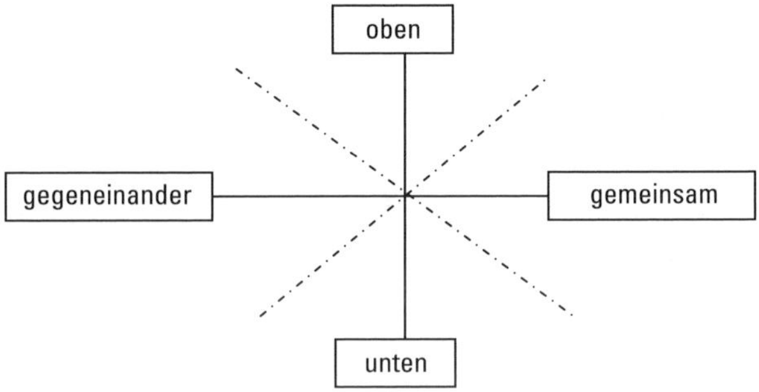

Abbildung 13.1: Learys Kompass

Nicht für jeden gilt der Aufruf: »Seien Sie assertiv, setzen Sie sich durch«. Manche Menschen neigen schon von Natur aus dazu, im Verhältnis zu anderen die Position »oben« einzunehmen. Sie übernehmen die Führung, ergreifen die Initiative und zeigen Dominanz. Mit einiger Wahrscheinlichkeit gilt das für Karin (Typ 1), Roy (Typ 2), Ina (Typ 3) und Storm (Typ 8). Manche Menschen neigen dagegen von Natur aus dazu, eher die Position »unten« einzunehmen. Sie stellen sich also in der Interaktion »unter« den anderen, folgen eher und warten ab. Wahrscheinlich trifft das mehr oder weniger für Margret (Typ 9), Jan (Typ 6) und Alice (Typ 5) zu. Das heißt nicht, dass sie kooperieren. Selbst wenn es nach außen hin so scheint, widersetzen sie sich vielleicht innerlich, sagen zum Beispiel »Ja«, tun aber »Nein«. Tim (Typ 4) steht von Natur aus eher auf der »Gegeneinander«-Seite, Luise (Typ 7) dagegen auf der »Gemeinsam«-Seite, denn das macht Spaß!

Eine Definition von Assertivität, die mir gut gefällt, lautet: »sich durchsetzen und den anderen respektieren«. Aggressivität wäre dann: »sich durchsetzen, ohne den anderen zu respektieren«, und Subassertivität: »sich nicht durchsetzen«. Die Menschen, die in Learys Kompass eher die »Unten«-Position einnehmen, sind mit einiger Wahrscheinlichkeit subassertiv. Sie setzen sich also entweder nicht ersichtlich oder zu wenig durch. Die Menschen, die dazu neigen, »oben« zu stehen, können das mit einiger Wahrscheinlichkeit auch aggressiv tun. Aggressiv soll hier nicht mit (verbaler) Gewalt bedeuten, sondern eben sich durchsetzen, ohne den anderen zu respektieren – zum Beispiel indem Wille, Ideen oder Interessen des anderen nicht anerkannt und nicht berücksichtigt werden.

In einem Gespräch sind die Positionen subassertiv und aggressiv nicht funktional. Die Interessen einer der Parteien werden nicht (genug) berücksichtigt, und das kann auch von ganz allein geschehen. Früher oder später führt das zu Problemen. Dann rücken die Menschen in der unteren Position immer weiter auf die »Gegeneinander«-Seite, und das Gespräch oder die Beziehung wird kaum noch zu konstruktiven Ergebnissen führen. Der Aufruf zur Assertivität kann also so verstanden werden, dass die Interessen beider Parteien anerkannt, respektiert und berücksichtigt werden. Für manche Enneagramm-Typen bedeutet das, dass sie assertiver werden müssen, indem sie sich durchsetzen, für andere wiederum, dass sie assertiver werden, indem sie dem anderen mehr Raum geben und Respekt entgegenbringen.

Alternativen

Wenn Sie als Berater eine Lösung vorschlagen und der Klient damit nichts anfangen kann, führt das möglicherweise zu einer Pattsituation. Als Berater haben Sie Ihr Bestes getan und können mit der Lösung sehr wohl etwas anfangen, nur der Klient will nicht begreifen oder akzeptieren, dass es eben eine gute Lösung ist. Effektiver ist es, gemeinsam nach Alternativen zu suchen, besonders dann, wenn der Klient inzwischen durchaus in der Lage ist, sich eigene Lösungen zu überlegen. Was sich jemand selbst ausdenkt, muss nicht gegen seinen Widerstand durchgesetzt werden. Übrigens ist es in einem Beratungsprozess nicht falsch, wenn der Klient an bestimmten Stellen Widerstand zeigt. Der Widerstand kann ein Hinweis auf etwas sein, das beim Klienten noch gut versteckt unter der Oberfläche liegt. Damit gäbe es einen Hinweis, um zu untersuchen, woher der Schmerz kommt oder was der Klient wirklich für wichtig hält. Außerdem bietet der Protest (»Das geht nicht.«) einen Anknüpfungspunkt, um Alternativen zu suchen (»Was geht dann?« oder »Unter welchen Voraussetzungen geht es doch?«).

Wachstum und Entwicklung brauchen eine gesunde Basis an Erfahrungen

Gurdjieff behauptete, dass nur Menschen, die sämtliche inneren Mechanismen kennen, überhaupt in der Lage sind, mit anderen Menschen zu arbeiten. Seiner Meinung nach kann jemand, der an einem Einzelteil herumbastelt, ohne das Ganze zu kennen, Schaden anrichten. Das gilt vor allem, wenn auf anderen Bewusstseinsebenen gearbeitet wird (siehe Teil IV). Man muss wissen, was man tut, auch wenn es um so etwas scheinbar Harmloses wie Meditation und Aufmerksamkeitstraining geht. Bei der Suche im Internet bin ich vor Kurzem auf einen Bericht gestoßen über die Arbeit mit Achtsamkeit bei jemandem mit einem schweren Trauma (durch einen Psychologen, übrigens). Das hatte ziemlich schwerwiegende Folgen, es wurde Schaden angerichtet. Ich meine, dass eine gesunde Grundlage vorhanden sein muss, um mit solchen fortgeschrittenen Wachstumstechniken zu arbeiten.

Im Zweifelsfall sein lassen! Die gesunde Grundlage für die Arbeit mit Menschen auf dem Gebiet von Wachstum und Weiterentwicklung muss sowohl beim Berater als auch beim Klienten vorhanden sein.

Auch Berater haben einen Typ. Dadurch hat jeder von uns auch seine »typische Voreingenommenheit« (oder *type bias*), die auch unsere Arbeitsweise beeinflusst. Daraus entstehen unsere Stärken bei der Arbeit, aber auch die Fallstricke und die Informationen, nach denen wir unsere Wahrnehmung filtern. Dieser Filter bestimmt, was wir tatsächlich sehen und was nicht. Jan als Typ 6 strebt nach Sicherheit und will Risiken vermeiden – danach filtert seine Wahrnehmung. Er entdeckt auf jeden Fall mögliche Gefahren, aber Erfolgschancen entgehen ihm. Hier folgt eine Skizze der Fallstricke und Entwicklungspunkte für Coaches, Therapeuten und Seelsorger, entsprechend den einzelnen Typen. Es vermittelt einen knappen Eindruck von dem, was hierzu zu sagen ist, eine Art Indikator, wo für die einzelnen Typen die Gefahren der Gegenübertragung lauern.

Wann können Sie mit anderen arbeiten?

Außer den üblichen Voraussetzungen im Hinblick auf Wissen und Können, um in einem beratenden Beruf Menschen zu begleiten, bestehen für das Enneagramm zusätzliche Richtlinien. In der Ausbildung bei Enneagram Nederland steht ein Satz im Mittelpunkt: *Schaden kann angerichtet werden*. Man kann in der Begleitung anderer Menschen nicht vorsichtig genug sein. Ich beschreibe hier aus diesem Grund einige Entwicklungsstadien des Beraters. Diese Richtlinien sollen eine Vorstellung davon geben, wo er steht und in welche Richtung seine Weiterentwicklung führt.

✔ Um mit dem Enneagramm arbeiten zu können, ist der persönliche Entwicklungsstand des Beraters wichtig. Dieser ist leicht messbar. Im Allgemeinen ist jemand, der sich noch stark mit seinem Typ identifiziert, noch nicht weit genug, um mit anderen zu arbeiten. Unter Identifikation mit dem eigenen Typ verstehen wir, dass es wenig oder kein Bewusstsein für den inneren Beobachter gibt. Nur damit kann man sich »von außen« selbst betrachten und etwas Selbstmanagement erwerben. Ein Merkmal der Identifikation mit dem eigenen Typ ist zum Beispiel, dass jemand noch stark durch die typspezifischen Auslöser getriggert und auf typspezifische Weise reaktiv wird. Dann wurde entweder ein innerer An/Aus-Schalter noch nicht entdeckt, oder man ist – noch – nicht in der Lage, ihn nach Bedarf zu bedienen. Die gute Nachricht lautet: Das kann man üben. Wer will, kann es lernen.

  Um noch einmal auf die Coaching-Situation zurückzukommen, in der die Übertragung von Margret auf Ina eine Rolle spielte: Für Berater, die mit Menschen arbeiten, betrachten wir es vom Enneagramm her als Grundkriterium, dass Ina diese Mechanismen kennt und wiedererkennt, sobald sie auftreten. Es geht also zunächst einmal nur um das Erkennen, noch nicht darum, mit ihnen zu arbeiten.

Auch der beste Berater macht mitunter Fehler

Meistens geht es gut, aber dann macht man doch einmal einen Fehler. Eine Kleinigkeit wird immer mal übersehen. Das Wichtigste ist nicht, Fehler auszuschließen, sondern ein Bewusstsein für Dinge zu entwickeln, die geschehen können. Sie müssen sich also auch als Berater dessen bewusst werden, was nicht so gut gelaufen ist. Dann bietet sich nämlich Gelegenheit zur Evaluation und Reflexion, und dadurch können Sie aus eigenen Fehlern lernen. Das Enneagramm macht es dem Berater leichter, die eigenen »Trigger Points«, Reaktivität und Übertragung zu entdecken und vor allem, sie in dem Augenblick zu erkennen, in dem sie auftreten. Das ist zugleich auch das Schwierigste. Aber – man kann es üben!

- Im folgenden Stadium geht es um Selbstmanagement. Es gibt eine Bewusstseinsebene, wobei der innere Beobachter wach ist. Der innere An/Aus-Schalter ist entdeckt worden, der Berater in Ausbildung lernt, ihn aus freien Stücken zu bedienen. Der Coach kann mit Abstand beobachten, was in der Interaktion und im Prozess mit dem Klienten abläuft. Der Coach sieht, dass es »vom anderen« kommt, wenn eine Übertragung entsteht, und hat sich so weit im Griff, dass er nicht typspezifisch darauf reagiert. Das Selbstmanagement besteht daraus, den eigenen Typ loszulassen und die eigene Reaktivität zu vermeiden.

  Ina zeigt in unserem Beispiel, dass sie Probleme mit ihrer Ungeduld hat. Dadurch hört sie nicht immer gut zu und hat das Bedürfnis, das Tempo anzuziehen. Dass es für Margret so nicht funktioniert, sieht Ina nicht. Dass Margret ärgerlich wird, begründet Ina mit etwas außerhalb von ihr und denkt nicht darüber nach, dass etwa Unzufriedenheit im Coaching der Grund sein könnte. Ina kann noch nicht aus der Distanz beobachten, was in der Interaktion zwischen ihr und Margret abläuft, und sie beherrscht noch nicht das Selbstmanagement, um ihren Typ loszulassen. Sie identifiziert sich anscheinend noch stark mit ihrem Typ. Ina erlebt zwar ihre Ungeduld, unterdrückt diese aber eher, anstatt sie loszulassen.

- Die nächste Stufe geht noch einen Schritt weiter. Der Coach beherrscht nicht nur das Selbstmanagement, sondern erlebt die Übertragung des Klienten nicht als ärgerlich oder lästig, er nimmt sie nicht persönlich. Der Coach ist mit solchen Mechanismen vertraut, durchschaut sie und wahrt die persönliche Distanz. Er sieht und weiß, dass das, was auf ihn projiziert wird, in Wahrheit nicht zu ihm gehört. Es ist nie angenehm, wenn einem etwas zugeschrieben wird, das einem nicht gehört. Dennoch geschieht das bei beratenden Berufen häufig. Für den Berater steht allerdings immer das Lernziel im Mittelpunkt. Der Coach wägt im Hinblick auf das Lernziel ab, ob er mit der Übertragung des Klienten arbeitet oder nicht.

Erkennen, wann eine Therapie nötig ist ... und weiterschicken

Die Arbeit mit dem Enneagramm als persönliche Entwicklungsmethode ist für durchschnittlich und gesund handelnde Menschen gedacht, Menschen, die sich weiterentwickeln und wachsen wollen. Dann stellt sich allerdings die Frage: Was ist gesund? Wie stellt man das fest? Die Grenze zwischen gesund und krank kann mitunter eine sehr dünne und unklare Linie sein. Vor allem liegt diese Linie nicht fest. Wir erleben alle Phasen im Leben, in denen wir uns gesünder oder eben weniger gesund fühlen.

Viele Berufsgruppen bieten Begleitung an, die zu besserem persönlichen Handeln, Wachstum und Wohlbefinden führen soll. Die Angebote der verschiedenen Berufsgruppen in diesem Bereich überschneiden sich. Oft werden auch dieselben Modelle, Methoden und Techniken verwendet. Die Grenze zwischen dem Angebot eines Coaches und eines Therapeuten ist nicht immer sofort erkennbar. Ein Klient wählt den Berater, von dem er glaubt, dass er ihm weiterhelfen kann. Dadurch kann es vorkommen, dass ein Coach mit jemandem zum Thema Arbeitsplatz arbeitet und während des Coaching-Prozesses ein darunter verborgenes Trauma an die Oberfläche kommt. Dieser Klient verhält sich wahrscheinlich mithilfe hochentwickelter Überlebensmechanismen von außen betrachtet gut, aber bei näherem Hinsehen finden sich in seinem Innern noch schmerzhafte, offene Wunden, die geheilt werden müssen. Was tut dann der Berater? Wie weit kann er begleiten, und wann schickt er den Klienten weiter?

Woran sehe ich es? Worauf muss ich achten?

Es ist wichtig, dass Klienten entsprechend ihrem Gesundheitszustand begleitet werden. Das kann bedeuten, dass es mitunter nötig ist, sie zum Psychotherapeuten zu schicken. Die meisten beratenden Berufsgruppen sind nicht dafür ausgebildet, mit Menschen mit psychischen Beschwerden zu arbeiten. Das Schwierige an der Sache ist, dass man diese Beschwerden oft nicht so einfach erkennt. Und wenn Sie in einem therapeutischen Bereich nicht ausgebildet sind, haben Sie auch nicht gelernt zu erkennen, wann es ratsam sein kann, eine Therapie oder einen anderen Berater zu empfehlen. Nicht umsonst bieten Ausbildungsinstitute Fortbildungen zu Themen wie »Psychopathologie für Coaches« an. Dabei geht es nicht darum, Behandlungsmethoden zu lernen, sondern um das Erkennen von Anzeichen, bei denen man den Klienten zum Therapeuten schicken sollte.

Eine gute Ausbildung für Berater, die mit dem Enneagramm arbeiten wollen, widmet den Anzeichen, die darauf hinweisen, dass eine andere Form von Begleitung besser sein könnte, entsprechende Aufmerksamkeit. Gerade um einen Prozess persönlicher Weiterentwicklung und inneren Wachstums zu beginnen, ist ein gesundes Ego, eine gesunde innere Struktur nötig. Das ist die Grundlage. Was ungesund oder in schlechter Verfassung ist, kann nicht wachsen; es muss erst gesund werden. Daher können Menschen auf dem Weg der persönlichen Weiterentwicklung gerade dann unverarbeitete Dinge aus der Vergangenheit begegnen und verarbeiten.

Auch Berater sind durch ihren Typ voreingenommen

Ein Überblick:

Typ 1: Auf den Berater mit diesem Typ lauert die Falle, dass er dem Klienten die Verantwortung für den Prozess und die eigene Entwicklung abnimmt. Es besteht die Gefahr, dass der Klient wie ein kleines Kind behandelt wird und nicht selbst die Verantwortung für seinen Lernprozess übernehmen darf. Berater dieses Typs neigen dazu, selbst sehr hart zu arbeiten, in der guten Absicht, es für den anderen möglichst richtig zu machen. Er ist aufrichtig und sehr verantwortungsvoll. Dabei besteht die Gefahr, dass der Klient verwöhnt wird und selbst immer weniger tut, während der Berater sich immer mehr ins Zeug legt. Die Entwicklungsaufgabe für den Berater dieses Typs besteht darin, dem Klienten beizubringen, Verantwortung für seine Weiterentwicklung zu übernehmen, und sich entspannt zurückzulehnen. Außerdem dozieren Berater dieses Typs gern und erklären alles genauestens. Hier stellt sich die Aufgabe, mehr zu fragen und den anderen selbst Dinge entdecken zu lassen.

Typ 2: Auf den Berater mit diesem Typ lauert die Falle, dass er unbewusst auf die Ehre aus ist, die er mit dem angebotenen hilfreichen Wissen und Können gewinnen kann. Es besteht die Gefahr, dass sein wichtigstes Motto ist: »Schau nur, wie gut ich dir helfen kann!«, und er vor allem nett gefunden werden will. Der Berater mit diesem Typ verteilt großzügig Komplimente und zielt darauf, dem anderen ein gutes Gefühl zu geben. Die Strategie dahinter lautet: Wenn du bei mir weggehst und dich dank meiner Hilfe gut fühlst, fühle ich mich auch wohl mit mir. Der Berater mit diesem Typ will es allen recht machen. Die Gefahr besteht bei ihm darin, dass der Klient nicht zu eigener Arbeit, zur Selbsthilfe angeregt wird und zu wenig lernt. Denn wenn der Klient sich selbst helfen kann, wird der Berater letzten Endes überflüssig, und das war nicht seine Absicht. Nur wenn der andere ihn nötig hat, fühlt sich der Berater wertvoll.

Die Entwicklungsaufgabe für den Berater dieses Typs besteht darin, sich überflüssig zu machen und den Klienten in die Lage zu versetzen, sich selbst zu helfen. Wenn es nötig ist und zum Lernprozess beiträgt, muss der Berater auch lernen, weniger Komplimente zu verteilen und den Klienten öfter und deutlicher mit seinen Schwächen und Lernaufgaben zu konfrontieren. Klienten mit Typ 7 hilft man nicht unbedingt damit, wenn man ihnen ein noch besseres Gefühl verschafft.

Typ 3: Auf den Berater mit diesem Typ lauert die Falle, dass er hastig und zielstrebig zu Werk geht. Typ 3 will Ergebnisse sehen. Er wird eher das eigene, schnelle Tempo als Ausgangspunkt nehmen, als sich auf das Tempo des Klienten abzustimmen. So wie Typ 3 sich nicht wirklich Zeit nimmt und nicht mit seinen Gefühlen in Kontakt steht, wird er möglicherweise auch die Gefühlswelt des Klienten in der persönlichen Begleitung nicht beachten. Dabei könnte es hilfreich sein, ihr Zeit und Aufmerksamkeit zu widmen. Typ 3 fühlt sich allerdings nicht als Experte auf diesem Gebiet. Gefühle machen ihn unsicher, und er weiß nicht genau, was er damit anfangen soll. Deshalb lässt er sie lieber links liegen, wenn es nur irgendwie geht. Das spart außerdem noch Zeit. Der Coach dieses Typs ist ehrgeizig und wäre gern der beste Coach der Welt. Auch der Weg des Klienten muss deshalb eine Erfolgsgeschichte werden und Applaus einbringen, zum Beispiel beim Arbeitgeber des Klienten. Bei Klienten mit geringen oder langsamen Fortschritten und wenig Aussicht auf Erfolg gibt dieser Coach auf. Die Entwicklungsaufgabe für den Coach dieses Typs lässt sich leicht erraten: Entschleunigen lernen, sich Zeit nehmen, um die eigenen Gefühle zu erleben, Geduld entwickeln mit langsameren und weniger erfolgreichen Klienten.

Typ 4: Auf den Berater mit diesem Typ lauert die Falle, dass er möglicherweise darauf abzielt, eine Verbindung mit dem Klienten herzustellen und zu erleben, vielleicht sogar eine persönliche Beziehung anstelle einer professionellen. Es besteht die Gefahr, dass der Berater mit Typ 4 als echter Emotions-Junkie an dieser Stelle hängen bleibt und die Gefühlswelt immer ausführlicher untersucht, auch wenn für die Entwicklung des Klienten etwas anderes hilfreicher wäre. Es kann sein, dass eine Sache für den Klienten bereits abgeschlossen ist, aber der Typ 4 noch nicht genug davon hat. Der Berater mit Typ 4 ist so stark auf die Gefühlswelt gerichtet, dass er es als flach und öde erlebt, das Kopfzentrum anzusprechen und die Begleitung auch auf kognitiver Ebene weiterzuführen, wenn das nötig sein sollte. Die Entwicklungsaufgabe für den Berater dieses Typs besteht darin, ein besseres Gleichgewicht zu finden zwischen Betroffenheit und (professioneller) Distanz, aber auch zwischen der Aufmerksamkeit für Gefühle und der für das Denken.

Typ 5: Auf den Berater mit diesem Typ lauert die Falle, dass er sich vorzugsweise und am liebsten ausschließlich auf den rationalen Aspekt der Probleme des Klienten konzentriert. Er zielt also auf eine rationale Analyse und eine passende rationale Lösung. Außerdem neigt der Berater dieses Typs dazu, sich die Lösung selbst auszudenken, nicht zuletzt, weil er glaubt, dass der Klient das von ihm erwartet. Deshalb bleibt wenig Raum und Zeit für die emotionale Seite des Problems und des Klienten – also umgekehrt wie beim Berater Typ 4. Man müsste die beiden addieren und durch zwei teilen können, um eine ausgewogene Mischung von Können, Zeit und Aufmerksamkeit für Kopf- und Herzzentrum zu erhalten. Die Entwicklungsaufgabe für Typ 5 besteht darin, dass er sich auch mit der emotionalen Seite der Probleme und des Klienten beschäftigt und Geduld entwickelt, um den Klienten selbst Lösungen finden zu lassen.

Typ 6: Auf den Berater mit diesem Typ lauert die Falle, hinter allem eine Gefahr zu suchen, alles abzuwehren, die Dinge negativ und pessimistisch anzugehen, an Dingen zu zweifeln und die eigenen Vorstellungen und Sorgen auf den Klienten zu projizieren. »Ja, aber ...« und »Sie werden wohl ...« sind Formulierungen, die der Berater dieses Typs häufig verwendet. Außerdem besteht ein Risiko bei diesem Typ in einem Mangel an Selbstvertrauen und an Autorität. Die Angst, auch als Berater Fehler zu machen, schafft eine starke Orientierung an dem, was schiefgehen kann. Die Entwicklungsaufgabe für diesen Typ besteht darin, das Vertrauen aufzubringen, dass das, was der Klient sagt, auch das ist, was er meint und sagen will. Außerdem muss er lernen, darauf zu vertrauen, dass sich Dinge auch gut entwickeln können, und dass der Klient seine Sorgen und Ängste nicht automatisch teilt. Er muss also auch lernen, dem Klienten zu glauben, wenn er sagt, er hätte keine Angst.

Typ 7: Auf den Berater mit diesem Typ lauert die Falle, dass er sich auf jene Aspekte des Klienten und seines Problems konzentriert, die ihn als Berater selbst interessieren und faszinieren. Die Erfahrung des Gesprächs und des Lernprozesses ist ihm wichtiger als das Ergebnis. Außerdem geht der Berater mit Typ 7 Problemen lieber aus dem Weg. Er hat ein Talent, negative Dinge positiv zu erklären und richtet sich stärker auf interessante Möglichkeiten für die Zukunft. Mit dem Klienten an Problemen im Hier und Jetzt zu arbeiten – dafür hat dieser Berater keine Geduld. Wir können das doch auch positiv sehen ... Es besteht die Gefahr, dass der Klient sich dann nicht gehört oder mit seinen Problemen nicht ernst genommen fühlt. Vielleicht lässt er sich auch vom Berater anstecken und geht erleichtert, fröhlich und positiv nach draußen. Das hält allerdings nicht lange vor, weil das wirkliche Problem noch nicht ausreichend bearbeitet wurde. Die Entwicklungsaufgabe für diesen Berater besteht darin, nicht auszuweichen, wenn schmerzhafte Punkte an der Reihe sind, und darauf tiefer einzugehen, wenn das für den Lernprozess und die Lösung des Problems relevant ist. Für diesen Typ ist es eine Herausforderung, mit seiner Aufmerksamkeit beim Klienten zu bleiben und nicht jedes Mal sich selbst im Gespräch nach vorn zu schieben und den Fokus auf das gewünschte Ergebnis zu legen.

Typ 8: Die Falle für den Berater dieses Typs ist mit der von Typ 1 vergleichbar, nämlich das Übernehmen des Problems vom Klienten. Typ 1 übernimmt dabei eher die Verantwortung vom Klienten, Typ 8 übernimmt die Führung und macht sich das Problem zu eigen. Ein kleiner Unterschied, aber er führt zu deutlich anderen Ergebnissen. Für den Berater dieses Typs besteht einerseits die Gefahr, dass er den Klienten schützen will und ihm so Lernmöglichkeiten vorenthält, andererseits ist er leicht der Ansicht, der Klient stecke viel zu lang in seiner Opferrolle fest. Damit verliert dieser Berater schnell die Geduld. Typ 8 erlebt dann oft Folgendes: »Wir haben das einmal besprochen, und ich habe dir gesagt, was du tun musst, und wir haben es ein zweites Mal besprochen. Wenn du es jetzt beim dritten Mal immer noch nicht annimmst, ist Schluss.« Die Entwicklungsaufgabe für Berater dieses Typs besteht darin zu lernen, dass andere Menschen anders sind als sie selbst und dafür Geduld aufzubringen. Außerdem muss er lernen, dass seine eigene Art, mit Dingen umzugehen, nicht die Art des anderen ist. Er muss stärker neben dem Klienten als über ihm stehen, die Führung des Lernprozesses dem Klienten überlassen und Respekt und Geduld dafür aufbringen.

Typ 9: Auf den Berater mit diesem Typ lauert die Falle, dass er sich so stark in den Klienten und seine Geschichte einlebt, dass er nicht mehr genug Abstand hat, um auf eine Veränderung hinzuarbeiten. Der Berater lebt also mit dem Klienten mit, anstatt den Prozess zu steuern und Regie zu führen. Dieser Berater kann so viel Verständnis für die Geschichte des Klienten aufbringen, dass er möglicherweise die andere Seite nicht sieht, nämlich das, was der Klient selbst nicht erzählt und möglicherweise auch nicht sieht. Dadurch kann er nicht mehr als Spiegel fungieren. Die Entwicklungsaufgabe für diesen Typ besteht darin, bei dem Prozess Regie zu führen, die Distanz zu wahren und sich nicht zu sehr in die Geschichte des Klienten einzuleben.

Extras für Therapeuten (und andere)

In diesem Abschnitt finden Sie den besonderen beruflichen Nutzen für Therapeuten: wie die Typen sich in der Therapie präsentieren, welches Vorgehen für die einzelnen Typen funktioniert und was nicht. Bisher haben Sie schon viel gelesen, was auch für Therapeuten interessant ist. Das Folgende lehnt sich unter anderem an Carolyn Bartletts Buch *The Enneagram Field Guide* an, für das sie nicht nur zahlreiche Therapeuten interviewt hat, sondern auch die Menschen untersucht hat, die an einer Therapie teilgenommen haben. Dieser Gruppe legte sie eine Liste mit Fragen vor und führte Interviews darüber, was ihnen in der Therapie weitergeholfen hat und was bei ihnen nicht funktionierte. Was sich bei dem einen als nützlich erweist, wirkt bei dem anderen nicht unbedingt. Bartlett stellte Fragen wie: »Was sollte der Therapeut von Ihrem Typ wissen/verstehen?« Es ist typspezifisch, welche Methode funktioniert und welche nicht. Bartlett schreibt, dass das Enneagramm eine »Abkürzung« zur Diagnose darstellt, um den Klienten schnell besser kennenzulernen und in einem früheren Stadium sich selbst und die Therapie besser auf ihn abzustimmen.

Beruflicher Nutzen für Therapeuten

Das Enneagramm ist keine Therapieform. Es bietet dafür Folgendes:

- ✔ Schneller und genauer Kontakt und Vertrauen aufbauen
- ✔ Schneller und gründlicher den Klienten, die zugrunde liegenden Muster und Probleme, die Motivation, Überlebensstrategien, Abwehrmechanismen, Herausforderungen/Probleme in Beziehungen erkennen
- ✔ Präziser und gründlicher die eigene Gegenübertragung und Reaktivität erkennen
- ✔ Besser auf den Klienten abgestimmte Kommunikation, gezieltere Wahl der Therapie und Behandlungsrichtung
- ✔ Klarere Einsicht in Methoden, die bei einzelnen Klienten angewendet werden können – oder nicht
- ✔ Therapiewahl und Ergänzung weniger aufgrund eigener Vorlieben, sondern eher aufgrund der besten Methode für den Klienten

Das Enneagramm ist demokratisch: Der Therapeut kann dem Klienten den Grundriss vorlegen und

- ✔ den Klienten stärker in den eigenen Prozess einbeziehen;
- ✔ zur Selbstakzeptanz beitragen durch die Einsicht, dass jeder eine spezifische Persönlichkeitsstruktur hat und dass jeder Typ gleichmäßig mit Talenten und Problemen, Stärken und Schwächen ausgestattet ist;

✔ zu der Erkenntnis führen, dass der Klient mit seinem Problem nicht allein ist. Diese Akzeptanz schafft Raum für Entwicklung und steigert das Vertrauen des Klienten, dass Veränderungen möglich sind und sogar angenehm und spannend sein können.

Verhalten in der Therapie

Typ 1 zeigt viel Selbstkritik und kann sich selbst schlechtreden (in Enneagramm-Begriffen: starker innerer Kritiker oder überentwickeltes Über-Ich). Durch zwanghafte Neigungen besteht die Veranlagung zum Workaholic (auch im Haushalt, Garten etc.) und zum Burnout. Die persönliche Geschichte kann sich (voller Groll) darum drehen, dass der Klient sich nicht beachtet fühlt und um Vergleiche mit anderen. Dabei kann er fast zu fair und ehrlich auftreten. Er vermeidet es, sich seinen Gefühlen zu nähern und neigt dazu, sie zu analysieren, anstatt zu fühlen. Außerdem zeigt Typ 1 Anlagen zur Depression, zu obsessiven Gedanken und zu aufdringlichen »bösen« Gedanken.

Typ 2 neigt dazu, eine freundschaftliche, empathische Beziehung zum Therapeuten aufzubauen, kleidet sich zu diesem Zweck attraktiv und hält Blickkontakt. Er kann sich schmeichelnd und verführerisch zeigen (auch um den Therapeuten von Punkten abzulenken, die Typ 2 im Inneren nicht ansprechen will), erscheint völlig konzentriert auf Beziehungen, auf andere, auf Menschen. Typ 2 ist sich kaum seiner eigenen Bedürfnisse und Wünsche bewusst und kann unbegrenzt geben. Das kann wiederum zu Panikreaktionen, Wut und eigenen hohen Ansprüchen führen, weil er sich im »Gebrauchtwerden« gefangen fühlt. Typ 2 kann emotional, stolz, theatralisch und dramatisch auftreten.

Typ 3 kann in Schlagworten und Klischees aus dem Positiven Denken sprechen. Er kommt zur Therapie, wenn sein Selbstbild angeschlagen ist (zum Beispiel nach einem Misserfolg in der Beziehung oder am Arbeitsplatz), ist möglicherweise in schlechter körperlicher Verfassung oder ausgebrannt, meidet Introspektion, reagiert aber begeistert auf Vorschläge und Aufgaben. Die sozial unterstützende Umgebung kann schwach und begrenzt sein, auch wenn Typ 3 gern das Gegenteil behauptet. Eine Hauptquelle von Stress ist die Angst, dass Typ 3, wenn er sich mit seinen Gefühlen beschäftigt und nach innen wendet, im Inneren kein Erfolgsbild vorfinden könnte. Typ 3 befürchtet, dass er dieses Bild dann auch äußerlich nicht mehr aufrechterhalten kann. Er vermeidet den für ihn gesunden Schritt zu entschleunigen, aus Angst vor Energieverlust und vor dem Verlust des erfolgreichen Selbstbildes.

Typ 4 stellt sich gern als Außenseiter dar. Er zeigt mitunter ein breites Spektrum an Stimmungen, von buchstäblich launisch, dramatisch, künstlerisch und expressiv bis wütend, provozierend oder aber introspektiv und reserviert. Typ 4 neigt zu Depressivität, zeigt das Vorhandensein alter Wunden, möglicherweise ein schwaches Selbstbild und das Erleben eines Mangels oder, im Gegensatz dazu, Überlegenheit durch seine Einzigartigkeit, sein Anderssein. Er hat möglicherweise Mühe damit, den Alltag zu strukturieren, sucht nach Tiefgang und Authentizität. Dabei meidet er das Gewöhnliche und oberflächliche Routine. Typ 4 kann auch ein falsches oder verzerrtes Bild von seinem Körper haben und zeigt Veranlagung zu Essstörungen.

Typ 5 kann schüchtern, flach, vorsichtig, mäßig und zurückhaltend wirken. Er reagiert kurz oder gerade mit intellektueller Weitschweifigkeit. Fragen beantwortet er überintellektualisierend und zeigt damit seine Überlegenheit. Einsamkeit und Isolation sind nicht selten Gründe für die Therapie; das könnte aber auch ein Partner sein, der mehr Kontakt und Kommunikation wünscht. Typ 5 kommt auch, um zu erfahren, wie die (eigenen) emotionalen und sozialen Systeme funktionieren. Er hat möglicherweise Angst davor, sich bloßzustellen und fürchtet einen Einbruch in seine Privatsphäre, sein Inneres, seine Gedanken.

Typ 6. Beim phobischen Typ 6 ist die Spannung, unter der er steht, an seiner wachsamen Haltung, dem unruhigen Blick in die Umgebung, den weit geöffneten Augen und der abgehackten Sprechweise abzulesen. Der kontraphobische Typ 6 kann sehr direkt, konfrontierend und sogar aggressiv (wie Typ 8) erscheinen. Beide können fragend und testend auftreten, »Ja, aber« sagen, dem Therapeuten widersprechen, widersprüchliche Aussagen machen (gute Verschleierung), sich misstrauisch gegenüber dem Therapeuten oder seiner Autorität zeigen (Vorsicht: bei vielen ein starker Auslöser von Reaktivität). Typ 6 kann viel darüber sagen, was alles schiefgehen kann, und erlebt sich selbst oft als weniger stark als andere, eher als Underdog und Opfer.

Typ 7 kann sich neugierig und interessiert zeigen, in entspannter Haltung auftreten (»Ich bin zwar hier, aber wir wissen beide, dass ich es eigentlich gar nicht nötig habe. Es ist mal eine interessante Abwechslung!«) und neigt dazu, sein Leid und seine Probleme kleiner darzustellen, als sie in Wirklichkeit sind. Er tritt charmant auf, gibt der eigenen Rolle in einer Problemsituation gern einen positiven Dreh und ist äußerst selbstbezogen. (Die anderen in der schwierigen Situation bleiben außen vor.) Er verwendet stark übertreibende Wörter, kann aber auch kritisch und konfrontierend werden, wenn er sich in die Enge getrieben fühlt. Typ 7 neigt dazu, Probleme mental zu verarbeiten, und wenn er sie im Kopf verstanden hat, ist Typ 7 fertig!

Typ 8 tritt »groß« auf, mit Autorität, viel Energie und Intensität. Er ist meist geradeheraus und direkt, kann konfrontierend und fordernd sein. Typ 8 gerät leicht ins Schimpfen und in Wut. Er ist stark selbstbezogen und auf seine Wahrheiten und Interessen fokussiert. Für Typ 8 ist es eine schwierige Vorstellung, dass auch andere ihre Wahrheiten und Interessen haben. Typ 8 kann in Beziehungen kontrollierend und dominant auftreten und wenig Raum für andere lassen. In Konflikten scheint Typ 8 regelmäßig unter Gedächtnisverlust zu leiden, wenn es um sein Verhalten und seinen Anteil geht.

Typ 9 kann unproblematisch, angenehm, passiv, leicht träge und vage sein. Viele brauchen Zeit, um bei ihren wahren Gefühlen und Gedanken anzukommen, und wenn sie diese Zeit/den Raum nicht finden, kommen weitere Vagheiten und Oberflächlichkeiten zum Vorschein: Ersatzstoffe. Typ 9 kann (auf der Suche nach der wahren Antwort) auf unwichtige Seitenstränge und Einzelheiten kommen. Dadurch wird seine Erzählung lang und wenig inhaltsreich. Außerdem gibt er sich oft distanziert. Seine Aufmerksamkeit und seine Energie bleiben häufig diffus, und dadurch reagiert und antwortet er leicht verzögert. Weil es ihm Mühe macht, die eigenen Bedürfnisse, Wünsche und Gefühle zu finden, identifiziert er sich gern mit anderen, auch mit dem Therapeuten (»Ich weiß nicht, was ich will, sagen Sie es mir.«).

Was bei den Typen funktioniert und was nicht

Typ 1: Menschen mit Typ 1 berichten, dass sie innerlich blockieren, wenn der Therapeut den inneren Kritiker von Typ 1 zu schnell und heftig herausfordert oder anspricht. Es hilft auch nicht, wenn der Therapeut in den oft überzeugenden Fallgeschichten von Typ 1 mitgeht, in denen er beweist, wie recht er hat. Ein Signal dafür könnte sein, dass Typ 1 sich offensichtlich ungerecht behandelt fühlt. Dagegen funktioniert es gut, wenn der Therapeut weniger zielgerichtet ist, sondern auch beim Klienten den Wert des Prozesses in den Vordergrund stellt. Außerdem ist es nützlich, wenn der Therapeut hilft, Gefühle zu deuten und auszudrücken, ebenso Geduld, aber vor allem auch das Erleben und Lernen von Mitgefühl mit sich selbst.

Typ 2: Typ 2 wird wahrscheinlich versuchen, dem Therapeuten mit ausgefeilten Schmeicheltechniken das Gefühl zu geben, wunderbar und etwas Besonderes zu sein. Damit sollte er keinen Erfolg haben. Seien Sie als Therapeut bei Typ 2 deshalb besonders auf der Hut vor Gegenübertragungen. Das Festhalten an professionellen Grenzen in der Klient-Therapeut-Beziehung ist wichtig. Dagegen funktioniert es gut, zu fragen, wie Typ 2 sich fühlt, auch wenn er selbst demonstriert, dass alles okay ist. Hausaufgaben, um zwischen den Terminen bewusst zu machen, was Typ 2 fühlt, oder direkt nach anderen Gebieten des Lebens zu fragen, über die er nicht von selbst spricht, kann funktionieren. Außerdem können Sie im therapeutischen Prozess Typ 2 selbst um Hilfe bitten und so seine natürliche Neigung zu helfen nutzen, ihm beibringen, sich selbst zu helfen, wie er sonst immer anderen hilft.

Typ 3: Als Therapeut sich der Neigung zur Oberflächlichkeit anzupassen, funktioniert nicht, ebenso wenig, wie das Erfolgsbild zu akzeptieren, das Typ 3 auch in der Therapie aufrechterhalten will. Der Therapeut sollte erkennen, dass Typ 3 eher emotionale Sicherheit braucht als Bestätigung. Ebenso sollte er rechtzeitig bemerken, dass Typ 3 aus der Gewohnheit des Falschen Selbst heraus die Rolle des »besten Klienten« spielt und inzwischen den Abwehrmechanismus der Identifikation mit dem Erfolg aufrechterhält. Dagegen funktioniert es gut, wenn der Therapeut genügend emotionale Sicherheit bieten kann. Typ 3 wagt es, seine Maske abzulegen und verletzlich zu werden, wenn der Therapeut wiederholt fragt, ob etwas Image oder Realität ist, wenn der Therapeut Geduld zeigt und bereit ist, eine Schicht nach der anderen abzutragen.

Typ 4: Dieser Typ berichtet von zwei häufig vorkommenden falschen Behandlungswegen durch Therapeuten. Erstens: zu schnell Interpretationen anbieten, zusammenfassen oder Ähnliches. Dadurch kommt Typ 4 zu dem Schluss, nicht gesehen und nicht verstanden zu werden. (Typ 4 erlebt in seinem Inneren so viel Komplexität und Widersprüchlichkeit, dass das nicht leicht und schnell zu verstehen ist, auch nicht von einem Therapeuten.) Zweitens: die Introspektion, Tiefe und das Leid von Typ 4 miterleben, weil das für viele Therapeuten das Spannende ist … Ich füge noch hinzu: wie auf rohen Eiern zu gehen, weil Typ 4 seine ganze Intensität und Sensibilität zeigt. Dagegen funktioniert es gut, viel Geduld zu zeigen und erst eine Beziehung aufzubauen, in der Typ 4 sich sicher und beachtet fühlt. Er muss die emotionale Gesundheit und Stabilität des Therapeuten erkennen können, ebenso die emotionale Transparenz und Verfügbarkeit des Therapeuten und dessen Bereitschaft, eventuelle Fehler zuzugeben (die in den Augen von Typ 4 schnell gemacht sind).

Typ 5: Es funktioniert nicht, wenn der Therapeut, vielleicht wegen des Pokerface und der minimalen nonverbalen Informationen, mit in die intellektuelle Show einsteigt. Ebenso wenig hilft es weiter, wenn der Therapeut sich von der kommunikativen Kargheit von Typ 5 überwältigen lässt und dadurch die meiste Zeit selbst redet, oder wenn zu viel Abhängigkeit in die Klient-Therapeut-Beziehung kommt, wodurch Typ 5 sich verletzlich fühlt. Dagegen funktioniert es gut, wenn der Therapeut sich als zuverlässig erweist und ohne viel Theater sein Wissen und seine Erfahrung unter Beweis stellt. Der Therapeut sollte in Gesprächspausen ruhig eine Lücke entstehen lassen, in die hinein Typ 5 sprechen, oder besser noch fühlen kann. Außerdem funktioniert es, wenn der Therapeut die eigene Autorität und Unabhängigkeit in den Grenzen der Beziehung betont. Es hilft auch, wenn der Therapeut Typ 5 geduldig von der intellektuellen Ebene wegführt und erklärt, dass das nicht der Ort ist, an dem Veränderungen und Entwicklungsschritte stattfinden.

Typ 6: Bei Typ 6 funktioniert es nicht, wenn der Therapeut sich zu Diskussionen verführen lässt und darauf eingeht, die negative Sichtweise und Katastrophenszenarien zu widerlegen (zum Beispiel indem er durch seine Autorität zu überzeugen versucht, dass es in Wirklichkeit gar nicht so schlimm wird). Ebenso wenig funktioniert es, wenn Klient oder Therapeut auf Learys Kompass in der »Gegeneinander«-Position landet, wenn das Vorgehen zu mental und kognitiv ist. Dagegen funktioniert es gut, wenn der Therapeut sich bewusst ist, dass es für diesen Typ besonders wichtig ist, eine sichere Umgebung zu schaffen und eine Beziehung aufzubauen. Der Therapeut sollte seine Vertrauenswürdigkeit beweisen (zum Beispiel indem er kongruente Botschaften sendet). Er kann aber auch Fragen stellen, sollte die Katastrophenszenarien ernst nehmen und nicht widersprechen, einen Kontext für den Prozess anbieten. Auch wenn der Klient das Gefühl bekommt, der Therapeut stehe auf seiner Seite (»gemeinsam« auf Learys Kompass), wirkt sich das positiv aus.

Typ 7: Es funktioniert nicht, wenn der Therapeut in die Charmefalle seines aufgeweckten Klienten tappt und nicht zum darunter liegenden Schmerz vordringt, wenn der Therapeut ihm die Geschichte abnimmt, dass andere so schrecklich negativ sein können. Auch zu glauben, dass die optimistische Sichtweise von Typ 7 wirklich realistischer ist, empfiehlt sich nicht, ebenso wenig, dass der Therapeut im Positiven mitgeht und so unbewusst vermeidet, Typ 7 realistischeres und negativeres Feedback zu geben. Dagegen funktioniert es gut, wenn der Therapeut den Nebelschleier durchschaut und Typ 7 vor die Wahl stellt, dass er nicht in Therapie gehen muss, wenn er es nicht selbst wirklich will. Echter Einsatz ist nötig, um aus dem Positiven herauszukommen. Es funktioniert, wenn der Therapeut Realitätschecks bietet und so Typ 7 immer nah an der Wirklichkeit/Wahrheit hält. Typ 7 ist sensibel für die Beziehungsdefinition, und es funktioniert, wenn der Therapeut eine gleichwertige Beziehung schafft. Als Mensch sind wir alle gleich viel wert, und so verhält sich Typ 7 in Beziehungen.

Typ 8: Wenn der Therapeut versucht, die Kraft von Typ 8 zu übertreffen, funktioniert das nicht. Typ 8 durchschaut das mit seinem Blick für natürliche Kraft sofort und nimmt es nicht nur nicht ernst, sondern verliert auch den Respekt vor dem Therapeuten. Als Therapeut dicht bei der eigenen Authentizität und Erdung zu bleiben, funktioniert dagegen gut. Ein Therapeut, der sich in aller Ruhe nicht von Typ 8 auf der Nase herumtanzen lässt und Typ 8 nicht mit offensichtlichen, kurzen, kognitiven Antworten (und Scherzen) davonkommen lässt, hilft weiter. Typ 8 braucht es, dass er den Therapeuten respektieren kann, dass er wirklich jemanden hat, der auf seiner Seite steht und nicht zu empfindlich ist – einen Therapeuten, der versteht, dass Typ 8 unter der rauen Schale wirklich Hilfe erhalten will.

Typ 9: Es funktioniert nicht, wenn der Therapeut noch nicht erlebt hat, wie Typ 9 abbiegen und ausweichen kann, wie er auch wichtige emotionale Teile einer Erfahrung vergisst. Das Abbiegen kann auch ein Lächeln sein, ein Scherz, liebenswerte Mutlosigkeit – alles, was die Aufmerksamkeit von der Stelle ablenkt, an der der Therapeut nachzuhaken drohte. Typ 9 berichtet, dass es nicht funktioniert, wenn der Therapeut das Verhalten übernimmt und zu hilfsbereit wird, zu viel Platz lässt, um auszuweichen, und zu wenig herausfordert und bohrt. Dagegen funktioniert es gut, wenn der Therapeut fragt, was in der Vergangenheit nicht funktioniert hat. Für Typ 9 ist es oft einfacher, auf die Frage zu antworten, was etwas nicht ist. Deshalb funktioniert es auch, wenn der Therapeut Beispiele für mögliche Antworten gibt oder gemeinsames Brainstorming anregt, um Typ 9 in Bewegung zu setzen.

Diese Themen müssen bearbeitet werden

Außer allgemeinen Themen aus der gewählten Therapiemethode oder vom Klienten eingebrachten Themen gibt es für jeden Typ spezifische Themen, die auf die Tagesordnung kommen sollten. Das sind Themen, die nicht immer vom Klienten aufs Tapet gebracht werden, die aber wichtig sind und unabhängig von der Hilfsanfrage angesprochen werden sollten. Sie können als Schlüssel für den eigentlichen Entwicklungsprozess fungieren. Das sind folgende Themen:

Typ 1: innerer Kritiker, Mitgefühl und Vergebung, Kontakt mit eigenen Impulsen; Reaktionsbildung

Typ 2: Stolz, unterdrücken der eigenen Gefühle, Kontakt mit dem eigenen Willen

Typ 3: Ehrlichkeit und Wahrheit, Erfolg/Misserfolg, Identifikation

Typ 4: Erdung, Abweisung und Verlangen, Scham, Melancholie und Depression, Introjektion

Typ 5: das emotionale Innenleben als eine andere Form von Wissen erkunden; Isolation

Typ 6: Erdung im Körper, Atmung, Verständnis für Angst, mit Wut arbeiten, Projektion

Positive Psychologie

Psychotherapeuten sind ausgebildet, um mit pathologischen Modellen zu arbeiten. Die psychologische Wissenschaft ist medizinisch orientiert; sie konzentriert sich darauf, Störungen zu untersuchen, zu diagnostizieren und zu behandeln. Auf das, wo die Not am größten war und ist.

Mehr und mehr entsteht Raum, zu erkennen, dass die Menschen mehr sind als ihre Störungen. Dass auch der durchschnittlich gesunde Mensch unter den Auswirkungen seiner Persönlichkeitsstruktur leidet. Dass dieser Mensch Weiterentwicklung, Wachstum, Sinn und Bedeutung in seinem Leben braucht. Die Erkenntnis breitet sich aus, dass Menschen auf die eine oder andere Art spirituelle Wesen sind und das Bedürfnis haben, einem höheren Ziel zu dienen (zum Beispiel, indem sie sich für die Gemeinschaft oder für Mitmenschen einsetzen).

Mit dem Aufkommen der spirituellen Psychologie und der positiven Psychologie erhält dieser Aspekt mehr Aufmerksamkeit. Die Trennlinie zwischen Therapie und Spiritualität verwischt an einer bestimmten Stelle. Das Enneagramm unterstützt das, indem es Einblick in die spirituellen Stärken der Typen gibt und hilft, ihr wahres Wesen zu entdecken.

Typ 7: Verständnis für Angst und den Affengeist; (negative und schmerzliche) Gefühle, Rationalisierung, Empathie

Typ 8: Verletzlichkeit und Schutz, Rache, Verleugnung

Typ 9: (Traurigkeit) fühlen lernen, Wut erkennen und ausdrücken lernen; Betäubung

Zur weiteren Vertiefung

Wer mehr darüber wissen will, sollte *The Enneagram Field Guide* von Carolyn Bartlett lesen. Darin baut die Autorin eine Brücke zwischen dem Enneagramm und der Mainstream-Psychologie. Es schließt nahtlos an das an, was wir Beratern vermitteln, deshalb stelle ich ihre Arbeit sehr gern vor. Auch der Mitbegründer des modernen Enneagramms, Claudio Naranjo, hat mit seinem Hintergrund als Psychiater und Gestalttherapeut mehrere Bücher zum Thema geschrieben, darunter *Character and Neurosis*.

Teil IV

Ich kenne meinen Typ, und jetzt?

Ich empfehle Ihnen LSD.

In diesem Teil ...

Hier lesen Sie, wie der Weg zu Weiterentwicklung und Selbstverwirklichung mit dem Enneagramm aussehen kann und was Sie selbst dafür tun können. Sie erfahren etwas über das, was Sie noch lernen können, und den Lernweg, den Sie (unbewusst) schon zurückgelegt haben. Sie entdecken, dass es wahrscheinlich kein Zufall ist, was Sie durch Hinfallen und Wiederaufstehen schon alles gelernt haben. Sie lesen vom Unterschied zwischen Lernen und Entwicklung auf psychologischer Ebene und vom Funktionieren auf verschiedenen (Bewusstseins-)Ebenen. Auch wenn es um unsere Weiterentwicklung geht, führen viele Wege nach Rom; Sie lernen zwei Wege aus den spirituellen Traditionen kennen: die »Via negativa« und die »Via positiva«. In verschiedenen Abschnitten finden Sie Tipps für Ihre Weiterentwicklung und zur Selbstbeobachtung sowie Übungsaufgaben. Sie lesen, was Sie üben können, um sich weiterzuentwickeln. Das letzte Kapitel behandelt das spirituelle Enneagramm. Auch wenn Sie sich nicht für Spiritualität interessieren, empfehle ich Ihnen, dieses Kapitel zu lesen, denn auch dort sind wertvolle und ganz handfeste Tipps für die persönliche Weiterentwicklung zu finden.

Aspekte der Entwicklung

14

In diesem Kapitel

- Schritt für Schritt auf verschiedenen Ebenen lernen
- Entwicklungs- und Funktionsebenen
- Persönlichkeitsstörungen im Rampenlicht
- Die mysteriösen Bewusstseinszustände
- Stress- oder Relaxtyp?

Sie wollen sich weiterentwickeln, wollen wachsen, wollen mit verschiedenen Dingen weniger Probleme haben. Aber wie soll das gehen? Bisher haben wir den Grundriss, den das Enneagramm darstellt, ausführlich erkundet. Jetzt wird es Zeit, methodisch vorzugehen. In diesem Kapitel beschreibe ich die verschiedenen Ebenen des Lernens, des Bewusstseins und der Entwicklung. Auf jeder Ebene entwickeln Sie andere Aspekte ihres Selbst weiter. Die Ebenen stehen nicht in einer Hierarchie, in der die eine Ebene besser ist als die andere. Für eine harmonische Entwicklung müssen alle Themen und Ebenen angesprochen werden. Sie müssen wissen, womit Sie sich beschäftigen, wo Sie zurzeit stehen. Das ist der Ausgangspunkt jeder Methode der persönlichen Weiterentwicklung. Diese Aspekte bieten einen Rahmen, um das eigene Lernen, die eigene Entwicklung zu gestalten.

Ebenen des Lernens, des Handelns, der Entwicklung und des Bewusstseins

Durch die Auseinandersetzung mit den Ebenen des Lernens können Sie erkennen, wo Ihr Streben nach persönlicher Weiterentwicklung hinführt. Wenn Sie wissen, wo Sie stehen, und ein Lernziel vor Augen haben, wird es klarer, welchen Lernweg Sie zurücklegen müssen, um es zu erreichen.

Die erste Ebene: In kleinen Schritten lernen durch Erfahrung

»Inkrementell« bedeutet in kleinen Schritten. Das, was schon vorhanden ist, wird ausgebaut und verbessert, Schritt für Schritt. Es geht also um Verbesserung. Man nennt das auch Lernen erster Ordnung. Zu dieser Lernebene gehört unter anderem das, was man im Leben durch Hinfallen und Wiederaufstehen lernt. Sie stoßen an Ihre Grenzen und überlegen sich, dass es besser wäre, etwas mehr, weniger oder anders zu tun. Ausgangspunkt ist immer der eigene Persönlichkeitstyp und die eigenen Grundannahmen und automatischen Handlungsstrategien. Was Sie auf dieser Ebene lernen, sind oft neue Fertigkeiten, die wir kompensierende Fertigkeiten nennen. Sie stoßen an die Grenzen Ihres Typs und lernen, sie zu kompensieren. Auch das Erlernen der Stärken anderer Enneagramm-Typen gehört zu dieser Ebene. Es braucht nicht viel Theorie oder Zeit, um klare, typspezifische Anleitungen zur Selbstverbesserung und der Verbesserung von Beziehungen zu erkennen und umzusetzen. Das führt schnell zu Ergebnissen, ist sinn- und wertvoll. Aber auf dieser Ebene verändert oder löst sich der Typmechanismus nicht. Der Typ behält vorerst noch die Regie.

Das ist die Lernebene, die in den meisten Enneagramm-Büchern unter persönlicher Weiterentwicklung beschrieben wird. Das ist auch die Ebene der Anwendungsmöglichkeiten in Teil III dieses Buches: effektiver kommunizieren, Feedback geben, in Konflikten vermitteln und so weiter.

Entwicklung ist auf allen Ebenen nötig und wertvoll. Diese erste Ebene bedeutet mehr, als sich wertvolle Fertigkeiten und Stärken anzueignen. Es geht auch um die Erweiterung des Verhaltensrepertoires, sodass Sie mehr Wahlfreiheit bekommen und effektiver und angenehmer zum Beispiel in Beziehungen handeln können. Es geht um Entwicklung auf psychologischer Ebene. Eine gesunde Ich-Struktur ist nötig, um die folgenden Bewusstseinsebenen zu entwickeln.

Beispiele für das Lernen auf dieser ersten Ebene

Kein Typ ist besser als der andere. Sie sind unterschiedlich und haben jeweils andere Stärken. Wir können also von den Stärken der anderen Typen lernen, indem wir sie als Stärken erkennen und anerkennen. Danach lernen wir, wie wir es auch als Kind getan haben: durch Abschauen und Nachahmen. Beispiele:

- ✔ Typ 9 kann von Typ 8 lernen, direkter, klarer und durchsetzungsfähiger zu werden.
- ✔ Typ 1 kann von Typ 3 lernen, sich zu präsentieren und besser zu verkaufen.
- ✔ Typ 5 kann von Typ 2 soziale Fertigkeiten lernen.

Alle neun Typen können etwas von jedem einzelnen der anderen acht Typen lernen. Was würden Sie gern von den jeweils anderen Typen lernen?

Die zweite Ebene: Selbstreflexion und neue Wege gehen

Rekonstruieren bedeutet Verhaltensänderung. Es geht darum, bestimmte Gewohnheiten abzulegen und durch die erwünschten oder durch effektivere zu ersetzen. Das bedeutet einen Übergang vom Alten zum Neuen. Menschen reden oft davon: »Früher habe ich das so gemacht, aber jetzt nicht mehr.« Diese Ebene wird auch als Lernen zweiter Ordnung bezeichnet. Sie verlangt, dass Sie sich Ihrer selbst und Ihres Typmechanismus bewusst werden. Sie müssen Selbstbeobachtung lernen, um bewusst ihre Gedanken, Gefühle und Empfindungen wahrzunehmen. Auf dieser Ebene beginnt ein innerer Dialog, die Selbstreflexion; Sie fangen an, Ihren Typmechanismus und Ihre Grundannahmen infrage zu stellen. Sie lernen, die Begrenzungen Ihres Typs zu erkennen, auch, wie Ihr Typ Sie einschränkt. Sie lernen, Ihren Typmechanismus loszulassen. Dafür müssen Sie sich anstrengen und sich klar dafür entscheiden. Sie werden vor allerlei Entscheidungen gestellt als Folge der Neubewertung Ihrer selbst und dessen, was Sie bisher als wahr angenommen haben. »Will ich das immer noch?« und »So will ich das nicht mehr, aber wie sonst?«. Der alte Typ ist noch da, aber es gibt die Wahlfreiheit, nicht mehr automatisch aus dem Typ heraus zu reagieren. Es gibt die Wahlfreiheit, auf der Ebene des inneren Beobachters zu handeln. Der Typmechanismus ist noch da, aber er hat jetzt einen Ein/Aus-Schalter, und mithilfe des inneren Beobachters kann man diesen Ein/Aus-Schalter bedienen.

Auch auf dieser Ebene können wir von den anderen Typen lernen. Beispiele:

- ✔ Typ 5 kann von Typ 2 lernen, sich freier unter Menschen zu bewegen.
- ✔ Typ 2 kann von Typ 5 lernen, unabhängiger und allein zu sein.
- ✔ Typ 4 kann von Typ 7 lernen, stärker die helle Seite des Lebens zu sehen.
- ✔ Typ 7 kann von Typ 4 lernen, auch die dunkle Seite des Lebens anzunehmen.

Auf den ersten Blick sehen Sie vielleicht keinen großen Unterschied zwischen den Beispielen für das Lernen auf der ersten Ebene und diesen Beispielen. Das Lernen von sozialen Fertigkeiten (Typ 5 von Typ 2) ist etwas anderes als das oben genannte Beispiel für Typ 5, sich freier unter Menschen zu bewegen. Das ist keine Fertigkeit, sondern es geht darum, wirklich von innen heraus sozialer zu werden. Dafür ist es nötig, dass Typ 5 sich selbst beobachten kann, den eigenen Typmechanismus loslässt und auf diese Weise von innen her Raum und Freiheit schafft, sich sozialer zu bewegen. Dabei wird nicht nur auf die Handlungsebene etwas verändert, sondern der Typmechanismus wird durch einen neuen inneren Zustand gelockert, es steht einem weniger oder nicht mehr im Weg. Was wollen Sie auf dieser Ebene von den einzelnen anderen Typen lernen?

Die dritte Ebene: Transformierend lernen

Transformation bedeutet eine wirkliche Verwandlung. Etwas Neues ist anstelle des Alten entstanden. Das zu erreichen, erfordert den Willen, die eigenen Glaubenssätze ins Licht zu halten und loszulassen. Sie entwickeln sich über Ihre Kernüberzeugungen, Überlebensstrategien und Ihren Aufmerksamkeitsstil hinaus. Das verlangt einen Sprung ins tiefe Wasser, ins Unbekannte. Sie werfen die alten Schuhe weg, obwohl Sie noch keine neuen haben. Das Neue, das Ziel, ist unklar, weil es unbekannt ist, und der Prozess ist schwer zu kontrollieren. Diese Ebene des Lernens und sich Veränderns erfordert Hingabe und Empfänglichkeit für das, was kommt. Sie brauchen Mut, Weisheit und Liebe. Auf dieser Ebene gehen Sie über Ihren Typ hinaus und lassen das vorherrschende Ziel Ihrer Aufmerksamkeit los. Sie sind frei in dem Sinne, dass Sie nicht mehr von den automatischen Gedanken, Gefühlen und Empfindungen Ihres Typs beherrscht werden. Dieser Bewusstseinszustand geht weiter als einfaches Reflektieren, es heißt wach sein oder Achtsamkeit. Diese Ebene des Wissens beherrschen zu lernen, ist eine Lebensaufgabe. Transformierendes oder transformational Lernen erfordert die Bereitschaft, aus einer Perspektive lernen zu wollen, die nicht auf Fixierung oder Identität beruht. Es erfordert eine offene, empfängliche Haltung. Aus dieser Haltung heraus ermöglichen Ihre intellektuelle Neugier und Ihre emotionale Offenheit, dass Sie das Leben ohne die Verzerrungen oder Vorurteile Ihres Typs erleben.

Handlungsebene und Entwicklungsebenen

Um Ihnen eine Vorstellung von den Ebenen zu geben, beschreibe ich die höchste Handlungsebene (Wert 91 bis 100), einen Wert etwa in der Mitte (51 bis 60) und die zweitniedrigste Funktionsebene (11 bis 20):

- ✔ 91 bis 100: Verhält sich hervorragend in der Gesellschaft; Probleme im Leben laufen nicht aus dem Ruder, die Person kommt mit ihnen zurecht; die Person wird von anderen wegen ihrer zahlreichen Stärken geschätzt; keine Symptome.
- ✔ 51 bis 60: Mäßige Symptome oder mäßige Probleme beim Verhalten in der Gesellschaft, bei der Arbeit oder in der Schule.
- ✔ 11 bis 20: Es besteht Gefahr, sich oder andere zu verletzen, oder die persönliche Hygiene wird ab und zu vernachlässigt oder die Kommunikation ist schwerwiegend reduziert.

In Kennenlerntrainings für das Enneagramm verwende ich als Hinweis gern eine einfache Verteilung:

Ein Großteil von uns Menschen hat eine mehr oder weniger gesunde innere Struktur entwickelt. Wir können im Alltag durchschnittlich gesund handeln und auch an der Gesellschaft teilhaben. In dem in Abbildung 14.1 dargestellten Schema ist das die Position in der Mitte.

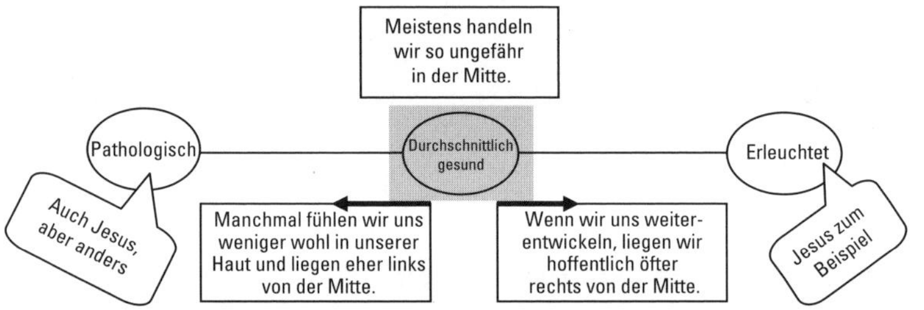

Abbildung 14.1: Verschiedene Entwicklungsebenen

Manchmal fühlen wir uns nicht wirklich wohl in unserer Haut und stehen etwas links von der Mitte. Zu anderen Zeiten fühlen wir uns richtig wohl, dann geht alles viel leichter, wir sind fröhlicher und die Menschen um uns herum netter. Dann gelingt auch alles viel besser. In diesem Schema stehen wir dann etwas rechts von der Mitte. Wenn wir uns mit persönlicher Weiterentwicklung beschäftigen, ist das Ziel, stärker die Regie über unser Leben zu übernehmen, aber auch die Regie darüber, dass wir öfter und länger rechts von der Mitte stehen.

Der äußerste rechte Punkt in diesem Schema ist die höchste Entwicklungsebene, die wir Erleuchtung nennen. Beispiele sind Gestalten wie Buddha oder Jesus. Der äußerste linke Punkt in diesem Schema bezeichnet die Pathologie. Er betrifft Menschen, deren innere Struktur nicht gesund entwickelt ist, etwa wenn eine Störung vorliegt oder wenn jemand wegen seines geistigen Zustands nicht mehr selbstständig in der Gesellschaft handeln kann. Auch ein solcher Mensch kann sich für Jesus halten, aber das ist dann meistens kein gutes Zeichen.

Hannah Nathans legt in ihrem Buch *Werken met het enneagram* die Latte auf eine realistischere Höhe und nennt die höchste Ebene »entwickelt« statt »erleuchtet«. Sie beschreibt die verschiedenen Entwicklungsebenen wie folgt:

- ✔ Entwickelt: Eine Person auf dieser Ebene ist sich ständig der Neigungen ihres Typmechanismus bewusst und hat kein Bedürfnis, diese positiv zu deuten. Sie kann in der Regel ihren Typmechanismus unterbrechen. Sie kann bewusst zwischen verschiedenen Bewusstseinsebenen wählen.
- ✔ Durchschnittlich: Eine Person auf dieser Ebene erlebt sowohl die Stärken als auch die Fallstricke ihres Typs. Sie kann den Roboter-Charakter ihres Typs wahrnehmen und reflektieren. Sie ist gelegentlich in der Lage, den Typmechanismus zu unterbrechen, sich für eine andere Handlungsweise zu entscheiden und diese auszuführen.
- ✔ Pathologisch: Eine Person auf dieser Ebene erlebt vor allem die negativen Auswüchse ihres Typs, schreibt diese aber grundsätzlich anderen zu. Sie ist nicht fähig zu oder bereit für Selbstbeobachtung und -reflexion, kann ihre Wahrnehmung daher nicht überprüfen und bleibt so in ihrem Wahnsystem gefangen. Jemand, der überwiegend auf dieser Ebene steht, braucht professionelle Hilfe.

Letztlich ist hier nicht von drei getrennten Zuständen die Rede, sondern von einem Kontinuum.

Nathans führt die drei Ebenen für einen Menschen mit Typ 1 als Beispiel aus: Im pathologischen Stadium ist er anspruchsvoll, intolerant, rigide, moralisierend und wütend und kann sich nicht davon lösen. Ein Typ 1 im entwickelten Stadium zeigt Weisheit, ist idealistisch, aber mit hohem Realitätsgehalt, ist tolerant und ein echter Lehrer. Aber diese Person kann auch Tage haben, zum Beispiel bei starkem Stress, an denen sie noch immer wütend, anspruchsvoll und intolerant ist. In diesem Augenblick ist sie wahrscheinlich nicht in der Lage, davon Abstand zu nehmen, aber später kann sie sehr wohl darüber nachdenken und dieselbe Situation mit Weisheit betrachten. Sie nimmt also zu verschiedenen Zeiten verschiedene Positionen im Schema ein.

Im Allgemeinen neigen Menschen dazu, unter Stress zur negativen Seite des Schemas zu wandern und unter idealen Umständen zur entwickelten Seite. Den ersten Vorgang nennen wir Regression, den zweiten Weiterentwicklung. Obwohl wir das alle gern täten, wandern wir nicht nur nach rechts in diesem Kontinuum. Manchmal geht alles wunderbar, manchmal aber auch nicht so gut. Wenn wir glauben, dass wir es geschafft haben, schlafen wir wieder ein, bis die Realität uns weckt.

Persönlichkeitsstrukturen in weniger gesundem Zustand

Von der Bewusstseinsebene des Einsseins kehren wir wieder zur irdischen Wirklichkeit zurück. Freud hat uns gezeigt, dass es für uns viel weniger schmerzhaft und darum leichter ist, eine neurotische Gewohnheit aufrechtzuerhalten, auch wenn sie lästig ist, als den tieferen Schmerz des nicht gelösten Dilemmas darunter anzugehen. Laut Freud bildet der verborgene Gewinn einen Schleier vor dem geheimen Wunsch, eine enttäuschende oder schmerzhafte Situation zu verändern. Dieser Schleier wird erschaffen durch die Anstrengung unseres Typs, und diesen behalten wir lieber bei, als der schmerzhaften Realität in die Augen zu sehen. Dieser Lernweg steht in der Enneagramm-Praxis im Mittelpunkt: lernen, unsere Schleier zu sehen und die Wirklichkeit zu erkennen und sie so anzunehmen, wie sie ist. Claudio Naranjo geht davon aus, dass wir auch bei durchschnittlichem und gesundem Verhalten neurotisch sind. Selbst das automatische Lächeln, um nett gefunden zu werden, kann man als neurotisches Verhalten ansehen. Das passt zu Gurdjieffs Sichtweise, dass wir alle Automaten sind, die schlafen, unbewusst leben, sich unbewusst verhalten und sich auch ihrer selbst nicht bewusst sind.

Die Typstrukturen beschreiben unsere Neurosen

Als Psychiater hatte es Claudio Naranjo sicher leicht zu sehen, wie die Persönlichkeitsstrukturen des Enneagramms bestimmten bereits beschriebenen und diagnostizierten Persönlichkeitsstörungen ähneln. Auch wenn wir in unserem Typ laut Naranjo neurotisch sind, sind wir immer noch durchschnittliche, gesunde Menschen. Wir sprechen von Persönlichkeitsstörungen in dem Moment, in dem die gesunde Ebene verlassen wird. Das Objekt der Aufmerksamkeit, die Triebfedern und inneren Mechanismen sind auf den ersten Blick dieselben, aber das Ausmaß der Gesundheit unterscheidet sich. Naranjo hat schon vor Jahrzehnten die Beschreibungen der Enneagramm-Typen mit den DSM-Beschreibungen psychischer Störungen verglichen (*Diagnostic and Statistical Manual of Mental Disorders – Diagnostisches und Statistisches Handbuch Psychischer Störungen*). Natürlich schauen wir alle lieber in Richtung Entwicklung und Erleuchtung, aber auch dieser Teil der Realität existiert.

Zur Illustration enthält Tabelle 14.1 die Liste der pathologischen Namen, die Naranjo für die Typen verwendet. In der zweiten Spalte stehen die im DSM beschriebenen Persönlichkeitsstörungen, die mit den Typen übereinstimmen. Die Störungen und Begriffe werden kurz erklärt.

Naranjos Bezeichnung	DSM-Beschreibungen, die mit den Enneagramm-Typen übereinstimmen
Typ 1 Perfektionismus	Zwangsstörung mit Schwerpunkt auf Zwangsgedanken
Typ 2 histrionisch (= theatralisch)	histrionisch, aber auch abhängige Persönlichkeit
Typ 3 Marketing-Orientierung	die Pathologie der (Selbst-)Täuschung kommt (seltsam genug) nicht im DSM vor
Typ 4 depressiv-masochistisch	Borderline- oder emotional instabile Persönlichkeitsstörung
Typ 5 pathologische Zurückgezogenheit	schizoid
Typ 6 paranoid	paranoid
Typ 7 narzisstisch	narzisstisch
Typ 8 sadistisch	antisoziale Persönlichkeit
Typ 9 überangepasst	Zwangsstörung mit Schwerpunkt auf Zwangsverhalten, aber auch vermeidende/ausweichende und abhängige Persönlichkeit

Tabelle 14.1: Naranjos Bezeichnungen für die Typen

Bevor Sie weiterlesen, ist es wichtig zu wissen, dass Sie eventuell Aspekte Ihrer selbst in den hier beschriebenen Persönlichkeitsstörungen wiedererkennen. Das kann allenfalls darauf hindeuten, dass der innere Mechanismus Ihres Typs mit dieser Störung vergleichbar ist. Es heißt mit Sicherheit nicht, dass Sie diese Störung haben. Für eine Diagnose brauchen Sie einen Arzt, bei Persönlichkeitsstörungen einen Psychiater. Von jeder Beschreibung gibt es nämlich eine gesündere und eine ungesündere Variante. Bevor von einer Störung die Rede sein kann, werden verschiedene Kriterien des Zustands einer Person in Betracht gezogen.

Als diagnostische Kriterien gelten nicht nur das Wiedererkennen in der Beschreibung, sondern im DSM-IV werden auch andere Faktoren für den Zustand und das Funktionieren einer Person angeführt. Bevor eine Diagnose gestellt werden kann, wird geprüft, ob Folgendes zutrifft:

1. ein dauerhaftes Muster innerer Erfahrungen und Verhaltensweisen, die innerhalb der Kultur des Betroffenen deutlich von den Erwartungen abweicht
2. ein dauerhaftes Muster, das signifikant Leid oder Beschränkungen im gesellschaftlichen oder beruflichen Handeln oder im Handeln auf anderen wichtigen Gebieten verursacht
3. ein Muster, das über längere Zeit stabil ist und dessen Anfänge mindestens bis in die Adoleszenz oder das frühe Erwachsenenalter zurückverfolgt werden können
4. ein dauerhaftes Muster, das nicht eher als Ausdruck oder Folge einer anderen psychischen Störung anzusehen ist
5. ein dauerhaftes Muster, das nicht die Folge der direkten physiologischen Wirkung eines Mittels (zum Beispiel von Drogen, Medikamenten) oder eines somatischen Leidens ist (zum Beispiel Schädeltrauma)

Die Zwangsstörung – ähnelt Typ 1

Eine Zwangsstörung ist durch allgemeine Inflexibilität, striktes Befolgen von Regeln und Abläufen, Perfektionismus und übermäßige Ordnung gekennzeichnet. Menschen mit Zwangsstörung sind oft sparsam, halten ihr Haus perfekt in Ordnung oder delegieren nicht gern, weil sie glauben, dass die Arbeit dann nicht korrekt erledigt wird. Moralisch oder ethisch gibt es für sie wenige oder gar keine Grauzonen: Taten und Ansichten sind entweder vollkommen gut oder vollkommen schlecht. Ihre persönlichen Beziehungen verlaufen mühsam, weil sie zu hohe Anforderungen an Freunde, Partner und Kinder stellen. Zwangsstörungspatienten streben vor allem nach Perfektion und fühlen sich angespannt, wenn bestimmte Dinge nicht richtig oder ordentlich sind.

Die histrionische Persönlichkeitsstörung – ähnelt Typ 2

Eine histrionische Persönlichkeitsstörung ist durch übertrieben emotionale Äußerungen und die Suche nach Aufmerksamkeit gekennzeichnet. Betroffene erscheinen auf den ersten Blick lebendig, überschäumend, begeistert und charmant. Sie flirten gern und nutzen (sexuelle) Verführung, um Aufmerksamkeit zu bekommen. Wenn allerdings jemand direkt auf ihre Avancen eingeht, können sie unsicher reagieren. Ihre emotionalen Äußerungen sind oft stärker, als im Zusammenhang erwartet wird. Sie werden unruhig, böse oder depressiv, wenn sie ihrer Ansicht nach zu wenig Aufmerksamkeit bekommen. Oft halten sie ihre persönlichen Beziehungen für tiefgründiger, als sie wirklich sind. Dadurch sind sie anfällig für Depressionen. Diese Störung wird häufiger bei Frauen als bei Männern festgestellt.

Borderline-Persönlichkeitsstörung – ähnelt Typ 4

Eine Borderline-Persönlichkeitsstörung ist durch ein Muster instabiler zwischenmenschlicher Beziehungen, ein instabiles Selbstbild, instabile Emotionen und starke Impulsivität gekennzeichnet. Betroffene haben oft ein schwaches Selbstwertgefühl und eine starke Neigung zu extremen Urteilen. In Beziehungen zu Freunden und/oder Partnern geht es oft um alles oder nichts, oft erst alles und danach plötzlich nichts. Das schwache Selbstwertgefühl führt mitunter zu selbstverletzendem Verhalten (Automutilation, etwa sich bewusst schneiden oder verbrennen). Manche Patienten versuchen, ihre Unsicherheit durch provozierendes Verhalten zu überdecken. Mitunter tritt Dissoziation auf: Menschen mit Borderline-Störung können gelegentlich kurz »weg« sein, für eine bestimmte Zeit nicht mehr in der Wirklichkeit anwesend. Sie haben dann das Gefühl, sich selbst in einem Film agieren zu sehen. Das tritt meist dann auf, wenn der Stress zu groß wird.

Viele Borderliner leben in der Angst, verlassen zu werden (auch wenn davon in der Realität keine Rede ist). Selbst in Gruppen können sie sich daher einsam fühlen. Wichtig ist, dass es nicht zwei gleiche Borderline-Erkrankungen gibt. Es gibt verschiedene Abstufungen, von erträglich bis heftig. In der American Psychiatric Association (APA), der psychiatrischen Vereinigung, die für das DSM verantwortlich ist, wird auch die Bezeichnung emotional instabile Persönlichkeitsstörung verwendet.

Schizoide Persönlichkeitsstörung – ähnelt Typ 5

Eine schizoide Persönlichkeitsstörung ist durch Distanziertheit in sozialen Kontakten und einen beschränkten emotionalen Ausdrucksbereich gekennzeichnet. Betroffene haben kaum ein Bedürfnis nach engen Beziehungen und suchen sich in der Regel Aktivitäten, die sie allein ausführen können. Sie haben außerdem wenig Freude an Unternehmungen mit anderen, kaum enge Freunde, erscheinen gleichgültig gegenüber Lob und Kritik und zeigen einen kühle, distanzierte Reaktionen. Ob diese Störung wirklich eine Störung ist, wird noch diskutiert, da Betroffene und ihre Umgebung nicht unbedingt darunter leiden. Es gibt (symptomatische) Übereinstimmungen zwischen der schizoiden Persönlichkeitsstörung und dem Asperger-Syndrom; die schizoide Persönlichkeitsstörung wird jedoch nicht zum autistischen Spektrum gezählt.

Die paranoide Persönlichkeitsstörung – ähnelt Typ 6

Der Begriff paranoid bezeichnet ein anhaltendes und unbegründetes Misstrauen gegenüber Menschen. Freunde, Bekannte und Kollegen werden aufgrund dieses Misstrauens distanziert behandelt. Kontakte werden erst dann enger, wenn sich herausstellt, dass sie keine bösen Absichten haben. Oft sind Betroffene aber noch immer auf der Hut und reagieren mitunter heftig auf Kleinigkeiten (zum Beispiel einen Witz), die sie als persönlichen Angriff betrachten. Sollte die Person tatsächlich schlecht behandelt oder betrogen werden, kann die Wut darüber Jahre dauern und möglicherweise zu Rachegefühlen führen.

Paranoide Persönlichkeiten misstrauen oft auch ihrem Lebenspartner. Deshalb werden dessen Aktivitäten stärker als normal beobachtet, Betroffene treten mitunter streng bis diktatorisch auf. In bestimmten Fällen richtet sich das Misstrauen gegen Bevölkerungsgruppen, Organisationen oder Behörden. Das kann zu Vorurteilen oder langwierigen Konflikten führen, die sich in den Augen der Umgebung nur um Kleinigkeiten drehen. Das nennt man auch Querulantenwahn (obwohl in diesen Fällen von einem echten Wahn keine Rede ist).

Die narzisstische Persönlichkeitsstörung – ähnelt den Typen 7 und 3

Eine narzisstische Persönlichkeitsstörung ist durch ein übertriebenes Selbstwertgefühl, ein starkes Bedürfnis nach Bewunderung und ein schwaches Einfühlungsvermögen gekennzeichnet. Narzisstische Patienten können auf den ersten Blick charmant und interessant wirken, aber wenn eine Beziehung länger dauert, erweist sich ihr Egozentrismus oft als schwerwiegendes Hindernis. Oft verlangen sie, bevorzugt behandelt zu werden. Wenn das nicht geschieht, fühlen sie sich schnell gekränkt oder zu wenig geschätzt. Dadurch sind sie anfällig für depressive Symptome. Andererseits kann ihre Verletzlichkeit auch zu Wutanfällen führen. Das Leben eines Menschen mit narzisstischer Persönlichkeitsstörung ist meist schwierig und hat starke Auswirkungen auf die Menschen in der Umgebung.

Wie ein Junkie Heroin braucht, so ist ein Mensch mit narzisstischer Persönlichkeitsstörung auf Aufmerksamkeit angewiesen. Diese Aufmerksamkeit erhält sein zerbrechliches Selbstbild aufrecht und ist daher lebenswichtig für diesen Menschen. Um die nötige Aufmerksamkeit zu erhalten, benutzen Betroffene die Menschen in ihrer unmittelbaren Umgebung, etwa den Partner oder die Kinder. Die narzisstische Persönlichkeitsstörung kann als Verteidigungsmechanismus angesehen werden, der auf Minderwertigkeitsgefühlen beruht.

Die antisoziale oder dissoziale Persönlichkeitsstörung – ähnelt Typ 8

Eine antisoziale Persönlichkeitsstörung ist durch antisoziales und impulsives Verhalten gekennzeichnet. Man betrachtet diese Störung als das Leiden, das man früher psychopathische oder soziopathische Persönlichkeitsstörung nannte. Weil sehr viel mehr Männer als Frauen an dieser Störung leiden, wird sie mitunter auch als »Borderline für Männer« bezeichnet. Betroffene kommen oft mit der Polizei und der Justiz in Berührung, weil sie die Normen und Werte der Gesellschaft und die Rechte anderer missachten. Manche sind der Ansicht, dass Menschen, die in der Gesellschaft ungewöhnlich hohe Leistungen erbringen, Merkmale einer antisozialen Persönlichkeitsstörung aufweisen, weil sie weniger Mühe mit schwierigen Entscheidungen haben.

Betroffene können sehr einnehmend und charmant sein, aber auch durch Impulsivität und mangelndes Einfühlungsvermögen schnell in Konflikte geraten. Sie lügen oft zu ihrem Vorteil und haben keine Angst, was möglicherweise erklärt, warum sie die Konsequenzen ihrer Handlungen nicht einsehen. Reue, Empathie oder Schuldgefühle kommen bei Betroffenen nicht oder nur in geringem Maß vor.

Die abhängige Persönlichkeitsstörung – ähnelt Typ 9

Eine abhängige Persönlichkeitsstörung ist durch eine anhaltende psychologische Abhängigkeit von anderen Menschen gekennzeichnet. Weil Betroffene ein großes Bedürfnis nach

Bestätigung und Anerkennung haben, strengen sie sich sehr an, um es anderen recht zu machen. Sie können frustriert reagieren, weil sie sich gezwungen fühlen, Dinge zu tun, die sie eigentlich nicht wollen, oder weil sie ihre Gefühle nicht ausdrücken können. Ihr übermäßig abhängiges Verhalten kann zu schwierigen und instabilen Beziehungen führen.

Wenn eine Beziehung beendet wird, sind Betroffene oft verzweifelt und nicht mehr in der Lage, richtig für sich zu sorgen. Sie haben oft ein sehr geringes Selbstwertgefühl und sind anfällig für andere psychische Leiden, vor allem Depressionen und Angststörungen. Das DSM-IV definiert die abhängige Persönlichkeitsstörung als ein andauerndes und übermäßiges Bedürfnis, versorgt zu werden. Das führt zu Selbstunterwerfung, übertrieben abhängigem Verhalten und der Angst, verlassen zu werden.

Die Störung äußert sich im jungen Erwachsenenalter in verschiedenen Situationen. Im Vorgänger des DSM-IV, dem DSM-III, wurde auch die passiv-aggressive Persönlichkeitsstörung aufgeführt. Sie wurde in das DSM-IV nicht aufgenommen, weil nicht klar war, ob es sich wirklich um eine eigenständige Persönlichkeitsstörung handelte. Die passiv-aggressive Persönlichkeitsstörung passt noch genauer zur Beschreibung von Typ 9 auf weniger entwickelter bis pathologischer Ebene.

Neun Ebenen der Entwicklung nach Riso/Hudson

Riso und Hudson (mehr über die beiden erfahren Sie in Kapitel 19) arbeiten mit einer Einteilung in neun funktionale Ebenen. Für jeden Typ haben sie auf jeder Ebene beschrieben, welche Merkmale jeweils zutreffen. Manche schwören auf diese Entwicklungsebenen, erleben, dass die Arbeit damit ihnen viel gebracht hat, und können deshalb selbst gut damit arbeiten. Andere finden sich darin weniger wieder, weil sie glauben, dass die psychologischen Grundlagen zu dünn sind oder dass die vielen Details eine Genauigkeit vorspiegeln, die nicht mit der Realität übereinstimmt und nicht durch Forschungsergebnisse gestützt wird. Außerdem erscheint ihnen das Ganze als Ergebnis einer intellektuellen Fingerübung, nicht als Resultat von Beobachtungen und Berichten der Menschen selbst.

Ich arbeite aus anderen Gründen nicht mit dieser Einteilung. Der wichtigste davon ist, dass ich mit einer Einteilung der verschiedenen Bewusstseinsebenen arbeite, die Sie weiter hinten in diesem Kapitel kennenlernen. Das erlebe ich als effektiv und inspirierend. Für mich stellt sie die Verbindung zwischen der Entwicklung auf psychologischer Ebene und der Entwicklung auf spiritueller Ebene dar. Diese Dinge sind sehr persönlich: Der eine schwört auf seinen PC, der andere auf seinen Mac. Beides sind Rechner, aber mit unterschiedlicher Technik und unterschiedlichem Design. Es gibt nur wenige Menschen, die mit beiden gleichzeitig arbeiten; die meisten entscheiden sich für das eine oder das andere. So funktioniert es auch mit diesen Einteilungen. Letzten Endes stehen Sie vor der Wahl und müssen selbst herausfinden, was für Sie funktioniert.

Bewusstseinsebenen: Innere Zustände

In spirituellen Traditionen werden verschiedene Seinszustände in uns beschrieben. Das Wissen darüber wurde durch Meditation erworben. Falls Sie befürchten, dass es jetzt schwammig wird: Einige dieser Zustände kennen Sie gut.

Jeden Abend, wenn Sie die Augen schließen und einschlafen, betreten Sie eine Welt, die dem normalen Bewusstsein nicht zugänglich ist. Man könnte also den Schlaf als einen solchen inneren Zustand beschreiben; unser Bewusstsein ist völlig entspannt. Auch diese inneren Zustände lassen sich als Ebenen betrachten. Bekannte Begriffe sind das Niedere Selbst und das Höhere Selbst. Das Niedere Selbst ist ein Synonym für unser Handeln auf der Ebene des Typmechanismus oder des Ego. Kennzeichnend dafür ist, dass hier unser Typ die Regie führt und unser Denken, Fühlen und Handeln dirigiert. Das Höhere Selbst kann aktiv werden, wenn der innere Beobachter in den Vordergrund tritt und der Typmechanismus dadurch in den Hintergrund gerät. Ein Merkmal dafür ist, dass dann der innere Beobachter die Regie führt und unser Denken, Fühlen und Handeln entsprechend lenkt. Sie können das selbst spüren, denn als Folge davon erleben Sie Wahl- und Handlungsfreiheit.

Ein anderer Überblick: Bewusstseinsebenen

Die verschiedenen Seinszustände werden auch innere Zustände oder Bewusstseinszustände genannt. Sie sind in der folgenden Übersicht auf mehrere Ebenen verteilt, die eine Beschreibung unseres Bewusstseins bilden. Die Übersicht soll Ihnen helfen, sich etwas unter den verschiedenen Bewusstseinsebenen vorzustellen. Diese Einteilung stimmt mit der Anatomie des Bewusstseins in der Kabbala überein und wird in dieser Form von meiner Kollegin Hannah Nathans in *Kabbala en het enneagram* gelehrt.

Die Kabbala stammt aus der jüdischen Mystik und wird auch als Lebensbaum bezeichnet. In der Gedankenwelt der Kabbala ist der Ursprung jeder Seele in einem anderen Aspekt des Göttlichen verwurzelt. Ich wurde nicht in einer spirituellen Tradition erzogen und habe daher oft Schwierigkeiten mit der spirituellen Ausdrucksweise. Um die Dinge für mich begreiflich zu machen, übersetze ich die Begriffe deshalb in »normale Menschensprache«. Daher betrachte ich mich sozusagen als Übersetzerin, aus der »alten« Sprache in eine leichter verständliche neue. In dieser Übersicht gehen wir einen ersten Schritt hin zur spirituellen Dimension des Enneagramms.

Mehr über die Ebene des inneren Beobachters

Die Bewusstseinsebene unseres Körpers und unseres Typs ist vorhanden. Das ist leicht wahrnehmbar, damit haben wir ab dem Augenblick zu tun, in dem wir wach werden. Der Bewusstseinszustand oder die Ebene des inneren Beobachters ist die erste wichtige Ebene, die wir entwickeln müssen. Jeder kann das lernen, jeder kann den inneren Beobachter trainieren. Das ist mentale Fitness.

Von klein auf trainieren wir unser Gehirn, aber in der westlichen Welt entwickeln wir unser Kopfzentrum – und das unserer Kinder – vor allem kognitiv. In anderen Regionen ist es üblich, das Kopfzentrum, ebenfalls von Kindheit an, auf andere Art zu entwickeln. Beispiele dafür sind Meditation oder Aufmerksamkeitstraining. Die Ebene des inneren Beobachters ist die Ebene, die wir betreten, wenn wir uns unserer Automatismen bewusst werden – und wach werden. Wenn wir anfangen, das Leiden des Lebens zu spüren, werden wir aufnahmebereit für tiefere Realitäten. Warum gibt es Leiden? Vielleicht, weil wir sonst gar nicht aufwachen würden. Ich habe noch nicht viele Menschen beobachten können, die sich in die innere Arbeit stürzen, während sie glücklich und gesund sind.

Das transpersonale oder transzendente Selbst

Das Transpersonale oder Transzendente ist ein Bewusstsein, das über das Individuelle hinausgeht, das Raum und Zeit übersteigt und keine persönlichen Probleme, Spannungen oder Ängste kennt. Eine schwer zu begreifende Vorstellung. Mag sein, dass Sie jetzt weiterblättern, aber vielleicht finden Sie es doch faszinierend, sich näher damit zu beschäftigen. Es geht um das, was Jung unser kollektives Unbewusstes nannte. Jung hat viel Wissen überliefert, das uns bei der Bewusstwerdung, beim Erkennen, beim Aneignen und Verwenden der Kräfte hilft, die in unserem kollektiven Unbewussten vorhanden sind. Jung erklärte die Bedeutung und den Sinn der Sprache und Bilder der Mythologie, wie sie bei vielen Naturvölkern erlebt wird. Mit ihrer Hilfe können wir uns einem erweiterten, unbegrenzten Bild der Welt, der Wirklichkeit und des Universums öffnen, zu dem wir gehören.

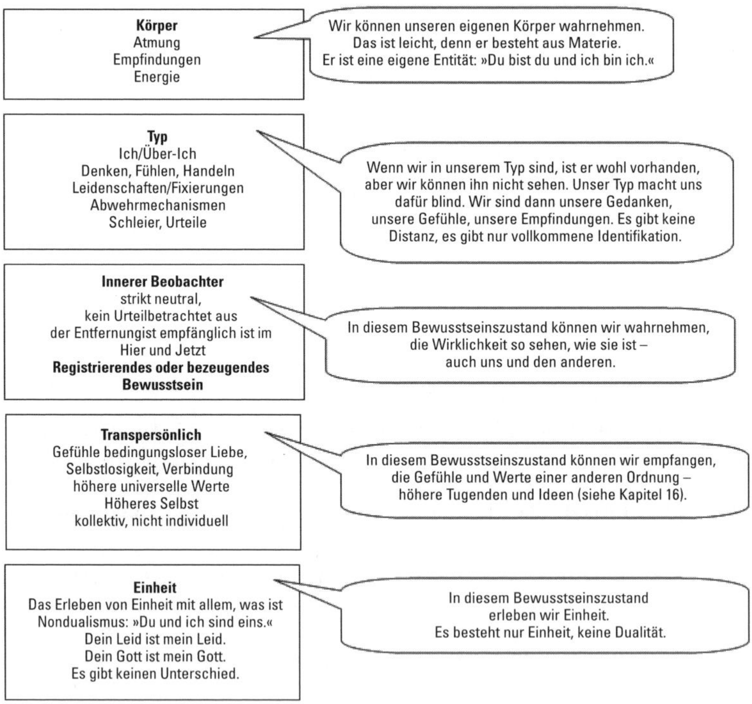

Abbildung 14.2: Verschiedene Bewusstseinsebenen

Hinfallen und wieder aufstehen

Auch ohne ein Modell oder eine Methode wie das Enneagramm lernen wir Menschen im Lauf des Lebens, durch das Leben, indem wir hinfallen und wieder aufstehen. Viele kämpfen zwischen ihrem zwanzigsten und dreißigsten Lebensjahr gegen sich selbst an. Das ist das Alter, in dem die Persönlichkeitsstruktur fertig entwickelt und mit wenig Selbstmanagement noch ungebremst im Inneren aktiv ist. In diesem Alter stehen junge Menschen auf eigenen Beinen: Sie studieren, arbeiten, heiraten, bekommen Kinder. Vier Gebiete, die jedes für sich eine beachtliche Herausforderung sind und jeden Menschen mit sich selbst konfrontieren. In Berichten dieser Menschen wurde aufgezeichnet, wie und was Menschen von sich aus lernen und entwickeln, wenn sie es durch Hinfallen und Wiederaufstehen selbst herausfinden. Im Enneagramm wird das auf zwei Arten zusammengefasst: als Flügel- und als Stress-/Relaxtypen.

Wir haben Flügel

Auf den Gebieten, mit denen Sie die meisten Schwierigkeiten haben, werden Sie sich selbst zuerst »zurechtstutzen«. In meinem Fall habe ich während des Studiums bei Teamarbeitsaufgaben entdeckt, dass ich von Natur aus nur eine richtige Lösung sehe. Dafür konnte ich mich mit viel Begeisterung einsetzen, um andere davon zu überzeugen. Wie es in solchen Situationen aussah, können Sie sich denken. Indem ich bei meinen Mitstudenten auf Widerstand stieß, entdeckte ich, wie ich anders damit umgehen konnte. Ich lernte, dass man alles von mehreren Seiten betrachten kann. Ich hörte meinen Mitstudenten zu, von welchen anderen Seiten sie die Dinge betrachteten. Ich lernte, dass oft mehrere Lösungen möglich sind und dass es so etwas wie den einen richtigen Weg nicht gibt. Die Stärken, die ich unbewusst und aus mir selbst heraus entwickelte, erinnern in der Tat stark an die Stärken eines Enneagramm-Typs neben meinem auf dem Kreis, nämlich an Typ 9, den Vermittler. Anscheinend um meinen eigenen Typ besser auszugleichen, entwickelte ich Stärken der Typen rechts und links von mir im Kreis.

Diese nennen wir im Enneagramm unsere Flügel. Wir haben alle zwei Flügel, mit denen wir unser Verhalten in der Außenwelt ins Gleichgewicht bringen können. Es gibt keine Erklärung für diese Flügel und für unsere offensichtliche Entwicklung. Dass es anscheinend so funktioniert, ist reine Beobachtungssache. Sie erhalten damit Einblick in den Lernweg, den Sie schon von sich aus zurückgelegt haben. Vielleicht finden Sie hier auch Inspiration. Wenn Sie wenig von den Typen neben sich im Kreis erkennen können, schauen Sie einmal nach, welche Stärken diese beiden haben, die Sie selbst auch gut gebrauchen könnten. Auf dieser Ebene zu lernen ist Lernen erster Ordnung: das Ausbauen von Stärken und Verhaltensalternativen.

Für jeden Typ und seine beiden Flügel enthält Tabelle 4.2 ein Beispiel für das Ausbalancieren.

9 **1** 2	9-Flügel sorgt dafür, dass Typ 1 auch Nuancen sieht und sich in andere einfühlt. 2-Flügel sorgt dafür, dass Typ 1 sich weniger auf sich selbst ausrichtet und sich mehr um andere kümmert.
1 **2** 3	1-Flügel sorgt dafür, dass Typ 2 eher entdeckt und tut, was er will, stärker selbstbezogen wird. 3-Flügel sorgt dafür, dass Typ 2 weniger im Hintergrund bleibt und stärker selbst im Rampenlicht stehen will.

2 **3** 4	2-Flügel sorgt dafür, dass Typ 3 sich weniger auf sich selbst ausrichtet und sich mehr um andere kümmert. 4-Flügel sorgt dafür, dass Typ 3 stärker mit seinen Gefühlen in Kontakt kommt und Tiefgang schätzen lernt.
3 **4** 5	3-Flügel sorgt dafür, dass Typ 4 sich weniger die Gefühlswelt hingibt und mehr in der Außenwelt lebt. 5-Flügel sorgt dafür, dass Typ 4 stärker seinen Verstand gebraucht und weniger seinen Gefühlen gehorcht.
4 **5** 6	4-Flügel sorgt dafür, dass Typ 5 stärker mit seinen Gefühlen und denen anderer in Kontakt kommt. 6-Flügel sorgt dafür, dass Typ 5 offener über sich selbst wird und mehr Informationen mit anderen teilt.
5 **6** 7	5-Flügel sorgt dafür, dass Typ 6 sich stärker auf die eigene Innenwelt und auf handfeste Informationen richtet. 7-Flügel sorgt dafür, dass Typ 6 sich positiver auf seine Möglichkeiten richtet und auf das, was gut gehen kann.
6 **7** 8	6-Flügel sorgt dafür, dass Typ 7 realistischer wird und auch sieht, was schiefgehen kann. 8-Flügel sorgt dafür, dass Typ 7 stabiler und geerdeter wird und weniger geistige Höhenflüge unternimmt.
7 **8** 9	7-Flügel sorgt dafür, dass Typ 8 stärker mit dem Denken in Kontakt kommt und das Handeln ausgleichen kann. 9-Flügel sorgt dafür, dass Typ 8 sich mehr öffnet und einen Blick für die Interessen und Ideen anderer entwickelt.
8 **9** 1	8-Flügel sorgt dafür, dass Typ 9 klarer für sich selbst eintritt und weniger abhängig wird. 1-Flügel sorgt dafür, dass Typ 9 stärker in Kontakt mit eigenen Ideen kommt, auch in Anwesenheit von anderen.

Tabelle 14.2: Flügel sorgen für Ausgleich.

Was haben Sie von Ihren Nachbarn im Kreis gelernt?

Mein Typ ist ____________________

Meine Flügel sind: ____________________

Stärken, die ich von Flügel … gelernt habe: ____________________

Stärken, die ich von Flügel … gelernt habe: ____________________

Was sollten Sie von Ihren Nachbarn im Kreis lernen?

Stärken, die ich von Flügel … lernen will: ____________________

Stärken, die ich von Flügel … lernen will: ____________________

Es gibt Zeiten mit Stress und Zeiten der Entspannung

Jeder Mensch verhält sich in Zeiten von lang anhaltendem Stress oder von Entspannung anders als im normalen Alltag. Hier gilt dasselbe wie für die Flügel: Aus dem, was Menschen berichten, ergibt sich ein festes Muster, nach dem Menschen unter Stress oder Entspannung anders handeln. So wie wir uns selbst durch Hinfallen und Wiederaufstehen weiterentwickeln und uns dabei die Stärken der Typen neben uns im Kreis aneignen, übernehmen wir in der Entspannung Eigenschaften unseres sogenannten Relax- oder Trostpunkts und unter Stress

Eigenschaften des sogenannten Stresspunkts. Wir bekommen dadurch nicht einen anderen Typ. Es ist auch keine Frage der bewussten Entwicklung. Wir übernehmen einfach in bestimmten Situationen die Eigenschaften bestimmter Typen, nicht nur die positiven, auch die weniger günstigen. Zu den Eigenschaften unserer Stress- und Relaxtypen haben wir offenbar leichten Zugang, daher eignen wir sie uns von Natur aus schneller an als die anderer Typen im Kreis. Auch hierfür gibt es keine Erklärung, nur die Erzählungen von Menschen, dass es bei ihnen offenbar so funktioniert.

Die Stress- und Trostpunkte zu jedem Typ sind anscheinend nicht willkürlich verteilt, sondern es liegt ein bestimmtes Muster zugrunde. Im Enneagramm gibt es zwei Linien: Die erste bildet das Dreieck zwischen den Typen 3, 6 und 9. Die zweite verbindet die anderen Typen von Typ 1 über 4, 2, 8, 5 und 7 wieder zurück zu 1. Der Typ bewegt sich in Pfeilrichtung an Elementen entlang, die für ihn mit Stress beladen sind. In die Gegenrichtung, also entgegen der Pfeilrichtung bewegt sich der Typ durch das, was für ihn Entspannung und Sicherheit bedeutet.

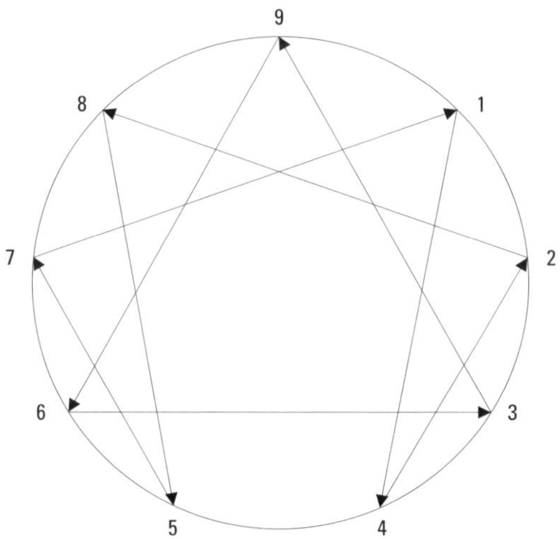

Abbildung 14.3: Stress- und Relaxtypen

Ich nenne in Tabelle 14.3 pro Typ vier Beispiele: für jeden Stress- und Trostpunkt eine positive und eine negative Eigenschaft.

Typ 9	Stresstyp = 6	positiv	wacher, aktiver, mehr und schärfer denken, Analysen
		negativ	Misstrauen, Schuld auf andere schieben, Panik
	Relaxtyp = 3	positiv	produktiv, viel Energie, Motivation, sorgt dafür, gesehen zu werden
		negativ	mehr Sorge darum, was andere von ihm halten, Angst vor Versagen
Typ 6	Stresstyp = 3	positiv	Ergebnis- und aufgabenorientiert, energischer, besser sichtbar
		negativ	mehr Sorge darum, was andere von ihm halten, Angst vor Versagen
	Relaxtyp = 9	positiv	weniger misstrauisch, entspannter und offener für andere
		negativ	Absturz in Passivität, unentschlossen, Motivationsverlust

Typ 3	Stresstyp = 9	positiv	Verzögerung; entspannter, offener und rücksichtsvoller mit anderen
		negativ	Unentschlossenheit, Passivität, Motivationsverlust
	Relaxtyp = 6	positiv	Gefühle im Vordergrund, Loyalität
		negativ	Zweifel, Unsicherheitsgefühl, Angst vor Imageverlust
Typ 1	Stresstyp = 4	positiv	in Kontakt mit eigenen Gefühlen, künstlerische Tätigkeiten
		negativ	Selbstmitleid, Depression, Minderwertigkeitsgefühl
	Relaxtyp = 7	positiv	Möglichkeiten erkennen, Freude und Leichtigkeit erleben
		negativ	Weniger Verantwortung, Unmäßigkeit
Typ 4	Stresstyp = 2	positiv	stärker an anderen orientiert, sucht soziale Umgebung auf
		negativ	verliert Kontakt mit eigenen Gefühlen und Bedürfnissen
	Relaxtyp = 1	positiv	systematischer und geordneter, weniger Launen, stabiler
		negativ	zu kritisch, nichts ist gut genug, Intoleranz (Ungeduld)
Typ 2	Stresstyp = 8	positiv	Kontakt mit eigenem Willen/Bedürfnissen, Führungsqualitäten, selbst sichtbar
		negativ	impulsiv böse, kontrollierend, zwingend, findet kein Ende
	Relaxtyp = 4	positiv	mehr Augenmerk auf eigene Gefühle, Gefühl für Ästhetik
		negativ	Selbstmitleid, Depression, Minderwertigkeitsgefühl
Typ 8	Stresstyp = 5	positiv	Abstand nehmen, mäßiger, mehr Reflexion, objektiver
		negativ	isolieren, zurück und entziehen, initiativlos
	Relaxtyp = 2	positiv	Blick für Bedürfnisse/Gefühle anderer, Einsatz dafür
		negativ	Manipulation, um eigenen Willen durchzusetzen Kontrolle über andere
Typ 5	Stresstyp = 7	positiv	mehr Möglichkeiten erkennen, mehr Humor, Leichtigkeit, weniger Spannung
		negativ	schwierigen Dingen ein positives Etikett ankleben und dadurch ausweichen, nicht entscheiden können
	Relaxtyp = 8	positiv	mehr Tatkraft, Aktion, Führungsqualitäten, Autorität, sichtbar werden
		negativ	impulsiv böse, kontrollierend, zwingend, findet kein Ende
Typ 7	Stresstyp = 1	positiv	Fokus! Dinge zu Ende bringen, Blick für Details, realistisch planen
		negativ	zu kritisch, zu detailverliebt, meine Methode ist die einzig richtige
	Relaxtyp = 5	positiv	Abstand nehmen, mäßiger, mehr Reflexion, objektiver
		negativ	isolieren, zurück- und entziehen, initiativlos

Tabelle 14.3: Beispiele für Stress- und Relaxtypen

Krumme Bananen gerade reden

Bei der Einführung der Flügel und der Stress- und Relax- oder Trostpunkte ist eine Warnung angebracht. Im »Enneagramm-Land« beobachte ich recht häufig, dass »krumme Bananen gerade geredet« werden. Die Menschen benutzen nicht das Enneagramm als Hilfsmittel, um sich selbst zu erklären, sondern sie benutzen sich als Hilfsmittel, um das Enneagramm zu erklären. Dann sagen sie zum Beispiel: »Ich beobachte, dass ich dies oder das tue, und das ist logisch, denn das ist mein Einser-Flügel.« Oder: »Ich habe Probleme mit diesem und jenem, und das ist logisch, denn ich habe Stress und das gehört zu meinem Stresspunkt.« Das Material, das im Enneagramm angeboten wird, ist da, um Ihnen zu helfen, sich selbst zu beobachten und das, was Sie sehen, loszulassen. Das Ziel der Typidentifikation ist nicht, dass Sie an dieser Identifikation festhalten oder sich noch stärker mit Ihrem Typ identifizieren: »O ja, da tue ich das wieder; wie gut, dass ich mich selbst dabei beobachte« (das Enneagramm stimmt also). Das Ziel ist nicht, dass Sie in Ihrem Typ gefangen bleiben, sondern dass Sie sich befreien. Sie haben einen Typ, Sie sind nicht Ihr Typ, und Sie müssen deshalb auch nicht »so« bleiben. Es ist schade, wenn es dabei bleibt, krumme Bananen gerade zu reden. Das hilft Ihnen nicht weiter. Ich habe das Buch mit dem Wunsch geschrieben, dass es Ihnen hilft, in Ihrer persönlichen Entwicklung weiterzukommen.

Es gibt einen Weg, Sie können etwas tun

15

In diesem Kapitel

- Psyche und Spiritualität integrieren
- Meditieren lernen
- Tipps für Center Practices
- So hilft atmen
- Es darf gelacht werden

Ich habe schon von meinen Versuchen erzählt, Fitnesstraining zu betreiben. Meine Fitnessmethode, bei der meine Zehnerkarte nach einem halben Jahr mit noch drei oder vier Einheiten verfällt, funktioniert nicht. Ich müsste mich entscheiden: Entweder mache ich es richtig oder gar nicht. Aber einmal im Monat bringt nicht wirklich viel. Das gilt auch für unsere mentale Fitness. In diesem Kapitel zeige ich, was Sie tun können, um in Ihrer persönlichen Entwicklung weiterzukommen. Sie bekommen eine Vorstellung davon, welche Übungen funktionieren können. Dann müssen Sie allerdings immer noch ausprobieren, was bei Ihnen tatsächlich Wirkung zeigt, was Sie sich ernsthaft vornehmen und auch ausführen können.

Methode zur psycho-spirituellen Integration

Die psycho-spirituelle Integration ist die Entwicklungsmethode der Helen-Palmer-Schule. Dazu gehört die Arbeit mit den verschiedenen Lern- und Bewusstseinsebenen im Zusammenhang miteinander. Das Enneagramm bietet eine gute und präzise Anleitung für die erste Lernebene, für die persönliche Weiterentwicklung innerhalb des Typs, der Erweiterung der Fertigkeiten und Handlungsmöglichkeiten. Das bedeutet auch eine Weiterentwicklung auf psychologischer Ebene, um gesünder mit sich selbst und harmonischer im sozialen Umfeld zu leben. Es zeigt auch einen klaren Weg für die zweite Lernebene und die Entwicklung höherer Bewusstseinszustände. Die zweite Lernebene steht in diesem Kapitel im Mittelpunkt, gemeinsam mit der Entwicklung des inneren Beobachters.

Wer ist der beste Mönch?

Die Integration besteht darin, dass zwei Welten, die in der Regel getrennt sind, zusammenkommen: Die psychologische Seite wird angesprochen und eine Verbindung zur spirituellen Arbeit hergestellt. Für uns ist es eine Scheintrennung, diese beiden Seiten sind miteinander verbunden. Um den spirituellen Weg zu gehen, ist es nötig, den (psychologischen) Typmechanismus loszulassen. Dazu muss er erst erkannt und akzeptiert werden. Wenn Menschen zu einer spirituellen Reise aufbrechen, ohne sich auch die psychologische Seite vorzunehmen, führt es oft dazu, dass sie auch bei der spirituellen Arbeit von ihrem Typ an der Nase herumgeführt werden. Wie kann man sich das vorstellen?

Nehmen wir neun Mönche und Nonnen, die sich alle hingebungsvoll ihrer spirituellen Suche widmen. Nonne Karin sucht den perfekten Weg, Mönch Peter hilft vor allem seinen Mitbrüdern und -schwestern auf ihrem Weg, Nonne Ina verwendet viel Energie darauf, die beste Nonne überhaupt zu werden, und hat sich gleich zu Anfang ein überzeugendes Rollenbild zugelegt; Mönch Tim ist einzigartig; Nonne Alice führt ein streng zurückgezogenes, asketisches Leben, das nur ihrem Studium gewidmet ist; Mönch Jan lebt in der Sicherheit des Klosters; und so weiter.

An dieser Stelle schlagen viele »Gurus« früher oder später den falschen Weg ein: Wird das Ich nicht losgelassen, erhält es auf dem spirituellen Weg neue Nahrung, und was gefüttert wird, wächst. Die katholische Kirche als (Männer-)Machtinstitution könnte man als Beispiel anführen. Wo das Ich aktiv ist, regieren Macht, Dominanz und Kontrolle (*Power, Dominance and Control,* PDC) und das Bedürfnis danach. Dann werden die in Liebe erteilten Lektionen zu Dogmen erhoben. (David Daniels bezeichnet mit PDC das Gegenteil von Liebe und Wohlwollen, was die Buddhisten Mitgefühl oder Herzensgüte nennen. Um auf dieser höheren Ebene der Liebe und des Wohlwollens handeln zu können, ist eine wichtige Voraussetzung, das Ich loslassen zu können.)

Kosten-Nutzen-Analyse

Sie können sich allerdings auch dafür entscheiden, sich auf die erste Entwicklungsebene zu beschränken. Dann kann weniger oder kaum etwas schiefgehen. Es lässt sich schnell reichlich Gewinn erzielen. Der einzige Nachteil ist, dass das Leiden, das durch den Typ verursacht wird, Ihnen erhalten bleibt und Sie nicht die innere Freiheit und Ruhe gewinnen, die Sie erreichen könnten. Die Weiterentwicklung auf der ersten Ebene bietet dennoch eine gute Möglichkeit, in Beziehungen und in der Gesellschaft besser zu agieren. Wie bei jeder anderen Investition läuft es letzten Endes auf eine Kosten-Nutzen-Analyse hinaus. Was müssen Sie an Zeit, Energie, Anstrengung und Geld investieren, um den spirituellen Weg zu gehen? Wie schätzen Sie den Nutzen davon ein? Ob er den Einsatz lohnt, müssen Sie selbst entscheiden!

Ich will mich nicht den Göttern ausliefern

Aus der jüdisch-christlichen Tradition neigen wir dazu, Spiritualität mit dem Glauben an einen Gott zu assoziieren. Als Atheistin/Humanistin habe ich mit diesem Gedanken lange gerungen. Der buddhistische Ansatz als spiritueller Weg ohne Glauben an Götter hat mir einen guten Anhaltspunkt geboten. Der spirituelle Weg des Enneagramms lässt sich damit vergleichen. Spiritualität steht hierbei nicht für einen Glauben, für eine Religion oder für Gott.

Die spirituelle Praxis kann uns von Leiden befreien – wie im Buddhismus. Andererseits ist es für religiöse Menschen sehr gut möglich, den Weg des Enneagramms in ihr religiöses Erleben zu integrieren. Es bietet ihnen sogar eine Vertiefung und zusätzliche Sinnstiftung. Während meiner Enneagramm-Ausbildung bei Helen Palmer in San Francisco habe ich an einer Gruppe teilgenommen, in der ein buddhistischer Mönch aus Thailand, ein katholischer Priester von den Philippinen, ein brasilianischer Schamane und noch andere saßen. In der Enneagramm-Gemeinschaft (der Lehrer) ist die Vielfalt an religiösen und spirituellen Hintergründen groß, und diese Vielfalt wird respektiert, toleriert und geschätzt. Der spirituelle Weg bedeutet für mich den Weg von echter innerer Freiheit, Willenskraft, Ruhe, Mitgefühl und vor allem Liebe.

Die Evolution steht nicht still

Das Wissen über den Weg der Entwicklung wird von alters her in Bildern, mithilfe von Geschichten, Mythen, Symbolen und Ritualen weitergegeben. Denken Sie zum Beispiel an die griechische Mythologie. Ich habe diese Geschichten immer wunderbar gefunden, konnte aber nicht viel damit anfangen. Natürlich nicht, ich bin ein Kind dieser Zeit und spreche unsere heutige Sprache. Als westlicher Mensch muss ich begreifen, verstehen und durchschauen können, was hier geschieht und was ich tue. Das liegt an der Entwicklung des Kopfzentrums, die die Menschheit vor allem während der letzten 2000 Jahre kollektiv durchlaufen hat. Die Evolution steht nicht still. Jung geht davon aus, dass der nächste Schritt in der Entwicklung des Menschen die Entwicklung des Herzzentrums sein muss. Wenn Sie sich das zunehmende Interesse an Spiritualität anschauen, sind wir als Menschheit vielleicht gerade dabei, kollektiv unser Herzzentrum weiterzuentwickeln. Das ist die wichtigste Aufgabe unserer Zeit.

Vier Voraussetzungen für eine gute Weiterentwicklung

Es ist gut und wichtig, folgende vier Themen auf Ihrem Entwicklungsweg zu bearbeiten. Wenn Sie irgendwann merken, dass Ihre Weiterentwicklung stagniert, ist die Wahrscheinlichkeit hoch, dass Sie eines dieser vier Themen vernachlässigen. Die Reihenfolge ist willkürlich. Hier die vier Voraussetzungen, die erfüllt werden müssen:

- ✔ Selbsterkenntnis (durch Selbstbeobachtung/-reflexion)
- ✔ Selbstakzeptanz/-wertschätzung
- ✔ Praxis
- ✔ Unterstützung (intern und extern)

Werden Sie Ihr eigener Guru

Früher war es üblich – und in anderen Regionen der Welt ist es das noch heute –, sich einem Lehrmeister, einem Guru anzuschließen, wenn man sich für einen bestimmten Entwicklungsweg entscheidet, und ihm für den Rest seines Lebens zu folgen. Auch hier hat eine Evolution stattgefunden. Das Enneagramm passt in die moderne Tradition, nach der die Unabhängigkeit von persönlichen Lehrern gefördert wird.

Es versteht sich von selbst, dass Sie Menschen brauchen, die Ihnen auf Ihrem Weg weiterhelfen, die Ihnen Wissen, Können, Erkenntnisse und Weisheit vermitteln. Aber sobald Sie damit auf eigenen Beinen stehen können, gehen Sie Ihren eigenen Weg. Dann können Sie anderen auf ihrem Weg helfen. Jemand, der seine Schüler für ihren Lernprozess selbst verantwortlich macht und sie lehrt, eine innere Autorität aufzubauen, wird heute als guter Lehrmeister angesehen. Abhängigkeit ist schließlich das Gegenteil der inneren Freiheit, in die der Entwicklungsweg führen soll. Gurdjieff sagte dazu: »Beurteilen Sie alles vom Gesichtspunkt Ihres gesunden Menschenverstands aus, lernen Sie, Ihrem eigenen Begriffsvermögen zu vertrauen, und nehmen Sie nichts unüberlegt auf Befehl an.«

Wie viele Schritte auf dem Weg?

Zurück zu den Entwicklungswegen: Sie werden mit sechs, sieben, neun, zwölf Schritten beschrieben, manchmal auch mit anderen Zahlen. Die Zahl ist nicht unbedingt wichtig. Nachdem jemand beschlossen hat, diesen Weg überhaupt zu gehen – was für viele Menschen den größten Schritt auf ihrem Entwicklungsweg bedeutet –, gäbe es mindestens noch zwei Schritte:

1. Wissen und (Selbst-)Erkenntnis gewinnen, sich vom »Ich« oder »Ego« lösen und sich in Denken, Fühlen und Handeln auf einen »empfänglichen« Zustand, auf den Auftrag, der Sie erwartet, vorbereiten.

2. Die Verbindung mit den eigenen Tugenden wiedererlangen. Sie waren in Ihrem Inneren immer schon vorhanden. Das, was Sie auf Ihrem Entwicklungsweg lernen, in Ihr tägliches Leben integrieren. Leben in Verbindung mit Ihrem Selbst und mit anderen.

Der Entwicklungsweg in Kurzfassung

Der Entwicklungsweg beginnt damit, dass Sie sich Ihres Autopiloten – des Typmechanismus – bewusst werden. Dabei werden Sie zunächst einmal Hilfe brauchen, weil jeder seine blinden Flecken hat und sie nicht selbst aufdecken kann, sie sind selbstverständlich und automatisch. Die Entwicklung eines guten inneren Beobachters ist der nächste Schritt, um das Bewusstsein wach zu halten und um mit seiner Hilfe sich selbst beobachten zu können. Das Urteilen über sich selbst bemerken und loszulassen, ist der nächste Entwicklungsschritt. Es geht darum, zu erkennen, wer Sie sind, und zu akzeptieren und anzuerkennen, wo Sie gerade stehen. Kein weiterer Entwicklungsschritt ohne diese Anerkennung.

Mit dem Bewusstsein für den Autopiloten entsteht die Wahrnehmung, dass Sie in jedem Augenblick die Wahl haben: Folgen Sie dem Autopiloten oder wählen Sie eine Alternative, die besser zu den Umständen passt und für Sie und Ihre Umgebung die optimale Wirkung hat? Das ist die Phase des Ausprobierens und Experimentierens. Dabei versuchen Sie, neue Wege zu finden, um mit den Dingen in Ihrem Leben umzugehen. Bei diesem Prozess ist mentale Unterstützung wichtig, zum Beispiel durch Feedback von anderen, die Zeuge Ihrer Arbeit werden, die Ihre Kraft und Ihre Stärken erkennen und anerkennen, die Sie darin schätzen und unterstützen. Andererseits müssen sie ehrlich zu Ihnen sein und Ihnen beistehen können, wenn es schwierig wird. Daher halte ich Gruppenarbeit, zum Beispiel in Gestalt von Seminaren, für so wertvoll. Die Entwicklung innerer Unterstützung ist übrigens mindestens genauso wichtig.

Aufmerksamkeit trainieren: Lassen Sie Ihre Fixierung los

Lassen Sie einen Gedanken in sich aufsteigen und folgen Sie diesem Gedanken mit Ihrer Aufmerksamkeit. Es kann alles Mögliche sein, etwas von Ihrer Arbeit, was Sie in Ihrem geplanten Urlaub tun wollen, etwas, das Sie noch jemandem sagen wollen. Entscheiden Sie sich dann, diesem Gedanken nicht mehr zu folgen. Lassen Sie den Gedanken los. Spüren Sie, wie das ist, was in Ihnen vorgeht, wie leicht oder schwierig es ist, den Gedanken loszulassen.

Wenn es Ihnen schwerfällt, Ihre Aufmerksamkeit wieder von dem Gedanken zu lösen, hilft es Ihnen vielleicht, den Gedanken als das zu benennen, was er ist: ein Gedanke. Ebenso hilft es uns, wenn wir die Aufmerksamkeit auf etwas anderes lenken, zum Beispiel auf etwas in der Umgebung, auf etwas, das Sie sehen, lesen oder hören, oder auf etwas anderes in Ihrem Innern, zum Beispiel einen anderen Gedanken oder Ihren Atem. Hilft Ihnen das, um den ersten Gedanken wieder verschwinden zu lassen?

Diese Übung ist wichtig, weil sie zeigt, wie unser Kopfzentrum funktioniert. Es ist eine einfache Übung, aber in der täglichen Praxis wird unser Leid oft dadurch verursacht, dass unsere Aufmerksamkeit sich automatisch auf einen bestimmten, meist nicht hilfreichen Gedanken richtet. Wenn es um etwas Großes geht, uns wehtut oder wütend macht, zieht es unsere Aufmerksamkeit seltsamerweise nur noch stärker auf sich. Der Mechanismus verstärkt sich selbst. Je fester wir an einem nicht hilfreichen Gedanken kleben, desto mehr und größere negative Gefühle tauchen auf, desto fester klebt unsere Aufmerksamkeit und so weiter.

Der Weg zurück zur Verbindung mit unseren Tugenden beginnt damit, jene Gedanken loszulassen, die uns nicht helfen, die uns nicht glücklicher machen und vielleicht unserer Beziehung oder unserer Verbindung mit anderen im Weg stehen. Bevor wir lernen können, etwas loszulassen, müssen wir noch einen anderen Schritt gehen, nämlich erkennen lernen, wohin unsere Gedanken automatisch wandern und wo sie sich festsetzen. Wenn Sie Ihren Enneagramm-Typ kennen, fällt es Ihnen leichter, diesen Punkt zu finden.

Üben, üben, üben

Sie haben erfahren, dass eine der vier Voraussetzungen für Weiterentwicklung die Praxis ist, das Üben. Es geht hier nicht um das zielgerichtete Üben einer Tätigkeit, mit dem Ziel, darin gut zu werden, etwa im Yoga. Es geht um den Wert des Übens an sich. Dass Sie etwas haben, das Sie üben, das einen festen Platz in Ihrem Leben bekommt. Das kann alles Mögliche sein. Ein Teil Ihrer Entdeckungsreise besteht darin, herauszufinden, was für Sie funktioniert und Ihnen in Ihrer Entwicklung weiterhilft.

Gleichgewicht und Weiterentwicklung der Zentren

Wenn es darum geht, die Zentren weiterzuentwickeln und ins Gleichgewicht zu bringen, ist in den spirituellen Traditionen viel Wissen über die verschiedenen Übungsmethoden vorhanden. Ich zähle einige auf, und dann betrachten wir ein paar praktische, moderne Übersetzungen davon, die Ihnen vielleicht helfen können.

Im jüdischen Mystizismus, der Kabbala, werden drei Wege der Praxis genannt:

- ✔ der Weg des Studiums (Kopf)
- ✔ der Weg der Hingabe (Herz)
- ✔ der Weg der täglichen Praxis (Bauch)

Gurdjieff setzt die Akzente etwas anders, seine Begriffe sind:

- ✔ der Weg des Yogis (der Kampf mit dem Geist)
- ✔ der Weg des Mönches (der Kampf mit den Gefühlen)
- ✔ der Weg des Fakirs (der Kampf mit dem Körper)

Der Fakir

Der Fakir strebt danach, einen physischen Willen zu entwickeln und Macht über den Körper zu erlangen: Geist über den Körper. Sein Weg besteht daraus, schwierige Körperübungen auszuführen. Das ähnelt dem asketischen Weg, bei dem der Mönch sich alle körperlichen Genüsse versagt und sich nur minimal ernährt. Laut Gurdjieff kann der Fakir, wenn er nicht krank wird oder stirbt, sein spirituelles Ziel auf diesem Weg erreichen. Aber selbst wenn er es erreicht, bleiben seine Gefühle und sein Geist, doch unterentwickelt. Er hat seinen physischen Willen perfektioniert, hat aber nichts, wofür er ihn verwenden kann.

Der Mönch

Der Weg des Mönches ist der Weg des Glaubens, des religiösen Gefühls, des religiösen Opfers. Auch der Weg des Mönches ist lang und beschwerlich. Es ist der Kampf mit den eigenen Gefühlen, um die Herrschaft über sie zu gewinnen. Indem er alle Gefühle dem Glauben unterwirft, entwickelt der Mönch innere Ruhe und Einheit. Genau wie für den Fakir gilt, dass er dieses Stadium erreichen kann, dabei aber die anderen Funktionen von Körper und Geist unterentwickelt bleiben.

Der Yogi

Der Yogi geht den Weg des Kampfes mit dem Geist, den Weg des Wissens. Es ist der Weg des Studiums. Auch hier gilt, dass das Denkvermögen entwickelt werden kann, dabei aber die anderen Funktionen, Körper und Gefühle, unterentwickelt bleiben.

Ebenso wenig wie der Fakir und der Mönch kommt der Yogi dazu, die Früchte seiner Anstrengungen zu ernten. Er weiß alles, kann aber nichts damit anfangen. Der Vorteil dieses Weges im Vergleich zum Fakir und zum Mönch liegt darin, dass der Yogi weiß, wo er steht und was er noch tun muss. Allerdings neigen die meisten Menschen dazu, an dieser Stelle stehen zu bleiben und das bisher Gewonnene zu genießen, anstatt weiter zu kämpfen und die ganze Ernte einzufahren.

Der vierte Weg

Gurdjieff nennt als Alternative den vierten Weg, auf dem es möglich ist, den vollständigen Entwicklungsweg zu gehen. Bei diesem vierten Weg wird nicht nur eines der drei Zentren entwickelt, sondern Kopf-, Herz- und Bauchzentrum werden gleichermaßen angesprochen. Das Ziel ist, sie ins Gleichgewicht zu bringen und zu integrieren.

Dieser Weg erfordert nicht, dass man sich in die Wüste zurückzieht oder alles aufgibt, wofür man lebt. Im Gegenteil, dieser Weg ist der Weg des normalen Lebens. In dieser Hinsicht ist der Anfang des vierten Weges auch noch besonders leicht. Er hat allerdings keine feste Form, Sie müssen Ihren persönlichen Weg selbst entdecken. Beim vierten Weg geht es darum, das Bewusstsein zu erweitern und zu entwickeln. Das Bewusstsein wird im Kopf-, im Herz- und im Bauchzentrum gesammelt. Übrigens kennt auch die jüdische Mystik diesen vierten Weg der Weiterentwicklung und des spirituellen Wachstums im täglichen Leben.

Center Practices – Übungen für die Zentren

Bei der Methode der psycho-spirituellen Integration lernen Sie in den Seminaren Übungen sowohl für das Kopfzentrum als auch für das Herz- und Bauchzentrum kennen. Wir nennen das Center Practices. Andere sagen Körperarbeit dazu, aber das ist es streng genommen nicht, denn es geht nicht nur um den Körper allein. Es geht vielmehr darum, alle Zentren zu erleben, spüren zu lernen, mit ihnen in Kontakt zu kommen und Bewusstsein zu sammeln.

Wir neigen dazu, vor allem mit unserem Kopfzentrum zu arbeiten, alles verstehen zu wollen und so Wissen zu erlangen. Das ist ein praktischer Ansatz, aber er genügt nicht, wenn sonst nichts hinzukommt. Daher üben wir abwechselnd mit den drei Zentren. Wir lernen, die Empfindungen unseres Körpers wahrzunehmen und den Gefühlen des Herzzentrums nachzuspüren. Das hilft uns auch, uns zu entspannen, Blockaden aufzulösen und inneren Raum zu schaffen.

Los, raus aus der Komfortzone

Was Sie als Übung wählen, muss nicht immer das sein, was Sie als angenehm empfinden und von sich aus gern tun. Das, was für Sie gut ist, kann auch etwas sein, das Sie nicht so sehr anspricht, das Ihnen im ersten Augenblick sogar gegen den Strich geht.

Können Sie sich etwas vorstellen, von dem Sie tief im Inneren wissen, dass es gut für Sie wäre, wozu Sie aber keine Lust haben? Wir sprechen dann von einer Übung, die Sie aus Ihrer Komfortzone vertreibt. Dieses Buch zeigt, dass wir durch unseren Typ eindimensional orientiert sind und dadurch aus dem inneren Gleichgewicht geraten. Alle Beispiele für Dinge, die wir von den anderen Typen lernen können, haben damit zu tun, dass sie uns irgendwie stärker ins Gleichgewicht bringen. Eine grobe Richtlinie wäre, etwas zu tun, was Ihre Zentren stärker ins

Gleichgewicht bringt. Damit beginnt nämlich schon die erste und größte Unausgewogenheit. Beispiele für Übungen, die wahrscheinlich nicht viel bringen:

- ✔ Ein (Kopf-)Typ 5, der sich in Bücher vergräbt, um zu lernen
- ✔ Ein (Bauch-)Typ 8 im Durchsetzungs- oder Kampfsporttraining, um noch größer und stärker zu werden
- ✔ Ein (Herz-)Typ 4, der einen Workshop nach dem anderen besucht, um mit seinen Gefühlen in Kontakt zu kommen

Letzteres kann sogar ungesund sein, weil Typ 4 von Natur aus die eigenen Gefühle schon stark vergrößert. Gleichmut zu üben ist ein Weg, der Typ 4 stärker ins Gleichgewicht bringen könnte. Sie sehen, bei dieser Arbeit ist es wichtig zu wissen, was Sie tun und wo Sie stehen – was Ihnen weiterhilft und was nicht.

Aufmerksamkeitstraining

Im Mittelpunkt der Enneagramm-Arbeit steht das bewusste Lenken der Aufmerksamkeit. Sie haben gelernt, wohin Ihre Aufmerksamkeit aufgrund Ihres Typs automatisch geht. Sie haben gelernt, das zu beobachten, weil Ihre Energie der Aufmerksamkeit folgt. Sie sind sich nun bewusst, dass es so funktioniert und dass das Wahrnehmen im Augenblick ein wichtiger Ansatzpunkt ist. Dadurch haben Sie die Möglichkeit, die Aufmerksamkeit auf ein anderes Ziel zu lenken.

Wenn Sie die Aufmerksamkeit vom Gegenstand der Fixierung abziehen, verlieren Sie keine Energie mehr daran. Aber auch die (negativen) Gefühle, die dabei normalerweise aufkommen, werden ausbleiben. Durch den Abstand wird Ihnen klar, dass Sie immer die Wahl haben zwischen verschiedenen Möglichkeiten zu handeln (oder nicht), dass Sie nicht immer dem automatischen Muster folgen müssen. Der Einsatz des inneren Beobachters ist ein mächtiges Werkzeug im Prozess der persönlichen Weiterentwicklung. Diese Aufmerksamkeitsübungen werden übrigens auch als Instrument eingesetzt, um sich in die Welt der verschiedenen Enneagramm-Typen einzufühlen, zu empfinden, was sie antreibt, und ihre automatischen Muster zu erkennen. So gewinnen Sie mehr Verständnis dafür, wie andere Menschen »gestrickt« sind, und erkennen, inwiefern ihre Themen universell sind und auch für Sie gelten.

Aufmerksamkeitstraining ist die Entwicklung einer Haltung urteilsfreier Akzeptanz. Es geht darum, die Aufmerksamkeit dem zu widmen, was sich von einem Augenblick zum anderen ergibt, ohne es zu beurteilen. Wenn Sie zum Beispiel bei der Übung merken, dass Sie an etwas anderes denken, stellen Sie es einfach fest, ohne es zu verurteilen. Bringen Sie Ihre Aufmerksamkeit immer wieder in die Gegenwart zurück und richten Sie sie dorthin, wo Sie sie haben wollen. Ihre Atmung ist ein guter Orientierungspunkt, weil sie in jedem Augenblick da ist. Akzeptieren Sie, dass es eine natürliche Bewegung ist, wenn Ihre Aufmerksamkeit immer wieder aus dem Hier und Jetzt wegschlüpft, weg von dem Ziel, auf das Sie sie richten wollen. Versuchen Sie immer wieder zu erleben, welche Empfindungen, Gefühle und Gedanken in Ihnen sind, und sie zu akzeptieren. Ohne Urteil. Mit Offenheit und Akzeptanz lernen Sie besser, aufmerksam für das zu sein, was sich in Ihnen und anderen abspielt.

Aufmerksamkeitstraining im Alltag

Wenn Sie mit Selbstbeobachtung anfangen, werden Sie Ihr Verhalten erst im Nachhinein erkennen können, also wenn es gerade wieder aufgetreten ist. »Oh nein, es ist schon wieder passiert, ich habe es schon wieder getan.« Das ist eine etwas lästige Phase, denn Sie sehen immer öfter, wie Sie es tun, auch in immer mehr Situationen, aber jedes Mal im Nachhinein. Dann können Sie es nicht nur nicht mehr ändern, sondern gerade dadurch, dass Sie es erkennen, scheint es auch noch schlimmer zu werden. Keine Angst, das ist nur eine Phase.

Wichtig ist, dass Sie sich nicht selbst verurteilen. Seien Sie nachsichtig, es ist nur ihr Typ, der sich in den Vordergrund drängt. In der folgenden Phase, wenn Ihr innerer Beobachter schon besser trainiert ist, sehen Sie sich selbst handeln in dem Moment, wo es geschieht: »Oh nein, jetzt tue ich es, gleich tue ich es.« Sie sehen, wie Sie es tun, Sie verlieren sich selbst in diesem Augenblick und können sich nicht zurückhalten. Noch nicht, denn das ist der nächste Schritt. Ihr innerer Beobachter ist jetzt so gut trainiert, dass Sie die Signale erkennen, wie und bei welchen Gelegenheiten Sie reaktiv werden. Sie sehen es dadurch immer besser voraus. Diese Situation und dieser Augenblick kommt mit Sicherheit wieder, aber allmählich merken Sie es und Sie sind gut vorbereitet. Dadurch entsteht Wahlfreiheit in diesem Augenblick. Aber welche Wahlmöglichkeiten haben Sie? In diesem Augenblick brauchen Sie eine Technik, um sich zurückzuhalten, und Sie brauchen Handlungsalternativen. Die Handlungsalternativen können aus den Fertigkeiten und dem Verhaltensrepertoire der ersten Lernebene bestehen.

Achtsamkeit ist Aufmerksamkeitstraining

Achtsamkeit hat, genau wie das Aufmerksamkeitstraining, wie wir es im Enneagramm kennen, ihre Grundlage im Buddhismus. Jon Kabat-Zinn, der Gründer und frühere Leiter der Stress Reduction Clinic am Gesundheitszentrum der Universität von Massachusetts, nutzt diese Technik, um Menschen beizubringen, wie sie mit Krankheit und dem Stress, den Schmerzen und der Angst umgehen, die dazugehören. Sein Programm der Achtsamkeitsbasierten Stressreduktion (Mindfulness Based Stress Reduction, MBSR) unterrichtet er seit 1979.

Ich stelle Jon Kabat-Zinns Ansatz hier vor, weil er in den Grundzügen das Gleiche ist wie die Enneagramm-Praxis, die ich in diesem Buch erkläre. Auch Kabat-Zinn stieß bei seinen Forschungen auf automatische Denkmuster. Mit dem Kurs der Achtsamkeitsbasierten Stressreduktion wollte Kabat-Zinn seinen Patienten beibringen, mit ihren Beschwerden anders umzugehen. Er hat den Grundstein dafür gelegt, dass Achtsamkeit von Ärzten und Psychotherapeuten in den USA und Europa angewendet wird. Kabat-Zinn gehört heute zur Leitung des Mind and Life Institute. Dieses Institut fördert den Dialog zwischen dem Dalai Lama und westlichen Wissenschaftlern mit dem Ziel, mehr Erkenntnisse über die verschiedenen Formen von Wissen, die Natur des Geistes, der Emotionen und der Wirklichkeit zu gewinnen.

Meditation

Meditieren steht mit Abstand auf Platz eins der Dinge, die wir empfehlen, um das Loslassen des Typmechanismus praktisch anzugehen. Es gibt unendliche viele Formen der Meditation Wenn Sie mehr darüber wissen wollen, empfehle ich Ihnen das Buch *Meditation für Dummies*. Über diese Eigenschaften der Meditation sollten Sie sich im Klaren sein:

- Meditieren ist nicht schlafen, es geht nicht darum, sich schön zu entspannen und wegzudämmern.
- Meditation ist eine Methode, um sich selbst zu erfahren – in der Stille.
- Sie ist eine Lernmethode, ein Weg der Selbsterforschung. Sie treffen in der Meditation auf sich selbst, auf Ihren Typ.
- Es geht um Fokussieren, um Konzentrationstraining, allerdings ohne Anstrengung.
- Je mehr Sie versuchen, etwas zu erreichen, etwas zu tun, desto weniger werden Sie den Zustand innerer Stille und Leere erreichen.
- Es gibt keine schlechte oder misslungene Meditation. Es geht um die Erfahrung.
- Sie lernen aus jeder Erfahrung.

David Fontana hat mehrere Bücher über Meditation geschrieben und darin verschiedene Arten der Meditation nach ihrer Form unterschieden. Ich zähle hier einige Beispiele auf, auch aus unterschiedlichen spirituellen Traditionen. So bekommen Sie eine Vorstellung, in welcher Richtung Sie suchen können, wenn Sie sich näher damit beschäftigen wollen.

- Stille Meditation: Vipassana, Hatha-Yoga, Tai Chi, Kundalini
- Fließende Meditation: innere Stimme, Schamanismus, christliche Mystik
- Subjektive Meditation: Zazen, Koan, Shikantaza
- Objektive Meditation: Kabbala, Mysterienreligionen, Bhakti-Yoga, Jnana-Yoga
- Visualisierung (in der fließenden oder objektiven Meditation)

Meditation erscheint auf den ersten Blick ungefährlich. Aber der Satz: »Nutzt es nichts, so schadet es nicht« gilt hier nicht immer. Für psychisch anfällige oder instabile Menschen kann (zu tiefes) Meditieren riskant sein. Dasselbe gilt auch für Aufmerksamkeitstraining. Beratern, die mit Menschen arbeiten, empfehlen wir dringend, mit Personen, die pathologische Merkmale zeigen, weder Aufmerksamkeitstraining noch Meditation durchzuführen. In diesen Fällen ist es besser, mit physischen und praktischen Veränderungen zu arbeiten, von denen die Klienten im Alltag direkt profitieren und sofort eine Besserung oder Erleichterung spüren können. Bringen Sie sie direkt in Kontakt mit dem Hier und Jetzt. Für all diese Arbeit gilt: Suchen Sie sich einen guten Lehrer. Aber hören Sie auch auf sich selbst. Fühlt es sich gut an, was Sie tun? Seien Sie sich Ihrer natürlichen Grenzen bewusst, nehmen Sie sie ernst und schützen Sie sie. Brechen Sie ab oder tun Sie etwas anderes, das sich wirklich richtig anfühlt oder wonach Sie ein Bedürfnis haben. Sie sind für sich verantwortlich. Wenn Sie in dieser Richtung aktiv werden wollen, rate ich Ihnen, einen guten Lehrer, eine gute Schule zu suchen und herauszufinden, was für Sie funktioniert.

Center Practices für Bauch- und Herzzentrum

In der Skizze des Entwicklungswegs für die einzelnen Typen steht hier und da ein Hinweis, mehr mit den Gefühlen und Empfindungen im Körper in Kontakt zu kommen, also das Bauch- oder Herzzentrum zu entwickeln. Das ist leichter gesagt als getan. Diese Begriffe sind Ihnen möglicherweise neu, was fangen Sie damit an?

Wenn Sie Bewusstsein im Körper sammeln, geht es nicht unbedingt um Bewegung, sondern um die Beobachtung, was Sie erleben, wenn Sie sich bewegen – und dann wieder stillstehen. Sie müssen dafür also nicht unbedingt bestimmte Übungen machen. Sie können sich auch im Alltag immer wieder fragen: »Was erlebe ich jetzt? Was empfinde ich? Was fühle ich?« Dadurch bleiben Sie näher bei sich. Manchen Menschen hilft das auch, sich ihrer Grenzen bewusst zu werden. Das kann für den einen bedeuten, dafür zu sorgen, dass andere seine Grenzen nicht verletzen, für den anderen dagegen, darauf zu achten, dass er in seinen eigenen Grenzen bleibt und die anderer nicht verletzt. Wenn Sie in dieser Richtung aktiv werden wollen, rate ich Ihnen, einen guten Lehrer, eine gute Schule zu suchen und herauszufinden, was für Sie funktioniert.

Tipps für Center Practices

Im Mittelpunkt unserer Ausbildung steht die Fähigkeit, sich erden zu können. Aus dieser Position kann der innere Beobachter in den Vordergrund treten, wenn wir geerdet, präsent und wachsam sind. Das Erden oder Zentrieren spielt in allerlei Formen von Körperarbeit eine Rolle. Folgende Richtungen arbeiten auch mit der Atmung:

- ✔ verschiedene Yoga-Formen
- ✔ Tai Chi
- ✔ andere Kampfsportarten wie Wushu, Kung Fu, Aikido, Taekwondo

Manche Menschen erleben, dass es ihnen »in den Körper« hilft, Sportarten zu betreiben, die den Kopf schön leer machen. Gleichzeitig tut das dem Körper gut, auch wenn es nicht (direkt) darum geht, Bewusstsein zu sammeln. Aber selbst das kann helfen, den Typmechanismus und die Fixierungen loszulassen. Hier ein paar Tipps:

- ✔ Laufen, Rad fahren, Roll-/Schlittschuh laufen und so weiter
- ✔ Tanzen
- ✔ Pilates
- ✔ Bikram-Yoga

Methoden, die mehrere Zentren gleichzeitig ansprechen, sind in der Regel am effektivsten, weil sie automatisch für Ausgewogenheit sorgen und die Zentren integrieren. Ich arbeite daher viel mit Musik und Stille, weil das direkter auf das Herz- und/oder Körperzentrum einwirkt (je nach Musikauswahl). Daher funktioniert Tanzen bei vielen Menschen so gut. Wir verlassen den Kopf, gehen in den Körper, und die Lebensenergie kann frei fließen. Musizieren ist ebenfalls eine sehr starke Kombination, weil es Kopf-, Herz- und Bauchzentrum gemeinsam anspricht.

Atmen hilft

Als besonders wichtigen Teil der Center Practices möchte ich noch die Atemarbeit vorstellen. Was wird das jetzt?, fragen Sie sich vielleicht. Unser Typmechanismus hat sich nicht nur im Kopf festgesetzt, sondern im ganzen Körper, im Nervensystem, in den Muskeln (Muskelspannung) und sogar in der Atmung.

Denken Sie nur an Momente, in denen Sie erschrecken oder etwas spannend finden. Was tun Sie dann? Die Luft anhalten. Das ist ein Reflex, eine Kontraktion. Etwas, das Sie (unbewusst) oft tun, wird in das System eingeprägt. Das Wort »Charakter« stammt aus dem Griechischen: »charaxo« bedeutet eingravieren oder -prägen. Unser Typ ist uns eingeprägt. Deshalb müssen wir unser ganzes System entspannen, wenn wir unseren Typ loslassen wollen.

Das Wissen, das Gurdjieff in östlichen Traditionen entdeckt hat, umfasst auch den Gedanken, dass wir Menschen unterschiedliche Nahrung brauchen. Nicht nur Essen, um unseren physischen Körper in Form zu halten, sondern auch zum Beispiel Inspiration als Nahrung für unseren Geist. Als Nahrung für die Seele gilt »Luft«. In verschiedenen Sprachen ist die Verbindung zwischen Luft und Seele noch erkennbar.

Im Lateinischen steht *anima* für Seele und auch für Atem, dasselbe gilt für das arabische *ruh* und das hebräische *roch*. Gurdjieffs Schüler Bennett berichtet von Nomaden in Zentralasien, die bei ihren Wanderungen Wissen vom Atlantik zum Pazifik weitergetragen haben. Sie verehrten die Luft und den Atem als Macht des Geistes, der als Quelle des Lebens und der Weisheit betrachtet wird. Die Beherrschung verschiedener Atemtechniken gilt dort als wichtiger Teil der Transformation, des Weges zu Freiheit und Weisheit.

Zum Schluss ist es noch gut zu wissen, dass die Atmung eine wichtige Rolle spielt beim Erden, um den Typ loszulassen und den inneren Beobachter in den Vordergrund zu bringen. Unsere Atmung ist ein wichtiger Stützpunkt, um unsere Reaktivität unter Kontrolle zu bekommen, denn unsere Atmung hilft uns beim Verzögern. In Reaktivität reagieren wir schnell. Durch Verzögerung schaffen wir Zeit für eine Wahl.

Ein Atemkurs?

Wenn Sie in dieser Richtung weiterarbeiten wollen, denken Sie daran, dass Atmungsarbeit ein wichtiger Teil der buddhistischen Vipassana-Meditation ist. Aber auch Singen ist eine heilsame Art der Center Practices. Beim Singen konzentrieren Sie sich auf das Hier und Jetzt, und bei gutem Gesangsunterricht lernen Sie, auf Ihre Atmung zu achten. Es gibt auch spirituelle oder therapeutische Gesangskurse, in denen Sie durch Gesang und Atmung innere Blockaden entdecken und auflösen können. Singen hilft, die Innen- mit der Außenwelt zu verbinden.

Lesen ist nicht tun. Natürlich können Sie viel aus Büchern lernen. Auch dieses Buch hilft Ihnen hoffentlich ein Stück weiter. Aber lesen ist etwas anderes als tun. Ich versuche, in diesem Buch das Wesen unserer Übungen zu erklären, aber das ist immer noch etwas anderes, als es zu tun und zu erleben. Für den Schritt zum Tun und Erleben empfehle ich Ihnen, eine Form zu finden, die zu Ihnen passt, um diese Arbeit mit anderen Menschen in die Praxis umzusetzen.

Es darf gelacht werden, am besten gemeinsam. Wir können das nicht allein. Als Voraussetzung für echtes Wachstum und Weiterentwicklung wurde schon genannt, dass wir Unterstützung brauchen. Außerdem kann man von anderen Menschen etwas lernen, vielleicht anders, mehr, sogar besser als aus Büchern. Ich gehöre auch zu denen, die »studieren«, aber große Schritte vorwärts habe ich vor allem in Gruppenarbeit gemacht: in Enneagramm-Seminaren. Das Treffen mit Menschen, die an derselben Sache arbeiten wie ich, bietet Unterstützung, Inspiration und das Gefühl von Gemeinsamkeit, aber auch Korrektur und Feedback über meine blinden Flecken. Warum sollten Sie sich keine Unterstützung oder Hilfe gönnen, wenn sie zur Verfügung steht? Oder die Freude, etwas gemeinsam zu tun? Wenn jemand sich erst einmal auf den Weg gemacht hat, um ehrlich mit sich selbst zu sein und seine Einzigartigkeit zu betrachten, entsteht viel Platz für Humor. Von allen Seminaren und Workshops, die ich geleitet habe, sind es gerade die intensivsten Enneagramm-Seminare, in denen am meisten gelacht wird.

Humor: Eine besondere Art Center Practices

Meditation, Erdung, Atmung und Körperarbeit sind verschiedene Formen der Center Practices. Sie unterstützen uns jeweils auf andere Art bei der Weiterentwicklung und beim Loslassen unseres Typs. Aber Humor finde ich dabei immer besonders heilsam. Wenn gelacht werden kann, ist Entspannung da. Ich kann mir wenige Dinge vorstellen, die entspannender sind als ein richtiger Lachanfall. Gleichzeitig ist es oft nötig, Raum in uns zu verschaffen, unseren Typ zu entkrampfen, damit wir überhaupt lachen können.

Humor kann entstehen, wenn wir die Absurdität bestimmter Dinge und unsere eigene Absurdität betrachten können. Gerade in schwierigen Situationen neigen wir dazu, ernsthafter zu werden und die Dinge schwerer zu nehmen. Gerade das hält die meisten von uns in unserem Typ fest oder zwingt uns in ihn hinein. Für Humor braucht es eine gewisse Relativierung, Raum und Distanz. Wenn Sie das in sich schaffen und Humor erlauben, kann Ihr Typ sich entspannen und loslassen. Gleichzeitig schafft Humor diese Relativierung, den nötigen Raum und Abstand. Wir müssen atmen, aber Humor hilft noch mehr. Humor lässt unsere Lebensenergie fließen. Er räumt auf und reinigt. Humor bringt Luft, Humor bringt Licht. Ihre Aufmerksamkeit und Energie können Sie, genau wie Ihr Geld, nur einmal ausgeben. Achten Sie also darauf, wofür Sie sie verwenden.

Startschuss zur Weiterentwicklung

16

In diesem Kapitel

- Die Typmechanismen für Entwicklung nutzen
- Reaktivität bei Licht betrachten
- Der Weg zurück für jeden Typ

Werde, wie du warst, bevor du da warst,
behalte die Erinnerung daran und
finde Verständnis dafür, wie du geworden bist.

Sufi-Sprichwort

Um sich weiterzuentwickeln, müssen Sie Mitgefühl mit sich selbst entwickeln. Daran erinnert uns dieses Sufi-Sprichwort. Wenn Sie sich in Ihrem Typmechanismus nicht sehen, erkennen und annehmen können, werden Sie kaum einen Schritt vorankommen. Ehrlich zu sehen, wer Sie wirklich sind, echte Selbsterkenntnis, ist unbedingt nötig, um den ersten Schritt zu gehen. Andererseits brauchen Sie einen liebevollen Blick auf den Typmechanismus, der Sie bisher so gut durchs Leben gebracht hat. In die Sprache des Enneagramms übersetzt klingt das so:

Werde, wie du warst, bevor dein Typmechanismus da war,
behalte die Erinnerung daran und finde Verständnis für
den Typmechanismus, den du entwickelt hast.

Naranjo geht davon aus, dass »die Wahrheit über uns selbst uns wirklich befreien kann, denn wenn wir bestimmte Dinge über uns erst wirklich verstanden haben, treten Veränderungen auf, ohne dass wir uns bemühen, etwas zu ändern.« Schon allein das ehrliche und vollständige Erkennen unseres Typmechanismus bringt das Loslassen in Gang – auch weil Sie bald den Preis erkennen, den Sie durch Ihren Typ bezahlen, welche überflüssigen und ineffektiven Gewohnheiten er Ihnen abbringt. Eine unterstützende Methode, mit der Sie lernen können, weitere Schritte zu gehen und dabei Ihren Typ loszulassen, erkläre ich in diesem Kapitel Schritt für Schritt.

Vom Typmechanismus zum Wachstumsmechanismus

Der Typmechanismus ist eine Art Knäuel aus zusammenpassenden Elementen, wie Sie im ersten Teil dieses Buches lesen konnten. Die Elemente halten einander nicht nur fest, sondern verstärken sich auch gegenseitig. Dieselben Elemente können wir aber nutzen, um einen Loslösungsprozess in Gang zu bringen. Wie das geht, erfahren Sie in diesem Abschnitt.

Den Typmechanismus als Instrument der Weiterentwicklung nutzen

Genau wie bei einem Wollknäuel besteht der Trick darin, den Anfang des Fadens zu finden, um das Knäuel zu entwirren. Wenn wir diesen Ansatz entdecken, können wir den Typmechanismus umwandeln in einen Wachstumsmechanismus. Sie können Ihren Typ als Helfer und guten Freund gewinnen. Die Zutaten, mit denen wir außer dem Typmechanismus noch arbeiten, sind der Abwehrmechanismus und die Reaktivität des Typs. Den Abwehrmechanismus beschreibe ich in Teil II, die Reaktivität stelle ich hier vor.

Reaktivität

Sie haben einen Typ, Sie sind nicht Ihr Typ. Auch wenn Sie einen Typ haben, äußert er sich nicht den ganzen Tag. Den größten Teil des Tages verbringen Sie einfach normal und entspannt. Sie haben keine Schwierigkeiten mit sich selbst, und mit Ihrer Umgebung hoffentlich auch nicht. Nicht nur Ihr innerer Beobachter schläft, Ihr Typ eigentlich auch.

Bis Ihr Typ plötzlich geweckt wird. Es geschieht etwas, das Ihren Typ aus dem Schlaf reißt, in Alarm versetzt und zu einer Reaktion zwingt. Ihr Typ wird von etwas »getriggert«, ein Schalter wird gedrückt oder die Alarmglocke geläutet, was den Typ in Aktion versetzt. Dann springt der Autopilot ein, Sie zeigen all Ihre automatischen Verhaltensweisen, Ihre Art, mit Dingen umzugehen. Sie verkrampfen oder geraten in Stress oder was auch immer und können in diesem Augenblick nicht anders, als das tun, was Sie immer in solchen Situationen getan haben. Sie wollen vielleicht anders, aber in diesem Augenblick wissen Sie nicht, wie, und Sie haben keinen Freiraum, es anders zu machen. Das nennen wir die Reaktivität des Typs. Wenn der Typ reaktiv wird, übernimmt er die Regie über Sie und die Situation. Diese unkontrollierten typspezifischen Reaktionen sind es, die Konflikte, Probleme und Leid verursachen. Es geschieht etwas in Ihrem Umfeld, etwas, das Sie aus dem Gleichgewicht bringt, und Sie können nicht anders als reagieren. Das ist Reaktivität.

Was bringt Sie aus dem Gleichgewicht? Was macht Sie reaktiv?

Was jemanden aus dem Gleichgewicht bringt und reaktiv werden lässt, ist letzten Endes wieder typspezifisch. Ebenso typspezifisch äußert sich die Reaktivität; es ist einer der wichtigsten Punkte bei der Selbstbeobachtung und beim Selbstmanagement. Ein paar Beispiele:

- ✔ Menschen mit Typ 5 werden aus dem Gleichgewicht gebracht von anderen, die viel und aufdringlich nach privaten Dingen fragen (zum Beispiel nach Gefühlen oder wie es einem geht), von Ansprüchen an Zeit und Energie, unerwünschtem Eindringen, Konfrontation mit starken emotionalen Reaktionen, mangelnder privater Zeit zur Erholung, aufdringlichen Menschen.
- ✔ Menschen mit Typ 6 werden aus dem Gleichgewicht gebracht von mangelnder Transparenz, dem Gefühl, dass nicht alles ausgesprochen wird, dass Informationen zurückgehalten werden, von politischen Spielchen und Machtmissbrauch, mangelnder Loyalität und Situationen, in denen Menschen in Underdog-Rollen stecken, also leicht missbraucht werden können.
- ✔ Menschen mit Typ 2 werden aus dem Gleichgewicht gebracht von (nahestehenden) Menschen, die ihre Hilfe ablehnen, wenn ihre Hilfe anscheinend nicht wahrgenommen und

nicht geschätzt wird, wenn Menschen nicht auf ihr »Nettsein« reagieren und nicht ihrerseits nett sind, wenn »Zahltag« ist und der andere nicht zurückzahlt.

Wie Menschen ihre Reaktivität äußern, ist daher abhängig von der Situation und den Menschen, die daran beteiligt sind. In der Regel äußern Menschen ihre Reaktivität am Arbeitsplatz anders als zum Beispiel zu Hause. Das ist auch der Grund, warum Menschen oft berichten, dass sie zu Hause ganz anders sind als bei der Arbeit.

Als Faustregel lässt sich sagen, dass Menschen in Reaktivität stärker typspezifisches Verhalten zeigen und dann vor allem die negative Seite. Dann kann man oft die zugrunde liegende Leidenschaft am stärksten fühlen. Denken Sie nur an den Groll des Typs 1, den Stolz des Typs 2, Angst/Misstrauen des Typs 6 und so weiter. In dem Beispiel, wie Typ 2 reaktiv wird, zeigt sich der Stolz bei abgelehnter Hilfe als verletzter Stolz. Menschen mit Typ 2 berichten immer wieder, wie sie von Menschen enttäuscht wurden.

Wie werden Sie reaktiv?

Auch, um Ihren inneren Beobachter und Ihre Fähigkeit zur Selbstbeobachtung zu trainieren, bietet es sich an, hier wieder ein paar Fragen zu überdenken:

1. Fallen Ihnen Dinge ein, die in der Interaktion mit Menschen auf Sie wirken wie das sprichwörtliche rote Tuch? Welche »falschen« Schalter können andere bei Ihnen drücken? Was »triggert« Sie, was macht Sie reaktiv?

2. Können Sie beschreiben, was dann in Ihrem Innern geschieht?

3. Können Sie beschreiben, wie sich Ihre Reaktivität zeigt?

Der Weg zurück

Wir haben nun alle Einzelteile für den Wachstumsmechanismus beisammen:

✔ Mit Fixierung, Leidenschaft, Reaktivität und Abwehrmechanismus schränken Sie sich selbst ein. Beobachten Sie, wie Sie sich selbst einengen und führen Sie einen Dialog mit sich, um anzuzweifeln, wie Sie gerade reagieren. Schauen Sie nicht nur, was Ihr Typ Ihnen bringt, sondern auch, was es kostet.

✔ Welchen Entwicklungsschritt stellen Sie sich als nächsten vor? Was wollen Sie als Erstes loslassen? (Immer einen Schritt nach dem anderen …)

Für jeden Typ wird jetzt kurz der Weg zurück erklärt, der Weg zum Loslassen des Typmechanismus. Sie werden merken, dass viele Hinweise vielleicht sehr offensichtlich sind. Den Menschen mit dem entsprechenden Typ gehen sie aber vollkommen gegen die Natur. Diese Hinweise beziehen sich wirklich auf den innersten Kern des Wesens. Der erste Schritt besteht darin, die Herausforderung anzunehmen und die Arbeitsschritte für den Typ nach und nach zu überdenken und in Ihrem Leben und Ihren Beziehungen mit ihnen zu experimentieren.

Fixierung loslassen, Aufmerksamkeit bewusst lenken

Du bist ein glücklicher Mensch, wenn in dir ein guter Geist wohnt,
oder mit anderen Worten, ein gutes Unterscheidungsvermögen.
Was hast du dann hier zu suchen, Geist der Einbildung?
Geh in Gottes Namen, wie du gekommen bist, denn ich kann dich nicht gebrauchen.
Du bist aus alten Gewohnheiten entstanden.
Ich bin dir nicht böse, ich bitte dich nur zu verschwinden.

Mark Aurel (121–180 n. Chr.) aus »Selbstbetrachtungen, Buch VII«

Der Weg zurück für Typ 1

Beim Loslassen des Typmechanismus von Typ 1 helfen Ihnen diese Tipps:

- ✔ Erkennen Sie, dass Ihre Aufmerksamkeit sich auf das richtet, was falsch ist und verbessert werden muss.
- ✔ Erkennen Sie, dass das Ihre Version von richtig und falsch ist.
- ✔ Üben Sie, zu sehen und anzuerkennen, dass es mehr als eine richtige Methode gibt.
- ✔ Lassen Sie Ihre mentale Fixierung los; sagen Sie sich zum Beispiel: »Es ist gut so, wie es ist.« Beobachten Sie, wie hoch andere die Messlatte legen, und legen Sie Ihre eigene auf siebzig Prozent dessen, was Sie gewöhnlich als Maßstab nehmen. Achten Sie dann darauf, wie viel wirklich schiefgeht, und vor allem auf die Reaktion der anderen.
- ✔ Üben Sie, Unvollkommenheiten in sich selbst und in anderen zu sehen und zu akzeptieren.
- ✔ Versuchen Sie nicht länger, Kritik/Feedback zu vermeiden. Üben Sie, das hin und wieder zuzulassen. Ist es wirklich so schlimm, wenn Leute Ihnen sagen, dass es ihrer Meinung nach anders oder besser sein sollte?
- ✔ Und wie viel wiegt die Meinung anderer? Lassen Sie sie nur kommen; das können Sie ertragen!
- ✔ Stellen Sie fest, wie viel Zeit, Anstrengung und Energie Sie sparen, wenn Sie die Latte auf siebzig Prozent legen.
- ✔ Diese Energie haben Sie dann übrig für Gemütlichkeit.
- ✔ Werden Sie sich der inneren Spannung bewusst, die durch unterdrückte Wut entsteht.
- ✔ Fragen Sie sich, was die Wut Ihnen sagen will.

- ✔ Nehmen Sie mit Ihren unterdrückten Instinkten und Impulsen Kontakt auf und lernen Sie, wieder auf sie zu hören.
- ✔ Werden Sie wieder wie ein Kind und folgen Sie Ihren Impulsen. Das ist eine Übung.

Der Weg zurück für Typ 2

Beim Loslassen des Typmechanismus von Typ 2 helfen Ihnen folgende Tipps:

- ✔ Erkennen Sie, dass Sie Ihre Aufmerksamkeit auf die Bedürfnisse anderer richten.
- ✔ Erkennen Sie, dass Sie das tun, um Ihre eigenen Bedürfnisse zu erfüllen, und dass dies ein sehr umständlicher Weg ist.
- ✔ Stellen Sie sich vor, dass Sie ebenso gut selbst wissen, was Sie wollen und was Ihre Bedürfnisse sind, wie Sie es für andere wissen. Erkennen Sie, dass Sie Ihre eigenen Bedürfnisse, Ihren eigenen Willen unterdrücken.
- ✔ Nehmen Sie sich Zeit, um allein zu sein, sich zu fragen und zu spüren, was wirklich Ihre tiefsten Bedürfnisse sind. Üben Sie, anderen zu sagen, was Sie wollen, oder auch sie um das zu bitten, was Sie brauchen.
- ✔ Können Sie sich vorstellen, einen anderen um etwas zu bitten?
- ✔ Erkennen Sie das gute Gefühl, den Stolz in sich, wenn Sie am besten wissen, was ein anderer braucht?
- ✔ Erkennen Sie, wie viel Zeit und Energie das kostet – dabei bekommen Sie noch nicht einmal das, wofür Sie es tun.
- ✔ Können Sie erkennen, dass eine echte Beziehung keine Einbahnstraße ist und dass Sie sich selbst im Weg stehen, indem Sie nur geben und nicht empfangen?
- ✔ Können Sie sich vorstellen, dass andere es auch schön finden, Ihnen etwas zu geben?
- ✔ Stellen Sie sich vor, wie Sie sich dabei selbst im Weg stehen, weil Sie das nicht erkennen und anerkennen.
- ✔ Ihre Aufgabe ist es, sich selbst schätzen zu lernen, unabhängig von dem, was Sie anderen bedeuten können.
- ✔ Befreien Sie sich aus der Abhängigkeit von anderen und davon, nett sein zu müssen für andere.
- ✔ Sie werden merken, dass andere Sie als die Person schätzen, die Sie sind, nicht nur für das, was Sie für sie tun.
- ✔ Werden Sie wieder wie ein Kind, geben und empfangen Sie in Freiheit.

Der Weg zurück für Typ 3

Beim Loslassen des Typmechanismus von Typ 3 helfen Ihnen folgende Tipps:

- ✔ Erkennen Sie, dass Sie Ihre Aufmerksamkeit auf ein erfolgreiches Image richten und auf Möglichkeiten, Punkte zu sammeln?
- ✔ Erkennen Sie, dass Sie das tun, um wahrgenommen und geliebt zu werden, aber dass es dabei nicht um Sie geht, sondern um Ihre Leistungen?
- ✔ Stellen Sie sich vor, dass Sie diese Neigung, Leistung zu erbringen loslassen – was würden Sie dann erleben?
- ✔ Können Sie sich vorstellen, dass Ihre Lieben Sie auch dann noch lieben, wenn Sie versagen?
- ✔ Fragen Sie sich, was Ihnen im Leben wichtig ist: erfolgreiche Projekte oder das Zusammensein mit Ihren Lieben?
- ✔ Ihre Aufgabe besteht darin, Ihr Tempo zu reduzieren und dabei mit sich selbst und Ihren Gefühlen in Kontakt zu kommen.
- ✔ Bremsen, bremsen, bremsen.
- ✔ Üben Sie, Nein zu sagen zu einem Projekt, das verführerische Chancen bietet, Punkte einzufahren.
- ✔ Erkennen Sie Ihre Gewohnheit, andere irrezuführen, damit Sie besser dastehen, als Sie sind.
- ✔ Wann haben Sie zuletzt jemandem ehrlich gesagt, dass es Ihnen gerade nicht so gut geht?
- ✔ Stellen Sie sich vor, Sie befreien sich von dieser Gewohnheit, Sie zeigen sich, wie Sie sind, auch wenn es Ihnen weniger gut geht.
- ✔ Erkennen Sie, wie Sie damit beschäftigt sind, von Ihnen, Ihrem Leben, Ihrer Familie und so weiter ein schönes Bild zu malen?
- ✔ Schenken Sie Ihren körperlichen Empfindungen (vor allem der Müdigkeit) Aufmerksamkeit und lernen Sie, auf sie zu hören.
- ✔ Nehmen Sie sich Zeit, still zu sitzen und Ihre Gefühlswelt zu erforschen. Was sagen Ihnen Ihre Gefühle?
- ✔ Nehmen Sie wahr, dass andere Sie nett finden, auch (gerade) dann, wenn Sie keine Erfolgsgeschichten erzählen.
- ✔ Werden Sie wieder wie ein Kind und empfangen Sie Wertschätzung und Liebe als die Person, die Sie sind.

Der Weg zurück für Typ 4

Beim Loslassen des Typmechanismus von Typ 4 helfen Ihnen folgende Tipps:

- ✔ Erkennen Sie, dass es Ihre Version der Wirklichkeit ist, dass andere es anders sehen.
- ✔ Üben Sie, sich selbst zu sehen und das, was vorhanden ist, zu schätzen, sich positiv zu orientieren und zu formulieren.
- ✔ Erkennen Sie das immer vorhandene unterschwellige Verlangen nach Erfüllung, nach dem Ideal?
- ✔ Sehen Sie die Neigung, Ihre Emotionen zu vergrößern? Entwickeln Sie Ihr Kopfzentrum, um das auszugleichen.
- ✔ Wenn Sie sehen, dass Sie Ihre Gefühle vergrößern, üben Sie, das loszulassen und sie stattdessen zu verkleinern.
- ✔ Erkennen Sie, dass Sie oft mit anderen vergleichen, mit früher, mit anderen, schöneren Orten?
- ✔ Richten Sie Ihre Aufmerksamkeit auf das, was im Hier und Jetzt vorhanden ist. Gebrauchen Sie Ihr Kopfzentrum.
- ✔ Erkennen Sie, wie Sie systematisch unzufrieden sind und vor allem über Probleme reden?
- ✔ Üben Sie, auch dann mit Menschen zu sprechen, wenn es keine Probleme gibt; reden Sie über positive Dinge; äußern Sie sich positiv.
- ✔ Erkennen Sie, dass Sie dazu neigen, andere auf Abstand zu halten, weil Sie zum Beispiel Angst vor Ablehnung haben?
- ✔ Üben Sie, beständiger zu werden, in Ihren Gefühlen, in Ihrem Abstand zu anderen (Ihren Lieben).
- ✔ Korrigieren Sie sich selbst, wenn Sie merken, dass Sie sich von etwas oder jemandem distanzieren, und halten Sie gerade dann die Verbindung.
- ✔ Erkennen Sie, dass Sie dazu neigen, sich anderen überlegen oder unterlegen zu fühlen?
- ✔ Lernen Sie zu erkennen, dass alle Menschen, auch Sie, gleichwertig sind, mit all Ihren Schwächen.
- ✔ Fragen Sie sich, was Ihr Neid Ihnen sagen will.
- ✔ Werden Sie wieder wie ein Kind und fühlen Sie sich erfüllt und verbunden.

Der Weg zurück für Typ 5

Beim Loslassen des Typmechanismus von Typ 5 helfen Ihnen folgende Tipps:

- ✔ Erkennen Sie, dass Sie Ihre Aufmerksamkeit auf das richten, was andere von Ihnen erwarten und was sie vielleicht von Ihnen wollen?
- ✔ Erkennen Sie, dass das Ihre Wirklichkeit ist und dass die anderen vielleicht gar nichts von Ihnen wollen.

- Erkennen Sie, dass Menschen, die etwas von Ihnen wollen, Sie darum bitten, und dass Sie Nein sagen können.
- Üben Sie, auf Menschen zuzugehen, anstatt sich zurückzuziehen. Beobachten Sie, was geschieht.
- Üben Sie zu fühlen, wo Ihre Grenzen liegen und das direkt mitzuteilen.
- Erkennen Sie, wie Sie sich von Ihren Gefühlen, von anderen, auch von Ort und Zeit isolieren.
- Ihre Aufgabe ist es, sich nicht zu isolieren, sondern in Verbindung zu treten.
- Erkennen Sie, wie Sie die Kontrolle über Menschen und Situationen behalten?
- Indem Sie zum Beispiel mit Informationen sparsam umgehen und Menschen/Situationen getrennt halten.
- Stellen Sie sich vor, das loszulassen; experimentieren Sie damit!
- Erleben Sie, dass es Sie keine Energie kostet, sondern freisetzt, wenn Sie Kontrolle loslassen, dass Ihre Energie nicht zu Ende geht.
- Erlauben Sie sich, Ihre Gefühle/Empfindungen zu erleben, haben Sie keine Angst davor. Sie sind genauso faszinierend wie Ihre Gedanken.
- Experimentieren Sie damit, Dinge über sich und aus sich heraus zu erzählen.
- Denken Sie sich keine Gründe aus, das nicht zu tun. Es gibt einen Grund, es doch zu tun, nämlich Ihre Weiterentwicklung.
- Fragen Sie sich, was Ihre Zurückhaltung Ihnen sagen will.
- Werden Sie wieder wie ein Kind, finden Sie Ihre Spontaneität wieder und tun Sie einfach (ohne erst zu denken).

Der Weg zurück für Typ 6

Beim Loslassen des Typmechanismus von Typ 6 helfen Ihnen folgende Tipps:

- Erkennen Sie, dass Sie Ihre Aufmerksamkeit auf das richten, was schiefgehen kann, wo Gefahr droht, was Misstrauen weckt, und so weiter?
- Erkennen Sie, dass das Ihre Version der Wirklichkeit ist und dass Sie einen wichtigen Teil nicht wahrnehmen.
- Werden Sie sich Ihrer Sorgen, (Selbst-)Zweifel und Ihres Verlangens nach Sicherheit bewusst.
- Üben Sie, Ihre Aufmerksamkeit anders zu orientieren, zum Beispiel daran zu denken, dass Dinge auch gut gehen können.
- Lernen Sie zu sehen und zu akzeptieren, dass ein bestimmtes Maß an Unsicherheit zum Leben gehört.

- ✔ Gewöhnen Sie sich an, Realitätschecks einzubauen und sich zu fragen, welche Ängste einen realen Grund haben.
- ✔ Lassen Sie Ihre mentale Fixierung los, indem Sie sich zum Beispiel sagen: »Ich vertraue darauf, dass es gut geht.«
- ✔ Lernen Sie, Ihre Projektionen wahrzunehmen und loszulassen, auch durch Realitätschecks: Fragen Sie den anderen.
- ✔ Nehmen Sie Kontakt mit Ihren unterdrückten Instinkten und Impulsen auf und lernen Sie, wieder auf sie zu hören.
- ✔ Werden Sie wieder wie ein Kind: Haben Sie Vertrauen und Mut.

Der Weg zurück für Typ 7

Beim Loslassen des Typmechanismus von Typ 7 helfen Ihnen folgende Tipps:

- ✔ Erkennen Sie, dass sich Ihre Aufmerksamkeit auf Möglichkeiten, Unbeschränktheit, Faszinierendes und so weiter richtet.
- ✔ Werden Sie sich Ihres rasenden Geistes bewusst, der nie stillsteht und von einem zum anderen springt.
- ✔ Konzentration, Konzentration, Konzentration. Das ist der Entwicklungsweg für Typ 7.
- ✔ Üben Sie, sich zu mäßigen, Stopp zu rufen.
- ✔ Nicht nur, wenn es ums Tun geht, sondern gerade auch im Denken und Sprechen.
- ✔ Üben Sie wahrzunehmen, wenn Sie dem anderen nicht mehr zuhören und ihm ins Wort fallen. Halten Sie sich zurück.
- ✔ Stellen Sie fest, wann Sie positive Möglichkeiten suchen, um Angst (vor Entbehrungen) zu vermeiden.
- ✔ Üben Sie, nur eine Sache auf einmal zu tun und Dinge abzuschließen, bevor Sie etwas Neues beginnen.
- ✔ Erkennen Sie, dass Sie selbstbezogen sind, entwickeln Sie einen Blick für die Gefühle und Sorgen anderer.
- ✔ Üben Sie, mit anderen Zeit zu verbringen, eventuell mit ihrem Schmerz und ihrer Negativität, ohne diese wegzuerklären.
- ✔ Lernen Sie, Freude und Leid als zwei gleichwertige Seiten des Lebens zu betrachten und zu akzeptieren.
- ✔ Nehmen Sie wahr, wenn Sie anfangen zu rationalisieren, und achten Sie darauf, wovor Sie flüchten.
- ✔ Werden Sie sich Ihrer Unersättlichkeit in jeder Hinsicht bewusst, auch in Ihrer Begeisterung; bremsen und mäßigen Sie sich.
- ✔ Werden Sie wieder wie ein Kind und erleben Sie Freude und Traurigkeit zu ihrer Zeit; jede Traurigkeit vergeht wieder.

Der Weg zurück für Typ 8

Beim Loslassen des Typmechanismus von Typ 8 helfen Ihnen folgende Tipps:

- ✔ Erkennen Sie, dass Sie Ihre Aufmerksamkeit darauf richten, stark und unverletzlich zu sein.
- ✔ Machen Sie sich klar, dass das Ihre Version der Wirklichkeit und Wahrheit ist.
- ✔ Lernen Sie zu erkennen, wann Sie nur Ihre Wahrheit sehen, und öffnen Sie sich für die Wahrheiten anderer.
- ✔ Werden Sie sich Ihrer Impulsivität im Handeln bewusst und lernen Sie, Impulse zum sofortigen Handeln zu bremsen. Denken Sie erst.
- ✔ Nehmen Sie Ihre Wirkung auf andere wahr, üben Sie, anderen Raum zu geben, auch in Gesprächen.
- ✔ Lernen Sie zu erkennen, wie und was Sie verleugnen: Ihre Schwächen und Nöte, aber auch die Interessen und Ideen anderer.
- ✔ Erkennen Sie Ihre Neigung, immer zu kämpfen, Kräfte zu messen, auch wenn Sie das elegant und spielerisch verpacken.
- ✔ Lassen Sie Ihre mentale Fixierung los, indem Sie sich sagen: »Der andere ist nicht mein Feind.«
- ✔ Üben Sie zu sehen und zu akzeptieren, dass der andere keinen Streit mit Ihnen sucht und Sie nicht verletzen will.
- ✔ Versuchen Sie nicht länger, Ihre Verletzlichkeit in Ihrer Festung zu verbergen. Machen Sie das Tor ruhig weiter auf.
- ✔ Wenn Ihre Lieben Ihr echtes, unschuldiges und verletzliches Selbst sehen, werden sie Sie auch sanfter anfassen.
- ✔ Erkennen und erleben Sie die wahre Kraft Ihrer Verletzlichkeit; sie braucht Ihren Schutz nicht.
- ✔ Werden Sie wieder wie ein Kind, in aller Offenheit, Unschuld und Verletzlichkeit.

Der Weg zurück für Typ 9

Beim Loslassen des Typmechanismus von Typ 9 helfen Ihnen folgende Tipps:

- ✔ Erkennen Sie, dass Sie Ihre Aufmerksamkeit darauf richten, sich anderen zu fügen und keine noch so geringe Störung zu verursachen.
- ✔ Werden Sie sich bewusst, wie sehr Sie sich ablenken lassen, dass Ihre Aufmerksamkeit diffus bleibt und Ihre Energie in Trivialitäten versickert.
- ✔ Üben Sie, in Anwesenheit von anderen mit sich selbst, Ihren Prioritäten und Ideen in Kontakt zu bleiben.

- ✔ Erkennen Sie, wenn Sie mit unwichtigen Dingen beschäftigt sind und worauf Sie Ihre Aufmerksamkeit stattdessen richten sollten.
- ✔ Lernen Sie, Ihre Energie und Konzentration auf Ihre Grenzen zu richten, auf das, was Sie wollen, was wirklich gut für Sie ist und welche Aktion die richtige ist.
- ✔ Erkennen Sie, wie Sie sich selbst unsichtbar machen und die Aufmerksamkeit anderer von sich ablenken.
- ✔ Lernen Sie, Ihre Wut als Zeichen dafür zu betrachten, dass Sie sich nicht gesehen, gehört und ernst genommen fühlen.
- ✔ Lassen Sie Ihre mentale Fixierung los, indem Sie sich zum Beispiel sagen: »Ich bin auch wichtig.«
- ✔ Fragen Sie sich, was Ihre Trägheit Ihnen sagen will.
- ✔ Ihre Aufgabe ist, wach zu werden; erkennen Sie, wann und wie Sie sich selbst betäuben.
- ✔ Erinnern Sie sich, erinnern Sie sich, erinnern Sie sich.
- ✔ Ist es wirklich so schlimm, wenn Sie ein paar kleine Wellen auslösen, indem Sie Ihre Meinung sagen?
- ✔ Experimentieren Sie damit, beobachten Sie, wie die Leute reagieren. Vielleicht bemerken sie Sie plötzlich doch.
- ✔ Werden Sie wieder wie ein Kind und spielen Sie mit. Jeder Einzelne zählt.

Das spirituelle Enneagramm

17

In diesem Kapitel

- Das Höhere Selbst kennenlernen
- Entscheidung zwischen Via positiva und Via negativa
- Die höheren Ideen der Typen

Es gibt einen Weg, steil und dornig, von allerlei Gefahren erfüllt, aber doch ein Weg, und er führt ins Herz des Universums.

Ich kann Dir sagen, wie Du jene findest, die Dir den geheimen Durchgang zeigen, der allein nach innen führt und sich hinter dem Neuling für immer schließt.

Es gibt keine Gefahr, die unverzagter Mut nicht besiegen kann.

Es gibt keine Prüfung, die makellose Reinheit nicht bestehen kann.

Es gibt keine Schwierigkeit, die ein starkes Denkvermögen nicht überwinden kann

Auf die, die siegend aufsteigen, wartet eine Belohnung, die alle Worte übertrifft: das Vermögen, der Menschheit ein Segen zu sein und sie zu retten.

Für die, die es nicht erlangen, gibt es andere Leben, in denen sie zum Erfolg kommen können.

(H.P. Blavatsky zugeschrieben, Collected Writings XIII, S. 219)

Hier ist poetisch zusammengefasst, dass es einen Weg der Entwicklung gibt, den jeder gehen kann, einen Weg, für den Denkvermögen, Mut und Durchsetzungsvermögen nötig sind. Sie müssen diesen Weg jedoch nicht allein gehen, Sie werden andere auf dem Weg treffen, deren Unterstützung Sie unterwegs benötigen – aber auch andere, die Ihren Beistand brauchen. Und ganz leise wird in der letzten Zeile angedeutet, dass wir zurückkehren und es noch einmal versuchen können, wenn wir in diesem Leben keinen Erfolg haben.

Unser Höheres Selbst

In den ersten beiden Teilen dieses Buches stelle ich das Enneagramm mit den Typmechanismen vor, aber auch das Niedere Selbst, den Typ oder das Ich. In der spirituellen Arbeit und im Enneagramm spielt unser Höheres Selbst eine Rolle (mehr dazu und im Zusammenhang mit den Bewusstseinsebenen in Kapitel 14).

Ziel der Arbeit an der persönlichen Weiterentwicklung ist es, die Kontrolle zu verschieben, sodass die niederen Bewusstseinsebenen unter die Regie der höheren kommen. Sie können das als Streben nach Geist über Körper betrachten. Nur geht es beim Enneagramm noch weiter, weil wir die verschiedenen Bewusstseinsebenen unterscheiden. Auch unser Kopfzentrum kennt dabei eine niedere und eine höhere Ebene. Das Ziel unserer Weiterentwicklung besteht darin, das niedere mentale Zentrum (voller Fixierungen, die auf falsche Annahmen gründen) unter die Regie des höheren mentalen Zentrums (der höheren Ideen) zu bringen.

Das ist Lernen zweiter Ordnung. Unser innerer Beobachter übernimmt die Kontrolle über das Niedere Selbst und ermöglicht dadurch, dass das Höhere Selbst zum Vorschein kommt und Regie führt. Das niedere Gefühlszentrum (Leidenschaften, Laster) kommt unter die Regie des höheren Gefühlszentrums (der höheren oder heiligen Tugenden). Meine Kollegin Hannah Nathans zeichnete in einem unserer Seminare das in Abbildung 17.1 gezeigte Schema auf ein Flipchart, um das Thema für die Kursteilnehmer ins Bild zu setzen.

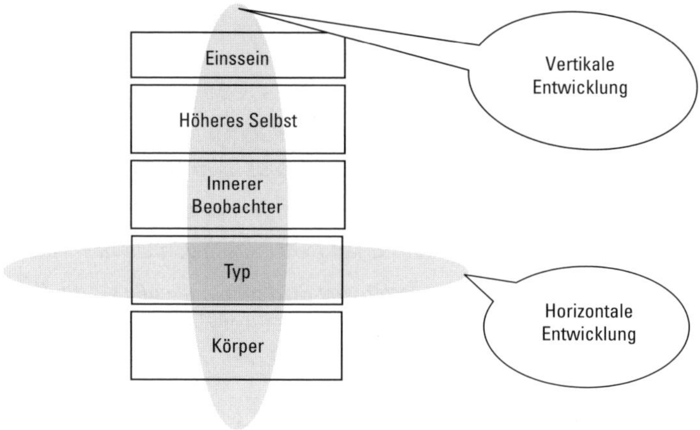

Abbildung 17.1: Unser Höheres Selbst

Die Entwicklung auf psychologischer oder Typebene, das Lernen erster Ordnung, ist in diesem Schema als Entwicklung in die Breite dargestellt. Es beschreibt immer noch das Handeln auf Typebene, bietet aber eine Erweiterung durch kompensierende Fertigkeiten und eine Ausweitung des Verhaltensrepertoires. In diesem Schema erscheint es als waagerechte Ellipse.

Dieses Kapitel beschäftigt sich mit dem spirituellen Enneagramm und der Entwicklung höherer Bewusstseinsebenen. Diese Entwicklung auf der zweiten und dritten Lernebene ist im Schema als senkrechte Ellipse dargestellt. Der erste Schritt besteht darin, den inneren Beobachter zu entwickeln. Das können Sie selbst tun und in die Praxis umsetzen. Der nächste Schritt führt zum Höhere Selbst oder zur transpersonalen Ebene. Hierauf können Sie sich vorbereiten, aber letzten Endes geht es darum, einen inneren empfänglichen Zustand zu erreichen.

Von vollkommener Transformation, der dritten Lernebene, ist die Rede, wenn das Niedere Selbst nicht unter der Regie der höheren Ebenen steht, sondern in das Höhere Selbst umgewandelt wurde. Das Niedere Selbst ist dann sozusagen aufgelöst. Dieses außergewöhnliche Stadium ist das, was man unter Erleuchtung versteht. Der Mensch ist von seinem Niederen Selbst erlöst und hat keine Schwierigkeiten mehr mit Fixierungen und Leidenschaften.

Selbst tun oder empfangen

Ein Teil des Entwicklungswegs besteht darin, die verschiedenen Zustände in Ihrem Innern durch die Selbstbeobachtung und –reflexion zu erkennen und zu unterscheiden. Wann handeln und reagieren Sie aus Ihrem Niederen Selbst heraus, wann mit dem inneren Beobachter oder über das Höhere Selbst? Der Zustand des inneren Beobachters ist trainierbar. Wenn Sie sich damit beschäftigen, können Sie sich relativ leicht in diesen Bewusstseinszustand bringen.

Der Mönch Evagrius bezeichnet das als ersten Abschnitt des Weges, die praktikê. Das können wir selbst tun. Den nächsten Abschnitt des Weges, die gnostikê, können wir nicht selbst gehen. Es ist ein empfänglicher Seinszustand, etwas, das Sie empfangen. Im Zustand des Niederen Selbst steht der Typ im Weg, dann können und werden Sie nichts empfangen. Sie können allerdings etwas tun, nämlich Ihren inneren Zustand so einrichten, dass Sie auf Empfang sind und Empfangen möglich wird. Stellen Sie sich einen Acker vor, der gut für die Aussaat vorbereitet wird, um die Voraussetzung für eine reiche Ernte zu verbessern. Es gibt keine Garantie für die reiche Ernte, man »empfängt« sie. Wird jedoch andererseits der Acker nicht gut vorbereitet, weiß man bereits, dass eine reiche Ernte nicht sehr wahrscheinlich ist.

Was ist so toll am Empfangen, wenn ich mir nehmen kann, was ich will?

Bei dem Gedanken an einen inneren Zustand, in dem Sie warten müssen auf etwas, das Sie empfangen können, protestiert bei den meisten von uns sofort der Typ: »Wie, warten? Was ist dieses Etwas, lohnt es sich? Bekomme ich es überhaupt? Ist das nicht etwas für besondere Menschen? Ich kann doch selbst dafür sorgen, dass ich das bekomme, was ich will.«

Es ist eben die Illusion des Typs, dass er dafür sorgen kann, dass Sie bekommen, was Sie wollen. Was wollen wir alle? Viele würden diese Frage mit Glück, Liebe, beachtet werden, gehört werden, Anerkennung bekommen, wirklich frei sein beantworten. Unser Typ strengt sich in der Tat auf allerlei raffinierten Wegen an, um das zu erreichen. Es geht um wichtige Dinge, deshalb versuchen alle Typen auf ihre Weise, möglichst viel Kontrolle darüber zu bekommen. Aber wie gut gelingt es Ihrem Typ, es wirklich zu beschaffen? Sind Sie glücklich? Fühlen Sie sich beachtet, anerkannt, geliebt? Wie frei sind Sie in Ihren natürlichen Neigungen? Unsere Typen haben ihre Stärken, aber wie viel Wahlfreiheit haben wir im alltäglichen Handeln?

In Wahrheit ist unserem Typ unser Glück ziemlich egal. Seine Funktion besteht darin, uns das Überleben in dieser Welt zu erleichtern, nicht darin, uns glücklich zu machen. Unser Typ steht sogar, mit allerlei Sorgen und Verkrampfungen, unserem Glück im Weg. Schon die Wüstenväter haben das entdeckt. Die Antwort auf die Frage: »Was steht zwischen mir und Gott? Was steht zwischen mir und meinem Wahren Selbst, meinem Wesen? Was steht zwischen mir und dem anderen?« lautet: Ich. Mein Typ steht im Weg.

Direkte Erfahrungen

Was Sie nicht empfangen, weil Sie sich selbst im Weg stehen, ist Ihr Wahres Selbst, Gott. Wie können Sie empfangen, wenn Sie von sich selbst erfüllt sind? Wenn ich randvoll mit mir selbst bin, mit meinen Gedanken, meinen Gefühlen und Empfindungen, habe ich keinen

Platz, etwas zu empfangen. Was Sie durch den Filter Ihres Typs nicht empfangen, ist der Blick auf die ganze Wirklichkeit. Durch meinen Typ habe ich 1/9 Blick auf die Wirklichkeit. Wenn ich mich weiterentwickle, erweitere ich meinen Blickwinkel, aber 360 Grad werde ich nicht erreichen.

Unser Typ ist unsere Blindheit. Inwiefern stört uns das? Es stört zum Beispiel in unseren Beziehungen. Vielleicht sind wir nicht in der Lage, die gute Absicht des anderen zu erkennen, weil wir dazu neigen, von unserem Typ aus zu urteilen. Direkt zu erfahren ist das Erleben der Realität, so wie sie wirklich ist, ohne dass Projektion, Identifikation, Unterdrückung, Verleugnung oder andere Abwehrmechanismen dazwischengeraten. Direktes Erleben kann auch eine spirituelle Erfahrung sein. Direkt in dem Sinn, dass nichts zwischen Ihnen, Ihrem Wahren Selbst, und Ihrer Erfahrung steht.

Empfänglichkeit

Die Vorbereitungsphase für direkte Erfahrungen besteht darin, dass Sie sich leer machen, sich von Ihrem Typ entleeren. Wenn Sie leer sind, können Sie empfangen. Dann können Sie sich öffnen, um Höheres zu empfangen. Dieses Höhere kann Gott sein, aber auch die Erfahrung von Nondualität, von Sein, oder die Weisheit und Liebe der höheren Tugenden. Das soll nicht heißen, dass Sie diese augenblicklich empfangen. Es sind immer noch Geschenke. Den Zustand der Empfänglichkeit können Sie als positives Gegenteil der Reaktivität ansehen.

Wenn Sie reaktiv sind, müssen Sie reagieren; wenn Sie empfänglich sind, können Sie frei empfangen. Empfänglichkeit zu trainieren hilft also auch, geerdet und präsent, im Gleichgewicht zu bleiben. Empfänglichkeit hilft Ihnen auch, Feedback, Kritik, Wut und alle anderen Themen anzunehmen, die unseren Typ normalerweise aus dem Gleichgewicht bringen.

Viele Wege führen nach Rom

Auch wenn es um unsere Weiterentwicklung geht, führen verschiedene Wege zum gleichen spirituellen Ziel. In (christlichen) spirituellen Traditionen werden zwei Hauptwege als Via positiva und Via negativa bezeichnet. Aus den Namen positiva und negativa könnte man ableiten, dass der eine besser ist als der andere, aber das ist keineswegs der Fall. Sie sind beide wertvoll, können getrennt begangen werden oder einander ergänzen. Es sind keine modernen Erfindungen – der Mönch Evagrius von Pontus (345–399 n. Chr.) schrieb schon darüber.

Die Via negativa ist in der christlichen Mystik unter anderem durch Johannes vom Kreuz (*Die dunkle Nacht*) bekannt, die Via positiva durch Teresa von Avila. Claudio Naranjo, einer der Begründer »unseres« Enneagramms, schrieb 1971 über die Via negativa in *Psychologie der Meditation*. Die Via positiva und die Via negativa bilden zusammen die Via eminentiae oder die Via creativa. Verschiedene Traditionen liefern unterschiedliche Erklärungen für die Begriffe Via positiva und Via negativa, mitunter verwenden sie auch andere Namen, um dasselbe zu bezeichnen. Eine Erklärung:

Via negativa

Die Via negativa ist das, womit wir in der Enneagramm-Praxis beginnen und uns hauptsächlich beschäftigen: sich vom Typmechanismus entleeren, das Ich loslassen. Die höchste Ebene des Loslassens besteht darin, dass sich das Ich transformiert und auflöst. Es geht nicht darum, das Ich zu bekämpfen. Im Gegenteil, indem Sie Ihre Aufmerksamkeit und Energie auf das richten, was Sie bekämpfen wollen, geben sie ihm Energie und es wächst.

Das Ziel ist, leer zu werden, indem Sie Ihr Ich umarmen und ehrlich betrachten; dadurch rückt es – losgelassen – in den Hintergrund. Kurz gesagt versuchen wir diese Entleerung, indem wir Selbstbeobachtung lernen, indem wir sehen, wohin sich unsere Aufmerksamkeit automatisch richtet, welche zugrunde liegende Triebfeder, welche Leidenschaft uns bestimmt – und das alles loslassen. Das geschieht auch, wenn Sie Ihre Aufmerksamkeit trainieren und auf etwas anderes lenken als das Ziel, auf das Ihr Typ fixiert ist. Sie nehmen wahr, wenn Ihr Typ den Autopiloten einschaltet, wenn Sie fixiert sind, und Sie lassen dadurch los. Ihre Fixierung löst sich auf, ebenso Ihre Leidenschaft. In *Die dunkle Nacht* beschreibt Johannes vom Kreuz in Gedichten die schmerzhafte Erfahrung der Abwesenheit Gottes während seiner Gefangenschaft (die Leere), die danach zu einer mystischen Erfahrung der Vereinigung mit Gott führte.

Die Via negativa als Weg mit dem Enneagramm

Sie haben gelernt, dass es vier Kategorien des Kopfzentrums gibt (Erinnern, Denken, Planen, Fantasieren) und dass der Inhalt dieser Kategorien je nach Typ unterschiedlich ist. Die Via negativa führt zum Entleeren der Kategorien. Als Typ 1 kann ich mich zum Beispiel unglücklich machen, indem ich in meinem Groll über jemanden oder etwas stecken bleibe, mir ausmale, warum etwas nicht taugt. Ich habe allerdings die Wahl und kann mir auch antrainieren, das loszulassen. Dieser Weg führt zur Freiheit, indem ich mich damit nicht länger unglücklich mache. Die unerwünschte Fixierung wird dann nach ihrer Kategorie benannt, also Erinnerung, Gedanke oder Imagination.

Indem ich erkenne, dass es nur ein Gedanke, eine Erinnerung, eine Einbildung ist, was mich belastet, kann ich es loslassen. Lassen Sie den Gedanken los. Lassen Sie die Erinnerung los. Sie halten Sie im Griff und machen Sie unglücklich. Wir neigen dazu, die Regie unserem Typ, unserem Ich zu überlassen und an unseren Fixierungen festzuhalten. Unsere Fixierungen loszulassen erscheint wie ein Verlust, als ob wir etwas aufgeben oder verlieren. Und dagegen sträuben wir uns, selbst wenn uns diese Fixierungen Leid bringen. Der Weg der Via negativa besteht also darin, uns durch unser Ich-Muster zu arbeiten, nicht davor wegzulaufen, es nicht schöner darzustellen, als es ist, es nicht zu bekämpfen, sondern hindurchzugehen. Das Leerwerden mit dem Enneagramm führt zu der Erkenntnis:

- ✔ Ich bin nicht mein Körper.
- ✔ Ich bin nicht meine Emotionen.
- ✔ Ich bin nicht meine Gedanken.

Erst langsam üben

Der Typmechanismus arbeitet so schnell, dass man kaum eingreifen kann. Wenn wir lernen, den Typmechanismus zu verzögern, ist das ein erster Schritt, um ihn bewusst fassen zu können. Etwas, das sich langsamer bewegt, kann man leichter erwischen. Beim Verlangsamen unserer »Maschine« entsteht Raum, um uns in diesem Moment zu beobachten und eine automatische Reaktion zu verhindern. Das Bremsen können Sie durch Meditation, Aufmerksamkeitstraining und Atemtechniken üben. Für mich ist die Konzentration auf meinen Atem ein gutes Hilfsmittel. Wenn ich merke, dass mein Typ den Autopiloten einschaltet, versuche ich, meine Aufmerksamkeit zurück auf meine Atmung zu lenken. Denn die Atmung ist leer in dem Sinn, dass sie keinen Inhalt und kein Urteil kennt. Die Praxis der Via negativa mithilfe der Atmung nennt man im Buddhismus Vipassana, heutzutage auch bekannt als Achtsamkeit oder Stressreduzierende Therapie. All das sind Beispiele für die Via negativa – anderer Name, gleiches Prinzip.

Formen und Beispiele der Via negativa

Matthew Fox beschreibt in *Freundschaft mit dem Leben* einige Formen der Via negativa. Er führt auch das Beispiel der Entleerung an: Sie lassen Bilder, Gedanken, Erinnerungen einfach vorbeigehen. Sie leeren sich selbst, die Kategorien in Ihrem Kopf, und lassen die Stille zu. Im Alten Testament fand Elia Gott weder im Erdbeben, noch im Feuer, noch im Sturm, sondern in der Stille. Fox beschreibt die Via negativa auch als geleert werden, etwas, das Ihnen widerfährt. Das geschieht zum Beispiel, wenn Sie Schmerz begegnen und annehmen, ihn nicht bekämpfen, sondern sich darin entspannen; dann verschwindet er langsam. Wenn Sie etwas als das, was es ist, annehmen, wird es nach und nach erträglich, der Schmerz löst sich auf.

Eine Form der Via negativa in der christlichen spirituellen Tradition ist die Lehre von Sünde und Erlösung. Dabei hat das Wort Sünde im spirituellen Sinn eine andere, tiefere Bedeutung als im alltäglichen Sprachgebrauch. Sünden sind zum Beispiel die Weigerung loszulassen, die Weigerung, die Notwendigkeit von Empfänglichkeit im Leben zuzugeben, Festklammern am Ich, Kontrolle, Wille, Projektion, andere nicht sein zu lassen, wer sie sind, und gute Absichten anderer nicht sehen zu wollen. Erlösung ist nicht die Erlösung von Schmerzen, sodass wir sie nicht mehr spüren müssen, sondern eine Erlösung durch den Schmerz hindurch, indem das Leben vollkommen gelebt und so in seiner ganzen Tiefe erlebt wird. Traurigkeit und Schmerz bringen uns ins Hier und Jetzt.

Via positiva

Eine einfache Beschreibung der Via positiva lautet: sich zum Positiven entwickeln, indem man sich das Positive vorstellt. NLP könnte man in dieser Hinsicht unter die Via positiva einordnen: »Tschakka, du schaffst es.« Das heißt, durch Visualisierung etwas zu erschaffen. Eine bekannte Form davon sind Affirmationen. Meine Affirmation am Anfang meines Weges lautete: »Ist es nicht gut genug, wie es ist?« Sie verstößt übrigens gegen die Regeln für eine gute Affirmation: Das Wort »nicht« dürfte darin nicht vorkommen. Für mich funktionierte diese Affirmation trotzdem gut genug, auch in ihrer fehlerhaften Form. Die Antwort lautete meist: »Ja, es ist gut genug.« Dann konnte ich mich zurückhalten, musste nicht mehr weiter verbessern und perfektionieren und durfte meine Energie bei mir behalten. Ich habe mich daran gehindert, mich im Objekt der Verbesserung zu verlieren. Heute sage ich mir selbst: »Es ist gut genug, so wie es ist.« Dahinter steckt eine innere Überzeugung, die ich damals, als ich die erste Affirmation formulierte, noch nicht spüren konnte. In dieser Arbeit geht es in kleinen Schritten voran.

Das gleiche Prinzip wenden wir zum Beispiel in geführten Meditationen an, in Visualisierungen oder in Meditationstechniken, in denen man sich konzentriert. Der Grundsatz der Via positiva lautet: Man kann etwas nur dann loslassen oder ausleeren, wenn es durch etwas anderes ersetzt wird. Eine Übung in der Psychotherapie, die auf diesem Prinzip beruht, besteht darin, nicht hilfreiche Gedanken erkennen und durch hilfreiche Gedanken ersetzen zu lernen.

Formen und Beispiele der Via positiva

Einen Gott zu erkennen und an ihn zu glauben, ist an sich schon eine Form der Via positiva. Die Erkenntnis, dass es etwas Größeres gibt als einen selbst, weckt das Positive in uns, um das Höhere zu erkennen. Sich für ein »höheres Ziel« einzusetzen, zum Beispiel für einen Mitmenschen, die Gemeinschaft oder das Land, ist ebenfalls eine Form der Via positiva. Eine weitere ist das Zuschreiben positiver Eigenschaften an Gott: Er ist gut, weise, barmherzig, gnädig, liebevoll und so weiter. Auch Prinzipien wie: »Gott schuf und es war gut«, »Gott ist in allem», der göttliche Funke in uns, die Kraft der Liebe, »die Seele ist rein«, das Leben feiern sind Beispiele für die Vorstellung von etwas Höherem, Positivem, das günstige Auswirkungen auf unser Leben hat.

Matthew Fox zählt in seinem Buch *Freundschaft mit dem Leben* als Beispiele zur Via positiva auf: der Weg der Affirmation, Dank, bewusst, nicht betäubt sein, Erlösung und heilende Kraft, Erleben der Schönheit und Tiefe der Schöpfung.

Die Via positiva als Weg mit dem Enneagramm

Der Schwerpunkt der Enneagramm-Praxis liegt auf der Via negativa, darauf, leer zu werden und den Typ loszulassen. Ihr Typ kann entspannt in den Hintergrund rücken, weil Sie sich des inneren Beobachters bewusst sind und diesen nach vorn kommen lassen. Wenn diese Leere und Empfänglichkeit vorhanden ist, können Sie Ihre Aufmerksamkeit auf das richten, was Sie wollen. Das kann eine positive Affirmation sein, ein positiver Gedanke, etwas, das Sie sich als Ziel vorhalten und aneignen wollen. Beim Enneagramm verwenden wir diesen Raum auch, um die höheren Tugenden in uns einzuladen. Wenn die Leidenschaft oder das Laster unseres Typs in den Hintergrund rückt, entsteht Raum für die Tugenden, die ursprünglich, als wir Kinder waren, auch in uns aktiv waren.

Von höheren Tugenden und Ideen

Die höheren Tugenden und Ideen sind ein empfangener Zustand. Wir können sie nicht tun, wir empfangen sie. In diesem Zustand wird Ihre Wahrnehmung nicht gefärbt durch Ihre Ansichten, Ängste, Projektionen oder durch die Brille Ihres Typs. Die innere Wahrnehmung wird nicht blockiert. Was Sie tun, geht durch Sie hindurch, setzt aber nicht Ihr Ich in Gang. Die höheren Tugenden und Ideen haben nichts mit Zukunft und Vergangenheit zu tun, sie existieren nur im Hier und Jetzt.

Vom Laster zur Tugend: Ein Geschenk

Die Regie über das niedere emotionale Zentrum dem höheren emotionalen Zentrum zu übertragen, ist die Verwandlung eines Lasters in eine Tugend. Die Autorität der Kirche, deren Lehren als Dogmen verkündet werden, hat dazu geführt, dass dieser Satz moralinsauer klingt: Tugenden müssen als Zwang auferlegt werden. Die Form eines tugendhaften Lebens wird vorgeschrieben, eventuell noch sanktioniert durch Angst, indem mit Hölle und Verdammnis gedroht wird.

Die Tugenden, von denen wir hier sprechen, sind eher ein Geschenk. Nicht etwas, das sein muss, sondern etwas, das einem manchmal geschenkt wird. Nicht etwas, das man nachahmt, um den Schein zu wahren, sondern etwas, das man ist – auf der Ebene des Wahren Selbst. Die Weisheit des Enneagramms zeigt uns, dass das, was uns in unserem Leben Leid und Ärger bringt, aus unseren Lastern oder Leidenschaften entsteht. Es sind unser Stolz, unsere Täuschung, unsere Unmäßigkeit, unser Groll und so weiter, die uns Leiden verursachen. Es sind unsere Laster, die inneres Ungleichgewicht schaffen. Wenn wir diese Laster loslassen (Via negativa), können wir stattdessen die höheren Tugenden einladen (Via positiva). Dann erreichen wir einen Ort in uns, der frei von Leid ist.

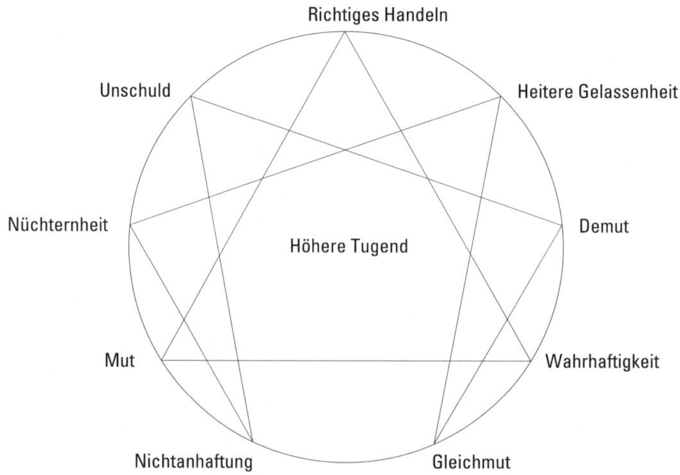

Abbildung 17.2: Die höheren Tugenden schematisch dargestellt

Karin (Typ 1), die ihren Groll in bestimmten Situationen, gegenüber anderen, loslassen kann, wird buchstäblich ein fröhlicherer Mensch. Groll macht sie nämlich nicht glücklich. Es ist eine Negativität, in der Karin feststeckt. Die Leere nach dem Groll, der mit ihrem Typ in den Hintergrund verschwindet, ist schon an sich ein angenehmer Zustand. Die Abwesenheit des obsessiven Denkens, des zwanghaften Handelns bringt viel innere Ruhe. Das ist noch nicht Heiterkeit, die höhere Tugend, die Typ 1 erreichen kann. Das Erleben von Heiterkeit ist das tiefe Erleben, dass es jetzt so gut ist, wie es ist; dass es morgen wieder anders sein wird und das dann auch wieder gut ist; das Erleben, dass in der Natur alles in Bewegung ist. Dass in uns

Impulse, Bedürfnisse und Wünsche als Teile unserer Natur leben. Und dass auch das gut ist, dass wir im Fluss der Bewegung danach handeln dürfen. Heiterkeit ist mehr als Ruhe; sie ist eine tiefe Erfahrung, dass es gut ist, auf eine reine, leichte, stille Art.

Wenn **Roy (Typ 2)** seine Reaktivität, den Stolz, unter die Regie seines Wahren Selbst bringt, kann er die höhere Tugend der Demut in sich erleben. Nun klingt Demut in unserer westlichen Gesellschaft nicht wirklich cool. Sie steht in der heutigen Zeit nicht bei vielen Menschen oben auf der Wunschliste. Dennoch ist die spirituelle Bedeutung des Begriffs schön: Demut steht dann für »deinen wirklichen Wert kennen«. Es geht nicht um die Demut aus dem alltäglichen Sprachgebrauch, die ungefähr synonym ist mit »sich klein machen, kuschen«. Es geht darum, seinen wirklichen Wert zu kennen, sich nicht mehr, aber auch nicht weniger wert zu fühlen, als man wirklich ist. Auch das Erleben, wie man im qualitativen Sinn wertvoll ist, gehört dazu. Jemand mit Typ 2, der seinen wirklichen Wert tief im Inneren kennt und erlebt, muss ihn nicht mehr über andere beziehen oder bestätigt bekommen. Sein Eigenwert ist nicht abhängig von der Möglichkeit, anderen etwas zu geben. Roy kann dann frei und ohne Erwartungen geben und empfangen – in dem Maß, wie es wirklich nötig ist, und wie Roy es selbst will. Demut ist die tiefe innere Erfahrung und Akzeptanz dessen, dass auch er Bedürfnisse hat und dass das mit den Gesetzen der Natur übereinstimmt. Diese Bedürfnisse auf Umwegen zu erfüllen, ist nicht mehr nötig, denn er kann sie selbst erfüllen. Er ist nicht mehr abhängig von anderen, um sich wohlzufühlen, er braucht nicht mehr nach einem Gefühl von Wert zu streben, indem er sich unentbehrlich macht.

Ina (Typ 3) kann ihre Täuschung wahrnehmen und loslassen. Das ist ein wichtiger Schritt in ihrer Entwicklung zum freieren Menschen. Wenn sie ihre Reaktivität, die Täuschung, unter die Regie ihres Wahren Selbst bringt, kann sie die höhere Tugend Wahrhaftigkeit und Aufrichtigkeit in sich erleben. Das erlöst sie davon, ständig ihr Image aufrechterhalten zu müssen, ihre Masken und ihre Erfolgsgeschichten in wechselnde Rollen, die Ina spielt. Das nicht mehr zwanghaft tun zu müssen, wirkt wie eine Befreiung. Sobald die Energie nicht mehr durch die Täuschung verlorengeht, kann Ina zur Ruhe kommen. Als Geschenk erhält sie die höhere Tugend der Wahrhaftigkeit: Sie erlebt tief im Innern, wer sie wirklich ist, dass ihr Bestes Selbst ihr Wahres Selbst ist, dass sie keine Masken mehr braucht, dass sie geliebt wird als die, die sie ist.

Tim (Typ 4), der seinen Neid loslassen kann, wird buchstäblich ein fröhlicherer Mensch. Die Vergleiche mit anderen und das Gefühl des Neids machen ihn nicht glücklich. In dieser Negativität steckt Tim fest. Die Leere, die entsteht, wenn der Neid mit dem Typ in den Hintergrund fällt, ist angenehm. Das Ausbleiben der Höhen und Tiefen und der Jagd nach dem, was andere haben, um das ständig vorhandene Gefühl des Verlangens zu stillen, schafft innere Ruhe. Das ist noch nicht Gleichmut, die höhere Tugend, die Typ 4 erreichen kann. Auf der Ebene des Höheren Selbst besteht Gleichmut für Tim darin, tief im Inneren, hier und jetzt zu erleben, dass er erfüllt, ganz, vollständig ist. Dass er ohne Probleme sehen kann, was andere haben und er nicht. Dass die Lücke, die Leere in ihm durch ihn selbst erfüllt ist, dass ihm nichts Wichtiges fehlt.

Wenn **Alice (Typ 5)** ihre Reaktivität, die Habgier, unter die Regie ihres Wahren Selbst bringt, kann sie die höhere Tugend Nichtanhaftung in sich erleben. Ihre Zurückhaltung macht sie nicht glücklich und schafft in ihr das Gefühl, dass sie sich von anderen, vom Leben, von ihren eigenen Gefühlen isolieren muss. Das nicht mehr zu brauchen, ist Freiheit und eine Bereicherung ihres Lebens. Eine Bereicherung, weil sie in Verbindung mit sich selbst, mit anderen und dem Leben stehen kann. Als Geschenk der höheren Tugend Nichtanhaftung erhält Alice tief im Inneren das Erleben, dass sie ihre Lebensenergie und ihr Wissen nicht hamstern muss. Dass sie ihre Gefühle und ihre Lebensenergie gerade dann erfährt, wenn sie sich mit anderen, mit dem Leben verbindet, dass sie dabei nicht »leer«, sondern im Gegenteil erfüllt und belebt wird.

Jan (Typ 6), der seine Angst loslassen kann, wird ein freier Mensch. Die Leere, die in ihm entsteht, wenn die Angst mit dem Typ in den Hintergrund fällt, ist angenehm zu erleben. Nicht mehr zwanghaft wachsam sein zu müssen, sich nicht mehr negative Vorstellungen zu Katastrophenszenarien auszubauen, nicht mehr mit einem Fuß auf der Bremse zu stehen, schafft Raum, um unbefangen durch das Leben zu gehen. Das Geschenk der höheren Tugend von Typ 6, Mut, ist etwas ganz anderes. Auf der Ebene des Höheren Selbst besteht Mut für Jan darin, dass er tief im Inneren, hier und jetzt erlebt, dass er heil und sicher ist. Dass er nicht wachsam sein muss, dass genug Mut in ihm steckt, um unbefangen seinen Weg zu gehen, dass er mit dem, was ihm unterwegs begegnet, fertig wird und dass sein Körper auch handeln kann, ohne zu denken.

Luise (Typ 7), die ihre Unersättlichkeit unter die Regie ihres Wahren Selbst bringt, erlebt sich als freieren Menschen. Die Unersättlichkeit erscheint auf den ersten Blick recht lustig, verschwendet aber viel Energie. Sie sorgte bisher dafür, dass Luise unter der Herrschaft ihres Typs stand, ihr Verstand keine Ruhe gab und sie sich immer erschöpfter fühlte. Die Leere nach dem Loslassen der Unersättlichkeit ist Freiheit und eine Bereicherung ihres Lebens. Als Geschenk der höheren Tugend Nüchternheit erhält Luise tief im Inneren die Erfahrung, dass sie nicht mehr alles braucht und will. Es gibt Raum, sich auf das Hier und Jetzt zu konzentrieren. Nüchternheit und Begrenzung bringen jetzt Ruhe und Tiefgang mit sich, und damit kann sie tief im Inneren das vollständige Spektrum des Lebens würdigen.

Wenn **Storm (Typ 8)** seine Leidenschaft Lust unter die Regie seines Wahren Selbst bringt, kann er die höhere Tugend Unschuld in sich erleben. Auf der Ebene des Höheren Selbst ist die Unschuld für Storm die tiefe innere Erfahrung im Hier und Jetzt, dass er das Leben unbefangen auf sich zukommen lassen kann, ohne dass er etwas unter Kontrolle halten oder beschützen muss – die Unschuld, die er irgendwann als Kind verloren hat. Er erfährt auch, dass er in seiner Verletzlichkeit bleiben kann, ohne die Gefahr zu spüren, dass andere es auf ihn abgesehen haben. Er ist tief im Inneren in Ordnung und braucht seine Festung nicht mehr.

Margret (Typ 9), die ihre Trägheit unter die Regie ihres Wahren Selbst gebracht hat, kann die höhere Tugend des richtigen Handelns in sich empfangen. Die geistige Trägheit darüber, sich für das einzusetzen, was wirklich gut und wichtig für sie ist, macht sie nicht glücklich. Als Geschenk der höheren Tugend des richtigen Handels erhält Margret ein tiefes inneres Gespür dafür, was sie will und was gut für sie und die Situation ist. Das richtige Handeln ist nicht etwas, das sie tut, sondern etwas, das von selbst durch sie hindurchfließt. Sie bringt etwas in Bewegung, und wie von selbst entsteht richtiges Handeln. Margret erlebt tief im Inneren die Tatkraft, das zu tun, was für sie und ihre Weiterentwicklung gut ist, und sie führt es ohne Bedenken, ohne Zögern, ohne Umweg aus.

Das höhere mentale Zentrum

Auf der Ebene des höheren mentalen Zentrums finden sich als Gegenstück der Fixierungen die höheren oder heiligen Ideen. Ichazo nennt die höheren Ideen in seinem System die Psycho-Katalysatoren, weil er glaubt, dass die höheren Ideen wie Katalysatoren in der Chemie den Transformationsprozess beschleunigen. Naranjo definiert die höheren Ideen als neun Aspekte, die die Kraft haben, individuelle Fixierungen und implizite kognitive Fehler zu korrigieren. Jede der höheren Ideen beschreibt einen Aspekt der direkten, objektiven Wahrnehmung der Wirklichkeit, wie sie ist – objektiv in dem Sinne, dass auf diese Wahrnehmung keine subjektive Verdrehung, kein typbedingter Schleier einwirkt. Die Realität, wie sie aus dem Höheren Selbst erlebt wird, ist die spirituelle Wirklichkeit der Nondualität. Die höheren Ideen sind die Gaben der Nondualität, die Gaben des Seins.

Die höheren Ideen der einzelnen Typen

Es folgt eine Beschreibung der höheren Ideen der einzelnen Typen, die sich unter anderem an Almaas' Buch *Facetten der Einheit*, an Sandra Maitris Buch *Neun Porträts der Seele*, an meine Ausbildung bei Helen Palmer und meine Kollegin Hannah Nathans anlehnt. Ich habe sie etwas ergänzt und »übersetzt«.

Typ 1: Höhere Vollkommenheit

Auf der Ebene des Höheren Selbst erlebt Typ 1 tief im Inneren, dass die Wirklichkeit ist, was er in diesem Augenblick ist, und dass das gut und vollkommen ist. Die Wahrnehmung wird nicht durch ein Urteil verzerrt. Er erlebt die Dinge in diesem Augenblick, wie sie sind. Höhere Vollkommenheit ist das tiefe innere Erleben dessen, was man im Zen-Buddhismus »kono-mama« nennt, die »So-wie-es-ist-Heit«. Die Wirklichkeit tief im Inneren annehmen, wie sie ist, und darin Vollkommenheit sehen und erfahren. Die fundamentale Natur in allem, jedem und sich selbst erkennen und annehmen; es ist gut, so wie es ist. Jede Manifestation im Universum ist ein Ausdruck der fundamentalen Natur der Dinge und das Erleben, dass es gut ist.

Bei all dem Leid, das auf der Welt existiert, ist diese Vorstellung schwer zu verdauen. Leid als Folge von Krankheit und Katastrophen, so schrecklich sie auch sein mögen, können wir Menschen noch einigermaßen akzeptieren, weil wir es als Teil der Natur wahrnehmen. Am schwierigsten zu begreifen ist der Teil des Leids, den Menschen einander, den Tieren und der Natur antun. Dieses durch Menschen verursachte Leid entsteht durch die Entfremdung des Menschen von seinem inneren Wesen, durch Handeln auf Typebene. Mag es auch schwer zu akzeptieren sein: Meist ist es gerade die Erfahrung von Leid, die Menschen dazu bringt, den Weg der Weiterentwicklung zu Güte, Frieden und Ganzheit gehen zu wollen. Aus dem Bösen entsteht nichts Gutes.

Heilige Ideen

In der spirituellen Wirklichkeit Gottes oder der Einheit existieren Heilige Vollkommenheit, Heiliger Wille und Freiheit, Heilige Hoffnung, Heilige Ursprünglichkeit, Heilige Allwissenheit, Heilige Kraft, Glaube und Vertrauen, Heilige Arbeit, Heilige Wahrheit, und das höchste von allen: Heilige Liebe. Meist schreibe ich »höhere« statt »heilige«, aber hier fand ich dieses Wort einmal sehr passend. Abbildung 17.3 zeigt das als Schema.

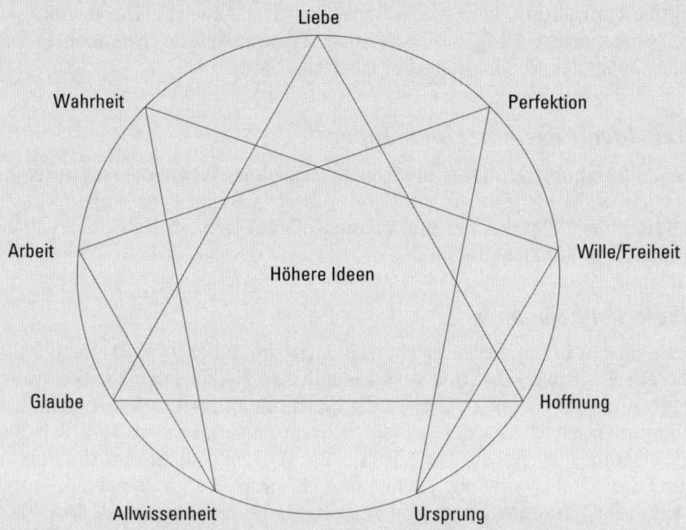

Abbildung 17.3: Die Heiligen Ideen schematisch dargestellt

Typ 2: Höhere Freiheit und höherer Wille

Auf der Ebene des Höheren Selbst erlebt Typ 2 tief im Inneren, dass seine Bedürfnisse ausreichend erfüllt werden. Die tiefe Erkenntnis, dass Typ 2 durch sein Wahres Selbst imstande ist, allein zu sein, für sich zu sorgen und zu empfangen, ist höhere Freiheit – die Einsicht, dass das Universum wirkliche Nöte und Bedürfnisse erfüllt. Es braucht nicht mehr oder weniger, als wirklich nötig ist. Der höhere Wille ist die Erkenntnis, dass die Bedeutung von allem, was in unserem Leben geschieht, darin liegt, es zu erleben und mitzumachen. Der höhere Wille ist das Bewusstsein, dass die Wirklichkeit sich vollzieht, wie es geplant ist. Die leichteste Art, damit umzugehen, besteht darin, sich mit dem Fluss zu bewegen. Sich dem höheren Willen zu überlassen ist Freiheit.

Typ 3: Höhere Hoffnung oder höheres Gesetz

Auf der Ebene des Höheren Selbst kann sich Typ 3 tief im Innern in dem Wissen entspannen, dass sein Leben sich nach universellen Regeln abspielt. Wir bekommen, was wir brauchen, ohne dass wir das Universum in Bewegung setzen müssen. Das Universum bewegt sich von selbst. Dann kann Typ 3 echte Gefühle zulassen, denn sie stehen den eigenen Zielen nicht mehr im Weg. Der Körper drückt aus, was wahr ist. Hoffnung ist nicht die Aussicht, dass die Dinge besser werden. Höhere Hoffnung ist das Erleben, dass es schon in Ordnung ist. Höhere Hoffnung ist die Erkenntnis, dass wir es nicht selbst richten können oder müssen, dass Ordnung nach den höheren Gesetzen des Universums geschaffen wird, so wie es geplant ist. Dass Gott für uns handelt und es besser kann als wir. Wir müssen nicht alles selbst machen.

Aus dieser Erkenntnis heraus können wir uns auf der Ebene des Höheren Selbst dem Strom des Lebens und des Seins überlassen. Die Erkenntnis des höheren Gesetzes ist die Erkenntnis, dass das Universum, die Welt und das Leben immer in Bewegung sind, nie stillstehen, dass wir Teil dieser Bewegung sind und mit ihr fließen.

Typ 4: Höhere Ursprünglichkeit

Auf der Ebene des Höheren Selbst erlebt Typ 4 tief im Inneren die Verbindung mit dem Wahren Selbst, mit der ursprünglichen Quelle, mit allen Dingen, mit der Einheit. Alles entspringt aus derselben Quelle und kehrt zu ihr zurück. Es ist das objektive Erleben, dass das Wahre Selbst, unser Wesen, schon immer da war und dass wir nie von ihm getrennt waren – obwohl wir das anders erfahren, wenn unser Bewusstsein auf Typebene aktiv ist.

Höhere Ursprünglichkeit ist das tiefe innere Erleben, dass diese Ursprünglichkeit in jedem Menschen vorhanden ist und die Heimat der Seele bildet. Es ist die Erkenntnis, dass die Verbindung auch dann existiert, wenn wir sie nicht fühlen, und das Erleben, dass alle Menschen diese Verbundenheit miteinander im Ursprung teilen. Jeder Mensch ist darin mit den anderen und dem großen Ganzen verbunden. Höhere Ursprünglichkeit ist das Erleben, dass wir aus Sein entstanden sind und daraus bestehen.

Typ 5: Höhere Allwissenheit

Auf der Ebene des Höheren Selbst erlebt Typ 5 tief im Innern, ein untrennbarer Teil der übrigen Wirklichkeit zu sein. Wir erleben, dass das Ganze aus seinen Bestandteilen besteht und alles miteinander verbunden ist – die Erkenntnis des Einsseins. Wir erfahren uns als untrennbaren Teil dieses Ganzen. Höhere Allwissenheit ist das Wissen, dass in dieser Verbundenheit Wissen vorhanden und verfügbar ist, die vollkommene Einsicht. Es ist das vollständige Verstehen unserer Natur und das Wissen, wer wir sind, Allwissenheit über uns selbst, das Leben, die Natur und die Nondualität – die Verwirklichung unserer selbst als Ausdruck des großen Ganzen.

Typ 6: Höhere Kraft, höherer Glaube und höheres Vertrauen

Auf der Ebene des Höheren Selbst erlebt Typ 6 eine höhere Kraft, die in seinem Wesen vorhanden ist. Er entdeckt eine Grundlage der Kraft und Unerschütterlichkeit in sich. Auf dieser Grundlage erlebt Typ 6 tief im Innern Vertrauen und Glauben an sich selbst, an andere, an die Welt und das Universum. Er fühlt sich unterstützt und getragen. Dieses Vertrauen beruht nicht auf Hoffen, sondern auf der Erfahrung, dass der feste Grund da ist. Nichts kann unsere essenzielle Sicherheit, die wir tief im Innern erleben, vernichten. Das ist die höhere Kraft, das höhere Vertrauen. Der höhere Glaube transformiert unser Bewusstsein. Er ist kein mentales Konzept, sondern eine erlebte Wirklichkeit. Tief im Innern erkennen wir unser inneres Wesen, seine Existenz, seine Präsenz. Es ist die Erkenntnis des Ursprungs von allem, was ist, des göttlichen Funkens in uns, unserer wahren Natur, von Gott. Wir erkennen genau das, was zu unserer spirituellen Erkenntnis und Sprache passt.

Typ 7: Höhere Arbeit

Auf der Ebene des Höheren Selbst erlebt Typ 7, dass die höhere Arbeit die Verwirklichung des Wahren Selbst im Heute, im Hier und Jetzt ist. Typ 7 nimmt in diesem Zustand das ganze Leben an, mit Freude und Traurigkeit, Spaß und Schmerz, Möglichkeiten und Grenzen. Er erlebt Konzentration, Arbeit und zielgerichtete Aktivität ohne Ablenkung durch neue Pläne. Seine Arbeit ist die innere Arbeit in der Gegenwart. Sein Leben ist eine Abfolge von Augenblicken in der Gegenwart, deren er sich bewusst ist. Konzentriert auf die Kontinuität in der Gegenwart erlebt er die Entfaltung seiner Seele. Diese ist untrennbar verbunden mit der Entfaltung des gesamten Seins, des Lebens, der Wirklichkeit. Selbstverwirklichung ist ein Teil der Verwirklichung, die in allem und jedem Augenblick stattfindet. Sie gehört zur natürlichen Entfaltung des Seins und wirkt durch die Hingabe. Das ist die höhere Arbeit.

Typ 8: Höhere Wahrheit

Auf der Ebene des Höheres Selbst erlebt Typ 8 tief im Innern die Wahrheit, die alle miteinander teilen, anstelle der eigenen, persönlichen Wahrheit, die an die eigenen Interessen gekoppelt ist. Die höhere Idee der Wahrheit ist die Erfahrung, dass der Kosmos eine unteilbare Einheit bildet. Es ist das tatsächliche Erleben und nicht mehr Verleugnen, der Wahrheit darüber, wie die Dinge zusammengehören, über die Verbundenheit von allem und jedem.

Die höhere Wahrheit steckt im unmittelbaren Erleben des eigenen Wesens als Wahres Selbst, in der Erkenntnis, dass es mehr gibt als nur das Materielle und physisch Wahrnehmbare. Wir erleben die essenzielle Wahrheit als objektiv und unveränderlich, nicht abhängig von einer Situation oder einer Meinung, sondern als für alle im gleichen Maß gültig. Die höhere Wahrheit löst die Quelle des Kampfes in Typ 8 auf in der Erkenntnis, dass die Wahrheit des anderen ein Teil der vollkommenen Wahrheit ist. Das ist wahr, und das andere ist auch wahr.

Typ 9: Höhere Liebe

Auf der Ebene des Höheren Selbst erlebt sich Typ 9 als ein vollkommen akzeptierter Teil des Universums. Es gibt Liebe. Die Wahrnehmung der Wirklichkeit ohne den Filter des Neuner-Ichs zeigt, dass es von Natur aus Liebe gibt und die Natur liebenswert ist, dass Liebe uns bezaubert. Wir erkennen, dass das Angenehme des Lebens und die Freude daran Ausdruck der Liebe ist. Wir müssen uns nicht anstrengen, um diese Liebe zu bekommen; sie ist einfach da, wir können sie nur empfangen. Wir lieben uns selbst und andere, wir haben ein Selbstwertgefühl. Wir erleben die Liebe, die es gibt und immer gab. Wir sind aktiv, ohne uns anzustrengen. Die Aktivität geschieht durch Typ 9 hindurch, nichts bleibt ungetan, was nach dem universellen Willen getan werden muss. Handeln ist ein Ausdruck der universellen Liebe. Die Wirklichkeit ist ein Ausdruck von Liebe.

Teil V

Die Wurzeln des Enneagramms

Der alte Pythagoras ist in letzter Zeit ein ganz schöner Erbsenzähler geworden …

In diesem Teil ...

Hier entdecken Sie, wie zeitlos die innere Arbeit ist, und die Herkunft der Bezeichnung Therapeut. Sie erfahren, wie Sie aus dieser Perspektive das Enneagramm betrachten können und wie sich das Bild des psychologischen Enneagramms ergänzt. In diesem Teil erfahren Sie etwas über die Herkunft bestimmter Sichtweisen, die Sie beim spirituellen Enneagramm in Teil IV kennenlernen. Ich beginne mit der neueren Geschichte des Enneagramms im Westen. Danach lesen Sie etwas über die verschiedenen Strömungen oder Schulen, die es heutzutage gibt. Dieses Wissen wird Ihnen helfen, bewusster zu entscheiden, welche Übungen zu Ihnen passen und was Ihnen hilft. Ich erläutere die Unterschiede zwischen den Enneagramm-Strömungen, aber auch die Verbundenheit durch diese innere Arbeit mit Menschen in allen Jahrhunderten. Das Enneagramm steht in einer Tradition der Weitergabe von Weisheit von Mensch zu Mensch, von Generation zu Generation. Sie lernen, dass es *das* Enneagramm nicht gibt, dass es immer im Fluss bleibt. Sie lesen, wie es gerade dadurch immer wieder für einzelne Menschen eine Quelle der Sinnstiftung ist, für Menschen wie Sie und ich.

Herkunft und Entwicklung des Enneagramms

18

In diesem Kapitel

- Das Enneagramm in der Geschichte
- Vorstellung der westlichen Enneagramm-Pioniere
- Geheime Bruderschaften
- Derselbe Fund an derselben Stelle
- Die ersten Versionen des Enneagramm-Symbols im Westen
- Enneagramm-Pioniere im Westen: Gurdjieff, Ichazo und Naranjo

Der Ursprung des Enneagramms – wer sich wann das Enneagramm ausgedacht hat – ist nicht genau bekannt. Das liegt unter anderem daran, dass es *das* Enneagramm nicht gibt: Es gibt verschiedene Quellen und verschiedene Wege, auf denen sich das Enneagramm weiterentwickelt hat und weiterentwickelt wurde. In diesem Kapitel erkläre ich die jüngeren Quellen des westlichen Enneagramms.

Unter demselben Stein findet man oft dasselbe

Das Fach Kulturelle Anthropologie habe ich als wichtigen Teil meiner Ausbildung erlebt, weil ich dort unter anderem einige wertvolle Sicht- und Denkweisen gelernt habe. Eine wichtige Forschungsmethode in diesem Fach ist die (teilnehmende) Beobachtung. Dazu gehört es, die eigenen Beobachtungen kritisch zu deuten. So lernt man, oder versucht es jedenfalls, Sinn von Unsinn und Illusion von Wirklichkeit zu unterscheiden. Bei der Erforschung von Kulturen wird zum Beispiel beobachtet, wie Übertragungen von einer Kultur zur anderen vor sich gehen; Deutungsträger wie Sprache, Symbole und Mythen werden erforscht.

Gerade weil ein eindeutiger Ursprung des Enneagramms und seines Symbols nicht bekannt ist, haben sich viele (ich auch) voller Faszination auf eine Spurensuche in der Geschichte begeben. Wer hat was von wem gelernt? So wird viel Wissen weitergegeben, aber nicht alles. Manchmal werden an verschiedenen Orten vergleichbare Dinge gefunden, oft sogar ungefähr zur gleichen Zeit. Manchmal suchen Menschen am selben Ort in derselben Quelle. Dann ist es nicht verwunderlich, dass beide unabhängig voneinander dasselbe finden. Bei der Beobachtung von Naturerscheinungen ist es auch nicht erstaunlich, dass verschiedene Menschen, die dasselbe Phänomen betrachten, das Gleiche wahrnehmen. Das gilt für die Natur um uns, den Kosmos, aber auch, wenn wir in uns selbst suchen und forschen. Wenn zwei unter denselben Stein schauen, werden sie vermutlich dasselbe finden.

Wir sind verrückt nach alten Weisheiten

Aus dem einen oder anderen Grund glauben Menschen gern, dass Weisheiten umso besser sind, je älter sie sind – vielleicht, weil wir unseren Vorfahren mehr Weisheit zutrauen als uns selbst. Aber schon zu Beginn unserer Zeitrechnung hatten die Menschen das gleiche Problem.

Der persische Prophet Zoroaster oder Zarathustra soll 5000 Jahre vor dem Trojanischen Krieg gelebt haben. Ihm werden die Chaldäischen Orakel zugeschrieben, die Philosophen und spirituellen Suchern jener Zeit wichtige Inspirationen boten. Eine zweite Schrift, die ebenfalls uralt sein soll, ist das aus Ägypten stammende Corpus Hermeticum. Es wurde zu einer Art Bibel der Sucher nach der spirituellen Tradition. Genau wie die Chaldäischen Orakel datiert das Corpus Hermeticum vom Beginn unserer Zeitrechnung. Anscheinend sprechen Menschen einer Schrift mehr Autorität zu, wenn sie alt ist. Das zeigt sich auch beim Enneagramm: Manche neigen in der Tat dazu, es zu einer Jahrtausende alten Weisheit zu erheben. Dass die Schriften nicht so alt sind, wie die Menschen gern behaupten, macht ihren Inhalt allerdings nicht weniger interessant und wertvoll.

Es gibt Mythen und es gibt Nachschwätzer

Seit alters her werden Weisheiten durch das Erzählen von Mythen weitergegeben. Deshalb sind Mythen oft Geschichten, die eine Moral enthalten. Sie passen gut zu der bildlichen Denkweise, die uns Menschen immer noch eigen ist. Sicher haben Sie schon einmal erlebt, dass ein Lehrer oder Trainer eine Erkenntnis erklärte, indem er ein Bild verwendete. Aber »Mythos« hat noch eine andere, oft negative Bedeutung: eine Geschichte, die als wahr gilt, nur weil sie von vielen Menschen wiederholt wird.

Mythenbildung funktioniert, indem jemand etwas zum Beispiel zwei anderen erzählt. Die erzählen es ihrerseits weiter. Wir Menschen neigen dazu, dass wir etwas glauben, wenn es nur oft genug gesagt wird. Denn der und der und so viele andere sagen es auch. Dasselbe gilt für Dinge, die schriftlich aufgezeichnet wurden. Nehmen wir zum Beispiel die Schöpfungsgeschichte. Für mich ist sie eine wunderbare mythologische Geschichte. Andere Menschen nehmen sie wörtlich, weil sie in einem Buch steht, dem sie Autorität zuerkennen. Diese Menschen finden deshalb Bestätigung darin, dass dieselbe Geschichte in Hunderten von ähnlichen Varianten an vielen Orten der Welt in den Schriften auftaucht: »Wenn es in so vielen Büchern steht, muss doch etwas dran sein.«

Wiederholung macht noch keine Wahrheit

Warum ist mir diese Erkenntnis so wichtig für dieses Buch? Wir Menschen geben einander Wahrheiten weiter. Aber auf dem gleichen Weg geben wir auch Unwahrheiten weiter. Sie entwickeln schnell ein Eigenleben. Daher ist es wichtig, dass Sie für sich immer wieder kritisch prüfen, auch in Ihrem Innern, was Sie als wahr annehmen können und was nicht. Stellen Sie immer wieder Fragen. Wenn im Enneagramm-Land verkündet wird, dass ein gewisser Herr Gurdjieff das Enneagramm in den Westen gebracht hat, wagen Sie zu fragen, ob das wirklich so war. Denn es wird auch verkündet, dass ein gewisser Herr Ichazo es folglich von Gurdjieff haben muss. Dann stellt sich die Frage: »Ach ja, ist das tatsächlich so?«

Vielleicht denken Sie: »Ist das so wichtig, wer wem was weitergegeben hat oder wer sich was ausgedacht hat? Das Enneagramm funktioniert für mich, und das ist die Hauptsache.« Auch das ist eine Wahrheit. Diese Sichtweise gilt auch für mich, und ich bin eher als Hobby-Anthropologin weiter auf die Suche gegangen. Von anderen weiß ich, dass für sie die Entstehungsgeschichte sehr wohl von Bedeutung ist. In einem Buch, das eine Einführung in die Welt des Enneagramms bietet, darf diese Geschichte daher nicht fehlen.

Die ersten Versionen des Enneagramm-Symbols

Die ältesten Schriften, in denen ich dem Enneagramm ähnliche Symbole entdecken konnte, stammen von Ramon Llull, einem katalanischen christlichen Mystiker (1235–1316). Er zeichnete verschiedene Kreise, in denen er bestimmte Arten von Wissen zu erfassen versuchte: von der Ordnung des Kosmos, vom Bewusstsein, bis hin zu einem Kreis, der die Tugenden und Laster enthält. Das hielt er für die beste Art, Wissen aus allen Bereichen der Wissenschaft zusammenzufassen, auch aus der Theologie. In seiner *Ars Generalis* besteht die erste Figur seiner Lehre aus einem in neun Fächer eingeteilten Kreis, mit einem Alphabet von neun Buchstaben (siehe Abbildung 18.1). Dazu stellt er neun Fragen.

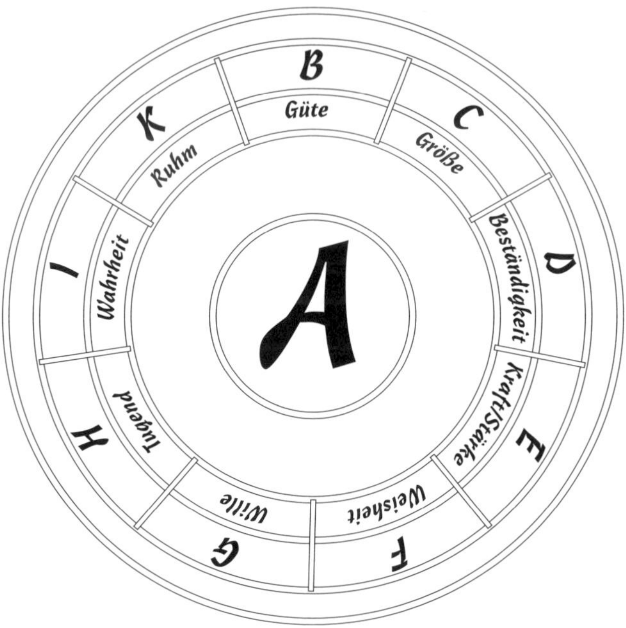

Abbildung 18.1: Neun Fragen von Ramon Llull

In der zweiten Figur sind drei geschlossene Dreiecke in den Kreis eingezeichnet, was sehr stark an unser heutiges Enneagramm erinnert (siehe Abbildung 18.2). In jener Zeit lebten Christen, Juden und Muslime gemeinsam in Spanien, sie gaben untereinander Wissen weiter und beeinflussten sich gegenseitig. Daher ist es nicht abwegig anzunehmen, dass Llull von der figurativen Kunst der Muslime inspiriert wurde, ebenso wie von der Zahlen- und Buchstabenlehre der Juden, die diesen Zeichen besondere Eigenschaften zuschrieben. Das ist auch heute noch in der jüdischen Mystik der Kabbala erkennbar. Darüber erfahren Sie später mehr.

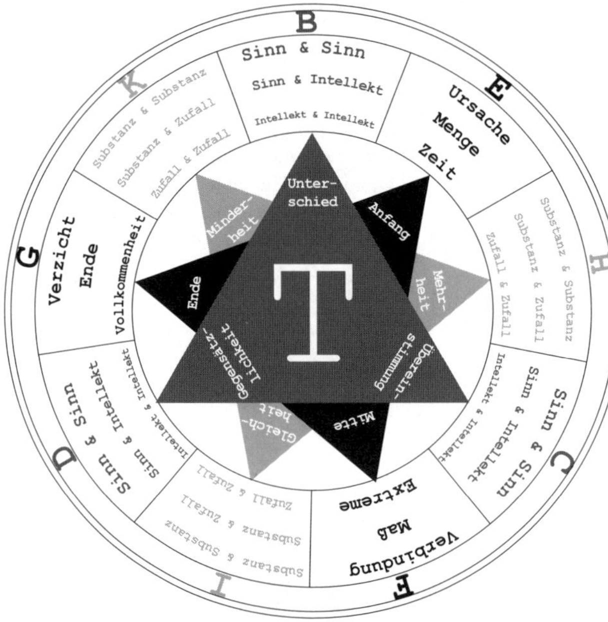

Abbildung 18.2: Annäherung an das heutige Enneagramm

Der Mann, der alles wusste

Zum zweiten Mal erscheint das Enneagramm-Symbol in westlichen Schriften 1655 im Werk von Athanasius Kircher (1602–1680), einem Jesuitenpater. Im 17. Jahrhundert nannte man ihn den »Mann, der alles weiß«. Er galt als einer der einflussreichsten Universalgelehrten seiner Zeit. Er studierte gleichzeitig Hebräisch, Philosophie und Theologie. Danach wurde er Professor für Ethik und Algebra an der Universität Würzburg, unterrichtete außerdem Hebräisch und Aramäisch und noch vieles mehr.

Kircher war ein Anhänger des Synkretismus, einer Lehre, in der unterschiedliche Überzeugungen und Religionen miteinander verbunden werden sollten. Außerdem arbeitete er daran, die Universalsprache zu rekonstruieren, die seiner Meinung nach vor der babylonischen

Sprachverwirrung existiert haben musste. Er glaubte, den Schlüssel dazu in den ägyptischen Hieroglyphen zu finden und erforschte darum ausgiebig das ägyptische Altertum.

Ähnlich wie Ramon Llull glaubte er, dass die Grundlagen für alles Wissen mit einer kleinen Zahl logischer Symbole zusammengefasst werden könnte. Darüber schrieb er *Ars Magna Sciendi* (Die große Kunst des Wissens), das erste Buch über symbolische Logik. Aus dieser Wissenschaft entwickelten sich im 20. Jahrhundert die Sprachphilosophie und die Informatik. Auch Kircher zeichnete ein Enneagramm, in dem wie bei Llull nicht nur die Seiten des Dreiecks 3-6-9 geschlossen waren, sondern auch die zwischen den Ecken 2-8-5 und 1-4-7. Er nannte es übrigens Enneagon. Angesichts seiner breit angelegten Interessen und seiner umfangreichen Forschungsarbeit ist es recht wahrscheinlich, dass er das Werk von Ramon Llull kannte. Genau ist das allerdings (mir) nicht bekannt.

Pioniere des Enneagramms im Westen

Gurdjieff hat das Enneagramm-Symbol auch in den Westen gebracht. Er war nicht der Erste und nicht der Einzige. Genau wie bei Ramon Llull und Athanasius Kircher hatte es auch bei Gurdjieff noch nicht die Bedeutung der Persönlichkeitslehre, die wir heute verwenden. Allerdings benutzen wir immer noch die von Gurdjieff eingeführte Version des Symbols, bei der nur das Dreieck 3-6-9 geschlossen ist und es keine Verbindungslinie zwischen den Punkten 2-5 und 4-7 gibt. Durch das Werk von Gurdjieff und vielleicht noch mehr durch das Buch seines Schülers Ouspensky, *Auf der Suche nach dem Wunderbaren*, wurde das Enneagramm einem breiteren Publikum bekannt.

Georges Ivanovitch Gurdjieff

Bekannt ist, dass Georges Ivanovitch Gurdjieff (1877–1949) in Alexandropol im russischen Transkaukasien in der Nähe der persischen Grenze geboren wurde. Schon in jungen Jahren erwies sich Gurdjieff als Sucher nach der Wahrheit, der in seinem Leben nach vollkommener Bewusstwerdung und Selbstverwirklichung strebte. Seine Suche führte ihn auf einer etwa zwanzig Jahre dauernde Reise in den Nahen Osten, nach Afrika und vor allem nach Zentralasien. Etwa um 1914 begann er, in Moskau die Ergebnisse seiner Suche an seine Schüler weiterzugeben. In diesem Buch sind viele seiner Lektionen enthalten.

Viele haben seine Wege auf der Suche nach dem Ursprung seiner Lehre und des Enneagramms zurückverfolgt. Diese Wege führen über verschiedene Yoga-Formen der Hindus, über Buddhismus, Ostchristentum, Sufismus, Kabbalismus, Judentum, Zarathustra und die altägyptische Religion zu einer geheimnisvollen unbekannten Quelle. Bei der Erforschung all dieser spirituellen Traditionen stößt man auf Elemente, die Gurdjieff in seine Lehre übernommen hat.

Yoga-Kenner (es gibt über 40 Yoga-Formen) erkennen die größten Übereinstimmungen mit dem Achtfachen Pfad des Raja-Yoga. Raja-Yoga wird auch Königliches Yoga genannt. Es ist der Weg des Karma-Yoga (Vereinigung mit Gott durch körperliche Arbeit und Einsatz für andere), Bhakti-Yoga (Vereinigung mit Gott durch Frömmigkeit) und Jnana-Yoga (Vereinigung mit Gott durch Weisheit, mentale Aktivität und Unterscheidungsvermögen).

Früher sagte man, dass die Schüler im ersten Leben den Weg des Karma-Yoga gingen, im folgenden Leben den des Bhakti-Yoga und im dritten Leben den des Jnana-Yoga. Später, dank der Evolution des menschlichen Bewusstseins, wurde es durch die Übung von Raja-Yoga möglich, alle drei Wege in nur einem Leben zu durchlaufen. Das ist vergleichbar mit dem, was in anderen Kapiteln dieses Buches als Gurdjieffs Vierter Weg beschrieben wird: die Lehre, alle drei Zentren gleichzeitig und ausgewogen zu entwickeln.

Wie war das doch gleich mit den geheimen Bruderschaften?

Es wird oft berichtet, dass Gurdjieff das Enneagramm bei einer geheimen Sufi-Bruderschaft gelernt hat, bei den Sarmoun in einem Geheimkloster in Nord-Afghanistan. Auch ein gewisser Desmond Martin beschrieb 1965 einen Besuch bei dieser Bruderschaft. Was davon stimmt, konnte ich nicht nachvollziehen. Es lässt sich nachprüfen, dass der Name der Bruderschaft »die Bienen« bedeutet und ihr Motto lautet: »Arbeit liefert eine süße Essenz«. Martin beschreibt, dass er das Enneagramm-Symbol auf einer Wand dargestellt gesehen habe, dass die Sarmoun es »No-Koonja« nennen, oder das neunfache Naqsh (was Siegel oder Abdruck bedeutet), und dass dieses Symbol bedeutet: »Greift nach dem innersten Geheimnis des Menschen«.

Außerdem kann jeder die Naqshbandi (einen Sufi-Orden) kennenlernen. Einfach übers Internet. Obwohl ich die poetische, bildreiche Sprache des Korans nicht leicht verständlich finde, kann man in schlichtem Englisch auf der Website des Ordens erfahren, dass Gurdjieff und später sein Schüler Bennett ihn besucht haben. Unter *Prinzipien der Wirklichkeit* wird das Enneagramm als das Geheimnis des Spinnennetzes beschrieben. Das bezieht sich auf das Spinnennetz vor Mohammeds Höhle, wobei die Höhle als Symbol für die Anwesenheit Gottes steht. Im 36. Kapitel des Korans (Ya Sin, das Herz des Korans) werden im 9. Vers die Barrieren, die neun Spitzen des Herzens erwähnt. Auf der Suche nach der Wirklichkeit stoßen wir auf diese Barrieren, die wir nicht durchschauen können. Außerdem heißt es, dass die Wirklichkeit dieser neun Spitzen des Herzens unter die Autorität (oder das Wissen) der neun großen Naqshbandi-Meister fällt.

An anderer Stelle auf der Website ist zu lesen, dass der Orden Gurdjieff viel von seinem Wissen mitgeteilt hat, aber nicht alles, weil die Zeit dafür noch nicht gekommen war. Die Brüder bestätigen, dass Gurdjieff ihnen geschworen hat, dieses Wissen geheim zu halten, wie er selbst auch immer betont hat. Später hat Gurdjieff Scheichs des Ordens in Damaskus und der Türkei getroffen.

Gurdjieffs Lehre

Obwohl Gurdjieff behauptete, dass man etwas erst dann begreift, wenn man es im Enneagramm unterbringen kann, hat er keine Persönlichkeitslehre darin untergebracht. Seinen Schülern hat er nichts über Persönlichkeitsstrukturen gelehrt. Es ist bekannt, dass er der Meinung war, dass die Menschen noch nicht so weit waren. Das ist in Anbetracht des damaligen Zeitgeistes auch nicht verwunderlich.

Zu jener Zeit, in der Gurdjieff die »Puffer« oder Abwehrmechanismen seiner Schüler durchbrach, formulierte Freud die Theorie der Abwehrmechanismen. Freud begann damals seine Arbeit mit der Psychoanalyse, bei der die Patienten erstmals in den Prozess ihrer Heilung einbezogen wurden und zu Selbstbeobachtung und Selbstreflexion angehalten und ermutigt wurden. Dass Gurdjieff seinen Schülern nicht in den eigenen Lernprozess mit einbezog, sondern sie eher als Meister unterrichtete, passte zur damaligen Zeit.

Mit dem wachsenden Interesse am Enneagramm stieg auch das Interesse an der Arbeit von Gurdjieff. Viel von dem, was zu seiner Lehre gezählt wird, sind Auszüge aus den Lehren des Pythagoras (Astronomie, Musik, Zahlenlehre und anderes), des Plato und anderer Philosophen. Das ist nicht weiter verwunderlich, denn Gurdjieff hat nie ein Geheimnis daraus gemacht, dass er lange gereist war, um seine Weisheiten zu sammeln. Der Wert seines Werkes liegt vermutlich darin, dass er nicht nur Weisheit aus dem Osten in den Westen gebracht hat, sondern auch antike Weisheit in den Westen des 20. Jahrhunderts brachte – Weisheit, die neu zum Leben erweckt wurde und dank seiner Anstrengungen bei vielen angekommen ist, die sie sonst nie kennengelernt hätten.

Etwas über Gurdjieffs Arbeit

Das Enneagramm bildet in Gurdjieffs Lehre zwei universelle Gesetze ab: Das Gesetz der Drei bezieht sich auf die drei Kräfte (aktiv, reaktiv, neutral), und das Gesetz der Sieben beschreibt die Gesetzmäßigkeit aller Prozesse und Transformationen.

Gurdjieff ging davon aus, dass wir Menschen linear denken, in Ursache und Wirkung. Da wir in einer dreidimensionalen Welt leben, können wir mit unserem linearen Wahrnehmen und Denken die Prozesse der Welt nicht genau beobachten und durchschauen. Erst wenn wir Prozesse in das Enneagramm platzieren, haben wir die Möglichkeit, sie zu durchschauen und zu begreifen. Das Gesetz der Drei und das Gesetz der Sieben beschreibt Bennett als drei Quellen und sechs Schritte. Das Enneagramm als Prozessmodell hilft, Prozesse zu verstehen, aber auch zu erkennen, wann und wo Prozesse stagnieren. Laut Gurdjieff verstehen wir das Enneagramm erst dann, wenn wir es uns in Bewegung vorstellen können. Es beschreibt Dynamik in uns und in der Außenwelt.

Hier einige wichtige Aspekte aus Gurdjieffs Lehre, die sich auf die innere Arbeit mit dem Enneagramm ziehen, in Kurzfassung:

- ✔ Wir Menschen sind Automaten; wir handeln mechanisch und wie im Schlaf.
- ✔ Wir können uns nicht erinnern, weil wir aus unserem Ego heraus handeln, nicht aus unserem Wahren Selbst heraus.
- ✔ Täuschung ist unsere größte Sünde; wir können und wollen uns nicht so sehen, wie wir wirklich sind.
- ✔ Das führt dazu, dass wir nicht unser volles Potenzial entfalten können.
- ✔ Alle Menschen haben einen dunklen Fleck in ihrem Charakter.
- ✔ Dadurch leiden wir unnötig. Unsere falsche Persönlichkeit behindert uns in unserem Leben.
- ✔ Die harmonische Entwicklung des Menschen ist an Gesetzmäßigkeiten gebunden.
- ✔ Das wahre Denken oder Wissen findet im Herzen statt.

- Ohne innere Reibung (inneren Jihad) gibt es keine Entwicklung.
- Gurdjieff hatte das Ziel, die Puffer (Abwehrmechanismen) aller Menschen zu durchbrechen, weil sie unsere negativen Charakterzüge vor uns verbergen.
- Innere Arbeit erfordert es, den traditionellen Weg zu gehen, unter Anleitung eines Lehrers, in einer Gruppe.
- Innere Arbeit bedeutet wirkliche Arbeit; nur mit guten Absichten kommt man nicht weiter; sie erfordert Anstrengung, Investition, Hingabe und Disziplin.
- Das Enneagramm ist ein Spiegelbild, ein Archetyp des immer in Bewegung befindlichen Kosmos.
- Der Mensch ist ein Teil dieses Kosmos.
- Das Enneagramm ist eine intelligente Zusammenfassung für den spirituellen Unterricht.
- Das Enneagramm bietet einen Weg zu Transformation und Erleuchtung.

Oscar Ichazo

Die vierte Stelle, an der das Enneagramm im Westen auftaucht, findet sich im Werk des Bolivianers Oscar Ichazo (1931 bis heute). In seiner Lehre arbeitet er mit verschiedenen geometrischen Figuren oder Siegeln aus der Schule des Pythagoras, etwa mit Pentagon, Hexagon, Heptagon, Enneagon und Dodekagon. Den Gedanken und die Praxis, Persönlichkeitsstrukturen in das Enneagramm zu platzieren und sie für Selbstbeobachtung, Selbstreflexion und spirituelle Entwicklung zu nutzen, arbeitete er in den 1960er-Jahren aus.

Aufgrund der mir zurzeit bekannten Informationen könnte man Ichazo zu Recht den Vater des Enneagramms nennen, in der Form und mit der Theorie, wie wir es heute kennen und anwenden. Die Elemente, die er verwendete, waren nicht neu, wohl aber die Kombination, in die er sie stellte, seine Platzierung der Leidenschaften, Fixierungen, heiligen Tugenden und Ideen. Seine Lehre geht weit über das Enneagramm hinaus, daher kann ich sie in diesem Buch nicht ausführlich behandeln. Was das Enneagramm angeht, brachte er zum Beispiel die neun Göttlichen Qualitäten im Enneagramm unter, wie er sie im Neoplatonismus, der Kabbala und der christlichen Mystik kennengelernt hatte. Er trug zur Theorie der Flügel und den Pfeilen der Stress- und Trostrichtung bei. Übrigens verwendete er genau wie Kircher den Begriff Enneagon.

Auch Ichazo hat eine außergewöhnliche Lebensgeschichte. In jungen Jahren war er fasziniert von den Medizinmännern der bolivianischen Indios (Ayahuasca). Er lernte von ihnen, lernte auch ihre Drogen kennen und hatte besondere außerkörperliche Erfahrungen. Im Alter von neunzehn Jahren lernte er einen älteren Mann kennen und ging mit ihm nach Buenos Aires. Hier traf sich regelmäßig eine Gruppe Mystiker; Ichazo servierte ihnen den Kaffee und lernte von ihnen. Diese Mystiker waren Vertreter sehr verschiedener Traditionen: Zen, Sufismus, Theosophie bis hin zur Kabbala und zahlreichen Yoga-Formen. Er lernte hier auch Ouspenskys *Auf der Suche nach dem Wunderbaren* kennen.

Ichazo gründete Studiengruppen in Santiago und unternahm jährlich eine Reise in den Nahen und Fernen Osten. Er studierte im Norden von Kaschmir und im Süden des Iran. Mit dem Sufismus beschäftigte er sich in einer Schule des Suhrawardi-Ordens in Kandahar, danach beim Orden der Bektashi, bei den Naqshbandi und in Kabul bei den Jemaluddin. Außerdem reiste er nach Asien und lernte in Hongkong die chinesischen Klassiker kennen. Im Jahre 1969 unterrichtete Ichazo in Santiago in Chile am Institut für Angewandte Psychologie. 1970 gründete er Studiengruppen in Arica in Chile; an einer zehnmonatigen Ausbildung bei ihm nahm eine Gruppe US-Amerikaner teil. Einer der Kursteilnehmer war der chilenische Psychiater Claudio Naranjo. 1971 ging Ichazo nach New York und gründete dort das Arica Institute, an dem er bis 1981 lehrte. Heute lebt er mit seiner Frau auf Hawaii und widmet sich vor allem dem Schreiben.

Lehre und Werk von Ichazo

Wir führen nicht die Regie über unser Denken, wenn unser Bewusstsein nicht klar entwickelt ist. Solange unser Bewusstsein nicht befreit ist, leiden wir. Der spirituelle Weg ist der Weg, auf dem wir gleichzeitig ein normales, alltägliches Leben und ein spirituelles Leben führen. Er ist also mit Raja-Yoga oder Gurdjieffs Viertem Weg vergleichbar. Auf diesem Weg sind wir uns unserer selbst in jedem Augenblick bewusst. Außerdem ist uns bewusst, dass wir unsere Taten nicht für uns tun, sondern dass unser Handeln im Dienst eines höheren Ziels steht, das über uns hinausgeht. Erst dann hat das, was wir tun und wie wir es tun, einen wirklichen Wert.

Ichazo war nie ein Enneagramm-Lehrer; das Enneagramm war ein Teil seiner Lehre, die er Protoanalyse nennt. Das Ziel der Protoanalyse ist es, den Zustand der Erleuchtung und die Vereinigung mit dem Göttlichen zu erreichen. Aus den spirituellen Traditionen, in denen Ichazo ausgebildet wurde, hat er viele Methoden übernommen. So verwendet er aus dem Sufismus den Zikr: eine starke Meditationstechnik, bei der bestimmte Affirmationen (etwa »La ilaha illallah«) wiederholt gesungen und dabei bestimmte Bewegungen ausgeführt werden. Teil seiner Ausbildung sind die »neun Arten des Zikr«. Alle drei Zentren werden dabei angesprochen, und er führt zu einem stillen Seinszustand. Dieser Zustand der inneren Stille schafft innere Milde.

Claudio Naranjo

Claudio Naranjo (1932 bis heute) wurde in Chile geboren, studierte dort Medizin und wurde Psychiater. Auch er hat allerlei Berufe ausgeübt: Er arbeitete als Professor, wurde als Gestalttherapeut ausgebildet und arbeitete als solcher. Heute lebt und arbeitet er in den USA, wo er auch seine Werke veröffentlicht.

Im Jahre 1969 lernte Naranjo die Persönlichkeits-Enneagramme kennen, als Ichazo seine Vorlesungen am Institut für Angewandte Psychologie in Santiago hielt. Naranjo arbeitete beim Esalen Institute in Kalifornien, das sich zum Zentrum der Human-Potential-Bewegung entwickelt hatte. Jährlich kamen über zwanzigtausend Menschen, um dort Seminare zu besuchen. 1970 nahm Naranjo 50 US-Amerikaner mit nach Arica, um dort an einem Kurs bei Ichazo teilzunehmen. 1971 gründete er eine eigene Studiengruppe in Berkeley in Kalifornien. Damit wurde Berkeley zur Wiege des modernen Enneagramms. Viele wichtige Enneagramm-Autoren und -Lehrer leben noch heute dort. Das Programm von Naranjos Gruppe entwickelte ein immer genaueres Profil und erhielt einen Namen: Seekers after Truth, oder SAT. Im Sanskrit bedeutet SAT Wahrheit.

Etwas über Naranjos Beitrag und Arbeit

Naranjo integrierte die von Ichazo gelernten Persönlichkeits-Enneagramme zu Charakterbeschreibungen. Auch Naranjo verarbeitete das Wissen, das er aus seiner breiten Vorbildung als Psychiater und Gestalttherapeut mitbrachte, in das Enneagramm ein. Er entwickelte daraus eine systematische Psychologie der Enneagramm-Typen. Er schuf eine ganzheitliche Wiedergabe der Persönlichkeitszüge, Motive, Kognitionsstile und einer existenziellen Dimension. Durch seinen Hintergrund als Psychiater erkannte und beschrieb er die Neurosen der einzelnen Typen und sah auch die Übereinstimmungen mit Persönlichkeitsstörungen aus dem DSM (*Diagnostic and Statistical Manual of Mental Disorders*).

Naranjo erkannte, dass einige von Freuds Abwehrmechanismen Zusammenhänge mit bestimmten Enneagramm-Typen aufwiesen. Naranjo formulierte eine Theorie über die Bewusstseinsdesintegration und den Heilungs- und Transformationsprozess. Er arbeitete mit Meditation, Musik und anderen therapeutischen Mitteln. Er führte als erster Panelinterviews mit Vertretern der einzelnen Typen durch, um deren Eigenschaften und die Validität der Theorie zu demonstrieren.

Schulen und Strömungen des Enneagramms

19

In diesem Kapitel

- Ein Blick auf die wichtigsten Strömungen in der Enneagramm-Welt

Eines der Ziele dieses … *für Dummies*-Buches ist es, Menschen, die zum ersten Mal mit dem Enneagramm zu tun haben, einen Wegweiser in die Welt des Enneagramms an die Hand zu geben. Dass daran Bedarf besteht, zeigen die Fragen, die mir von Teilnehmern an Einführungsworkshops gestellt werden: »Es gibt so viele Autoren. Wie unterscheiden sie sich? Welchen soll ich lesen? Der eine sagt dies, der andere das – wer hat jetzt recht?« Es gibt viele Übereinstimmungen, aber auch Unterschiede zwischen ihnen. Alle fügen sie Neues hinzu, entwickeln ihre eigenen Geschichten und Herangehensweisen, spezialisieren sich auf Teilgebiete des Enneagramms, die sie ansprechen und von denen sie entdeckt haben, dass sie damit etwas anfangen können.

Die Leser sind die Gewinner

Eine Anmerkung vorab: Es ist mir nicht leichtgefallen, dieses Kapitel zu schreiben – einfach, weil ich nicht alle Bücher aller Autoren gelesen habe und nicht bei jedem an einem Kurs teilgenommen habe. Ich kann kaum anders als den Autoren/Trainern Unrecht tun. Mein Ziel ist, Ihnen einen möglichst breiten Überblick über die Enneagramm-Arbeit zu geben, also auch über ihre Arbeit.

Um meine Wissenslücken auszugleichen, habe ich folgenden Autoren/Lehrer, die großen Namen im Enneagramm-Land, gebeten, selbst einen Beitrag zu liefern, der auf ein paar Fragen meinerseits beruht. Außerdem konnte ich Schüler der meisten Strömungen bitten, von ihren Erfahrungen zu berichten. Ich bin gerührt von der Kooperation und begeisterten Unterstützung, die ich von so vielen erfahren habe. Die Leser sind dabei die Gewinner, denn so habe ich inspirierende zusätzliche Informationen gewonnen.

Keine Gelben Seiten

Das Enneagramm ist so groß geworden, dass sich überall auf der Welt viele Trainer damit beschäftigen. Dieses Kapitel soll kein Branchenverzeichnis der Enneagramm-Autoren werden. Sie erfahren in diesem Kapitel etwas über die wichtigsten Strömungen und ihre bekanntesten Vertreter. Bei der Vorstellung der Strömungen werden neue Aspekte des Enneagramms erklärt. Damit erhalten Sie einen Überblick, was es gibt, und Hinweise, welche Richtung zu Ihnen passen könnte.

Das Sufi-Enneagramm, Laleh Bakhtiar

Da so häufig auf das Sufi-Enneagramm als Quelle des westlichen Enneagramms hingewiesen wird, ist dieses Buch nicht vollständig, ohne etwas darüber zu erzählen. Auch wenn diese Annahme über die »Reihenfolge der Weitergabe« nicht von allen geteilt wird, kann das Sufi-Enneagramm nicht ungenannt bleiben.

Laleh Bakhtiar hat drei Bücher über das Enneagramm geschrieben und bietet auf der ganzen Welt Vorlesungen und Seminare an. Der Titel ihrer Trilogie lautet *God's will be done*. Diese Herangehensweise an das Enneagramm unterscheidet sich stark von der, die wir kennen, da sie sich nicht auf die Traditionslinie der Lehrer Ichazo und Naranjo beruft. Daher weise ich gern auf Bakhtiars Arbeit hin, denn sie zeigt uns eine Version des Enneagramms ohne westliche Beeinflussung. Faszinierend und wertvoll finde ich es, in ihrem Werk den islamischen Blickwinkel kennenzulernen. Trotz der Unterschiede im Ansatz des Modells finde ich in ihren Büchern im Hinblick auf den spirituellen Weg doch mehr Verbindendes als Trennendes.

Laleh Bakhtiar schrieb mir:

Als das Enneagramm in den 1990-Jahren aufblühte, war in vielen Büchern von der »Sufi Connection« die Rede. Nach und nach entfernten sich die Enneagramm-Lehrer von dieser Sichtweise und brachten ihre eigenen Definitionen und Methoden in ihre Lehre ein. Alle diese Methoden stehen den ursprünglichen Sufi-Vorstellungen fern. Außerdem haben auch die Sufis das Enneagramm in ihre Lehre integriert. Es ist also nicht ganz richtig zu sagen, dass das Enneagramm ursprünglich aus dem Sufismus stammt. Der Ursprung liegt bei Plato, dem heiligen Thomas von Aquin, Moses Maimonides, Abu Hamid al-Ghazzali und vielen anderen.

Bis ins 13. Jahrhundert gab es kein neunstrahliges Enneagramm, weil in der praktischen Philosophie nur von sechs Strahlen die Rede war. Die Diskussion unter Philosophen bezog sich auf die drei Tugenden von Plato (Mut, Weisheit und Mäßigkeit), ob es zu viel oder zu wenig davon gab. Die Person, die in der Tugend zentriert war, wurde als ehrlicher und rechtschaffener Mensch (die vierte Tugend nach Plato) angesehen – aber nur, wenn jemand anders das bestätigte. Im 13. Jahrhundert stellte Nasir al-Din Tusi fest, dass eine Diskussion über zu viel oder zu wenig Tugend nur die Quantität betrifft. Er führte die Möglichkeit ein, dass es auch qualitativ an Tugend mangeln könnte. Es kann also nicht nur sein, dass eine Tugend zu stark oder zu schwach entwickelt ist, sie kann auch falsch entwickelt sein. Damit kamen drei Laster hinzu, und das Resultat waren neun. Das Zentrum des Enneagramms, der Nullpunkt, steht für die Person ohne Ego, deren Ehrlichkeit und Rechtschaffenheit damit bestätigt ist.

Danach begannen mehrere Sufi-Orden, diese psychologische Methode zu nutzen, um festzustellen, wo jemand, der neu auf dem spirituellen Weg ist, anfangen sollte. Das Kopfzentrum steht in diesem Enneagramm oben, das Herzzentrum auf der rechten Seite, das Bauchzentrum auf der linken. Im Kopfzentrum finden sich dann drei Punkte mit Bezug zur Weisheit, von der zu viel oder zu wenig vorhanden ist oder die falsch entwickelt ist.

Genauso funktioniert es auch für die beiden anderen Zentren. Sufis können den Zustand eines Schülers genau feststellen und so mit der praktischen Anwendung des Enneagramms beginnen. Eine Person kann zu jeder Zeit die Punkte eins bis neun zeigen, aber es ist nicht so, dass jemand diese Zahl oder der Typ ist, wie das heute fälschlicherweise gelehrt wird. Spezifisch für das Sufi-Enneagramm ist daher, dass eine Person zu verschiedenen Zeiten alle neun Nummern manifestieren kann. Das Ziel ist, den Mittelpunkt 0 zu erreichen und so egolos, rechtschaffen und ehrlich wie möglich zu sein – ein Mensch, der die Wirklichkeit so sehen kann, wie sie ist.

Laleh betrachtet es als Stärke dieses Modells, und bekommt das auch in Rückmeldungen von Studenten bestätigt, dass es hilft, jederzeit zu sehen, wo man steht und woran man arbeiten muss. Ihrer Ansicht nach besteht beim Typisieren nach der westlichen Methode die Gefahr, dass sich jemand mehr und mehr mit seinem Typ identifiziert und sich auch in den negativen Aspekten immer wieder selbst bestätigt. So kann jemand immer stärker das stereotype Bild des Typs ausleben. Mit dieser Sorge hat Laleh möglicherweise recht; meine Kollegen und ich beobachten das tatsächlich öfter in der Praxis. Wir lehren es allerdings ausdrücklich anders.

Aus ihrem Werk übersetzt

Der Prozess des großen Ringens bedeutet, sich selbst ausgewogen und ehrlich in Beziehung zu setzen zur Wirklichkeit, zur Wahrheit, zum höchsten Wesen, Gott und zur Natur in all ihren von Gott erschaffenen Formen. Der Lernprozess beginnt damit, zu lernen, wer wir sind, Wissen über uns selbst zu gewinnen, und mit der Bewusstwerdung unseres Platzes im Universum. Angefangen mit uns selbst lernen wir, wie wichtig es ist, unseren Verstand zu gebrauchen, um unsere Wünsche und Bedürfnisse zu kontrollieren. Danach lernen wir die Anwendung von ausgewogener Vernunft in unseren Beziehungen mit anderen und in der Beziehung zur Wirklichkeit. Es ist das Ziel, zentriert zu sein und unsere Leidenschaften durch den Gebrauch der ausgewogenen Vernunft kontrollieren zu können. Wir werden wie spirituelle Krieger mit anderen ehrlich und rechtschaffen umgehen und andere und deren Bedürfnisse über unsere stellen.

Die Kabbala und das Enneagramm, Howard A. Addison und Hannah Nathans

Dass es auffallende Ähnlichkeiten zwischen dem Enneagramm und der Kabbala gibt, ist nicht verwunderlich, denn die Menschen, die das Enneagramm erfunden haben, fanden ihre Inspiration unter anderem in den Lehren der Kabbala. Für Menschen, die den mystischen Weg der Kabbala gehen, kann ich mir kaum vorstellen, was das Enneagramm noch zusätzlich bieten kann. Ich habe den Rabbiner Howard Avruhm Addison und die Rabbinerin in Ausbildung Hannah Nathans vom Institut Dorshé Neshamah (Erforschung der Seele) gefragt. Addison hat zwei Bücher über das Enneagramm und die Kabbala geschrieben. Gemeinsam lehren sie in Amerika über dieses Thema.

Hannah Nathans und Howard Addison schrieben mir:

Es gibt eine auffallende Ähnlichkeit zwischen den Enneagramm-Typen und den Manifestationen des Göttlichen im kabbalistischen Lebensbaum (Etz Chajim). Wir erforschen das Enneagramm durch die Brille der jüdischen Mysterientradition. Indem wir eine Synthese aus der Weisheit des Enneagramms und den Einsichten und spirituellen Übungen der Kabbala herstellen, hoffen wir ein tieferes Verständnis der Realität und Wege zur persönlichen Transformation zu erreichen. Wir helfen den Studenten, sich bewusst zu werden, wie jede Seele sowohl in der strahlenden als auch in der Schattenseite des Göttlichen verwurzelt ist, und welche einzigartigen Entwicklungsaufgaben (tikkunim) jeder einzelnen Seele zu erfüllen bestimmt sind.

In Übereinstimmung mit der kabbalistischen Erkenntnis, dass wir zugleich in vier Welten, also Schichten der Wirklichkeit (arba olamot) existieren, helfen wir den Studenten, die Existenz mehrerer Bewusstseinsebenen zu erkennen. Wir laden sie ein, durch Kontemplationsübungen und Studien ihre Verbindung zu den höheren Bewusstseinsebenen zu erweitern, sodass sie in der Lage sind, bewusst von einer Ebene zur anderen zu wechseln und ihr eigentliches Selbst in professionellen und persönlichen Beziehungen vollständiger zu manifestieren.

Obwohl wir in erster Linie als Rabbiner und jüdische Seelsorger ausgebildet sind, haben wir aus unseren interreligiösen Erfahrungen und Studien der Weisheitstraditionen aus aller Welt gelernt, dass es einen gemeinsamen kontemplativen Kern gibt, der die Trennlinien zwischen den spirituellen Systemen übersteigt. Wir betonen die universelle Weisheit des Enneagramms und der Kabbala und laden Studenten ein, ihre eigene Identität in Beziehung zum Heiligen, wie sie es verstehen, zu erkennen. Wir finden die psychologischen Einsichten des Enneagramms und der Kabbala äußerst wichtig und legen außerdem Wert auf das, was sie uns über die höheren Qualitäten lehren. Warum? Weil jeder Student danach streben kann, durch Bewusstwerdung, Selbsterkenntnis und Übung von Empfänglichkeit eine würdige Verkörperung der höheren Bewusstseinszustände zu werden.

Rabbinerin Goldie Milgram über Nathans/Addison

Rabbiner Avruhm Addison und Hannah Nathans führen das Enneagramm hilfreich und spirituell in das Gebiet der jüdischen Psychologie ein. Überraschende und effektive Korrelationen zwischen dem Enneagramm und den schon sehr lange bestehenden jüdischen Herangehensweisen an die menschliche Entwicklung führen zu einer glücklichen und nützlichen Integration.

Im Jahre 1812 veröffentlichte Menachem Mendel von Satanow Cheshbon ha Nefesh ein Modell für die individuelle ethische Entwicklung (im Judentum Mussar genannt). In ihrem Unterricht stellten Addison und Nathans das Enneagramm vor, lehrten die Korrelationen des Enneagramms zu Strategien zur Abbildung des Geistes aus den Texten und Methoden der ursprünglichen Kabbalisten, vor allem zum Lebensbaummodell. Damit versetzten sie uns in die Lage, chassidische Lehren über die Middot zu studieren. Middot sind Qualitäten, die wir reinigen oder stärker schätzen lernen wollen. Durch die Beobachtung von Panels, in denen einzelne Mitstudenten über ihren Platz im Enneagramm sprachen, und durch Videos konnten wir die Funktion des Enneagramms besser einschätzen und in Verbindung bringen mit dem gründlichen Unterricht in der jüdischen Tradition. Der Kurs bot vor allem eine wichtige und erfrischende Initiative innerhalb der kognitiv-verhaltensmäßigen Herangehensweisen der Psychologie, wie wir sie im Judentum finden. Das ist wunderbar, denn spirituelles Wachstum kann nur stattfinden nach einer gründlichen individuellen Reinigung, damit der Geist nicht falsch wahrgenommen und falsch angewendet wird.

Rabbi Goldie Milgram ist Autor von *Reclaiming Judaism as a Spiritual Practice: Holy Days and Shabbat* und Herausgeber von *Seeking and Soaring: Jewish Approaches to Spiritual Direction*

Das Enneagramm in der christlichen Tradition, Richard Rohr

Das Enneagramm wurde recht schnell von vielen innerhalb der christlichen Tradition aufgenommen. Richard Rohr ist einer der bekannteren Autoren/Lehrer auf katholischer Seite. Er ist Franziskanerpater und schrieb einen Bestseller über das Enneagramm. Jeder Ennea-Typ ist nach Rohr durch eine Wurzelsünde gekennzeichnet, die eine Trennung von Gott verursacht. Unser falsches Ich muss sterben, damit Gottes Liebe wieder frei fließen kann. Das Enneagramm zeigt uns den Weg zur Bekehrung nach Rohr.

Richard Rohr schrieb mir:

Die Autorität, die Sie mir zuschreiben, entstand dadurch, dass ich vermutlich eine der ersten Veröffentlichungen über das Enneagramm herausbrachte (gemeinsam mit Andreas Ebert), und aufgrund der Integration der Weisheit des Enneagramms mit dem jüdisch-christlichen Begriff der spirituellen Transformation.

Das Enneagramm beschreibt wahrnehmbare Erscheinungen von sowohl Stärken als auch Schwächen jedes Typs. Ich hoffe, Menschen begleiten zu dürfen auf dem Weg zu einer wunderbaren Selbsterkenntnis, die sie vor der empfangenen Gnade, Hingabe und Heilung niederknien lässt. Ich hoffe, dass unsere Bücher Menschen helfen, über jeden Automatismus und über sich selbst zu lachen. Wir geben Beispiele, tatsächlich erlebte Geschichten von Menschen, Bibeltexte und Erzählungen, die sowohl das Positive als auch das Negative illustrieren. Wir versuchen damit auch zu der notwendigen Relativierung und Bloßstellung unseres menschlichen Ego in unserer heutigen, sehr egozentrischen westlichen Kultur beizutragen.

Unsere Herangehensweise soll unsere Illusionen bloßlegen und sezieren, um damit ein Verlangen nach Transformation zu erwecken. Im Allgemeinen kommen in meinen Seminaren die Flügel stärker auf die Tagesordnung als die Pfeile der Stress- und Trostpunkte. Ich erlebe die Flügel auch als größere Unterstützung bei meiner Arbeit.

Als Christ strebe ich danach, das Enneagramm mit der ewigen Tradition zu verbinden, die wir früher einmal den reinigenden Weg nannten, insbesondere mit der Lehre des Evagrius und meines Franziskaner-Bruders Ramon Llull. Bei weiser Anwendung ist das Enneagramm ein ideales Instrument, das uns zum erleuchteten Weg führt (zum Weg der Gnade, nicht als Endziel) und in uns das Bedürfnis weckt, einen verbindenden oder vereinigenden Weg zu finden (unser Bedürfnis nach einer höheren Macht, nach Gnade und Gott).

Schüler über Rohr

Mich hat es sehr berührt, dass und wie Rohr zum universellen Christentum zurückkehrt. Der Weg nach innen ist wichtig, nicht die Kirche. An sich ist der Weg nach innen in der christlichen Tradition ein natürlicher Schritt. Ich erlebe Rohr eher als spirituellen Meister und als Priester, weniger als Lehrer. Er lehrt viel umfassender als nur über das Enneagramm. Seine Sprache aus der christlichen Tradition spricht mich an, ebenso das, was Rohr über die Wurzelsünde sagt und über die Einladung des Geistes.

Genauso spricht er von den neun Gesichtern Jesu und legt (wie Bennett) das Vaterunser auf das Enneagramm. Er integriert Psychologie und Religion. Er stellt zum Beispiel vieles infrage und unterscheidet, ob ein Mönch sich wegen seiner Spiritualität zurückzieht, um ein asketisches Leben zu führen, oder ob es ein Mönch mit Typ 5 ist, der einfach seinen Typ auslebt.

Wir haben auch an Workshops anderer Enneagramm-Lehrer teilgenommen, und bei Rohr empfinden wir es als großen Vorteil, wie viel Aufmerksamkeit er den drei Zentren widmet. Er gibt nicht nur Informationen über die Zentren, sondern betont auch, wie wichtig es ist, mehr Ausgewogenheit zwischen den Zentren anzustreben, und wie man das tun kann. Wenn man seine Bücher liest, geht er schon davon aus, dass man die christliche Terminologie kennt, denn die erklärt er nicht. Das Beste bei Rohr ist meiner Meinung nach, dass man so stark seinen (franziskanischen) spirituellen Unterbau spürt, echte Lebensenergie.

Die mündliche Tradition, Helen Palmer & David Daniels

Das Enneagramm erlebte seinen Durchbruch beim großen Publikum durch Enneagramm-Lehrer, die in den 1970er-Jahren in Berkeley das Enneagramm kennengelernt hatten. Eine der frühen und bekannteren Autorinnen ist die Psychologin Helen Palmer. Ihr erstes Buch über das Enneagramm erschien 1988. Sie lehrte Psychologie an der Berkeley University und bot außerdem Meditationsübungen für die Studenten an. Noch als sie selbst Psychologie studiert hatte, hatte sie bei ihrem buddhistischen Lehrer mit dem Training in Meditation, Selbsterforschung und der spirituellen Reise begonnen.

Anfang der 1970er-Jahre kam Palmer mit dem Enneagramm in Berührung und las das Buch *Transpersonal Psychologies*, in dem John Lilly einen kurzen Überblick über Ichazos Typologie gab. Auf dieser Grundlage begann Palmer, das Enneagramm mit ihren Studenten zu erforschen. Sie arbeitete mit der Panelmethode, bei der sie einige Studenten, die sich im selben Typ wiedererkannten, interviewte. Gegenstand der Untersuchung war unter anderem, auf welche Hindernisse die Studenten bei ihren Meditationsübungen stießen. Erst viel später entdeckte Palmer, dass Evagrius von Pontus ihr mit dieser Untersuchung eigentlich rund 1600 Jahre zuvorgekommen war.

Die mündliche Tradition kann nicht erwähnt werden, ohne auch einen Mann zu nennen, der mit Helen Palmer an ihrer Wiege gestanden hat. Im Jahre 1988 baute Helen Palmer mit dem Psychiater David Daniels eine Ausbildung für Enneagramm-Lehrer auf, das Enneagram Professional Training Program (EPTP). Daniels war damals noch Professor für Psychiatrie an der Stanford Medical School und betrieb schon lange eine eigene Praxis als Psychiater. Die Ausbildung des EPTP wird jetzt über Enneagram Worldwide organisiert, in dem David Daniels auch heute noch eine führende Rolle spielt. Daniels war an der Entwicklung des Ausbildungsprogramms maßgeblich beteiligt.

Über die Arbeit von Helen Palmer und David Daniels

Kennzeichnend für ihre Arbeit ist das, was sie *the narrative tradition* nennen, die mündliche Tradition. Das umfasst unter anderem Selbsterforschung und Wissensvermittlung durch das Typisierungsinterview und das Panelinterview. Die Methode, die in ihrer Schule Enneagram Worldwide gelehrt wird, nennt man auch Methode zur psycho-spirituellen Integration. Genau diese Methode lernen Sie in diesem Buch kennen. Palmer bringt darin das Wissen und die Erfahrung aus ihrem Beruf als Psychologin und aus ihrem weit gefassten spirituellen Training ein. Die Quellen ihres Wissens und ihrer Inspiration sind sehr unterschiedlich: die Veden, Jung, der Sufismus, Gurdjieff, die christliche Mystik und nicht zuletzt die Kabbala. Palmer ist wissenschaftlich orientiert und studiert, schreibt, erforscht und veröffentlicht auch heute noch, was immer mit dem Enneagramm und der inneren Arbeit zu tun hat. Sie ist mit einem breiten Spektrum von Meditationsformen und Atemtechniken vertraut und erklärt genau, was die eine oder andere Form zu bieten hat, Unterschiede in der Wirkung, welche Formen für wen gut funktionieren oder eben nicht.

Botschaft

Palmer versucht, Menschen mit dem bekannt zu machen, was sie direkte Erfahrung (*direct experience*) nennt, und ihnen einen Weg dorthin zu zeigen. Das Einzige, was zwischen uns und einer direkten spirituellen Erfahrung steht, ist unser Typ. Palmer doziert nicht nur, sie lässt die Menschen in ihren Seminaren die verschiedenen Bewusstseinszustände erleben. Sie bringt die Menschen mit ihrem inneren Wissen in Kontakt, hilft ihnen, ihre Intuition und Empfänglichkeit zu trainieren, um das direkte Erleben zu ermöglichen. In ihren Seminaren lehrt Palmer fast nur noch über den Typ hinaus.

Schüler über David Daniels

Ein Seminar bei David Daniels war für mich der erste Kontakt mit dem Enneagramm. Es hat auf mich einen starken Eindruck gemacht und dafür gesorgt, dass ich zwei Monate später an der EPTP-Ausbildung teilgenommen habe. David redet nicht über Mitgefühl und Herzensgüte David ist sie. Er hat klinische und therapeutische Erfahrung in der Begleitung von Menschen, er bringt nicht nur viel Wissen und anschauliche Geschichten und Anekdoten mit, David hat auch Humor. Wenn er ein Panel interviewt, ist immer Platz für Tränen und für Gelächter. Von David habe ich als Teilnehmer an einem Panel ein großes Geschenk bekommen: Er lehrte mich nämlich Mitgefühl mit mir selbst. Nicht eine mentale Vorstellung von Mitgefühl, sondern das tiefe, innere Erleben.

Schüler über Helen Palmer

Sobald Helen in einem Seminar oder bei einer Lesung anfängt zu sprechen, erlebe ich, dass sie eine Klasse für sich ist. Ich habe viele Menschen über das Enneagramm reden hören, aber niemand bringt annähernd so viel Tiefgang, Präzision, Integrität, Bildung und vor allem Spiritualität hinein wie sie. Ich hatte immer Probleme mit dem Meditieren, aber eine von Helen geleitete Meditation bringt nicht nur mich, sondern den ganzen Saal in einen tiefen Seinszustand. Dank Helen habe ich gelernt, wie spannend mein Inneres ist und wie wunderbar es ist, sich in der Meditation dort aufzuhalten. Dank Helen meditiere ich.

Der Diamond-Approach, Hamid Ali und Sandra Maitri

Sandra Maitri und Hamid Ali (als Autor unter dem Namen A. H. Almaas bekannt) waren 1971 in Berkeley Mitglieder von Naranjos Gruppe Seekers after Truth (SAT). In dieser Gruppe lehrte Naranjo vier Jahre lang über Theravada und den tibetanischen Buddhismus, den Hinduismus, den Sufismus, den Konfuzianismus und den Vierten Weg, wobei das Enneagramm als Werkzeug im Mittelpunkt stand. Die Gruppe war stark an Gurdjieff orientiert. Der Schwerpunkt lag auf dem »Überwinden der Persönlichkeit, des konditionierten Gefühls eines eigenständigen Selbst, das aus mentalen Konstrukten der Vergangenheit besteht, um sich mit der spirituellen Tiefe zu verbinden« (aus Maitris *Neun Porträts der Seele*).

Hamid Ali, geboren in Kuwait, kam im Alter von 18 Jahren in die USA und studierte an der Berkeley University. Er schloss sein Studium mit dem Bachelor in Algebra ab, später mit einem Master in Naturwissenschaften. Er promovierte in Psychologie mit dem Schwerpunkt Reichianische Therapie. Ali entwickelt eine Herangehensweise an die innere Arbeit, die er *Diamond Approach to Inner Realisation* nennt. Das Enneagramm wird darin nicht ausdrücklich gelehrt, aber Schüler, die das Enneagramm kennen, sehen sehr wohl, wie das Enneagramm implizit zur Selbsterforschung verwendet wird. Sein Buch *Facetten der Einheit* halte ich für eines der besten Bücher über das Höhere Selbst im Enneagramm. Die Schule von Almaas, in der der Diamond Approach gelehrt und geübt wird, nennt sich Ridhwan-Schule. Maitri gibt nicht nur in der ganzen Welt Lesungen und Unterricht zum Enneagramm, sie ist auch als Dozentin mit der Ridhwan-Schule verbunden.

Schüler über Sandra Maitri

Mich inspiriert, dass Sandra durch ihre Wesensart eine tiefere spirituelle Schicht berührt. Es ist schwer zu beschreiben, aber deutlich spürbar, dass sie das Enneagramm durchlebt hat. Ihre Vorträge sind nicht verkopft. Sie berühren einen auf anderer Ebene, sprechen das Herz an. Sie aktiviert eher das Unbewusste, auf dem Gebiet, auf dem mein Thema liegt, und macht den darüber hinausgehenden Seinszustand fühlbar – was für mich an Wachstum möglich ist. Das Enneagramm nutzt sie als Kompass, um uns durch Selbsterforschung erfahren zu lassen, wie die verschiedenen Enneagramm-Aspekte in uns funktionieren, mit dem Ziel, das Ego immer mehr loszulassen. In der Arbeit bei Maitri erlebt ein Schüler den Schwerpunkt auf dem spirituellen Weg, dem Loslassen des Ego und der Arbeit auf der Ebene des Herzzentrums.

Die Entwicklungsebenen, Don Richard Riso und Russ Hudson

Der zweite bekannte katholische Enneagramm-Autor ist der ehemalige Jesuit Don Richard Riso. Er arbeitet mit Russ Hudson am Enneagram Institute in New York. Don Riso studierte 1973 das Enneagramm bei Bob Ochs (Schüler von Naranjo) am Jesuitenseminar Toronto. Das Material über das Enneagramm war damals noch sehr begrenzt, und genau wie andere begann Don Riso, es weiter zu erforschen, zu entwickeln und auszuarbeiten. Riso stellte fest, dass bestimmte Teile der psychologischen Beschreibung der Typen fehlten, zum Beispiel eine Darstellung, wie die Typen auf einer gesunden, entwickelten Ebene handeln. Als Nicht-Psychologe fand er Inspiration unter anderem bei Freud, Jung, Karen Horney, Erich Fromm und anderen Psychologen.

Über die Arbeit von Riso/Hudson

Einer der Beiträge von Riso und Hudson zur Entwicklung des Enneagramms sind die neun Entwicklungsebenen, die sie detailliert für jeden der neun Typen ausgearbeitet haben. Die Ebenen sind verteilt auf drei gesunde, drei durchschnittliche und drei ungesunde Arten des

Handelns auf psychologischer Ebene. Die Autoren betrachten das nicht nur als unverzichtbaren Beitrag zum Enneagramm, sondern zur Persönlichkeitsforschung überhaupt. Sie gaben jedem Typ auf jeder Entwicklungsebene Namen, also 81 insgesamt. Mit dem aus der Psychologie bekannten Ansatz, dass jeder Mensch eine grundlegende Angst und ein Verlangen kennt, arbeiteten Riso und Hudson für jeden dieser 81 Typen die Grundlage der Motivation aus. So ergänzten sie die ursprüngliche Arbeit von Ichazo und Naranjo um viele Elemente und erarbeiteten sehr detaillierte Typbeschreibungen. Sie entwickelten außerdem den Riso-Hudson Enneagram Type Indicator (RHETI) und andere Persönlichkeitstest (QUEST-TAS).

Schüler über Riso und Hudson

Don und Russ haben sofort einen nachhaltigen Eindruck auf mich gemacht, als ich sie zum ersten Mal traf: warm, anteilnehmend und inspirierend. Ich schätze ihre Offenheit und ihren Einsatz in Verbindung mit innerer Ruhe, die bei einem Seminar sofort auffällt. An allem wird spürbar, dass sie die gesünderen Entwicklungsebenen erreicht haben. Sie motivieren, fordern einen heraus, sich zu erinnern, wie man wirklich ist. Sie machen klar, dass wir nicht unser Ego sind, dass wir viel mehr sind, und mit ihrem angenehmen Humor machen sie das sehr annehmbar.

Don und Russ zeigen deutlichen Respekt vor den neun Typen. Nie typisieren sie jemanden oder sagen, dass sich jemand falsch typisiert hat. Sie lassen einem Zeit und Raum, um den eigenen Typ zu entdecken. Dadurch entsteht ein Gefühl der Sicherheit. Ihr Ansatz ist recht mental, theoretisch und gründlich. Alles beginnt mit einer übersichtlichen Vorstellung der Typen. Das bringt auch Tiefgang. Die Übungen bestehen meistens aus Monologen und Wiederholungsfragen. Dazu kommt hin und wieder ein kurzes Panel, um bestimmte Dinge zu demonstrieren.

Die Phase, in der sich das Modell jetzt befindet, und die Anerkennung, die es in weiten psychologischen Kreisen gefunden hat, wären meiner Meinung nach nicht zustande gekommen, wenn Don und Russ nicht so viel bahnbrechende Arbeit geleistet hätten. Vor allem die Entwicklungsebenen erklären die Unterschiede innerhalb der Typen und machen die Dynamik eines Typs deutlich. Im individuellen Coaching sind die Entwicklungsebenen für mich ein unverzichtbares Werkzeug. Sobald Menschen dank der Ebenen erkennen, in welcher negativen Spirale sie stecken und wohin sie das führen wird, fassen viele bewusst den Entschluss, dem eingeschlagenen Weg nicht weiter zu folgen. Es ist oft ein dramatischer Wendepunkt. Der Bewusstwerdungsprozess verläuft so schneller als früher.

Die Tradition der inneren Arbeit

20

In diesem Kapitel

- Die Wurzeln entdecken
- Das Gedankengut vergangener Zeiten
- Alte Bekannte aus ägyptischen und griechischen Lehren

In diesem Kapitel erfahren Sie etwas über meine Suche nach der Tradition der inneren Arbeit, in der das Enneagramm wurzelt und über die Ergebnisse dieser Suche in Form von Wissen und Erkenntnissen, die sie gebracht hat. Die innere Arbeit, wie sie heute wieder an Popularität gewinnt, ist in jahrhundertealten Traditionen verwurzelt. Sie haben in diesem Buch schon an mehreren Stellen von Evagrius von Pontus und Plato gehört. Hier finden Sie nun mehr über das Gedankengut der Zeit, in der sie lebten, und über ihre möglichen Inspirationsquellen.

Um sich selbst kennenzulernen, hilft es, die eigenen Wurzeln zu entdecken. Das gilt auch für die kulturellen und spirituellen Wurzeln. Um mit dem Enneagramm zu arbeiten, ist es nicht nötig, das alles zu wissen. Es ist Wissen für Liebhaber, für Sie, wenn Sie an Ursprüngen und Hintergründen der Dinge interessiert sind. Betrachten Sie dieses Kapitel als Nachtisch, zur Vertiefung und Inspiration.

Wahrheit und Wert von Texten einschätzen

Jeder Buchstabe, jedes Symbol, Ritual oder Buch wurde einst von einem Menschen erdacht oder geschrieben, auch Texte, die von vielen als heilig angesehen werden wie die Tenach, die Bibel, der Koran, die Veden. Auf der Suche nach Wahrheit behalte ich das immer im Hinterkopf. Dass etwas von vielen Menschen – und/oder über lange Zeit – wiederholt wird, macht es für mich nicht wahrer. Was etwas für mich wahr macht, ist unter anderem die Bestätigung durch mein eigenes inneres Erleben. Indem ich zum Beispiel in mir selbst wahrnahm, wie meine Fixierung und Leidenschaft einander verstärken, konnte ich dieses System im Enneagramm annehmen. In jedem Fall war es ein Hinweis, der dazu führte, dass ich mir das Enneagramm näher anschauen wollte. Denn wenn dieser Aspekt stimmte, dann stimmte vielleicht auch noch einiges andere daran.

Viele Dinge, die ich auf meiner Entdeckungsreise mit dem Enneagramm gelernt habe, aber auch Erkenntnisse, zu denen ich auf dieser Reise gekommen bin, erkenne ich beim Lesen von Büchern über alte Schriften und in Büchern über (alte) spirituelle Traditionen wieder. Mit meinem Hintergrund in Sozial- und Kulturwissenschaften ist es nicht verwunderlich, dass mich so etwas fasziniert. Aber es kommt noch mehr dazu. Ich habe bei diesem Studium Erkenntnisse gefunden, die das, was in modernen Büchern stand, ergänzten und die mir auf dem Weg meiner persönlichen Weiterentwicklung geholfen haben.

Ich habe von Pythagoras gelernt, von Evagrius von Pontus, von Plato, von Plotinus und von vielen anderen. Diese Erkenntnisse sind kein Teil der Enneagramm-Praxis, aber ich habe an relevanten Stellen das eine oder andere in diesem Buch aufgeführt. Ich betrachte das als wertvolles Wissen von Menschen, die vor uns den Weg des Wachstums gegangen sind. Es werden auch Einsichten und Erfahrungen beschrieben, die ich nicht aus persönlichem Erleben als wahr annehmen kann. Vielleicht begegne ich ihnen noch, oder Sie sind schon mal darauf gestoßen. Ich schließe diese Dinge nicht als unmöglich aus und finde sie interessant genug, um sie genauer zu betrachten. Sie wurden nämlich von Menschen aufgeschrieben, die auch Erfahrungen beschrieben haben, die mir schon begegnet sind.

Auf den Spuren der Ägypter

Vor noch nicht allzu langer Zeit dachte ich bei Ägypten an Pyramiden, Pharaonen, Hieroglyphen und Sphingen. Von der Religion im alten Ägypten hatte ich keine Ahnung. Auf der Suche nach den Wurzeln des Enneagramms habe ich entdeckt, wie viel die altägyptische Religion, die jüdisch-christliche Tradition, der Islam und die moderne Spiritualität miteinander zu tun haben.

Hier finden Sie eine kleine Auswahl aus den vielen, vielen Aspekten, vergleichbaren Einsichten und Merkmalen, auf die ich gestoßen bin. Ich erlebe die Verbundenheit mit den Menschen, die vor 4000 Jahren schon mit innerer Arbeit beschäftigt waren wie wir heute. Mir wird auch klar, dass wir jetzt vermutlich Dinge wiederentdecken, die damals schon bekannt waren, dass wir uns wieder daran erinnern. Vielleicht können wir auf diesem Gebiet noch mehr von ihnen lernen.

Materielle und immaterielle, sichtbare und unsichtbare Welt

Früher kannten viele Völker eine Naturphilosophie. Man ging davon aus, dass hinter allen wahrnehmbaren Dingen nicht wahrnehmbare Kräfte am Werk sein mussten. Das ist keine abwegige Überlegung, denn die Wirkung von zum Beispiel der Schwerkraft können wir wahrnehmen, die Kraft selbst aber, die sie auslöst, ist nicht wahrnehmbar.

Weil man Wirkungen erkennen konnte von Ursachen, die man nicht sah, nahm man neben der materiellen und sichtbaren Welt auch die Existenz einer immateriellen, nicht-stofflichen und unsichtbaren Welt an: der Welt des Geistes. Was man nicht aus dem erklären konnte, was man sah, schrieb man höheren Kräften und Mächten zu. Diese nannte man Götter, oder in monotheistischen Traditionen Gott. Für die Ägypter war es selbstverständlich, dass alles sinnlich Wahrnehmbare ein Ausdruck der immateriellen Welt war, dass die immaterielle Welt sich als Form in der materiellen Welt äußert. Der Mensch trägt in der Vorstellung der alten Ägypter daher auch alle Elemente der materiellen und der immateriellen Welt in sich. Auch das ist nicht falsch gedacht: Der Mensch ist aus den Kräften und Eigenschaften der Natur und des Kosmos aufgebaut. Ebenso gilt umgekehrt, dass alles, was im Menschen ist und im Menschen wahrgenommen werden kann, ebenfalls in der Natur und im Kosmos zu finden ist. Darauf beruht die Auffassung, dass der Mensch als Mikrokosmos eine Kopie des Makrokosmos ist.

Das Göttersystem von Heliopolis

Im alten Ägypten gab es mehrere Göttersysteme; am weitesten verbreitet und besonders wichtig war das von Heliopolis. In diesem System stellen die Götter die Struktur der Welt des Geistes dar.

Die geistige Welt war unterteilt in drei Ebenen, und auf jeder Ebene arbeiteten immer dieselben drei Prinzipien zusammen. Diese drei Prinzipien wurden auf jeder Ebene den Menschen als Göttertriade vorgestellt. Die erste und höchste Ebene war die des kosmischen Geistes: des schöpferischen Urgesetzes, das allem Existierenden zugrunde liegt. Der erste Gott in diesem System war Re oder Atun, der Sonnengott. Er erweckte in Nun, dem Urozean, neues Leben in Gestalt von Geb, der Urform Erde.

Diese drei Prinzipien der Göttertriade werden Ihnen bekannt vorkommen, wenn Sie Kapitel 3 gelesen haben: das universelle Gesetz der Drei mit den drei Kräften. Re oder Atun ist das Symbol des befruchtenden, gebenden, aktiven, männlichen Prinzips. Das Symbol Nun ist das in allem vorhandene und sich offenbarende, empfangende, passive, weibliche Prinzip. Aus der Zusammenarbeit der beiden entsteht eine neue Form, in der sich Urwille und Urgesetz offenbaren: Geb. Das dritte ist ein neutrales Prinzip, in dem das Aktive und das Passive zusammenwirken und die beiden sich gerade dadurch, dass sie in dieser Form Gestalt annehmen, ihrer selbst bewusst werden können.

Die Schüler der spirituellen Schulen merkten, dass diese drei Urprinzipien überall und in allem (auch in ihnen) aktiv waren: schöpferische Information, verwirklichende Energie und der Ausdruck von beiden, wenn sie zur neuen Form werden.

Die dritte Ebene: Der menschliche Geist

Wir springen von der ersten auf die dritte Ebene des Göttersystems von Heliopolis. Hier wurde das schöpferische Prinzip Osiris genannt. Osiris steht auf der Ebene des menschlichen Geistes für das Wahre Selbst der Menschheit – das erkennen wir aus dem Enneagramm wieder. Das schöpferische Prinzip auf der geistigen Ebene, Osiris, drängt die Menschen zu Bewusstwerdung und Tätigkeit. Osiris steht als Symbol für das Gesetz oder die Bestimmung der Menschheit, für den latenten Kern des Wahren Selbst, für die Bestimmung von uns Menschen, »sich selbst bewusst« Menschen zu werden. Darum ist Osiris auch nie in Tiergestalt abgebildet, sondern immer als Mensch.

Das zweite, wieder empfangende Prinzip auf dieser Ebene heißt Isis. Es steht für die Seele der Menschheit. Die Zusammenführung des ersten und des zweiten Prinzips, also der empfangenden Seele, die den nach Bewusstsein strebenden Geist empfängt, führt zu Einsicht und Selbsterkenntnis in Gestalt des bewusst gewordenen, Wahren Selbst: Horus. Hier zeigt sich wieder eine Parallele zum Enneagramm, bei dem wir vom Höheren Selbst sprechen, in dem das höhere Denken (Osiris) und die Energie der höheren Tugend (Isis) zusammentreffen.

Seth und Nephthys, ägyptische Symbole für Fixierung und Leidenschaft

Interessanterweise sind im Göttersystem der dritten Ebene noch zwei Symbole bekannt: Seth als Halbbruder des Osiris und Nephthys als Halbschwester der Isis. So wie es Halbbrüdern und -schwestern öfter ergeht, wird ihnen das Niedere zugeschrieben. Auch sie stellen das aktive und das empfangende Prinzip dar, aber auf sinnlicher Ebene, in der sinnlichen Welt, die im

Gegensatz zur nicht materiellen, geistigen Welt Vergänglichkeit kennt und an die Zeit gebundene Entwicklungszyklen (Geburt und Tod, Frühling und Winter und so weiter) durchläuft. In der altägyptischen Religion entstand das Leid von Isis (der Menschenseele) durch das aktive Eingreifen von Seth in die sinnliche Welt. Das lässt sich als die Neigung des Menschen zum Bösen erklären, die Neigung, sich nicht am Geist, sondern an der Materie zu orientieren, mit allen Folgen, die das hat.

Seth und Nephthys in der ägyptischen Religion stehen für das, was wir im Enneagramm das Niedere Selbst nennen. Seth vertritt dabei das Denken des Kopfzentrums (die Fixierungen) und Nephthys das Fühlen des Herzzentrums (die Leidenschaften). Das Eingreifen von Seth in die sinnliche Welt betrachten wir im Enneagramm als das Leiden, das durch die Fixierungen verursacht wird, die uns Menschen zum Handeln antreiben und im Weg stehen beim (empfänglich) Sein.

Die Sphinx hält uns den Spiegel vor

Selig ist der Löwe, der vom Menschen gegessen wird,
dadurch wird der Löwe Mensch.
Aber elend ist der Mensch, der vom Löwen verschlungen wird,
dadurch wird der Mensch zum Löwen.

Spruch aus dem Thomas-Evangelium in den Nag-Hammadi-Schriften

Ausgangspunkt der alten spirituellen Schulen ist, dass wir Menschen Doppelwesen sind. Einerseits sind wir Tiere mit tierischen Eigenschaften und Primärreaktionen, voller Leidenschaften, Begierden, der Neigung, uns zu behaupten, zu profilieren, Territorien abzustecken, zu herrschen, zu besitzen (unser Reptilienhirn). Andererseits sind wir Wesen höherer Ordnung mit dem Vermögen zu Bewusstwerdung und Reflexion, zum Nachdenken über unser Denken, Fühlen und Handeln, zum Wahrnehmen (der Neocortex).

Die Sphinx gibt diese beiden Aspekte des Menschen wieder, und zwar im richtigen, erwünschten Verhältnis. Das majestätische Antlitz der Sphinx spiegelt diesen letzteren, höheren Aspekt im Wesen des Menschen wider: der Kopf und das Wissen der geistigen Ordnung führen. Von dort werden die Löwenkräfte gelenkt und genutzt. Läuft es andersherum, führt das Tierische im Menschen, hat das ernste Folgen: Das geistige Wesen bleibt ungenutzt, das primäre Reagieren und Funktionieren in der materiellen Welt, und damit das Leiden, bleibt allein übrig.

BEISPIEL

Wir tragen noch immer den Löwen in uns. Betrachten wir noch einmal Storm (Typ 8) und Margret (Typ 9). Als Kinder sind sie auf ihre Weise mit ihren Unsicherheiten umgegangen. Margret kann sich nicht gut durchsetzen. Die Energie der Wut, die uns Durchsetzungsvermögen verleiht, ist für Margret schwer zugänglich. Storm zeigt seine Wut, mit der er sich durchsetzt, oft deutlich, um sich zu schützen und sein verletzliches Inneres und seine Ängste zu verbergen. Storms Eltern brachten ihm bei, dass er einen Löwen in sich trägt, der gut für ihn sorgt, manchmal auch zu gut; manchmal braucht dieser Löwe auch eine Pause und schläft für ein Weilchen. Storm kann ihn aber jederzeit wecken, wenn er ihn braucht. Die Eltern brachten Margret bei, dass sie genau wie ihr Bruder Storm einen Löwen in sich trägt. Dieser Löwe ist ein Faulpelz und könnte ihr ruhig öfter helfen. Sie kann diesen Löwen in sich immer dann rufen, wenn sie seine Hilfe braucht.

Über Mysterienschulen

Mysterienschulen sind wohl vergleichbar mit dem, was wir heute spirituelle Schulen nennen, oder Trainingsinstitute für Entwicklung und Bewusstwerdung. Jede Zeit, jeder Ort hat da eine eigene Sprache. Der Grieche Plutarch (1. Jahrhundert n. Chr.) war ein Priester des Mysterientempels von Delphi und schrieb über den Mythos von Isis und Osiris und den Entwicklungsweg des Menschen. Das Ziel der Mysterienschulen besteht seiner Ansicht nach darin, »das erste, herrschende und nur geistig wahrnehmbare Wesen« zu erkennen.

Mysterienschulen sind Einrichtungen, in denen, in der Sprache des Göttersystems von Heliopolis, das Osiris-Bewusstsein sich entfalten kann. Die Mysterienschulen wollen das von Seth gestörte Gleichgewicht (dass Gedanken, Gefühle und Interessen der Menschen sich ausschließlich nach außen richten) in der Welt wiederherstellen.

Das kennen wir aus Enneagramm-Seminaren, bei denen wir üben, uns weniger von der Außenwelt aus dem Gleichgewicht bringen zu lassen. Wir lernen dort, unser inneres Gleichgewicht wiederherzustellen und unsere Aufmerksamkeit stärker auf uns selbst zu richten statt nach außen. Auch dem liegt ein höheres Ziel zugrunde: der Gedanke, dass wir zu einer besseren, wiederhergestellten Welt beitragen, indem wir unser inneres Gleichgewicht wiederherstellen.

Die Ägypter waren der Ansicht, dass die Welt aus dem Gleichgewicht ist. Die Menschen orientierten sich zu sehr an der Welt der Sinne und der Materie, die die Wurzeln allen Übels ist. Wenn wir uns die Folgen im heutigen Zustand der Welt, zum Beispiel der Umwelt, anschauen, dann lagen die Ägypter vor 5000 Jahren vielleicht gar nicht so falsch. Solange wir zulassen, dass sich unsere Regierungen nur von wirtschaftlichen Zielen und Entwicklungen leiten lassen, herrscht Seth.

Der Mythos von Isis und Osiris

Der Mythos von Isis und Osiris ist die Geschichte des Entwicklungswegs auf der dritten Ebene, der des Geistes der Menschheit. Diese Geschichte steht in den Pyramidentexten aus der Zeit des Alten Reiches (2650–2150 v. Chr.). In symbolischer Sprache ist der Entwicklungsweg illustriert und erscheint mit dem vergleichbar, was noch heute praktiziert wird.

Früher nannte man den Entwicklungsweg den Weg der Mysterien, und dieser lässt sich in verschiedene Phasen einteilen. Er beginnt damit, dass das Verlangen nach der verloren gegangenen Einheit mit dem Geist wieder entsteht. Selbst die irdischen Aspekte der Seele (Nephthys) spielen dann mit, weil sie fühlen, dass auch in der sinnlichen Welt nur Erfüllung zu erleben ist, wenn sie sich an der geistigen Ordnung orientiert.

Auf Grundlage dieses wieder entstandenen Verlangens trifft der Schüler der Mysterienschule die Vorbereitungen für die zweite Phase, die nötig sind, um Osiris zu erwecken, für die Bewusstwerdung des Wahren Selbst. In der dritten Phase löst sich der Schüler gewissermaßen von den vielen Teilen der sinnlichen Welt und der Schattenwelt und empfängt selbstständig Impulse aus der geistigen Welt.

Wenn Horus Seth besiegt, bedeutet das, dass der Schüler seine inneren Neigungen überwindet, die ihn an die sinnliche Welt binden und ihn zum Bösen führen. Der Schüler erreicht dann das Stadium der Freiheit, er ist nicht länger an die stoffliche Welt gebunden: Er lebt in der Welt, gehört aber nicht mehr zu ihr. In der vierten Phase entsteht ein harmonisches Verhältnis zwischen der stofflichen und der geistigen Welt; der Schüler steht im Dienst seines Wahren Selbst und arbeitet als Äußerung der geistigen Welt. Das Auge des Horus, das Unterscheidungsvermögen des Wahren Selbst, das von Seth geraubt wurde, wird dem Wahren Selbst, Osiris, übergeben.

Diese alte Weisheit hat also noch nichts von ihrer Aktualität verloren. Diese Aspekte der Entwicklung finden Sie auch in diesem Buch, in der Sprache des Enneagramms. Denken Sie nur an die verschiedenen Bewusstseinsebenen und die Notwendigkeit, Selbstbeobachtung, Reflexion und Unterscheidungsvermögen zu trainieren.

Weisheiten der griechischen Philosophen

Der Schritt von den Weisheiten der altägyptischen Religionen oder Mysterienschulen zu den griechischen Philosophen erscheint auf den ersten Blick groß. Wenn man jedoch die Linien der Wissensvermittlung durch die Zeiten betrachtet, sieht er schon wahrscheinlicher aus. Dann wird sogar klar, warum wir in der heutigen Enneagramm-Praxis so viel davon wiedererkennen. In den bisherigen Kapiteln habe ich nur kurze Beispiele und Aspekte beschrieben, aber es gibt natürlich noch viel mehr.

Auch die griechischen Philosophen beschäftigten sich mit Fragen, die heute zum Forschungsgebiet der Theologie gezählt werden. Zu ihrer Zeit machte man keinen Unterschied zwischen Philosophie, Psychologie und Theologie. Das geistige Wohlbefinden des Menschen wurde – wie wir heute sagen würden – ganzheitlich betrachtet. Wörtlich bedeutet Philosoph »Liebhaber der Weisheit«.

Für Plato war der Philosoph ein Mensch, der von der Liebe zur Weisheit erfüllt war, zu einer Art Weisheit, die denjenigen, der in ihren Bann gerät, unsterblich macht. In diesem Abschnitt erfahren Sie mehr über die Inspiration, die Plato bei Pythagoras fand. Aber zuerst lesen Sie noch etwas davon, wo man Weisheit suchte und fand ... wir kehren zurück nach Ägypten.

Wiege der Weisheit

Von zahlreichen Weisen, Philosophen und Mystikern ist bekannt, dass sie viele Jahre in Alexandria (Ägypten) und Babylon studierten. Einige Jahrhunderte vor unserer Zeitrechnung war Alexandria eine kosmopolitische Stadt, ein überschäumendes wirtschaftliches und geistiges Zentrum des östlichen Mittelmeerraums. Die besten Gelehrten aus aller Welt, Logiker, Astronomen, Heilkundige und Philosophen trafen sich dort. Die Bibliothek der Stadt war so umfangreich, dass sie erst im 19. und 20. Jahrhundert wieder übertroffen wurde.

Auch in religiöser Hinsicht war Alexandria ein Schmelztiegel; die altägyptische Religion ging Verbindungen mit griechischen und östlichen Lehren ein (es gab einen schwunghaften Handel mit Indien). Angeblich war schon 250 v. Chr. eine buddhistische Mission im Gange, und Buddha wird erwähnt. Alexandria kann als Ursprung von Strömungen wie dem Gnostizismus (darüber später in diesem Kapitel mehr) und dem Neoplatonismus gelten.

Über viele Jahrhunderte verteilt, lehrten dort Pythagoras, Euklid, Archimedes, Plotinus, Clemens (Gründer der wissenschaftlichen christlichen Theologie), Origenes und Valentinus. Aber auch die Wüstenväter, die ersten christlichen Mönche, die sich zu Studium und Gebet in Einsiedeleien zurückzogen, leben in der Wüste südlich von Alexandria, darunter Evagrius von Pontus.

Wenn wir schon nach der Herkunft von Wörtern und Namen suchen, können wir überlegen, ob unsere heutigen (Psycho-)Therapeuten ihren Namen dem griechischen Wort für heilen verdanken oder diesen asketisch lebenden Heilern der Seele. Genau wie diese Seelenheiler orientiert sich der moderne Psychotherapeut am Innern des Menschen. Ebenso auffällig ist, dass die Leiden der Seele, die die Therapeutae laut Philo unterschieden, mit den Leidenschaften oder Lastern übereinstimmen, die im Enneagramm die Grundlage der einzelnen Typen bilden. Damit will ich nicht andeuten, dass das Enneagramm hier vielleicht seinen Ursprung hatte. Dafür gibt es keinerlei Beweis.

Herkunft der Therapeuten

Aus einem Text von Philo von Alexandria (einem jüdischen Religionsgelehrten) ist bekannt, dass am See Mareotis eine ägyptisch-jüdische Gruppe mit dem Namen Therapeutae lebte. Sie wurden als Vorläufer der späteren (christlichen) Klostergemeinschaften betrachtet.

Philo schreibt, dass ihr Name unter anderem »heilen« bedeutete und dass sie eine Heilweise praktizierten, die der in der Stadt überlegen war. Während in der Stadt nur der Körper geheilt wurde, heilten die Therapeutae auch die Seele, die schwerem Leid und fast unheilbaren Krankheiten unterworfen ist, die Seele, die von Lust, Verlangen, Ängsten, Habgier, Ungerechtigkeit und Unmäßigkeit geplagt wird.

In einer Region und in einer Zeit, in der man sich Götter als wirklich vorstellte oder an einen Gott glaubte, ist es bemerkenswert, dass Philo die Heilkraft der Therapeutae als Ergebnis ihrer eigenen Anstrengungen betrachtet – der Lebensweise, die sie wählten, und der geistigen Übungen, die sie praktizierten. Wegen ihres asketischen Lebens bestehen übrigens auch Theorien, dass die Therapeutae durch die buddhistische Mission beeinflusst waren. Die asketische Lebensweise, die für die Buddhisten kennzeichnend ist, war in der jüdischen Tradition vorher nicht bekannt. Der Sprachwissenschaftler Zacharias Thundy vermutet deshalb, dass der Name Therapeutae eine hellenistische Verballhornung des indischen Wortes für die traditionellen Buddhisten ist, Theravada.

Logischer ist anzunehmen, dass bei einer vergleichbaren Erforschung des Inneren, zum Beispiel durch Selbstbeobachtung und Meditation, auch dieselben Ursachen für unser menschliches Leid gefunden werden.

Pythagoras – Gottsucher und geistiger Führer

Was war so spannend an Pythagoras? Er hat eine Mysterienschule gegründet, von der aus seine Lehre den Weg in viele Mysterienschulen und deren Strömungen gefunden hat, die es heute noch gibt. Seine Erforschung des Kosmos und der Zahlen war Teil seiner Suche nach

Gott. Er war davon überzeugt, dass Gott in allem in der Schöpfung zum Ausdruck kommt, und hoffte, der Enträtselung des Mysteriums Gottes näher zu kommen, indem er die Geheimnisse der Schöpfung ergründete. Die Zahlenlehre hat also ihren Ursprung in einer spirituellen Suche.

Nun ist Pythagoras' Sichtweise, dass die geistige Welt in der sinnlichen und materiellen Welt zum Ausdruck kommt, kein Zufall. Pythagoras studierte in Alexandria alles, was den Ägyptern heilig war: Sternkunde, Geometrie, Zahlenlehre und Musik, aber auch alle göttlichen Mysterien. Das Verdienst des Pythagoras besteht also unter anderem darin, dass er das, was er in Ägypten lernte, an den Westen weitergab.

Pythagoras – mehr als nur ein Satz

Pythagoras ist vor allem als Mathematiker bekannt. Aber er war viel mehr als das. Er wurde auf Samos geboren und lebte etwa von 582 bis 507 v. Chr. Er wurde als einer der sieben Weisen bezeichnet. Diese Beschreibung hätte Pythagoras nicht mit nur einem geometrischen Satz verdient. Wie vielen Genies wurden auch ihm sowohl große Weisheit als auch Wahnsinn angedichtet. Es sind keine Schriften von seiner Hand erhalten, deshalb stammt das, was wir kennen, aus mündlicher Überlieferung und aus dem, was andere über ihn schrieben. Diese anderen waren Herodot, Plato und Aristoteles. Erst im dritten Jahrhundert nach Christus wurden zwei Biografien über Pythagoras geschrieben (von Jamblichus und Porphyrius). Es sagt schon etwas aus, dass auch nach sieben Jahrhunderten Pythagoras noch so bekannt war und man ihm immer noch so viel Bedeutung beimaß, dass man sein Leben aufzeichnen wollte. Von Plato soll der Ausspruch stammen: »Es gibt Menschen und Götter und Wesen wie Pythagoras.«

Zahlenlehre als Folge einer spirituellen Suche

Auf den Spuren der Ägypter glaubte Pythagoras, dass die Welt der Sinne eine Widerspiegelung der Welt des Geistes ist – aber auch, dass die Welt des Geistes aus Harmonie und Zahl besteht und dass die Welt der Sinne ebenfalls durch Zahlen bestimmt wird. Er strebte nach Harmonie und Reinheit der Seele, die seiner Meinung nach unter anderem durch die Kenntnis von Zahlenverhältnissen gefördert werden konnte. Die Zahl stand darum im Mittelpunkt seiner Lehre. Das ist für uns heute schwer vorstellbar, da wir mit Zahlen ausschließlich Mengen ausdrücken.

Damals und erst recht bei den Pythagoreern hatten Zahlen auch eine qualitative Bedeutung, weil sie als Ausdruck der geistigen Welt betrachtet wurden. Das finden wir heute zum Beispiel noch im jüdischen Alphabet wieder: Zu jedem Buchstaben gehören eine Zahl und eine entsprechende symbolische Bedeutung. So steht zum Beispiel die 18 für das Leben. Zahlen haben nicht nur einen quantitativen und funktionellen Wert, sondern auch einen qualitativen, symbolischen. Die Zahl stellt dann eher einen Zustand dar als eine Menge. In der Zahlenlehre des Pythagoras hatten die Zahlen die folgenden Bedeutungen:

- ✔ Die 1 stand für das Höchste, den unsichtbaren Geist, die Einheit, aus der alles entstanden ist und noch immer entsteht, den Punkt, aus dem sich alle Erweiterung entfaltet, den

Punkt, in dem alle Eigenschaften wie in einem Keim angelegt sind; auch in der Tradition der Ägypter steht sie für schöpferisches Denken.

- ✔ Die 2 entsteht durch die Teilung einer 1. Im quantitativen Ansatz wird die 2 als Summe zweier 1er gesehen, im qualitativen zerfällt die 1 bei der Teilung in zwei Pole: einen aktiven und einen passiven, einen befruchtenden und einen empfangenden. Die 2 ist in dieser Hinsicht der Zustand der Polarität. Sie steht auch für den Anfang: Wo die Teilung einsetzt, beginnt auch die Zeit. In der Tradition der Ägypter steht sie für Bewusstsein.
- ✔ Die 3: Durch die Entstehung und dadurch die Möglichkeit der Zusammenkunft einer aktiven, befruchtenden und einer passiven, empfangenden Kraft entsteht das dritte Prinzip, die Form. In der sinnlichen Welt ist sie das Kind, in dem Vater und Mutter gemeinsam Gestalt annehmen. In der geistigen Welt sind das Re, Nun und Geb. In der Tradition der Ägypter steht die 3 auch für Einsicht.

So kennt jede Zahl eine qualitative Bedeutung. Die vollkommene Zahl der Pythagoreer war die 10, entstanden aus 1 + 2 + 3 + 4, dem Tetraktus. Sie wurde als Ausdruck der höchsten Vollkommenheit und Heiligkeit angesehen und stellte für die Pythagoreer eine vollkommene Beschreibung der Struktur der Wirklichkeit dar. Sie war das Symbol für die sich immer wiederholende und fortsetzende Schöpfung, die sich jedes Mal auf eine niedrigere Ebene projizierte. Wenn man die Natur betrachtet, stimmt das: In jeder Einheit finden wir immer wieder kleinere Einheiten auf niedrigerer Ebene. Die Milchstraße enthält als kleinere Einheiten Sonnensysteme, und auch hier gelten auf dieselbe Weise die Gesetze der höheren Einheit.

Pythagoras stellte sich die Zahlen auch als Formen vor, zum Beispiel als drei- oder viereckige Zahlen. Viereckige Zahlen sind zum Beispiel:

1	4	9	16
x	xx	xxx	xxxx
	xx	xxx	xxxx
		xxx	xxxx
			xxxx

Dreieckige Zahlen sind:

3	6	10
x	x	x
xx	xx	xx
	xxx	xxx
		xxxx

Mathematische Harmonie in Musik und Tonleiter

Die Zahlenverhältnisse beherrschen nach Pythagoras das Weltall, aber ihre Gesetze kommen auch zum Beispiel in der Musik zum Ausdruck. Wenn man eine Saite zupft und danach die halbierte Saite, hört man zwei Töne, die gut – harmonisch – zusammenklingen. Der harmonische Ton, den wir als E kennen, entsteht, indem man die Länge der A-Saite in 2:3 teilt (Quinte), das D durch die Teilung der Saitenlänge in 3:4 (Quarte) und so weiter. Pythagoras hat die Tonleiter definiert, die wir heute noch kennen und verwenden.

Aber auch bei den Tönen der Musik wog für Pythagoras der geistige Aspekt am schwersten. Weil der Mensch einen reinen Ton als harmonisch erlebt, war sein Ausgangspunkt, dass der Mensch anscheinend auf die Schwingungsverhältnisse der Töne reagiert. Man dachte, und denkt noch immer, dass auch die Seele des Menschen gesund oder krank sein kann und sich entsprechend in einem Zustand der Harmonie oder Disharmonie befindet.

Gerade weil der Mensch auf die Schwingungen der Töne reagiert, nahm man an, dass harmonische Töne oder Musik dazu beitragen können, eine Seele in Disharmonie zur Ruhe und ins Gleichgewicht zu bringen. Seinen Schülern zufolge war Pythagoras ein Meister, der durch Musik verletzte Seelen stärkte. Ein modernes Beispiel für dieses Prinzip ist die Klangschalenmassage. Ich weiß nicht viel über ihre Wirkung, aber ich höre von Menschen, dass sie dadurch Heilung erleben und innerlich zur Ruhe kommen.

Von Akusmatikern und Mathematikern

In der Art, wie sich Pythagoreer den Wissenschaften näherten, spielten zwei Aspekte eine Rolle: ihre Beziehung zur Welt des Geistes und ihre Ausdrucksform in der sinnlichen Welt. Das ist ein Beispiel für Dualität: die Unterscheidung zwischen zwei Welten.

Ganz im Gegensatz zu unserer modernen Auffassung von wissenschaftlicher Forschung galt das Denken bei Pythagoras als Ausdruck des Geistigen und damit als der sinnlichen Wahrnehmung überlegen. Das reine Wissen war seiner Ansicht nach auf das Unstoffliche gerichtet, also auf eine höhere Ordnung als das Stoffliche. Das Irdische ist nur eine (niedere) Imitation des Geistigen.

Diese Sichtweise können heutige Mathematiker kaum begreifen und noch weniger teilen. Ihre Berufsbezeichnung verdanken sie übrigens ebenfalls Pythagoras. Die Mathemata waren Wahrheiten, die man einsehen konnte, die also aus dem abgeleitet wurden, was mit den Sinnen wahrnehmbar war. Pythagoras sah sie damit als eine Seite der Medaille. Die andere Seite bestand aus den sogenannten Akusmata: überlieferte Sprüche oder Formeln, die sich auf wichtige Lebensregeln bezogen und mit der geistigen Welt im Zusammenhang standen.

Nach dem Tod des Pythagoras kam Streit auf zwischen den Akusmatikern und Mathematikern. Letztere fühlten sich den Akusmatikern überlegen und sahen auf sie herab, weil diese einfach das glaubten, was sie hörten, nicht das, was sie selbst wahrnahmen oder erkannten. Die Mathematiker hatten allerdings nur einen Teil der Lehren des Pythagoras verstanden; dass ein guter Mysterienschüler beide Aspekte von Pythagoras' Lehre kennen und anwenden musste – also nicht nur den Teil, der ihm persönlich zusagte –, entging ihnen. Schon allein der Streit, der hierdurch aufkam, stand völlig im Gegensatz zur Lehre des Pythagoras: Schon dadurch, dass man nur die sichtbare Welt betrachtete, wurde man unvermeidlich zum Spielball der menschlichen Leidenschaften und der Streitsucht. Und so geschah es.

Weitere Beispiele aus Pythagoras' Lehren

Die Disharmonie, die der Mensch erlebte, entstand nach Pythagoras dadurch, dass die Welten des Geistigen und des Sinnlichen aus dem Gleichgewicht waren. Das wiederum wurde dadurch verursacht, dass der Mensch sich vor allem oder sogar ausschließlich an der sinnlichen Welt orientierte. Da er die geistige Einheit nicht mehr erleben konnte, richtete sich der Mensch nach den absonderlichsten Dingen in der materiellen Welt. Gerade die Haftung der Seele an der sinnlichen Welt erklärte für Pythagoras die Existenz der Reinkarnation. Pythagoras verkündete, dass alles, was entsteht, wiedergeboren wird. Ihm zufolge ist nichts vollkommen neu, und alles, was lebend geboren wird, dadurch miteinander verwandt. Die Pythagoreer aßen deshalb keine tierischen Produkte. Es heißt, dass Pythagoras auch den Tieren predigte, wie später Franz von Assisi. Vielleicht wurde ihm deshalb Wahnsinn vorgeworfen. Angesichts der Verwandtschaft zwischen allem und jedem wurden Männer und Frauen als gleichwertig angesehen und behandelt, und es gab gemeinschaftlichen Besitz. Auch diese Aspekte tauchen in späteren Mysterienschulen wieder auf. Die Ordensregeln der Pythagoreer waren auf den ersten Blick zumindest wunderlich. Hier einige Punkte der langen Liste:

- ✔ Keine Bohnen essen
- ✔ Nichts aufheben, was gefallen ist
- ✔ Nicht über Querbalken steigen
- ✔ Kein Feuer mit Eisen anfachen
- ✔ Nicht auf Hauptstraßen gehen

Es ist leicht, über diese Vorschriften zu lächeln und sie als primitive Tabus zu betrachten. Der Tiefgang, der sich aufgrund der übrigen Vorschriften vermuten lässt, fasziniert mich; ich möchte wissen, was dahintersteckt. Mit dem Wissen, dass die damalige Sprache reich an Bildern und Symbolen war, lässt sich fragen, was damit gemeint war. Zum Beispiel ließe sich die Regel, kein Feuer mit Eisen anzufachen, so deuten, dass der Zorn eines anderen nicht mit scharfen Worten angestachelt werden sollte. Das ist dann zum Beispiel eine Regel für ein Leben ohne Streit und in Harmonie. Stellen Sie sich vor, wie anders unsere heutige Welt aussehen könnte, wenn wir uns alle bemühen würden, den Zorn des anderen nicht auflodern zu lassen.

Keine Freundschaft kommt der pythagoreischen gleich

Ein anderes schönes Beispiel, wofür die Schule des Pythagoras stand, ist eine Lebensregel der Gemeinschaft, die sich auf Freundschaft bezieht. Die unverbrüchliche Freundschaft für Mitglieder der Gemeinschaft entstand nicht auf der Grundlage, dass man sich zufällig nett fand. Sie betraf alle Mitglieder der Gemeinschaft, weil

1. man dasselbe Ziel verfolgte, das Ziel der Einheit und Verbundenheit mit der Welt des Geistes, und weil
2. die göttlichen Möglichkeiten in jedem Einzelnen erkannt wurden. Die Freundschaft unter Pythagoreern hat mythische und sprichwörtliche Formen angenommen.

Der Entwicklungsweg in der Schule des Pythagoras

Für die Pythagoreer war es besonders wichtig, sich von den irdischen Bindungen an Streit, Disharmonie und Begierde zu lösen. Das Ziel bestand darin, dass der Pythagoreer, wenn er Wut in sich aufsteigen fühlte, sich selbst das Kommando gab, innezuhalten. Er bemühte sich loszulassen und sich zu entspannen, um sich dann neu zu fassen.

Wenn der Pythagoreer nach innerer Überlegung zu dem Schluss kam, dass die Ursache beim anderen lag, konnte er dem anderen die Situation erklären und ihn nötigenfalls zurechtweisen. Das nannten die Pythagoreer eine Neuordnung. Auf diese schöne Weise wurde mit Konflikten umgegangen, nicht durch Reaktion, die zu einem Eskalation des Streits führte, sondern durch Veränderung der Konfliktsituation mithilfe von Einsicht, Geduld und Achtsamkeit. Heutzutage wird dieses Vorgehen von Mediatoren professionell angewendet.

Der Mysterienweg des Pythagoras wurde in seiner Heiligen Rede mitgeteilt, die im 1. Jahrhundert nach Christus zumindest teilweise von einem seiner Schüler in den Goldenen Versen niedergeschrieben wurde. Obwohl dieses Werk wunderbare Teile enthält, ginge es zu weit, den gesamten Text in dieses Buch aufzunehmen. Hier also nur zwei Ausschnitte:

> *Von den anderen macht Ihr Euch den zum Freund, welcher der Vortrefflichste ist. Lasst Euch zur Milde bekehren durch sanfte Worte und nützliche Taten. Geratet nicht in Streit mit Eurem Freund wegen eines kleinen Vorfalls, solange Ihr könnt, denn das Können wohnt nahe bei der Notwendigkeit.*

Und:

> *Stellt nicht Äußeres zur Schau zur falschen Zeit, wie jemand, der nicht weiß, was passend ist. Seid aber auch nicht kleinlich: Maßhalten ist in allem das Beste. Tut, was Euch keinen Schaden bringt, und überlegt, bevor Ihr es tut. Lasst den Schlaf nicht auf Eure zarten Augen niedersinken, bevor Ihr nicht jedes Eurer Werke dieses Tages dreimal bedacht habt: »Wo habe ich versagt? Was habe ich getan? Was habe ich hinterlassen?«*

Über Exoteriker und Esoteriker

Es war nicht einfach, Schüler des Pythagoras zu werden und zu sein. Bevor Pythagoras einen Schüler annahm, prüfte er erst, wie dieser Schüler über seine Eltern und Hausgenossen sprach, beobachtete sein Verhalten, was ihn erfreute oder traurig machte.

Wurde der Schüler angenommen, wurde er in den ersten drei Jahren auf die Probe gestellt. Er erhielt allerlei Aufgaben. Vor allem aber ließ Pythagoras anscheinend keine Gelegenheit aus, seine Verachtung für den Schüler zu zeigen. So testete er Durchhaltevermögen und Eifer. Erst nach der überstandenen Probezeit galt man als echter Mysterienschüler. In den folgenden fünf Jahren durfte man nur lernen und schweigend zuhören, denn es ist die schwierigste Form der Selbstdisziplin, die Zunge in Zaum zu halten. In dieser Zeit folgten die Schüler den Vorträgen des Pythagoras hinter einem Vorhang; sie waren Exoteriker. Nach diesen fünf Jahren durften sie ihren Weg hinter dem Vorhang im direkten Kontakt mit Pythagoras fortsetzen. Nun waren sie für den Rest ihres Lebens Esoteriker.

Plato

Plato (428–347 v. Chr.) war für eine politische Karriere bestimmt, verlegte sich aber nach einem Treffen mit Sokrates auf die Philosophie. Er kam zu der Überzeugung, dass die Menschheit Weisheit, Gerechtigkeit und Mäßigkeit entwickeln muss, um weiterhin bestehen zu können. Bei unseren heutigen, durch Habgier verursachten Wirtschafts- und Umweltkrisen erscheint diese Annahme noch immer aktuell.

Plato lehrt, dass die Menschen erst erkennen müssen, woran sie sich orientieren, ehe sie diese Eigenschaften entwickeln können. Sie müssen also erst wissen, was das eigentlich ist: Gerechtigkeit, Mut, Mäßigkeit und Weisheit. In seinem Streben, die Dinge ihrem Wesen nach zu erkennen, entwickelt Plato das, was man heute als seine Ideenlehre kennt. In Kapitel 19 erfahren Sie, dass diese vier Tugenden im Sufi-Enneagramm noch immer im Mittelpunkt stehen. Die griechische Philosophie, der Gnostizismus und der Neoplatonismus hatten großen Einfluss auf diverse Strömungen im Islam – daher die Ähnlichkeiten.

Laut Plato ist der ein wahrer Philosoph, der sich von der vergänglichen und materiellen Welt löst und aus Liebe nach unvergänglicher Weisheit strebt – also dem Mysterienweg folgt, den Pythagoras in seiner streng asketischen Schule bereits lehrte. Es ist bekannt, dass Plato stark von Pythagoras inspiriert wurde. Zu Platos Zeit bedeutete das auch den Schritt vom Lehren hinter den verschlossenen Türen der Mysterienschulen hin zum Beschreiten des Mysterienwegs in aller Offenheit und zum Austausch mit anderen. Das ist vergleichbar mit dem schon beschriebenen Vierten Weg.

Als Nachfolger von Pythagoras glaubte Plato, dass der gesamte materielle Kosmos von mathematischen Verhältnissen durchzogen war, die zu vollkommener Ordnung und Harmonie führten. Daraus entstand die Ansicht, dass die oberflächliche Alltagswelt chaotisch war, ihr aber eine perfekte, mathematische Welt zugrunde liegt, die nicht sinnlich wahrnehmbar ist.

Das Höhlengleichnis

Berühmt wurde Platos Höhlengleichnis, in dem er ein Bild von den Lehren aller Mysterienschulen zeichnet. In dieser Metapher beschreibt Plato zwei Welten: die Welt des Lichts und der Erkenntnis und die Welt der Dunkelheit und der Projektionen.

Man stelle sich eine Höhle vor, die durch einen Gang mit der Außenwelt verbunden ist, in die aber kein Tageslicht fällt. In der Höhle sind Menschen gefangen, die mit dem Rücken zum Eingang sitzen und nur die Rückwand der Höhle sehen können. Das ist alles, was sie in ihrem Leben gesehen haben. Weil sie gefesselt sind, können sie auch einander und sich selbst nicht sehen. Hinter ihnen steht eine Mauer, und hinter der Mauer brennt ein Feuer. Zwischen der Mauer und dem Feuer bewegen sich Menschen. Durch das Feuer werden die Schatten der sich bewegenden Menschen auf die Höhlenrückwand projiziert, wo die Gefangenen sie sehen können. Auch die Geräusche der Bewegungen werden von der Rückwand zurückgeworfen.

Plato behauptet, dass die angeketteten Menschen nur Schatten und Echos wahrnehmen und diese als Realität akzeptieren. Denn das kennen sie und das sehen sie. Nehmen wir an, dass ein Gefangener die nötige Willenskraft entwickelt, um sich zu befreien. Dann wäre er immer noch so verkrampft, wäre es so schmerzhaft und blendend für ihn, in das Feuer zu schauen, so verwirrend, die sich bewegenden Menschen zu sehen, dass er sich schnell wieder zu der Realität umdrehen will, die er versteht. Es braucht Zeit, um in der Welt der Freiheit und des Lichts bleiben zu können, um sich daran zu gewöhnen und dort leben zu können.

Plato warnte damit auch die Mysterienschulen: Die Menschen, die die Lichtwelt erlebt haben und darüber sprechen, werden von den Menschen, die in der Wirklichkeit der sinnlichen Welt leben, für verrückt erklärt. Die anderen Gefangenen können sich nichts unter dem vorstellen, was der eine gesehen hat, weil sie selbst so etwas noch nie erlebt haben. Es übersteigt ihr Vorstellungsvermögen. Plato kannte selbst zwei Beispiele, wie es seinen Vorgängern damit ergangen war: Pythagoras wurde verbannt, als seine Lehren aus der Mysterienschule nach außen drangen; Sokrates wurde sogar ermordet, weil seine Wahrnehmungen und Lehren mit den Einsichten und Regeln in der Welt der Sinne unvereinbar waren.

Über die Gnosis

In der Zeit nach der Zerstörung Jerusalems (70 n. Chr.) durch die Römer wurden die Evangelien des Neuen Testaments aufgezeichnet. Damit begannen auch die Dogmen und die Lehrautorität der römischen Kirche. Es gibt allerdings noch eine andere Strömung: Auch die Gnostik ist eine Lebensanschauung, die ihre Wurzeln im ersten Jahrhundert nach Christus hat.

In dem von Gilles Quispel herausgegebenen Buch *Die Hermetische Gnosis im Lauf der Jahrhunderte* nennt er die Gnosis als dritte Komponente der europäischen Kulturtradition. Es gab also neben der jüdisch-christlichen Tradition und der griechischen Philosophie noch eine dritte Tradition, die Einfluss auf unsere Kulturtradition hatte. Quispel schreibt: »Der gnostische Manichäismus besteht seit mehr als tausend Jahren und hatte Millionen von Anhängern. Er blieb auch nicht auf ein Volk beschränkt, sondern verbreitete sich vom Atlantischen bis zum Stillen Ozean unter verschiedenen Völkern. Zu Recht eine Weltreligion.« Es handelte sich um eine äußerst friedliebende Bewegung, von der noch immer bedeutende Schriften gefunden werden, etwa die Nag-Hammadi-Schriften.

Warum das beim Kennenlernen der inneren Arbeit mit dem Enneagramm relevant ist, wird klarer, wenn wir betrachten, was unter Gnosis verstanden wird. Das griechische Wort gnosis bedeutet Wissen, Einsicht. Ein Schüler des Valentinus drückte es so aus:

Gnosis ist
das Wissen, wer wir waren
und was wir geworden sind,
wo wir waren
und wo wir hineingeworfen wurden,
wohin wir eilen
und wovon wir erlöst werden,
was die Geburt ist
und was die Wiedergeburt.

Das Wort Gnosis in diesem Zusammenhang steht für inneres Wissen und »Gewissen«. Die Gnostiker glauben nicht im kirchlichen Sinn. Sie stellen ihr inneres Wissen und Erleben über jede äußere Autorität. Die innere Autorität entsteht aus ihrem Wissen. Das ist kein rationales Wissen, sondern eine innere Erfahrung des Menschen, ein inneres Wissen.

Gnostizismus wurde ein Oberbegriff für verschiedene mystisch-religiöse Strömungen; es gibt zum Beispiel den hermetischen Gnostizismus (Ägypten), aber auch den christlichen Gnostizismus aus frühchristlicher Zeit. Sie teilen die Anerkennung einer inneren Autorität, des inneren Wissens, die höher ist als die äußere Autorität. Auch das frühe oder Urchristentum war gnostisch orientiert. Erst später wurde diese Lehre von der römisch-katholischen Kirche als Ketzerei verworfen. Dennoch waren etliche Persönlichkeiten der frühen Kirche, etwa der große Kirchenvater Augustinus, eine Zeit lang Anhänger gnostischer Strömungen.

Die Entdeckung des Geistes in sich selbst ist der Weg der Gnosis. Dazu muss der Mensch das Stoffliche und das Psychische in sich überwinden. Das Enneagramm zeigt in dieser Hinsicht Ähnlichkeiten mit der gnostischen Tradition. Im Mittelpunkt stehen der Weg nach innen und die Anerkennung einer höheren Instanz als innere Autorität. Auch die Anerkennung der Einzigartigkeit des persönlichen Weges jedes Einzelnen, der diesen (spirituellen) Weg der Entwicklung und des Wachstums zurücklegt. In dieser Hinsicht könnte man das Enneagramm als moderne Praxis des Gnostizismus ansehen.

Plotinus und die Enneaden

Plotinus (204–270 n. Chr.) lebte in der Blütezeit des Gnostizismus. Er galt als einer der wichtigsten Vertreter (oder gar als Gründer) des Neoplatonismus. Neben anderen Quellen ist ein starker Einfluss Platos auf sein Denken feststellbar. In seiner Nachfolge sieht auch Plotinus eine dualistische Wirklichkeit, die Existenz einer geistigen Welt, die sich wesentlich von der wahrnehmbaren, sinnlichen Welt unterscheidet.

Plotinus betont allerdings stärker das eine und stellt alles Wissen in den Dienst des Ziels, näher an das eine zu gelangen. Das ist wiederum vergleichbar mit Pythagoras. Was aus dem einen entsteht, wird nicht erklärt, sondern auf vielerlei Weise ins Bild gebracht: als nie versiegende Quelle, aus der allerlei Flüsse entspringen; als Baum, der von seinen Wurzeln aus Leben in die Zweige und Blätter emporschickt, ohne sich zu verändern, oder als die Sonne, die immer scheint, ohne an Kraft und Helligkeit zu verlieren.

Dass sein Schüler Porphyrius das Leben und die Lehren des Plotinus aufgezeichnet hat und das Buch *Die Enneaden* nannte, hat an sich nichts mit dem Enneagramm zu tun. Damals wurde auch den Zahlen eine qualitative und inhaltliche Bedeutung zugeschrieben. Die Zahl neun galt als heilig, und ebenso die Enneade, ein neunstrahliger Stern, als altes, heiliges Symbol. Daher haben sich wahrscheinlich Porphyrius und auch die unbekannten Gründer des Enneagramms für dieses Zeichen entschieden.

Ein Ausflug zur heiligen Zahl 9 und dem neunstrahligen Stern

Warum galt die Zahl 9 als heilig? Ich glaube, dass man mit allen Erklärungen, die es hierfür gibt, ein spannendes Buch schreiben kann. Hier nur eine Zusammenfassung:

- ✔ Die 9 ist die höchste der einstelligen Zahlen.
- ✔ Sie symbolisiert deshalb Vollständigkeit und Vollkommenheit.
- ✔ Sie wird als Zahl des Übergangs und der Umwandlung angesehen.

- Sie ist die letzte Arbeitsperiode vor dem Ende, nach dem wieder eine neue Periode oder Reihe oder ein neuer Zyklus beginnt.
- Daher wurde die 9 vermutlich einst ganz oben in das Enneagramm-Symbol gesetzt.

Wenn man die Quersumme der durch 9 teilbaren Zahlen bildet, ist das Ergebnis wieder 9 ($2 \times 9 = 18$ und $1 + 8 = 9$; $35 \times 9 = 315$ und $3 + 1 + 5 = 9$). Im Hebräischen steht die 9 für die unveränderliche oder universelle Wahrheit. Die 9 ist das Resultat von 3×3; dabei ist auch die 3 schon eine sehr bedeutende Zahl.

Viele spirituelle oder mystische Traditionen, die ägyptische, keltische, griechische und christliche, kennen eine Enneade von neun Göttern oder Göttinnen oder Engelschören, die eine archetypische Reihe von Prinzipien vergegenwärtigen. Die neun ägyptischen Götter wurden auch Enneaden genannt, denn es hieß, dass sie die neun Gesichter Gottes sehen ließen (weiter vorn in diesem Kapitel haben Sie einige von ihnen kennengelernt). Auch der kabbalistische Lebensbaum kennt neun mystische Ebenen. Die Sufis nennen ihren neunstrahligen Stern No-Koonja oder das Naqsh (Siegel).

Über Glück und die Tugenden

Plotinus war einer der Ersten, die das Erleben von Glück (eudaimonia) mit dem menschlichen Bewusstsein in Zusammenhang brachte. Auch hierdurch gewann er großen Einfluss auf die westliche Zivilisation, in der das Glück und Wohlbefinden des Einzelnen so große Bedeutung hat.

Laut Plotinus ist es möglich, echtes, wahres Glück zu erleben, und zwar für den Menschen, der sich mit dem identifiziert, was das Beste im Universum ist. Glück ist dabei nicht von physischen Dingen abhängig. Im Gegenteil. In Plotinus' *Enneaden* wird der Weg zum Glück und zur Erfüllung beschrieben – oder zu Gott, wie Plotinus das sieht. Das Erkennen der Tugenden und der Ursachen des menschlichen Leids in den Lastern wirkt sich hierbei auf einer tiefen (und schwer verständlichen) Ebene aus. Als Weg zum Glück und zu Gott wird die Transformation der Laster zu Tugenden angesehen. Dabei entwickelt der Mensch Weisheit, Mäßigung, Mut und Rechtschaffenheit. Das ist vergleichbar mit dem, was heute noch in der Methode der psycho-spirituellen Integration mit dem Enneagramm praktiziert wird und was ich in diesem *… für Dummies-Buch* beschreibe.

Der Einfluss der Philosophie des Plotinus ist noch immer groß. Seine Gedanken wurden überliefert, denn sie wurden von seinem Schüler Porphyrius in dem Buch *Enneaden* (ins Deutsche übersetzt von Richard Harder) niedergeschrieben. In den Büchern und Ideen von Ken Wilber (siehe Kapitel 22, »Zehn Bücher für Ihre Sammlung«) finden sich große Ähnlichkeiten und ein starker Einfluss von Plotinus' *Enneaden*.

Die Wüstenväter

Im 4. und 5. Jahrhundert nach Christus zogen Mönche in die Wüste, unter anderem in Ägypten. Sie weihten ihr Leben dort dem Gebet und ihrem Streben, Gott näher zu kommen. Sie arbeiteten intensiv an der Bekämpfung ihrer inneren Laster und an der Aufnahme der Tugenden. Damit sind sie noch immer eine wichtige Inspirationsquelle, vor allem auch für Christen, die das Enneagramm praktizieren oder darüber schreiben. Der Mönch Evagrius von Pontus schrieb viel über seine Schüler, das Mönchtum und den inneren Weg.

Evagrius von Pontus

Evagrius von Pontus (345–399 n. Chr.) gilt als begabter Mönch und herausragender Philosoph. Sein Gedankengut wurde stark von Origenes aus Alexandria beeinflusst. Evagrius erforschte den Weg zur Vereinigung mit Gott und entwickelte darüber eine Lehre. Dazu analysierte er die Störungen in uns Menschen. Seine Erfahrung als häufig konsultierter geistiger Führer brachte ihm viele psychologische Erkenntnisse.

Als die vier Haupttugenden sieht Evagrius folgende an: Achtsamkeit, Rechtschaffenheit, Stärke/Kraft/Mut/Wille und Mäßigung. Bei den Lastern unterscheidet er Hauptlaster und einfache Laster, die sich aus den ersten ableiten. Die Hauptlaster unterteilt er in aufsteigender Reihenfolge von Stoff zu Geist: Völlerei, Unzucht, Habgier, Schwermütigkeit, Zorn, Trägheit, Eitelkeit und Hochmut. Askese sieht Evagrius als den Weg, um die Bewegung (durch die Laster) zu bekämpfen und zur inneren Stille, der Leidenschaftslosigkeit (apatheia) zu gelangen. Diese gehört zur höchsten aller Tugenden: Liebe. Die Laster nach der Einteilung von Evagrius wurden als die christlichen Todsünden oder Wurzelsünden bekannt. Ebenso stehen seine Laster und ihre Umwandlung in Tugenden beim Enneagramm im Mittelpunkt.

Obwohl Evagrius als Eremit in der Wüste lebte, erwies er sich in seiner Lehre als wahrer Gnostiker. Der Weg zu Gott war für ihn der Weg nach innen. Als die sogenannten Väter der katholischen Kirche ihre Dogmen und ihre Autorität verfestigten, führte das unter anderem dazu, dass die Lehre und die Schriften des Evagrius noch 250 Jahre nach seinem Tod verboten wurden. Viele seiner Werke blieben erhalten, weil sie unter anderen Namen erschienen. Seine Lehren wurden durchgängig studiert und geschätzt, vor allem in nicht katholischen christlichen Kreisen wie der Byzantinischen und Syrischen Kirche. Heute, etwa 1600 Jahre nach seinem Tod, erfahren Evagrius und sein Werk wieder zunehmendes Interesse und werden bekannter. Er wird rehabilitiert, seine Arbeiten erscheinen nach gründlicher Forschung wieder unter seinem Namen.

Verloren geglaubte Schriften wiedergefunden

Im 20. Jahrhundert wurden allerlei alte Schriften wiedergefunden, ein Teil davon bei Qumran. Sie wurden als die Schriftrollen vom Toten Meer bekannt. Ein anderer Teil wurde 1945 bei dem kleinen Ort Nag Hammadi in Oberägypten entdeckt und unter dem Namen dieses Ortes bekannt. Eine deutsche Übersetzung mit Erläuterungen wurde von Hans-Martin Schenke und dem Arbeitskreis für Koptisch-Gnostische Schriften herausgegeben. Mit dem Verschwinden dieser Werke hat möglicherweise Athanasius, der Erzbischof von Alexandria, zu tun. Er schrieb etwa 367 n. Chr. einen Osterbrief, in dem er aufzählt, welche Texte zum Kanon gehören. Diese Liste stimmt genau mit dem überein, was wir als Neues Testament kennen. In diesem Brief warnt er auch vor ketzerischen Schriften. Alles, was als gnostisch betrachtet wird, den Weg zu Gott ohne Einmischung der Kirche gehen will, wird schnell verketzert. Wahrscheinlich haben Mönche Schriften versteckt, die nicht auf dieser Liste standen. So könnten zum Beispiel die Schriftrollen von Nag Hammadi von Mönchen aus dem nahegelegenen Pachomius-Kloster versteckt worden sein. Bei Nag Hammadi wurden christliche und nicht christliche, gnostische und nicht gnostische Schriften gefunden. Die christlichen Texte enthalten Offenbarungen, die als Geheimlehren angesehen wurden und nur für Eingeweihte bestimmt waren.

Der Wert dieser frühchristlichen Schriften besteht darin, dass wir durch sie »eine eindringliche Spiritualität aus dem ersten Jahrhundert unserer Zeitrechnung« kennenlernen. Wir können Wurzeln unserer westlichen Kultur wiederentdecken, die von den kirchlichen Institutionen verketzert und damit ausgelöscht wurden. Einer der Texte ist das Geheime Buch des Jakobus, des Bruders Jesu. Darin schont Jesus seine Jünger nicht, sondern konfrontiert sie mit ihren Fehlern. In dieser Schrift wird gelehrt, dass wir es selbst sind, die uns verletzen und verfolgen. Wenn wir unsere Energie, unser Kraftfeld reinigen, können wir Reinheit ausstrahlen.

Dieses Buch ist für die Enneagramm-Praxis relevant und inspirierend. Für mich war es ein großes Fest des Wiedererkennens. Meine Suche hat nicht zur Entdeckung eines jahrhundertealten Enneagramm-Symbols geführt. Sie hat mich aber dazu gebracht, mich eins zu fühlen mit den Menschen, die im Laufe der Jahrhunderte an ihrem Inneren gearbeitet haben. Ein Zitat aus dieser alten Schrift:

> … *Das Buch, das auch dir und den Deinen offenbart wird, habe ich selbst noch nicht ganz verstanden. Gib dir deshalb Mühe, es zu begreifen und suche nach seinem Sinn. So wirst du die Erlösung erreichen und sie danach wieder anderen offenbaren.*

Hier wird aufgezeigt, wie wichtig es ist, sich mit dieser Materie auseinanderzusetzen und die innere Sinnsuche zum Zweck der Weiterentwicklung beschrieben. Das ist nicht viel anders als die Enneagramm-Praxis – auch die Berufung des Einzelnen, der, nachdem er einmal den Nutzen der Praxis erlebt hat, ihn an andere weitergibt. Noch ein Zitat:

> *Der Erlöser antwortete und sprach: »Darum habe ich zu euch gesagt, werdet erfüllt, auf dass ihr keine Mängel habt. Denn sie, die Mängel haben, können nicht erlöst werden. Denn es ist gut, erfüllt zu sein, und schlecht, Mängel zu haben. So wie es umgekehrt auch gut ist, den eigenen Mangel einzusehen, und schlecht, sich trotzdem erfüllt zu fühlen. Denn wenn die Erfüllung nicht zunimmt und der Mangel nicht abnimmt, wird der Mangel gefüllt, aber die Erfüllung wird nicht zur Vollkommenheit führen. Darum werdet ihr Mängel haben, solange es möglich ist, euch zu füllen, und euch erfüllen, solange es möglich ist, Mängel zu haben, um am Ende einen Vorteil davon zu haben. Lasst euch darum erfüllen vom Geist. Aber lasst nach im verstandesmäßigen Argumentieren. Denn das Argument ist Seele, es ist psychisch.*

Hier wird dazu aufgerufen, den eigenen Mängeln ins Gesicht zu sehen und etwas daran zu ändern. Auch in der Enneagramm-Praxis lehren wir, dass die Natur keinen Stillstand kennt. Es gibt nur zwei Bewegungen: Entwicklung/Wachstum und Absterben. Für unseren inneren Weg ist die Wahl ebenso begrenzt: Weiterentwicklung oder Desintegration.

Aber es besteht auch die große Gefahr, sich für bereits voll entwickelt zu halten. Es scheint in der inneren Arbeit eine Phase oder Erfahrung zu sein, mit der alle zu tun bekommen. Wir haben so viele Schritte vorwärts getan und der große Schmerz, unter dem wir wegen unserer Persönlichkeitsstruktur gelitten haben, scheint verschwunden. Das fühlt sich dann wirklich wie Erlösung an. Ich spreche hier aus eigener Erfahrung: Darauf folgt schnell das Wiedereinschlafen. Weil ich (vorübergehend) wirklich kein Leid erlebt habe, ließ meine Selbstbeobachtungspraxis nach und die Mängel tauchten wieder auf – erst langsam und kaum bemerkbar, aber bald wieder schneller und sichtbarer. Das war ein guter Weckruf, um die Praxis wieder aufzunehmen.

Das Evangelium der Wahrheit und Jung

Man nimmt an, dass das Evangelium der Wahrheit um das Jahr 145 n. Chr. von Valentinus geschrieben wurde. Der Text hat nach seiner Entdeckung bei Nag Hammadi allerlei Wanderungen mitgemacht, wurde vom Jung-Institut angekauft und erst 1956 der Wissenschaft zugänglich gemacht. Es handelt sich streng genommen nicht um ein Evangelium, sondern eher eine Meditation, die sich um ein Kernthema dreht. Es will uns die Wahrheit über unser wahres Wesen lehren – wer wir wirklich sind, was wir vergessen haben:

Wir, Menschen aus der Mitte, sind die Menschen der Wahl, wir können zwischen der Welt des Geistes und der Welt des Stoffes wählen. Im Geist liegt die Befreiung, im Stoff die Gefangenschaft. Die Rettung liegt in der psychischen Erfahrung, uns selbst zu finden, unseren inneren Frieden.

Jung hegte großes Interesse an der Gnostik und sah viele Zusammenhänge mit seiner archetypischen Psychologie. Das zentrale Thema der Gnosis, die Selbsterkenntnis, stimmt mit dem überein, was Jung den Individuationsprozess nennt, dem Heilungsprozess der Seele. Bei Jung geschieht die Erlösung aus der Unbewusstheit durch die Konfrontation des Menschen mit seinem Schatten und dessen Integration. Die Unterdrückung des Schattens führt gerade dazu, dass er immer stärker und die innere Kluft immer breiter wird.

Zurück in die Zukunft

Auf der Grundlage des Gedankens »Wie oben, so unten« kann das, was wir hier unten kennen, auch dem Oben zugeschrieben werden. Auch unsere Fähigkeiten zum Denken, Erleben, Wollen und Bewusstsein müssen diesem Gedanken zufolge in der Natur und im Kosmos vorhanden sein. Was im Kosmos existiert, kann erst dann in einem Organismus ausgedrückt werden, wenn sich dafür ein geeignetes Organ entwickelt hat – zum Beispiel das Gehirn des Menschen mit dem Neocortex, der ihn von den Tieren unterscheidet. Den inneren Beobachter betrachten wir als ein inneres Sinnesorgan, das in der Enneagramm-Praxis zielgerichtet zur weiteren Entwicklung trainiert wird.

Plato ging davon aus, dass es für die nachhaltige Entwicklung des Menschen nötig ist, in uns Gerechtigkeit, Mut, Mäßigung und Weisheit zu schaffen. Jung war der Meinung, dass der nötige Schritt zu einer harmonischen Entwicklung der Menschheit die Entwicklung und Öffnung des Herzzentrums ist. Auch Gurdjieff lehrte, dass die wahre Transformation nur einen Weg kennt, nämlich den durch das Herz oder Herzzentrum – den Weg der Liebe, der Weisheit, der Gerechtigkeit, aber auch des Mutes und der Mäßigung.

Aus der Sicht von uns Menschen scheint die Evolution sehr langsam vor sich zu gehen. Aber wenn man sich überlegt, dass der Urknall vermutlich vor 6 Milliarden Jahren stattfand, die Erde vor 4 Milliarden Jahren entstand, der erste Hominide erschien und die spirituelle Weisheit des Westens erstmals im Alten Reich der Ägypter etwa 2650 v. Chr. in Worte und Bilder gefasst wurde, … dann verläuft die Evolution des (spirituellen) Menschen und besonders des Teils seines Gehirns, in dem sich das Bewusstsein entwickelt, in den letzten 4000 bis 5000 Jahren recht schnell. Das weckt wohl Neugier, wie unser Bewusstsein in weiteren 1000 Jahren entwickelt sein könnte. Wird die Menschheit die Chancen und Möglichkeiten nutzen, sich in liebevolle und rechtschaffene Menschen zu transformieren?

Tragen Sie dazu bei – hören Sie auf Plato, Evagrius, Jung und Gurdjieff, gehen Sie an die Arbeit und tun Sie Ihren Teil.

Teil VI

Der Top-Ten-Teil

Ben Huisjes © 2009

Halt, langsam … willst du nicht erstmal bis zehn zählen?

In diesem Teil ...

Hier finden Sie einen beliebten Bestandteil der ... *für Dummies*-Bücher, die Top-Ten-Listen: zehn Anwendungen für das Enneagramm sowie Buchtipps und Quellen für weitere Informationen. Damit Sie noch mehr Freude am Enneagramm haben.

Zehn Anwendungen für das Enneagramm

21

In diesem Kapitel

- Persönliches Wachstum
- Veränderungsmanagement und dauerhafte Beziehungen mit dem Enneagramm
- Tipps für Manager und Lehrer
- Der Einsatz bei Einstellung und Personalauswahl
- Erziehung und Elternschaft

Das Enneagramm ist vielseitig anwendbar. Weil es dabei um unser Handeln als Mensch geht, ist das Enneagramm auf jedem Gebiet unseres Lebens einsetzbar, privat und bei der Arbeit. Mit einer Sache haben wir dabei täglich zu tun: die Beziehung zwischen zwei und mehr Personen. Jedes Mal, wenn ich für berufliche Arbeit mit dem Enneagramm geholt werde, zum Beispiel zu einem (Management-)Team, fällt mir auf, dass die Gespräche (der Herren) sich nach einer Stunde um zu Hause und die Herkunftsfamilie drehen (meine Mutter dies, mein Vater das, mein Bruder, meine Schwester etc.).

Folgende Punkte beschreiben zehn große Themen. Über jedes dieser Themen und seine Verbindung mit dem Enneagramm könnte man ein eigenes Buch schreiben (manche dieser Bücher gibt es schon). Zu jedem Thema finden Sie hier eine kurze Darstellung, welche Vorteile es hat, das Enneagramm auf diesem Gebiet anzuwenden. Ich hoffe, dass Sie mit etwas Fantasie die Beispiele selbst auf Gebiete oder Themen erweitern, die Sie speziell interessieren.

Persönliches Wachstum

Das Enneagramm befasst sich und beginnt mit Selbstmanagement, um auf allen möglichen Gebieten effektiver zu werden. Raum dafür, mehr persönliche Effektivität zu erreichen, entsteht, wenn jemand sich bewusst macht und erlebt, dass er von einem Typ gesteuert wird und nicht selbst Regie führt.

Wir lernen zu erkennen, wie selektiv wir durch die Brille unseres Typs wahrnehmen, wie stark unsere Handlungsalternativen durch unsere automatischen Reaktionen und Muster eingeschränkt werden. Wenn jemand lernt, das zu sehen, gewinnt er schon dadurch an Effektivität, weil er lernt, ganzheitlich und urteilsfrei wahrzunehmen. Er sieht die ganzen 360 Grad, nicht nur ein Neuntel davon. Das lässt Raum für ein viel breiteres Spektrum an Handlungsmöglichkeiten, Raum, sich auf den anderen abzustimmen, anstatt aufgrund der eigenen Selbstverständlichkeiten die eigenen, beschränkten Dinge zu tun. Diesen Gewinn bietet das Enneagramm, wenn es um persönliche Effektivität geht.

Veränderungsmanagement

Gerade wenn Menschen sich unsicher fühlen, zeigen sie stärker ihr typspezifisches Verhalten. Und was verunsichert Menschen mehr als allerlei Veränderungen in ihrem Unternehmen? Das ist keineswegs verwunderlich. Wer Vollzeit arbeitet, verbringt jede Woche den größten Teil seiner Zeit am Arbeitsplatz und erhält dafür seinen Lebensunterhalt, Einkommen und Sicherheit.

Manche Typen blühen bei Umstrukturierungen geradezu auf. Sie mögen Veränderungen oder kurzfristige Projekte. Für diejenigen, die Veränderungsprozesse in einer Organisation managen, kann es sehr nützlich sein, wenn sie das typspezifische Verhalten der Mitarbeiter kennen. Bei Veränderungsprozessen erfordert das Überwinden von Widerständen und das Personalmanagement während der Veränderung große Aufmerksamkeit. Hier lassen sich also viel Zeit und Energie sparen. Zudem verläuft der Veränderungsprozess glatter und die Mitarbeiter kommen leichter mit.

Dauerhafte Beziehungen

Wenn es darum geht, dauerhafte Beziehungen zu unterhalten, ist das Enneagramm äußerst nützlich und wertvoll. Die Unterschiede zwischen Menschen erkennen, anerkennen und schätzen zu lernen, ist vielleicht der größte Gewinn durch das Enneagramm.

Oft werden Menschen in Seminaren plötzlich dadurch berührt, dass sie wichtige Menschen in ihrem Leben mit einem Mal richtig erkennen und verstehen. Da geht ihnen zum Beispiel auf, warum ihre Mutter das tut, was sie tut, wie dies und das beim Partner ist, warum es so schwierig ist, mit dem Bruder zu kommunizieren, warum es mitunter so anstrengend ist, mit dem Kollegen zu reden – kurz gesagt, was in dem anderen vorgeht. Zu verstehen, wie die Dinge bei anderen anders sind, führt automatisch zu mehr Geduld und Mitgefühl – Verständnis eben.

Das Enneagramm bietet die Möglichkeit, Brücken zwischen Menschen zu bauen. Dann können wir die Brücke zum anderen auch überqueren. Hinterher höre ich immer wieder von Menschen, dass sie nach einem Enneagramm-Seminar abends zu Hause mit dem Partner ein ganz anderes, wunderbares Gespräch geführt haben. Wenn unser Typ uns nicht im Weg steht, können wir einander offenbar gut verstehen und wirklich miteinander verbunden sein.

Mehr Erfolg bei der Mediation

In diesem … *für Dummies*-Buch steht nicht umsonst ein ganzes Kapitel über den Wert des Enneagramms bei der Vermittlung in Konfliktsituationen. Das Enneagramm wurde schon vor einiger Zeit von Coaches und Therapeuten entdeckt. Für ihre Arbeit liegt der Wert des Enneagramms auf der Hand. Eine der wert- und wirkungsvollsten Anwendungen ist für mich die in der Mediation und anderen Situationen, in denen Konflikte gelöst werden sollen.

Die Ursachen von Konflikten und die Schwierigkeiten bei ihrer Lösung haben häufig mit aufeinander prallenden Persönlichkeiten zu tun, mit gegenseitigem Unverständnis, mit emotionalen Bewegungen unter der Oberfläche. Jenen Mediatoren, die nicht Psychologie studiert haben, bietet das Enneagramm eine Abkürzung zu fundierter Menschenkenntnis und Einfühlungsvermögen.

Je besser ein Mediator die menschliche und emotionale Seite eines Konflikts in den Griff bekommt, desto häufiger wird er ein befriedigendes Ergebnis verbuchen können. Vor allem bei Ehescheidungen kann das dazu beitragen, den Schmerz zu verarbeiten, einen Sinn zu erkennen, was wiederum beiden Ex-Partnern hilft, nach der Scheidung auf gutem Fuß miteinander zu bleiben. Insbesondere wenn es Kinder aus dieser Verbindung gibt, ist das äußerst wichtig.

Effektivitätsgewinn als Manager

Nicht nur für Mediatoren ist das Enneagramm eine Abkürzung zu fundierter Menschenkenntnis und Einfühlungsvermögen, sondern auch für Manager. Führungskräfte neigen ebenfalls dazu, andere auf der Grundlage ihrer eigenen Selbstverständlichkeiten zu führen. Sie ziehen also die Strippen, drücken die Knöpfe, die bei ihnen selbst funktionieren, wie sie selbst gern geführt würden. Bei vielen Mitarbeitern im Team funktioniert das vermutlich sogar mehr oder weniger – vielleicht aber auch nicht.

Jeder Manager bekommt früher oder später Mitarbeiter ins Team, mit denen er wenig anfangen kann, die er nicht versteht. Er findet die Knöpfe nicht, die er drücken muss. Das Enneagramm dient ihm dann sozusagen als Handbuch, wie er mit anderen Menschentypen umgehen kann. Es ist eine Anleitung für situationsbezogenes Management, die hilft, eigene Selbstverständlichkeiten und Überzeugungen loszulassen und damit neue Handlungsoptionen zu gewinnen.

Lernende Organisationen, erfolgreiches Projektmanagement, Siegerteams

Als entscheidenden Faktor für die erfolgreiche Organisation der Zukunft definierte Peter Senge das Lernvermögen der Organisation (*Die fünfte Disziplin*), also das Vermögen der Führungskräfte, das Lernen innerhalb der Organisation zu mobilisieren. Andere Autoren betonen die Notwendigkeit eines prozessorientierten Ansatzes, etwa das Organisieren von Feedback-Prozessen, Selbstorganisationsprozessen, Interaktionsprozessen. Arbeit mit Menschen also. Menschenkenntnis hilft bei der Ausführung.

Das Enneagramm bietet die fundierte Menschenkenntnis, das Vehikel zur Reflexion, unterstützt Führungskräfte bei der Gestaltung einer lernenden Organisation, beim erfolgreichen Projektmanagement und beim Schaffen von Siegerteams. In Managementratgebern wird oft beschrieben, was Führungskräfte tun sollen. Die Frage bleibt, wie sie es tun sollen. Wie können sie die eigenen Beschränkungen überwinden, um das zu tun, was nötig ist und wozu sie vielleicht nicht von Natur aus neigen?

Unterricht

Lehrkräfte sind durch ihren Beruf an der Erziehung von Kindern beteiligt. Nach den Eltern spielen sie oft die größte und intensivste Rolle im täglichen Leben von Kindern und Jugendlichen zwischen fünf und 18 Jahren. Die Begleitung von Heranwachsenden in diesem entscheidenden Lebensabschnitt kann nicht sorgfältig genug geschehen.

Gerade in der sozial-emotionalen Entwicklung brauchen die Kinder jemanden (einen Profi), der ihnen den Rücken stärkt. Wenn dieser die Enneagramm-Typen kennt, kann er besser verstehen, welche Schwierigkeiten er mit manchen Kindern hat. In einer Klasse von 25 bis 30 Schülern sitzen immer Kinder, mit denen die Lehrkraft von Natur aus leichter arbeiten kann als mit anderen. Wer sich selbst (und dem Kind) gegenüber ehrlich ist, kann vielleicht erkennen, dass ihm die Begleitung eines bestimmten Kindertyps schwerfällt. Das Enneagramm hilft dabei, wahrnehmen zu lernen, was sich abspielt und – noch besser – in welcher Richtung die Lösung zu finden ist. Auch bei der Lehrkraft selbst.

Personalbeschaffung

Ist das Enneagramm ein praktisches Werkzeug bei der Personalbeschaffung? Ja und nein. Es wird dazu verwendet, das steht fest. Manche Personalbüros werben sogar damit. Ich meine, dass es nicht taugt, wenn das Enneagramm zur Stereotypisierung verwendet wird. Wenn zum Beispiel in der Arbeitsplatzbeschreibung kreative Qualitäten verlangt werden und man dann auf die Suche nach einem Typ 4 geht. Nicht jeder Typ 4 ist kreativ, und auch andere Typen können auf ihre Weise kreativ sein. Diese Vorgehensweise halte ich nicht für empfehlenswert, im Gegenteil.

Bei der Personalbeschaffung sind das Maß an persönlicher und beruflicher Entwicklung und das Lernvermögen besonders wichtig. Das Enneagramm kann helfen, das bei Kandidaten festzustellen. Sinnvoll ist die Arbeit mit dem Enneagramm auch, wenn zum Beispiel zwei geeignete Kandidaten ausgewählt wurden und es darum geht festzustellen, welcher der beiden in seiner Persönlichkeitsstruktur besser zum zukünftigen Chef und zum Rest des Teams passt.

Erziehung

Eine der schönsten Anwendungsmöglichkeiten des Enneagramms ist für mich die in der Kindererziehung, bei der es große Chancen eröffnet. Gerade die sozial-emotionale Entwicklung während des Heranwachsens hat starken Einfluss auf das spätere Verhalten als Erwachsener, zum Beispiel darauf, ob wir in der Lage sind, dauerhafte Beziehungen aufzubauen und zu erhalten, wie wir in der Gesellschaft handeln. Hier bietet das Enneagramm die Chance, sich besser auf das einzelne Kind abzustimmen. Die Persönlichkeitsstruktur des Kindes entwickelt sich noch, aber schon in jungen Jahren wird sichtbar, wie sich die Temperamente unterscheiden. Enneagramm-Wissen hilft, sich in das einzufühlen, was in dem Kind vorgeht. Dadurch wird eine gezieltere Begleitung möglich. Aufmerksame Erzieher, die die Kinder wirklich sehen und hören, können das in der Regel auch ohne Enneagramm. Das Enneagramm erleichtert es allerdings, das eine oder andere schneller und klarer zu sehen.

Elternschaft

Erziehung und Elternschaft scheint auf den ersten Blick das Gleiche zu sein. Aber es gibt einen Unterschied. Erziehung ist das, was Sie mit den Kindern tun und ihnen anbieten. Sie erziehen das Kind, Sie bringen ihm Dinge bei. Sich in Ihrer Elternschaft zu entwickeln, ist etwas anderes. Dabei geht es um Ihre eigene Entwicklung als Erzieher und als Mensch, man könnte sagen, darum, wie Sie sich selbst erziehen, was Sie sich selbst beibringen.

Ihre Entwicklung als Elternteil führt dazu, dass Sie sich in dieser Rolle kennenlernen, ebenso wie Ihre Stärken und Schwächen als Erzieher. Wenn es um die Eltern geht, eignet sich das Enneagramm als Vehikel, als Hilfsmittel, um bewusst gemeinsam Elternschaft und Erziehung auszufüllen. Also nicht ad hoc von Tag zu Tag die Probleme lösen, die sich Ihnen in den Weg stellen, sondern in einem bewussten Plan gemeinsam feststellen, was Sie als Eltern an Stärken zur Verfügung haben, wie Sie einander ergänzen, was Ihre Schwachpunkte sind, und vor allem was Sie als Eltern gemeinsam Ihren Kindern für später mitgeben wollen. Eben wie Sie sich als Eltern in dieser schönen und schwierigen Aufgabe ergänzen, unterstützen und schätzen können.

Bücher für Ihre Sammlung

22

In diesem Kapitel

- Bücher zur weiteren Vertiefung

Es gibt so viele Bücher über das Enneagramm, die ich Ihnen empfehlen könnte, dass es mir schwerfällt, mich auf zehn zu beschränken. Sie finden hier Empfehlungen für Bücher über das Enneagramm und außerdem Empfehlungen für »verwandte« Bücher und Autoren. Diese Bücher ergänzen dieses ... *für Dummies*-Buch und vertiefen das Thema weiter. Eine ausführlichere Literaturliste finden Sie in Anhang B.

Das Enneagramm

von Helen Palmer

Mit diesem Handbuch habe ich das Enneagramm kennengelernt. Der Tiefgang und die Treffsicherheit der Typenbeschreibungen ist der Ergebnis dessen, was die Menschen selbst in den Panels erzählt haben. Beim Lesen Ihrer eigenen Typbeschreibung werden Sie sich fragen, wie es sein kann, dass die Autorin das alles von Ihnen weiß. Diese Reaktion habe ich inzwischen öfter gehört. Es ist nicht gerade ein Buch, das man von vorn bis hinten durchliest, sondern eher ein Nachschlagewerk. Der beliebteste Teil des Buches, der es noch immer einzigartig macht, ist der Beziehungsführer. Darin werden die Beziehungen zwischen allen möglichen Kombinationen von Enneagramm-Typen dargestellt, was die wichtigsten Mechanismen und Themen angeht – nicht nur für Liebes-, sondern auch für Arbeitsbeziehungen.

Das Enneagramm. Die 9 Gesichter der Seele

von Richard Rohr und Andreas Ebert

Dieses Buch betont die spirituelle Seite des Enneagramms. Die Autoren lassen ihren christlichen Hintergrund deutlich einfließen. Praktische Anwendungen des Enneagramms werden vor allem im Zusammenhang mit persönlichen Beziehungen beschrieben, weniger für den Arbeitsplatz. Es sei denn, Sie arbeiten im kirchlichen Bereich: Exerzitien, Gesprächskreise und Gemeindearbeit erhalten jeweils ein eigenes Kapitel.

Neun Porträts der Seele: Die spirituelle Dimension des Enneagramms

von Sandra Maitri

Sandra Maitri ist eine Schülerin von Hameed Ali (A.H. Almaas), der seinerseits bei Claudio Naranjo lernte. Einige Kollegen finden Almaas' Bücher leichter verständlich, aber auch die Bücher von Maitri lesen sich angenehm. Der Inhalt überschneidet sich mit Helen Palmers' *Das Enneagramm*. Allerdings ist es schön zu lesen, wie sie die spirituelle Seite der Typen und ihre Herausbildung beschreibt, ebenso den Weg zurück zur Verbindung mit dem Höheren Selbst. Das fügt sich nahtlos in die Sichtweisen der Mysterienschulen, die ich in Teil V dieses Buches vorstelle. Außerdem ist das, was Maitri über unsere Kinderseele schreibt, schön und erhellend.

The Enneagram Field Guide

von Carolyn Bartlett

Der leider nur auf Englisch erhältliche Enneagramm Field Guide ist zurzeit wahrscheinlich das praktischste und lesbarste Buch über die Verwendung des Enneagramms in der Psychotherapie. Interessant und neu daran ist, dass Bartlett zahlreiche Menschen, die ihren Enneagramm-Typ kannten, interviewt hat. Sie fragte, was in der Therapie für sie funktioniert und was nicht. Das bietet gerade Therapeuten sehr wertvolle Informationen, um ihre Therapie noch genauer daran auszurichten, was dem anderen hilft.

Character and Neurosis

von Claudio Naranjo

Claudio Naranjo habe ich ausführlich vorgestellt. Er hat viele Bücher veröffentlicht, darunter *Psychologie der Meditation*, das für viele eine wichtige Inspirationsquelle war und hilfreich ist, um gewisse Dinge besser zu verstehen. Sein bekannteres Werk ist aber *Character and Neurosis*, denn es spricht eine größere Zielgruppe an – gerade weil er hier aus seiner Sicht als Psychiater und Gestalttherapeut Einblick in die Verwendung des Enneagramms in der Therapie gibt.

Essential Enneagram

von David Daniels und Virginia Price

Leider nur in der englischen Fassung verfügbar, steht in diesem kurzen, leicht verständlichen Buch der SEDIG-Test im Mittelpunkt. Es bietet einen angenehmen, schnellen Einstieg, aber auch einen klaren Weg zur Weiterentwicklung und Tipps für jeden Typ. Außerdem wird für jede Typenkombination beschrieben, wie diese beiden sich ähneln können und wodurch sie sich letzten Endes doch unterscheiden. Das hilft vielen Menschen bei der Selbsttypisierung, wenn sie noch zwischen zwei möglichen Typen schwanken. Auch für Berater, die ihre Klienten typisieren wollen, ist es sehr hilfreich.

Wie anders ist der Andere?

von Wilfried Reifrath

In diesem Buch steht weniger die Erkundung und Weiterentwicklung des eigenen Innenlebens im Mittelpunkt. Der Autor konzentriert sich auf die Komplikationen, die in der Beziehung zwischen den Typen auftreten könnten, auf ihre Ursachen und Lösungsmöglichkeiten. Dabei geht er insbesondere auf die Anwendung in der beruflichen Arbeit mit Menschen ein, sei es als Berater, Pädagoge oder Führungskraft.

Kursbuch Meditation

von Dr. David Fontana

Der Titel sagt schon alles. Dies ist ein erhellendes und aus verschiedenen Gründen sehr spannendes Buch, auch wenn es natürlich noch mehr über Meditation zu lernen und zu entdecken gibt. Es ist nicht nur ein Ratgeber, sondern stellt verschiedene Meditationsmethoden und ihre Wirkung klar und übersichtlich dar. Außerdem wird besprochen, welche Methoden wir in welcher Form und unter welchen Namen in allen spirituellen Traditionen antreffen. Sehr empfehlenswert, wenn Sie sich für das Thema interessieren.

Auf der Suche nach dem Wunderbaren

von Peter D. Ouspensky

Menschen, die sich inspiriert fühlen, das Enneagramm zu praktizieren und zu ergründen, interessieren sich oft früher oder später auch dafür, das Werk von Gurdjieff kennenzulernen. Nicht weil Gurdjieff das Enneagramm gelehrt hätte – in seiner heutigen Form gab es das zu Gurdjieffs Zeiten noch nicht –, sondern um die Hintergründe des Gedankenguts besser zu verstehen. *Auf der Suche nach dem Wunderbaren* wurde von einem Schüler, Gurdjieffs rechter Hand, über dessen Leben und seine Lehren geschrieben. Keine leichte Lektüre, aber immer noch ein inspirierendes Buch und eines der wenigen, die man immer wieder zur Hand nehmen kann.

Wege zum Selbst und Das Spektrum des Bewusstseins

von Ken Wilber

Zwei Bücher von Ken Wilber, die ich beide empfehlen kann, nicht nur weil sie die Philosophie des Plotinus wieder zugänglich machen. Ken Wilber stellt sie darin wieder vor. Für verschiedene spirituelle Prinzipien, die Sie in diesem Buch kennenlernen, finden Sie bei Ken Wilber ausführliche Erklärungen und Vertiefungen. Sie erfahren mehr über Dualität und Nondualität, das Sein, das Jetzt, Einheit und den Weg zum Wachstum. Sie lesen etwas über unsere Persona und unseren Schatten. Wilber erklärt schwierige Gedanken wie das transzendente Selbst in verständlichen Worten. Außerdem finden Sie in seinen Büchern allerlei Übungen und Tipps. Sehr zu empfehlen.

Ich bin anders – Du auch?

von Pamela Michaelis und Ingrid Meyer-Klemm (heute Springstein)

Das Buch ist in der mündlichen Tradition geschrieben. Es macht Sie über Kindheitsgeschichten mit neun unterschiedlichen Enneagramm-Stilen bekannt und gibt eine präzise und differenzierende Beschreibung darüber, wie wir sie in der Welt erfahren, oft mit O-Ton-Beispielen. Darüber hinaus bekommen Sie durch das fundierte Wissen über das Enneagramm eine praktische Anleitung, um Ihr eigenes persönliches Wachstum zu fördern und das anderer Menschen zu begleiten.

Das Enneagramm: Neun Weisen, die Welt zu sehen – Neun Typen der Persönlichkeit

von Jürgen Gündel

Das Buch ist in der mündlichen Tradition geschrieben. Es wurden neun Personen interviewt.

Ich will mehr

23

Hier finden Sie es. Workshops, Seminare und Ausbildungen zum Thema Enneagramm finden Sie unter folgenden Adressen:

Enneagram Nederland

Jeanette van Stijn

Benoordenhoutseweg 23, 2596 BA Den Haag, Niederlande,
office@enneagram-nederland.nl, www.enneagram-nederland.nl

Enneagram Worldwide

Enneagram Studies in the Narrative Tradition

Helen Palmer, David Daniels, Peter O'Hanrahan, Terry Saracino, PO Box 18701, Fairfield, OH 45018, USA, www.enneagramworldwide.com

Enneagramm@work

Jürgen Gündel und Partner, S6,25, 68161 Mannheim,
juergen.guendel@enneagramm-at-work.de, www.enneagrammportal.de,
www.enneagramm-at-work.de

Enneagram Germany

Pamela Michaelis, Isestraße 55, 20149 Hamburg,
pamela@enneagramgermany.de, www.enneagramgermany.de

Lesungen und Enneagramm-Aktivitäten in Ihrem Unternehmen mit der Autorin von *Enneagramm für Dummies* können Sie buchen bei:

Reflexxi | Jeanette van Stijn, Benoordenhoutseweg 23, 2596 BA Den Haag, Niederlande,
office@reflexxi.nl, www.reflexxi.nl

Anhang Zusammenfassung der Typen

In diesem Buch erfahren Sie zu jedem Thema etwas über die einzelnen Typen. So erhalten Sie Schritt für Schritt ein Bild des Enneagramms als Modell für neun Persönlichkeitsstrukturen und als Entwicklungsmethode. Daneben kann es hilfreich sein, die Informationen über einen bestimmten Typ kurz nachschlagen zu können. In diesem Anhang finden Sie den Überblick über die einzelnen Typen mit den wichtigsten Aspekten.

Typ 1

Namen

Perfektionist, Reformer, Moralist, Lehrer, (Welt-)Verbesserer

Achtet auf

Richtig und Falsch; was kann verbessert werden?; welche Ordnung muss sein?; klares, sorgfältiges und verantwortungsvolles Handeln; was macht jemand (mache ich) richtig oder falsch?

Energie fließt in

Verbessern; Dinge richtig machen und dadurch Vorwürfen und Kritik entgehen; verantwortungsvoll und selbstständig handeln; erst handeln, wenn man sicher ist, dass es gut wird; interne Kritik beachten und externe Kritik vermeiden; Wut hinunterschlucken, die sich (unbeherrscht) gegen andere richten kann; persönliche Impulse, Bedürfnisse und kleine Freuden unterdrücken.

Überzeugung

In der Welt gibt es viel zu verbessern; die Menschen werden nicht so geschätzt, wie sie sind.

Niederes Selbst		*Höheres Selbst*
Fixierung Groll	< = mental = >	Höhere Idee Vollkommenheit
Leidenschaft Wut	< = emotional = >	Höhere Tugend Heitere Gelassenheit

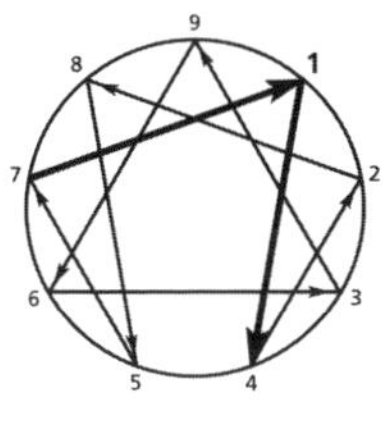

Abbildung A.1: Höheres/Niederes Selbst Typ 1

Groll als emotional aufgeladener Gedanke

Menschen mit Typ 1 glauben, dass sie perfekt und fehlerfrei sein müssen, um gesehen, geschätzt und geliebt zu werden. Deshalb ist es für sie so schlimm, einen Fehler zu machen. Oft erinnern sie sich daran, wie schön es als Kind war, für perfektes Verhalten oder eine perfekte Leistung bestätigt zu werden. Die eigenen spontanen Impulse werden dem Streben nach Perfektion untergeordnet. Die mentale Fixierung Groll entsteht, wenn trotz aller Anstrengung etwas nicht gut wird, sabotiert oder nicht gesehen und geschätzt wird. Wer oder was dieses Streben sabotiert, wird zum Ziel des Grolls. Das kann Typ 1 selbst sein, ein anderer oder die Umstände. Im letzten Fall folgt die Analyse, wer an diesen Umständen schuld ist.

Wut als Leidenschaft

Menschen mit Typ 1 werden auch Perfektionisten genannt, weil sie dazu neigen, sich anzustrengen, um Dinge richtig zu machen, zu verbessern oder zu perfektionieren. Es sind oft idealistische Menschen, die etwas besonders gut machen wollen, auch wenn es sie selbst betrifft. Wütend werden ist dabei nicht vorgesehen. Aus diesem Grund hat Typ 1 die Gewohnheit entwickelt, die eigene Wut zu unterdrücken. Wenn Wut aufkommt, erlebt Typ 1 das selbst als Verärgerung und zeigt sich höchstens gereizt. Menschen in der Umgebung von Typ 1 können diesen Groll oder diese Spannung gut wahrnehmen. Wut kommt zum Beispiel auf, wenn andere sich nicht genauso verantwortungsvoll einsetzen wie Typ 1 selbst.

Stärken

Integer; verbessert gern; viel Einsatz und Energie; Idealist; unabhängig; eifrig; qualitätsbewusst; viel Selbstbeherrschung und –disziplin; Normen hochhalten; starkes Verantwortungsbewusstsein und -gefühl.

Zur persönlichen Weiterentwicklung

… muss ich anerkennen, dass mehrere Wege nach Rom führen und dass anders oder nicht perfekt nicht immer schlechter oder schlecht heißen muss; Unvollkommenheit in mir selbst und anderen akzeptieren; Vergebung üben; mir Freizeit für Entspannung und Freude zugestehen; lernen, die eigenen starren Regeln und hohen Anforderungen infrage zu stellen; Widerstandsgefühle als Signale unterdrückter Wünsche und Bedürfnisse erkennen; daran denken, dass der Sinn des Lebens nicht das Perfektsein ist, sondern das Menschsein.

Heiterkeit als höhere Tugend

Wenn Typ 1 seinen Groll in bestimmten Situationen und gegenüber anderen Menschen loslassen kann, wird er ein fröhlicherer Mensch. Groll macht ihn nicht glücklich. In dieser Negativität steckt Typ 1 fest. Das Loslassen des obsessiven Denkens und zwanghaften Handelns schafft große innere Ruhe. Das ist noch nicht Heiterkeit, die höhere Tugend, die Typ 1 erreichen kann. Das Erleben von Heiterkeit bedeutet, tief im Inneren zu erfahren, dass es jetzt gut ist, so wie es ist. Dass es morgen anders sein wird, und dass es dann auch wieder gut ist. Heiterkeit ist mehr als Ruhe, es ist das tiefe Erleben, dass es auf reine, leichte, stille Art gut ist.

Vollkommenheit als höhere Idee

Die Wirklichkeit ist im Hier und Jetzt. Die Dinge sind bereits vollkommen, so wie sie sind. Die Wahrnehmung wird nicht mehr durch ein Urteil verzerrt. Wir erleben die Dinge in diesem Augenblick, wie sie sind. Heilige Vollkommenheit ist die tiefe innere Erfahrung dessen, was im Zen-Buddhismus »Kono-mama« genannt wird, des »Es ist, wie es ist.« Tief im Inneren wird die Wirklichkeit akzeptiert, wie sie ist, und darin Vollkommenheit erkannt und erlebt. Die grundlegende Natur in allem und jedem, auch sich selbst, wird erkannt und anerkannt. Jede Manifestation im Universum ist Ausdruck der fundamentalen Natur der Dinge und des Erlebens, dass es gut ist.

Typ 2

Namen

Geber, Helfer, Verführer, Pfleger, Manipulator

Achtet auf

Bedürfnisse anderer; aufmerksam und verfügbar sein; Gegenseitigkeit; viel in die Beziehung investieren; freundlich, nett und hilfsbereit sein; Wertschätzung und Bestätigung erhalten; ich bin an der Reihe.

Energie fließt in

Geben; helfen; erspüren von Gefühlen und Bedürfnissen anderer; gebraucht werden; Akzeptanz und Wertschätzung wichtiger anderer Personen verdienen; sich wichtig fühlen in Beziehungen, indem die Bedürfnisse anderer erfüllt werden (Stolz); sich anpassen, um diese Bedürfnisse zu erfüllen; positive Gefühle schaffen; Nein sagen und Konflikt vermeiden.

Überzeugung

Die Welt ist voller Menschen, die mich brauchen; man muss andere verstehen, nett sein und etwas geben, damit man etwas zurückbekommt.

Niederes Selbst		Höheres Selbst
Fixierung Schmeichelei	< = mental = >	Höhere Idee Höherer Wille
Leidenschaft Stolz	< = emotional = >	Höhere Tugend Demut

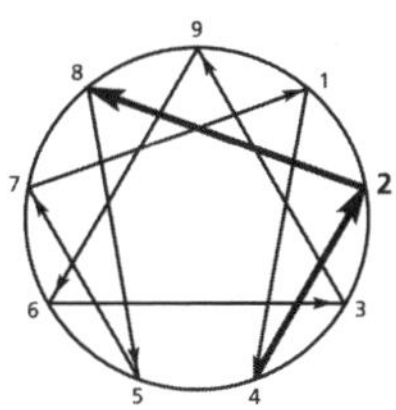

Abbildung A.2: Höheres/Niederes Selbst Typ 2

Schmeichelei als emotional aufgeladener Gedanke

Menschen mit Typ 2 glauben, dass sie es verdienen müssen, gesehen, geschätzt und geliebt zu werden. Dass sie erst anderen helfen oder Komplimente machen müssen, ehe sie selbst ein Recht darauf haben. Oft erinnern sie sich daran, wie schön es war, wenn sie sich als Kind nützlich machten und das bemerkt und geschätzt wurde. Der spontane Wille wird dem Dienen untergeordnet. Für Typ 2 ist es schlimm, wenn seine Hilfe abgewiesen wird, weil er das als persönliche Ablehnung erlebt. Die mentale Fixierung, Schmeichelei, tritt dann auf, wenn eine wichtige oder interessante Person anwesend ist, von der Typ 2 wahrgenommen und geschätzt werden will.

Stolz als Leidenschaft

Menschen mit Typ 2 werden auch Geber genannt, weil sie stark auf andere fokussiert sind, für andere bereitstehen, deren Bedürfnisse erspüren. Wenn man ihnen ein Kompliment macht, erleben sie das häufig als berechtigt. Typ 2 denkt in einem Verdienstmodell: Er hat etwas gegeben und damit Anerkennung verdient. Gleichzeitig ist er nicht auf Empfangen eingestellt, auch nicht auf Komplimente. Der Mechanismus ist darauf ausgelegt, dass Typ 2 derjenige ist, der gibt. Sein Stolz kommt sofort zum Vorschein, um ein Kompliment abzuwehren: Ach, das war doch keine große Sache, was er da getan hat. Aber tief im Herzen denkt er darüber anders.

Typ 2 empfindet einen heimlichen, beachtlichen Stolz auf seine Unentbehrlichkeit und seine Leistungen. Der Stolz steht nicht nur im Weg, wenn es darum geht, ein Kompliment anzunehmen, sondern auch, wenn andere Hilfe anbieten. Im Verdienstmodell von Typ 2 geht es nur darum, dass Typ 2 gibt; empfangen, ohne etwas dafür getan zu haben, kommt darin nicht vor. Außerdem weiß Typ 2 besser, was andere nötig haben als diese anderen selbst.

Stärken

Hilfsbereit; freigiebig; sensibel für die Gefühle und Bedürfnisse anderer; unterstützend; andere schätzend; energisch; romantisch; ausgelassen und extrovertiert; gute Laune; begeistert.

Zur persönlichen Weiterentwicklung

… muss ich erkennen, dass geliebt werden nicht davon abhängt, dass ich mich für andere verbiege. Ich muss im Blick behalten, wer ich wirklich bin. Mir meiner eigenen Wünsche und Bedürfnisse bewusst werden und üben, sie zu erfüllen. Meine Gefühle von Wut und Enttäuschung als Signale verstehen lernen, dass ich meine eigenen Bedürfnisse aus den Augen verliere. Erkennen, dass ich nicht unverzichtbar bin und dass das gut ist. Zulassen, dass andere mir etwas geben und mir helfen. Lernen, Grenzen zu setzen und Nein zu sagen. Probieren, darauf zu achten, wann meine Hilfsbereitschaft anderen lästig wird. Mich geschätzt fühlen als die Person, die ich bin, nicht wegen meiner Hilfe.

Demut als höhere Tugend

Wenn Typ 2 seine Reaktivität, den Stolz, unter die Regie seines Wahren Selbst bringt, kann er die höhere Tugend der Demut in sich erleben. Nun klingt Demut in unserer westlichen Gesellschaft nicht wirklich cool. Dennoch ist die spirituelle Bedeutung des Begriffs schön: Demut steht dann für »deinen wirklichen Wert kennen«. Es geht nicht um die Demut aus dem alltäglichen Sprachgebrauch, die vielleicht synonym ist mit »sich klein machen, kuschen«. Es geht darum, seinen wirklichen Wert zu erfahren, sich nicht mehr, aber auch nicht weniger wert zu fühlen, als man wirklich ist. Auch das Erleben, wie man im qualitativen Sinn wertvoll ist, gehört dazu.

Jemand mit Typ 2, der seinen wirklichen Wert tief im Innern kennt und erlebt, muss ihn nicht mehr über andere beziehen oder bestätigt bekommen. Sein Eigenwert ist nicht abhängig von der Möglichkeit, anderen etwas zu geben. Er kann dann frei und ohne Erwartungen geben und empfangen – in dem Maß, wie es wirklich nötig ist und wie er es selbst will, ohne von anderen abhängig zu sein.

Freiheit und Wille als höhere Idee

Auf der Ebene des Höheren Selbst erlebt Typ 2 tief im Inneren, dass seine Bedürfnisse ausreichend erfüllt werden. Die tiefe Erkenntnis, dass Typ 2 durch sein Wahres Selbst imstande ist, allein zu sein, für sich zu sorgen und zu empfangen, ist höhere Freiheit – die Einsicht, dass das Universum wirkliche Nöte und Bedürfnisse erfüllt. Er nimmt nicht mehr oder weniger, als wirklich nötig ist. Der höhere Wille ist die Erkenntnis, dass die Bedeutung von allem, was in unserem Leben geschieht, einfach darin liegt, es so zu erleben und so anzunehmen wie es ist. Der höhere Wille ist das Bewusstsein, dass die Wirklichkeit sich vollzieht, nach einem höheren Plan. Die leichteste Art, sich im Leben zu bewegen, ist im Fluss zu sein mit allem was geschieht. Sich dem höheren Willen zu überlassen ist Freiheit.

Typ 3

Namen

Dynamiker, Performer, Initiator, Macher

Achtet auf

Applaus bekommen; Punkte sammeln; Ziele erreichen; effiziente Lösungen finden; der Beste sein; gesehen werden; welche Leistung wird verlangt?; wer oder was verlangt meinen Einsatz?

Energie fließt in

Ausführung von Zielen oder Aufgaben; Leistung; effizient sein; aktiv sein und bleiben; anpassen, um das gewünschte Image zu schaffen; Hindernisse für Leistung ausschließen; Negativität und Gefühle ausschließen; siegen; gut aussehen; Status, Prestige und Macht verdienen; Versagen vermeiden.

Überzeugung

In dieser Welt werden die Erfolgreichen für das geschätzt, was sie tun.

Niederes Selbst		Höheres Selbst
Fixierung	< = mental = >	Höhere Idee
Eitelkeit		Hoffnung
Leidenschaft	< = emotional = >	Höhere Tugend
Täuschung		Wahrhaftigkeit

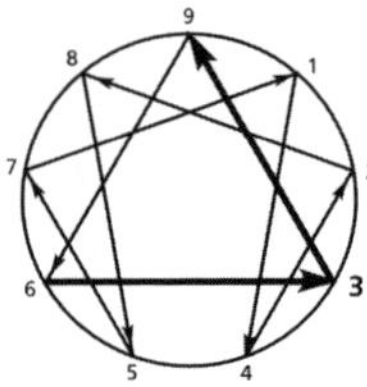

Abbildung A.3: Höheres/Niederes Selbst Typ 3

Eitelkeit als emotional aufgeladener Gedanke

Menschen mit Typ 3 glauben, dass sie, um gesehen, geschätzt und geliebt zu werden, Leistung erbringen und die Besten sein müssen, denn dann bekommen sie Aufmerksamkeit und Applaus. Oft erinnern sie sich, wie schön es war, als Kind für eine Leistung Beifall zu bekommen. Der Kontakt mit sich selbst und den eigenen Gefühlen und Interessen wird beiseitegeschoben. Stattdessen betrachtet sich Typ 3 mit den Augen anderer und stimmt sich auf das ab, was er in den Augen anderer tun muss, um gesehen und geschätzt zu werden. Von anderen wird ebenfalls verlangt, dass sie sich wie Typ 3 bis zur Erschöpfung anstrengen, um Leistung zu erbringen. Außerdem gilt, dass jemand, der versagt – auch Typ 3 selbst –, es nicht verdient, gesehen und geliebt zu werden. Daher ist Versagen für Menschen, die sich in diesem Typ wiedererkennen, so schlimm. Die mentale Fixierung Eitelkeit entsteht, um ein erfolgreiches Image zu erschaffen.

Täuschung als Leidenschaft

Die Täuschung der Menschen mit Typ 3 ist eher eine Art Selbsttäuschung oder Selbstverstecken. Sie werden auch als Performer bezeichnet, weil sie dazu neigen, ein schönes Bild von sich selbst, ihrer Beziehung, ihrer Familie und ihrer Arbeit darzustellen. Für Typ 3 ist es wichtig, gesehen zu werden. Typ 3 hat dafür die Strategie entwickelt, sich buchstäblich auf allerlei Arten sichtbar zu machen, erfolgreich zu sein und Beifall zu verdienen. Typ 3 tut das auf allen Gebieten, bei der Arbeit ebenso wie zu Hause, und er spielt dafür verschiedene Rollen, sei es der ideale Schwiegersohn, der ideale Partner, Elternteil oder Chef.

Typ 3 fürchtet, dass sein Wahres Selbst nicht gut genug ist, und spielt deshalb lieber unterschiedliche erfolgreiche Rollen. Typ 3 führt sich selbst und andere in die Irre, denn er versteckt sich hinter der Fassade der erfolgreichen Rollen. Die Täuschung von Typ 3 besteht darin, dass er sich mit Leistung und Äußerlichkeiten identifiziert, um sein erfolgreiches Image zu pflegen und um Anerkennung zu bekommen.

Stärken

Umtriebig; Führungsqualitäten; begeistert; ermutigend; lösungsorientiert; praktisch; intrinsische Motivation; netter, gepflegter und professioneller Auftritt; selbstsicher; kompetente und effiziente Arbeitsweise; Motivator.

Zur persönlichen Weiterentwicklung

... muss ich mein Tempo reduzieren und meine Emotionen und Interessen zulassen. Mich fragen, welche Dinge im Leben wirklich eine Rolle spielen. Üben, mit mir selbst und meiner wahren Identität in Kontakt zu kommen und mich nicht durch das beeinflussen zu lassen, was andere von mir denken und erwarten. Bei der Arbeit Grenzen setzen. Mir gestatten, anderen zuzuhören. Erkennen, dass Menschen mich mögen, weil ich der bin, der ich bin, nicht wegen meiner Arbeit oder meines Besitzes.

Ehrlichkeit und Aufrichtigkeit als höhere Tugend

Die Täuschung zu erkennen und loszulassen ist ein wichtiger Schritt in der Entwicklung von Typ 3 zum freieren Menschen. Wenn er seine Reaktivität unter die Regie seines Wahren Selbst bringt, kann er die höhere Tugend Wahrhaftigkeit erfahren und leben. Das erlöst ihn davon, ständig sein Image aufrechterhalten zu müssen, seine Masken und seine Erfolgsgeschichten in allen Rollen, die er spielt. Das nicht mehr zwanghaft tun zu müssen, wirkt wie eine Befreiung. Der enorm hohe Energieaufwand wird gestoppt und Typ 3 kann zur Ruhe kommen. Als Geschenk erhält er die höhere Tugend der Wahrhaftigkeit: Er erlebt tief im Inneren, wer er wirklich ist, dass sein Bestes Selbst sein Wahres Selbst ist, dass er keine Masken mehr braucht, dass er geliebt wird als der, der er ist.

Hoffnung als höhere Idee

Auf der Ebene des Höheren Selbst kann sich Typ 3 tief im Inneren in dem Wissen entspannen, dass sein Leben sich nach universellen Regeln abspielt. Wir bekommen, was wir brauchen, ohne dass wir das Universum in Bewegung setzen müssen. Das Universum bewegt sich von selbst. Dann kann Typ 3 echte Gefühle zulassen, denn sie stehen den eigenen Zielen nicht mehr im Weg. Hoffnung ist nicht die Aussicht, dass die Dinge besser werden. Höhere Hoffnung ist das Erleben, dass die Welt schon in Ordnung ist.

Hoffnung ist die Erkenntnis, dass wir es nicht selbst richten können, dass Ordnung entsteht nach den höheren Gesetzen des Universums so, wie es geplant ist. Wir müssen nicht alles selbst machen. Aus dieser Erkenntnis heraus können wir uns auf der Ebene des Höheren Selbst dem Strom des Lebens und des Seins überlassen. Die Erkenntnis des höheren Gesetzes ist die Erkenntnis, dass das Universum, die Welt und das Leben immer in Bewegung sind, nie stillstehen, dass wir Teil dieser Bewegung sind und mit ihr fließen.

Typ 4

Namen

Individualist, Künstler, Romantiker, Idealist

Achtet auf

Was fehlt hier?; das, wonach sie sich sehnen, in der Zukunft oder in der Vergangenheit; wovon bin ich getrennt?; Sehnsucht; Beziehung; Ablehnung; was haben andere, das ich nicht habe und umgekehrt?

Energie fließt in

Vergleichen; Sehnsucht nach etwas, was fehlt; Gefühle, vor allem Traurigkeit, vergrößern; Gewöhnlichkeit und Alltägliches vermeiden; Streben nach Übertreiben und dramatisieren; weg vom Mittelmaß; Maßstab sein für die Welt; nach dem suchen, was fehlt, nach Ursprünglichkeit und Authentizität (Verführung).

Überzeugung

In dieser Welt erleben die Menschen Schmerz, weil die ursprüngliche Verbundenheit verloren ging.

Niederes Selbst		Höheres Selbst
Fixierung Melancholie	< = mentd = >	Höhere Idee Ursprung
Leidenschaft Neid	< = emotioneel = >	Höhere Tugend Gleichmut

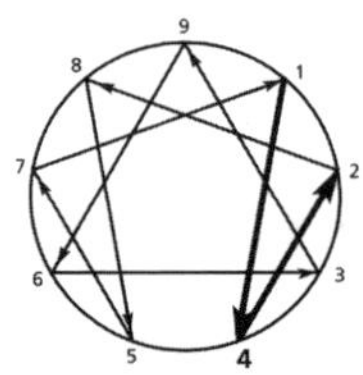

Abbildung A.4: Höheres/Niederes Selbst Typ 4

Melancholie als emotional aufgeladener Gedanke

Menschen mit Typ 4 wollen sich gesehen und geliebt fühlen. Sie streben nach dem Ideal einer intensiven und echten Liebe, nach der einzigartigen, besonderen Liebe oder sie suchen eine Situation, die sie ganz und gar erfüllt. Durch die Gewohnheit, die Realität immer wieder mit dem idealisierten Bild zu vergleichen, schafft sich Typ 4 seine Enttäuschungen selbst. Oft erinnert er sich daran, wie schmerzhaft es war, als Kind anders zu sein, ein Außenseiter. Die mentale Fixierung Melancholie tritt auf, wenn die Realität (wieder einmal) dem idealisierten Bild nicht entspricht, wenn das Streben nach einem tiefen Gefühl der Verbundenheit (wieder) zu nichts führte und Typ 4 sich darin bestätigt fühlt, anders, einzigartig, unverstanden und getrennt vom anderen zu sein.

Neid als Leidenschaft

Menschen mit Typ 4 erleben oft ein unterschwelliges Gefühl, dass in ihnen und ihrem Leben Dinge fehlen. Dadurch fühlen sie eine innere Leere. Mit dem Gefühl des Mangels geht eine tiefe Sehnsucht einher, sich vollständig und wertvoll zu fühlen, und die innere Leere zu vertreiben. Typ 4 sieht durch seine Brille, dass andere haben, was ihm fehlt. Er ist der klassische Fall der Kirschen in Nachbars Garten. Dabei geht es Typ 4 nicht um Äußerlichkeiten wie ein schickes Auto, sondern um die wichtigen Dinge des Lebens. Ein Typ-4-Single kann zum Beispiel eine Partnerschaft idealisieren und neidisch auf andere sein, die in einer »idealen Beziehung« leben. Umgekehrt kann ein Typ 4 mit Partner das Alleinsein, das er bei guten Freunden beobachtet, idealisieren. Er fühlt weniger Missgunst in dem Sinn, dass er einem anderen nichts gönnt, sondern er sieht, was der andere hat, und wünscht das auch für sich selbst – er verlangt nach dem, was er sich als ideal vorstellt, was aber nicht verfügbar oder vorhanden ist.

Stärken

Kreativ; starke Sensibilität für Atmosphäre, Emotionen und Gefühle; Einfühlungsvermögen für »Leiden«; Leben mit Tiefgang und Leidenschaft; romantischer Idealismus; emotionaler Tiefgang; aufrichtig und authentisch; analysierend und reflektierend.

Zur persönlichen Weiterentwicklung

… muss ich lernen, mich auf das zu konzentrieren, was gut und positiv ist, statt auf das, was fehlt; konsequent Aktivitäten durchziehen, trotz meiner wechselnden, intensiven Gefühle; an körperlichen Aktivitäten teilnehmen und anderen helfen, damit ich mich weniger mit mir selbst beschäftige; Reaktionen verschieben, bis die heftigsten Emotionen abgeklungen sind; gewöhnliche, alltägliche Freuden schätzen lernen.

Gleichmut als höhere Tugend

Wer seinen Neid loslassen kann, wird buchstäblich ein fröhlicher Mensch. Vergleiche mit anderen, Neid empfinden, machen Typ 4 nicht glücklich. In dieser Negativität steckt er fest. Die Leere, die entsteht, wenn der Neid mit der Typstruktur in den Hintergrund verschwindet, ist angenehm zu erleben. Das Ausbleiben der emotionalen Höhen und Tiefen, das Ausbleiben der Jagd nach dem, was andere haben, und die ständig vorhandene Sehnsucht danach, schafft viel innere Ruhe. Das ist noch nicht Gleichmut, die höhere Tugend, die Typ 4 erreichen kann. Auf der Ebene des Höheren Selbst besteht Gleichmut für ihn darin, tief im Inneren, hier und jetzt zu erleben, dass er erfüllt, ganz, vollständig ist. Dass er ohne Probleme sehen kann, was andere haben und er muss es nicht haben. Dass die Leere in ihm durch ihn selbst erfüllt werden kann, dass ihm nichts Wesentliches fehlt.

Ursprung als höhere Idee

Auf der Ebene des Höheren Selbst erlebt Typ 4 tief im Inneren die Verbindung mit seinem Wahren Selbst, mit der ursprünglichen Quelle, mit allen Dingen, mit dem Einssein. Alles entspringt derselben Quelle und kehrt zu ihr zurück. Es ist das objektive Erleben, dass das Wahre

Selbst, unser Wesen, schon immer da war und dass wir nie von ihm getrennt waren – obwohl wir das anders erfahren, wenn unser Bewusstsein auf Typebene aktiv ist.

Heiliger Ursprung ist das tiefe innere Erleben, dass die eine Urquelle in jedem Menschen vorhanden ist und die Heimat der Seele bildet. Es ist die Erkenntnis, dass die Verbindung auch dann existiert, wenn wir sie nicht fühlen, und das Erleben, dass alle Menschen diese Verbundenheit miteinander im Ursprung teilen. Jeder Mensch ist darin mit den anderen und dem großen Ganzen verbunden. Heiliger Ursprung ist das Erleben, dass wir aus dem Sein entstanden sind.

Typ 5

Namen

Beobachter, Denker, Forscher, Analytiker

Achtet auf

Was erwarten andere von mir an Zeit und Energie?; rationale Lösungen; was muss ich wissen; Fakten, um zu verstehen; Analysen; wer oder was dringt in meine Privatsphäre ein, verlangt Zeit und Energie von mir?; was kann und will ich anderen bieten oder bringen?

Energie fließt in

Beobachten; Rückzug, um zu denken, sich abgrenzen zu können; sichere Distanz bewahren; Kontrolle über Zeit und Raum (hamstern); eigene Bedürfnisse und Wünsche minimalisieren; starke Gefühle kontrollieren (vor allem Angst); sich schützen vor emotionalen Erwartungen und Überfällen; Kontrolle und Vorhersagbarkeit im Leben erlangen; eigene Energie bewahren und sparsam dosieren; genug Wissen, um das Leben zu erklären.

Überzeugung

In der Welt wird mehr von den Menschen verlangt, als man erwarten kann; dafür wird wenig zurückgegeben.

Niederes Selbst		Höheres Selbst
Fixierung Geiz	< = mental = >	Höhere Idee Allwissenheit
Leidenschaft Habgier	< = emotional = >	Höhere Tugend Nichtanhaftung

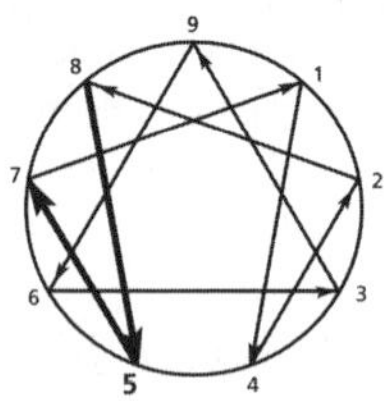

Abbildung A.5: Höheres/Niederes Selbst Typ 5

Geiz als emotional aufgeladener Gedanke

Menschen mit Typ 5 glauben, dass die Menschen und die Welt um sie herum alles von ihnen erwarten und dass sie diese Erwartung nicht erfüllen können. Sie sind zu der Erkenntnis gekommen, dass sie lieber in Ruhe gelassen werden wollen, in ihrer Privatsphäre bleiben, wo sie die Erwartungen der anderen nicht fühlen. Oft erinnern sie sich daran, wie schön es war, als Kind allein zu sein, in der eigenen Gedankenwelt. Die Isolation zu anderen und das eigene Gefühl werden wichtiger als die Beziehung zu anderen. Das Motto ist »leben und leben lassen«. Darum erfahren Menschen, die sich in diesem Typ wiedererkennen, andere oft als überwältigend, aufdringlich und herrschsüchtig. Die mentale Fixierung Geiz tritt auf, wenn das Gefühl entsteht, dass Menschen etwas von ihnen erwarten.

Habgier als Leidenschaft

Menschen mit Typ 5 zeigen in Panels oft, dass sie viel Wert auf genauen Sprachgebrauch legen. Statt Habgier sprechen sie deshalb lieber von Zurückhaltung. Da es bei den Leidenschaften um die Energieart der Typen geht, bin ich mit Typ 5 der Meinung, dass Zurückhaltung ihre Energie besser beschreibt. Sie halten nicht unbedingt Geld zurück, sondern eher die eigene Person.

Aus einer zurückhaltenden – sicheren – Position nimmt Typ 5 wahr, was um ihn herum geschieht. Er empfindet ein unterschwelliges Gefühl des Mangels, glaubt, dass er nicht gut genug ist, zu wenig bieten kann. Gerade deshalb macht sich Typ 5 Gedanken um die Erwartungen anderer. Er ist besorgt, das nicht bieten zu können, was von ihm erwartet wird, dass die Menschen immer mehr verlangen, wenn man ihre Erwartungen erfüllt. Typ 5 fürchtet, dass es kein Ende nimmt, und geht deshalb sparsam mit sich selbst, seiner Zeit, seiner Energie, seinem Wissen um. Worauf sich die Habgier von Typ 5 bezieht, hängt davon ab, was der betreffenden Person wichtig ist. Es gibt Menschen mit Typ 5, die gerade mit Geld sehr freigiebig sind, aber zurückhaltend mit Informationen über sich selbst, über ihre Arbeit oder das, was sie beschäftigt.

Stärken

Lerneifrig; wahrer Experte; weiß viele Fakten und Details; ruhig in Krisensituationen; nachdenklich; scharfsinnig; Respekt vor anderen, auch im Sinne von »leben und leben lassen«; bewahrt Geheimnisse und Vertraulichkeiten; zuverlässig; weiß einfache Dinge zu schätzen.

Zur persönlichen Weiterentwicklung

... muss ich Gefühle zulassen, anstatt mich mit meinen Gedanken zurückzuziehen; erkennen, dass meine Zurückhaltung andere nur noch stärker zur Aufdringlichkeit einlädt; mehr Aktivitäten unternehmen und erkennen, dass ich genug Energie und Unterstützung habe, um das zu tun, was ich möchte; an körperlichen Aktivitäten teilnehmen; Wege finden, um aktiver an Gesprächen teilzunehmen, mich zu äußern und über persönliche Dinge zu sprechen.

Nichtanhaftung als höhere Tugend

Wenn Typ 5 seine Reaktivität, die Habgier, unter die Regie seines Wahren Selbst bringt, kann er die höhere Tugend Nichtanhaftung in sich erfahren. Die Zurückhaltung seiner selbst macht ihn nicht glücklich und schafft in ihm das »zwingende Bedürfnis«, sich von anderen, vom Leben, von den eigenen Gefühlen zu isolieren. Das nicht mehr zu brauchen, ist ein Stück Freiheit und eine Bereicherung des Lebens. Eine Bereicherung, weil Typ 5 dann mit sich selbst, mit anderen und dem Leben in Verbindung stehen kann. Die Gabe der höheren Tugend Nichtanhaftung ermöglicht Typ 5 tief im Inneren zu erleben, dass Lebensenergie und Wissen im Überfluss vorhanden sind. Dass er das gerade dann erfährt, wenn er sich mit anderen, mit dem Leben verbindet, dass er dabei nicht von anderen »leer gesaugt wird«, sondern im Gegenteil, erfüllt wird.

Allwissenheit als höhere Idee

Auf der Ebene des Höheren Selbst macht Typ 5 die tiefe innere Erfahrung, ein untrennbarer Teil der übrigen Wirklichkeit zu sein. Wir erleben, dass das Ganze aus seinen Bestandteilen besteht und alles miteinander verbunden ist – die Erkenntnis des Einsseins. Wir erfahren uns als untrennbaren Teil dieses Ganzen.

Höhere Allwissenheit ist das Wissen, dass in dieser Verbundenheit Wissen vorhanden und verfügbar ist, die vollkommene Wahrheit. Es ist das vollständige Verstehen unserer Natur und das Wissen, wer wir sind, Allwissenheit über uns selbst, das Leben, die Natur und das Einssein – die Verwirklichung unserer selbst als Ausdruck des großen Ganzen.

Typ 6

Namen

Loyalist, Skeptiker, Fragensteller, Advocatus Diaboli

Achtet auf

Bedrohungen; Risiken; Gefahren; was könnte schiefgehen?; verborgene Absichten; wem und was kann ich trauen?; kann ich mir selbst trauen?

Energie fließt in

Wachsam sein; Risiken einordnen und meiden; anzweifeln und testen; zweideutige Botschaften suchen; rebellieren; den guten Willen anderer prüfen; Wut durch Abstimmen auf andere vermeiden; logisch analysieren, um herauszufinden, wie sich etwas verhält; kritisch sein und als Advocatus Diaboli auftreten; Zwiespalt im Hinblick auf Autorität; identifizieren mit dem Underdog; mögliche Gefahren angehen (kontraphobisch) oder vermeiden (phobisch), um Ängste zu verringern.

Überzeugung

Die Welt ist bedrohlich und gefährlich, man kann den Menschen nicht trauen.

Niederes Selbst		Höheres Selbst
Fixierung Furcht/Zweifel	< = mental = >	Höhere Idee Glaube/Vertrauen
Leidenschaft Angst	< = emotional = >	Höhere Tugend Mut

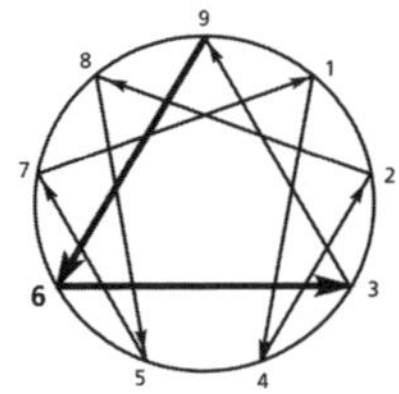

Abbildung A.6: Höheres/Niederes Selbst Typ 6

Zweifel als emotional aufgeladener Gedanke

Menschen mit Typ 6 glauben, dass die Menschen und die Welt um sie herum nicht vertrauenswürdig sind, dass Gefahren, Risiken und versteckte Absichten überall lauern. Oft erinnern sie sich daran, wie unvorhersehbar Menschen handeln und wie das Kind sich dadurch unsicher und überfallen fühlte. Das eigene spontane Vertrauen wird der Wachsamkeit untergeordnet, die nötig ist, um sich selbst zu schützen. Die innere Überzeugung entsteht (unbewusst), dass ein Gefühl von Sicherheit erreicht werden kann, indem man stets auf der Hut ist und alles überdenkt, indem man mögliche negative Szenarien vorhersieht und Risiken ausschaltet oder aktiv bekämpft.

Die mentale Fixierung Zweifel tritt auf, sobald Dinge geschehen, die bei Typ 6 Alarm auslösen. Das kann auch sein, wenn er eine Entscheidung treffen muss. Bei diesem Kopftyp ist die mentale Fixierung fast durchgehend aktiv.

Angst als Leidenschaft

Bei der Angst von Typ 6 handelt es sich, im Gegensatz zu den Leidenschaften der bisher beschriebenen Typen, um die grundlegendste Form der Angst: die Angst vor Unsicherheit und dem Leben in einer gefährlichen Welt. Es ist die Urangst, die Menschen auf der Hut sein lässt, wenn es um das körperliche Überleben geht. Diese Angst hat jeder, aber bei Typ 6 bestimmt sie in solchem Maß das tägliche Leben, dass seine Wachsamkeit nie nachlässt und sich auf alle Aspekte seines Lebens richtet. Das betrifft nicht nur Situationen, sondern auch Menschen und Beziehungen. Typ 6 hat die Gewohnheit, immer auf der Hut zu sein.

Stärken

Nachdenklich; warm; loyal gegenüber anderen; vertrauensvoll, nachdem Vertrauen entwickelt wurde; intuitiv; sensibel; scharfe Wahrnehmung; ehrlich; humorvoll; zuverlässig; ausdauernd; verantwortungsvoll; verteidigend und beschützend.

Zur persönlichen Weiterentwicklung

… muss ich meine eigene Autorität werden und danach handeln; das Vertrauen in mich selbst und andere wiederfinden; akzeptieren lernen, dass ein bestimmtes Maß an Unsicherheit zum Leben gehört; die Ängste und Zweifel, die ich erlebe, bei anderen auf Realität überprüfen; anerkennen, dass unter Druck stehen eine Methode ist, Ängste zu verdrängen, und dass Kämpfen ebenso wie Fliehen Reaktionen auf Angst sind; positive Aktionen weiterführen, obwohl ich Gefahr spüre.

Mut als höhere Tugend

Wer seine Angst kennt, kann sie loslassen und wird ein freierer Mensch. Die Leere, die in ihm entsteht, wenn die Angst mit der Typstruktur in den Hintergrund fällt, ist angenehm zu erleben. Nicht mehr zwanghaft wachsam sein zu müssen, nicht mehr in Katastrophenszenarien zu denken, nicht mehr gebremst zu werden, schafft viel Raum, um unbefangen durch das Leben zu gehen. Das Geschenk der höheren Tugend von Typ 6, Mut, ist noch einmal etwas anderes. Auf der Ebene des Höheren Selbst besteht Mut für Typ 6 darin, dass er tief im Innern, hier und jetzt erlebt, dass er heil und sicher ist. Dass er nicht wachsam sein muss, dass genug Mut in ihm steckt, um unbefangen seinen Weg zu gehen, dass er mit dem, was ihm unterwegs begegnet, fertig wird und dass sein Körper auch handeln kann, ohne zu denken.

Glaube und Vertrauen als höhere Ideen

Auf der Ebene des Höheren Selbst erlebt Typ 6 eine höhere Kraft, die in seinem Wesen vorhanden ist. Er entdeckt eine Quelle der Kraft und Unerschütterlichkeit in sich. Auf dieser Grundlage erlebt Typ 6 tief im Innern Vertrauen und Glauben an sich selbst, an andere, an die Welt und das Universum. Er fühlt sich unterstützt und getragen. Nichts kann unsere essenzielle Sicherheit, die wir tief im Innern erleben, zerstören. Das ist die höhere Kraft, das höhere Vertrauen. Der höhere Glaube transformiert unser Bewusstsein. Er ist kein mentales Konzept, sondern eine erlebte Präsenz. Tief im Innern erkennen wir die Existenz unseres wahren Wesens.

Typ 7

Namen

Optimist, Epikureer/Genießer, Visionär, Generalist, Planer

Achtet auf

Was schränkt mich ein und was ist unangenehm?; interessante, angenehme und positive Gedanken; neue Möglichkeiten; Projekte; Faszinierendes; Neubeginn; Freiheit und Raum

Energie fließt in

Möglichkeiten offenhalten; Redefinieren ins Positive; Dinge und Informationen miteinander verknüpfen; Gedanke vom Kleinen zum Großen entwickeln; Denken in Bildern; Fantasie und Aktion; das Leben genießen; positive Dinge; Orientierung an angenehmen Möglichkeiten; Extreme; Suche nach interner Kontrolle.

Überzeugung

Die Welt ist voller Chancen und Möglichkeiten; trotzdem werden die Menschen eingeengt und leiden darunter.

Niederes Selbst		Höheres Selbst
Fixierung Pläne machen	< = mental = >	Höhere Idee Heilige Arbeit
Leidenschaft Unersättlichkeit	< = emotional = >	Höhere Tugend Nüchternheit

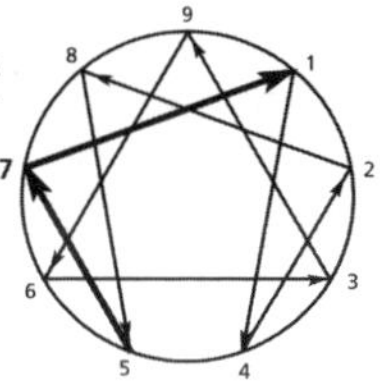

Abbildung A.7: Höheres/Niederes Selbst Typ 7

Pläne machen als emotional aufgeladener Gedanke

Menschen mit Typ 7 haben erfahren, dass die Welt um sie herum frustrierend und beschränkend ist und Schmerz verursacht. Dem kann man entkommen, indem man in die vielen schönen Möglichkeiten flüchtet, die im eigenen Kopf unbegrenzt vorhanden sind. Es entwickelt sich eine mentale Gier nach Chancen, Möglichkeiten und Freude, danach, alles, was unangenehm werden könnte, in etwas Positives zu verwandeln. Man kann schließlich alles von zwei Seiten sehen, besonders mit den mentalen Fertigkeiten, die dieses Kind entwickelt hat. Die mentale Fixierung Pläne machen tritt auf, sobald etwas geschieht, das Typ 7 fasziniert oder inspiriert, aber auch etwas, das Reaktionen auslöst, weil es ihn möglicherweise einschränkt. Dann entsteht sofort das Bedürfnis wegzugehen, und sei es nur im Kopf.

Unersättlichkeit als Leidenschaft

Bei Menschen mit Typ 7 bezieht sich die Unersättlichkeit auf das Leben selbst. Sie haben den grundlegenden Drang, das Leben in seiner Fülle zu leben und zu erfahren. Typ 7 hat eine Gier nach Chancen, Erfahrungen und Freude entwickelt. Die Energie der Unersättlichkeit bringt einen Drang nach Freiheit, nach dem Freisein mit sich; daher hat Typ 7 eine Aversion gegen Einschränkungen. Bei diesem Kopftyp ist die Unmäßigkeit auch eine mentale Angelegenheit; das Potenzial und die Freude daran, Pläne für angenehme Unternehmungen zu schmieden, kann größtenteils im Kopf ausgelebt werden, ohne dass etwas in die Wirklichkeit umgesetzt werden muss.

Stärken

Positiv; erfindungsreich; Vorstellungskraft; viel Energie; Liebe zum Leben; Möglichkeiten erkennen; spielerisch; fröhlich; hilfsbereit; inspirierend und begeisternd; kreativ.

Zur persönlichen Weiterentwicklung

... muss ich lernen, darauf zu achten, dass ich mit der Suche nach angenehmen Alternativen eigentlich auf die Angst vor Entbehrungen, auf Schmerz oder auf ein Verlangen reagiere, mich vor Verantwortlichkeiten zu drücken, die meine Freiheit einschränken könnten; üben, mich bei meiner Arbeit auf eine Sache zu konzentrieren und das zu beenden, bevor ich etwas anderes beginne; das Leben stärker im Hier und Heute und weniger in der Zukunft leben; die Gefühle und Interessen anderer ernster nehmen und wertschätzen; erkennen, dass es eigentlich eine Beschränkung ist, nur das Positive zu suchen und das Negative zu meiden.

Nüchternheit als höhere Tugend

Wer seine Unmäßigkeit unter die Regie seines Wahren Selbst bringt, erlebt sich als freieren Menschen. Die Unmäßigkeit erscheint auf den ersten Blick recht unterhaltsam, bedeutet aber einen großen Verlust an Energie. Sie sorgt dafür, dass die Person unter der Herrschaft ihres Typs steht, ihr Verstand keine Ruhe gibt und sie sich immer erschöpfter fühlt. Die Leere nach dem Loslassen der Unmäßigkeit ist ein Stück Freiheit und eine Bereicherung des Lebens. Durch die Gabe der höheren Tugend Nüchternheit kann Typ 7 tief im Innern erfahren, dass er neue Erfahrungen weder braucht noch will. Es ist möglich, sich auf das Hier und Jetzt zu konzentrieren und dabeizubleiben. Nüchternheit und Beschränkung bringen jetzt Ruhe und Tiefgang mit sich.

Arbeit als höhere Idee

Auf der Ebene des Höheren Selbst erlebt Typ 7, dass die höhere Arbeit die Verwirklichung des Wahren Selbst im Hier und Jetzt ist. Typ 7 nimmt in diesem Zustand das ganze Leben an, mit Freude und Traurigkeit, Spaß und Schmerz, Möglichkeiten und Grenzen. Er ist fähig, sich zu konzentrieren, zu arbeiten und zu zielgerichteter Aktivität ohne Ablenkung durch faszinierende neue Pläne.

Seine Arbeit ist die innere Arbeit in der Gegenwart. Sein Leben ist eine Abfolge von Augenblicken in der Gegenwart, deren er sich bewusst ist. Konzentriert auf die Kontinuität in der Gegenwart erlebt er die Entfaltung seiner Seele. Diese ist untrennbar verbunden mit der Entfaltung des gesamten Seins, des Lebens, der Wirklichkeit. Selbstverwirklichung ist ein Teil der Verwirklichung, die in allem und jedem Augenblick stattfindet. Sie gehört zum natürlichen Gang der Dinge und lebt in der Hingabe. Das ist die höhere Arbeit.

Typ 8

Namen

Boss/Beschützer, Kämpfer, Anführer, Herausforderer

Achtet auf

Wer braucht Schutz?; wo stecken Macht und Kraft?; (Un-)Gerechtigkeit; alles oder nichts; Wahrheit; Respekt erhalten und anderen zusprechen können.

Energie fließt in

Stark sein; beschützen; kämpfen; Kontrolle über sich, andere Dinge und Menschen in der Umgebung; Aktionen durchführen und Position beziehen; alles oder nichts; Unrecht und Unwahrheit bekämpfen; Respekt verdienen; eigene Schwäche verleugnen.

Überzeugung

Die Welt ist ungerecht, die Starken missbrauchen die Schwachen.

Niederes Selbst		Höheres Selbst
Fixierung	< = mental = >	Höhere Idee
Rache		Wahrheit
Leidenschaft	< = emotiona l = >	Höhere Tugend
Lust/Exzess		Unschuld

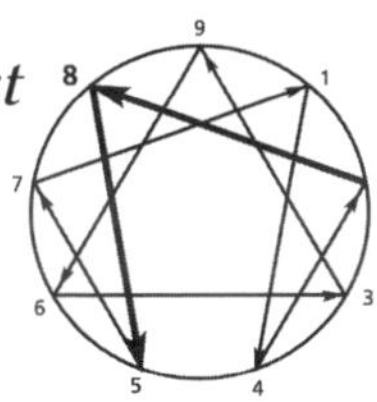

Abbildung A.8 Höheres/Niederes Selbst Typ 8

Rache als emotional aufgeladener Gedanke

Menschen mit Typ 8 glauben, dass die Welt hart und ungerecht ist, ein Dschungel, in dem man sich stark zeigen muss, in dem man nicht unschuldig und verletzlich sein kann, dass man sich selbst schützen muss. Oft erinnern sie sich an Situationen, in denen sie verletzlich waren, in denen sie missbraucht wurden und sie sich vornahmen, so etwas nie wieder geschehen zu lassen. Der eigene spontane Impuls, unschuldig zu sein, wird dem Streben nach Unverwundbarkeit, Stärke, Macht und Respekt untergeordnet.

Die mentale Fixierung mit Rache tritt auf, sobald in den Augen von Typ 8 der Wahrheit Gewalt angetan wird oder wenn dieser Typ sich in seinem (tief vergrabenen) Gefühl von Verletzlichkeit oder Gerechtigkeit getroffen fühlt. Kampf ist in der Regel die Antwort von Typ 8.

Lust als Leidenschaft

Wie funktioniert Lust in Menschen mit Typ 8? Wenn es um die Persönlichkeitsstruktur von Typ 8 geht, ist die Leidenschaft oder Energie der Lust nicht nur sexuell. Menschen mit Typ 8 haben Lust am Leben, Lust am Handeln. Sie verfügen anscheinend über einen unbegrenzten Energievorrat. Weil er so viel Energie hat, wird Typ 8 auch häufig als starke Präsenz erfahren. Andere Menschen rechnen mit ihm, selbst wenn er nichts tut oder sagt. Menschen mit Typ 8 haben eine Strategie entwickelt, um sich groß und stark zu machen, zu den Mächtigen zu gehören, zu der Gruppe Menschen, die andere beschützt, und nicht zu denen, die Schutz brauchen. Dafür kann Typ 8 viel Energie aus seinem Innern mobilisieren. Die Energie der Lust ist eine Wollust an allen Bereichen des Lebens, die für Typ 8 wichtig sind.

Stärken

Stark; entschlossen; durchsetzungsfähig; beschützt andere; gerecht; klar; direkt; intensiv; freundlich; ehrlich; entscheidungsfreudig; kennt keine Angst; selbstbewusst; kann andere anspornen.

Zur persönlichen Weiterentwicklung

… muss ich mir meiner Kraft und ihrer Wirkung auf andere bewusst werden; erkennen, dass ich meine Kraft einsetze, um meine Verletzlichkeit zu verbergen; lernen, etwas, das nach Schwäche aussieht, zuzulassen und als Fortschritt darin zu sehen, dass ich meine Verletzlichkeit zeigen kann; lernen zu warten und zuzuhören, bevor ich aktiv werde, um meine Impulsivität zu dämpfen; lernen, in jeder Situation die richtige Dosis Kraft anzuwenden; ein inneres Gefühl von Ruhe zuzulassen und zu begrüßen; lernen, nach Win-win-Situationen zu suchen; lernen, Kompromisse einzugehen.

Unschuld als höhere Tugend

Wer seine Leidenschaft Lust unter die Regie seines Wahren Selbst bringt, kann die höhere Tugend Unschuld in sich erleben. Auf der Ebene des Höheren Selbst ist die Unschuld für Typ 8 das tiefe innere Erleben im Hier und Jetzt, dass er das Leben unbefangen auf sich zukommen lassen kann, ohne dass er etwas unter Kontrolle halten oder beschützen muss – die Unschuld, die er irgendwann als Kind verloren hat. Er erfährt auch, dass er verletzlich sein kann, ohne die Gefahr zu spüren, dass andere es auf ihn abgesehen haben. Er ist tief im Inneren in Ordnung und braucht seine Festung nicht mehr.

Wahrheit als höhere Idee

Auf der Ebene des Höheren Selbst erlebt Typ 8 tief im Innern die Wahrheit, die alle miteinander teilen, anstelle der eigenen, persönlichen Wahrheit, die an die eigenen Interessen gekoppelt ist. Die heilige Idee der Wahrheit ist die Erfahrung, dass der gesamte Kosmos eine unteilbare Einheit bildet. Es wird nichts mehr verleugnet. Es ist das Erleben der Wahrheit darüber, wie die Dinge zusammengehören, über die Verbundenheit von allem und jedem. Es gibt mehr als nur das Materielle und physisch Wahrnehmbare.

Typ 8 erlebt die essenzielle Wahrheit als objektiv und unveränderlich, nicht abhängig von einer Situation oder seiner Meinung, sondern als für alle im selben Maß gültig. Die höhere Wahrheit löst die Quelle des Kampfes in Typ 8 auf in der Erkenntnis, dass die Wahrheit des anderen ein Teil der vollkommenen Wahrheit ist. Das ist wahr, und das andere ist auch wahr.

Typ 9

Namen

Vermittler, Verbinder, Friedensstifter, Unterhändler

Achtet auf

Ausgleich zwischen strittigen Meinungen; Pläne; Bitten; Standpunkte und Wünsche anderer; Ablenkung von eigenen Wünschen; Harmonie erhalten; (nicht) gesehen werden.

Energie fließt in

Mitgehen; mit anderen verschmelzen; Konflikte vermeiden und verhindern; Offenheit für andere und ihre Interessen (daher fällt es schwer, Nein zu sagen); Strukturen und Routinen befolgen, damit das Leben vorhersehbar, bequem und bekannt bleibt (Harmonie); eigene Wut bezwingen; weniger wichtige, aber beruhigende Dinge tun statt wichtigere und beunruhigendere.

Überzeugung

Die Welt macht Menschen zu unwichtigen Wesen; es kommt nicht darauf an, was ich meine oder was ich tue.

Niederes Selbst		Höheres Selbst
Fixierung	< = mental = >	Höhere Idee
Selbstvergessen		Liebe
Leidenschaft	< = emotional = >	Höhere Tugend
Trägheit		richtiges Handeln

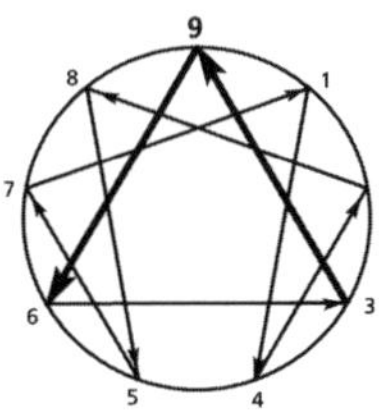

Abbildung A.9: Höheres/Niederes Selbst Typ 9

Selbstvergessenheit als emotional aufgeladener Gedanke

Menschen mit Typ 9 glauben, dass sie, um gesehen, geschätzt und geliebt zu werden, Frieden und Harmonie erhalten müssen und daher auch nicht die kleinste Welle schlagen dürfen. Oft erinnern sie sich daran, wie sie sich schon als Kind unsichtbar machten und buchstäblich übersehen wurden. Der eigene spontane Impuls, der Wunsch, gesehen und gehört zu werden, wird dem Streben nach Harmonie untergeordnet. Vermittler haben oft Probleme mit Menschen, die laut und deutlich wahrnehmbar sind und energisch für sich selbst eintreten. Das stört die innere Ruhe, den Frieden und die Harmonie. Darum ist es für Menschen mit Typ 9 so schwierig, sichtbar zu werden, sich deutlich zu behaupten und dabei vielleicht sogar wütend zu werden. Die mentale Fixierung Selbstvergessenheit tritt auf, sobald Typ 9 getriggert wird, und das ist oft in Anwesenheit von anderen der Fall. Typ 9 kann ganz und gar im anderen, dessen Ideen und Wünschen aufgehen, und vergisst sich selbst.

Trägheit als Leidenschaft

Auch hier geht es nicht um die allgemeine Bedeutung des Wortes Trägheit. Menschen mit Typ 9 sind nicht mehr und nicht weniger arbeitsscheu als andere auch. Im Gegenteil, sie sind oft sogar sehr fleißig und vergessen dabei sich selbst. Die Trägheit ist ein geistiger oder spiritueller energetischer Zustand, der Typ 9 daran hindert, das zu tun, was wirklich gut für ihn wäre, seine eigenen Bedürfnisse und Wünsche zu erkennen. In seinem Streben danach, die Harmonie zu erhalten, hat Typ 9 die automatische Neigung, sich mit anderen zu verschmelzen. Das ist leichter und kostet weniger Energie, als sich durchzusetzen. Bei diesem Verschmelzen vergisst Typ 9 sich selbst. Er lässt sich in der Regel leicht ablenken, entscheidet sich für bequemeren Ersatz statt für das, was wirklich gut für ihn wäre. Auf diese Art ist Typ 9 träge. Schon allein das Nachdenken darüber, was gut für ihn wäre, erfordert Anstrengung, darum verschiebt Typ 9 es lieber noch ein wenig.

Stärken

Blick für andere; empathisch; großes Einfühlungs- und Anpassungsvermögen; akzeptierend; unterstützend; zuverlässig; sensibel; stabil; ruhig; empfänglich; nicht urteilend; Umstände werden leicht akzeptiert.

Zur persönlichen Weiterentwicklung

… muss ich lernen, meinen eigenen Bedürfnissen, meinen Prioritäten, meinem Wohlbefinden mehr Aufmerksamkeit zu widmen; ich muss lernen, Wut als Signal dafür zu erkennen, dass ich nicht berücksichtigt wurde, und mich daran zu erinnern, dass ich sehr wohl von Bedeutung bin; ich muss mir bewusst werden, dass ich Gefühle blockiere oder ausschalte, wenn ich mich durch weniger wichtige Dinge von meinen echten Prioritäten ablenken lasse; muss lernen, Veränderungen und Mangel an Harmonie als Teile des Lebens zu akzeptieren; lernen, mich selbst ebenso zu lieben wie andere.

Richtiges Handeln als höhere Tugend

Wer seine Trägheit unter die Regie seines Wahren Selbst gebracht hat, kann die höhere Tugend des richtigen Handelns in sich empfangen. Die geistige Trägheit, sich nicht für das einzusetzen, was wirklich gut und wichtig für ihn wäre, macht Typ 9 nicht glücklich. Als Geschenk der höheren Tugend des richtigen Handels erhält er ein tiefes inneres Gespür dafür, was er will und was gut für ihn ist. Das richtige Handeln ist nicht etwas, das er tut, sondern etwas, das von selbst durch ihn hindurchfließt. Typ 9 erlebt tief im Inneren die Tatkraft, das zu tun, was für ihn und seine Weiterentwicklung gut ist, und führt es ohne Bedenken, ohne Zögern, ohne Umweg aus.

Liebe als höhere Idee

Auf der Ebene des Höheren Selbst erlebt Typ 9 sich als ein vollkommen akzeptierter Teil des Universums. Es gibt Liebe. Die Wahrnehmung der Wirklichkeit ohne den Filter der Neuner-Linse zeigt, dass es von Natur aus Liebe gibt und die Natur liebenswert ist, dass Liebe uns bezaubert. Typ 9 muss sich nicht anstrengen, um diese Liebe zu bekommen; sie ist bereits da, er muss sie nur empfangen. Er liebt sich selbst und andere, er hat ein Selbstwertgefühl. Er erlebt die Liebe, die es gibt und immer gab. Er ist aktiv, ohne sich anzustrengen. Die Aktivität geschieht durch Typ 9 hindurch, nichts bleibt ungetan, was nach dem universellen Willen getan werden muss.

Stichwortverzeichnis

A

B

C

D

E

F

G

T

U

V

Die innere Ruhe finden – entspannter und bewusster leben

ISBN 978-3-527-70217-6

Ausgeglichen und voll innerer Ruhe würden alle gern leben. Macht dieser Wunsch den Buddhismus für viele so attraktiv? Leicht verständlich erläutern die Autoren die Grundlagen der fernöstlichen Lehre und beschreiben, wie man Buddhas Pfad in unserer hektischen Zeit folgen kann.

ISBN 978-3-527-70501-6

Was bringt Menschen dazu, stundenlang regungslos auf einem Kissen zu sitzen? Inken Prohl zeigt, warum das »Nichts« des Zen – keine Lehre und keine Antworten – gerade für westliche Sinnsuchende so attraktiv ist und wie die vollkommene innere Befreiung erreicht werden kann.

ISBN 978-3-527-70489-7

Dieses Buch ist ein Begleiter auf der Suche nach spirituellem Bewusstsein, Glück und innerem Gleichgewicht. Sharon Janis zeigt, wie Spiritualität das Leben bereichern kann und stellt spirituelle Praktiken wie Yoga, Meditation und Gebet vor, die dem Körper Energie verschaffen und den Geist fördern und erweitern. Inklusive CD mit spiritueller Musik.

ISBN 978-3-527-70350-0

Heilige Kühe, tausende Götter, weise Männer und der Glaube an das Rad der ewigen Wiederkehr: Johanna Buß führt die Leser in eine der ältesten Weltreligionen ein und erklärt, wie der Hinduismus alle Aspekte des indischen Alltags bestimmt.